Die Zulassung ausländischer Versicherungsunternehmen in der Bundesrepublik Deutschland und den Vereinigten Staaten von Amerika

VERSICHERUNGSRECHTLICHE STUDIEN

HERAUSGEGEBEN VON PROFESSOR DR. GERRIT WINTER

BAND 68

PETER LANG
Frankfurt am Main · Berlin · Bern · Bruxelles · New York · Oxford · Wien

Dr. Alexander Wehowski

DIE ZULASSUNG AUSLÄNDISCHER VERSICHERUNGS-UNTERNEHMEN IN DER BUNDESREPUBLIK DEUTSCHLAND UND DEN VEREINIGTEN STAATEN VON AMERIKA

PETER LANG
Europäischer Verlag der Wissenschaften

Die Deutsche Bibliothek - CIP-Einheitsaufnahme

Wehowski, Alexander:

Die Zulassung ausländischer Versicherungsunternehmen in der Bundesrepublik Deutschland und den Vereinigten Staaten von Amerika / Alexander Wehowski. - Frankfurt am Main ; Berlin ; Bern ; Bruxelles ; New York ; Oxford ; Wien : Lang, 2002
(Versicherungsrechtliche Studien ; Bd. 68)
Zugl.: Hamburg, Univ., Diss., 2002
ISBN 3-631-39845-X

Diese Arbeit wurde mit Unterstützung des
Vereins zur Förderung der Versicherungswissenschaft
in Hamburg e.V. veröffentlicht.

D 18
ISSN 0178-4382
ISBN 3-631-39845-X

www.peterlang.de

Meinen Eltern

Vorwort

Die vorliegende Arbeit wurde im Sommersemester 2002 vom Fachbereich Rechtswissenschaft der Universität Hamburg als Dissertation angenommen.

Meinem Doktorvater Herrn Prof. Dr. Gerrit Winter danke ich für seine vielfältigen Anregungen und Hinweise im Rahmen der Betreuung der Arbeit. Herrn Prof. Dr. Manfred Werber gilt mein Dank für die freundliche Erstellung des Zweitgutachtens.

Mein besonderer Dank gilt meinen Eltern, die durch ihre liebevolle und motivierende Unterstützung großen Anteil am Entstehen dieser Arbeit haben. Meiner Frau Freda danke ich für ihre wertvolle Hilfe und ihren aufmunternden Zuspruch.

Schließlich möchte ich der University of Pennsylvania für die großzügige Möglichkeit zur Nutzung der hervorragenden Biddle Law Library sowie dem Verein zur Förderung der Versicherungswissenschaft für die freundliche finanzielle Unterstützung danken.

Hamburg, im Juni 2002 Alexander Wehowski

Inhaltsverzeichnis

Abkürzungsverzeichnis 15

Einleitung 21

Erster Teil
Entwicklung der Versicherungsaufsicht 25

A. Deutschland 26
I. Ursprünge des Versicherungswesens 26
II. Kameralismus 29
III. Liberalismus 31
IV. Zweite Hälfte des 19. Jahrhunderts 35
V. Versicherungsaufsichtsgesetz von 1901 39
VI. Vom Ersten Weltkrieg zur Novelle von 1931 41
VII. Novelle von 1931 44
VIII. Nationalsozialismus 46
IX. Errichtung des Bundesaufsichtsamts 47
X. Entwicklung seit 1951 49
XI. Europäische Integration 51
1. Erste Richtlinien-Generation 52
2. Zweite Richtlinien-Generation 53
3. Dritte Richtlinien-Generation 57
4. Ausweitung auf den Europäischen Wirtschaftsraum 59
5. Erweiterung der EU 61

B. Vereinigte Staaten von Amerika 62
I. Kolonialzeit 62
II. Erste legislative Maßnahmen 64
III. Entstehung der Grundstrukturen 67
IV. Entscheidung Paul v. Virginia 70
V. Entwicklung bis zur Entscheidung South Eastern Underwriters Association 73

VI. Entscheidung United States v. South Eastern Underwriters Association 78
VII. McCarran-Ferguson Act 80
VIII. Entwicklung seit dem McCarran-Ferguson Act 83

C. Vergleich 88

Zweiter Teil
Schutzgut und Ziele der Versicherungsaufsicht 93

A. Deutschland 93
I. Schutztheorie 93
II. Strukturtheorie 94
III. Funktionsschutztheorie 94
IV. Soziale Theorie 95
V. Ergebnis 95

B. Vereinigte Staaten von Amerika 96

C. Vergleich 98

Dritter Teil
Zulassung zum Geschäftsbetrieb 101

A. Deutschland 102
I. Gründung einer Tochtergesellschaft in Deutschland 103
1. Erlaubnis zum Geschäftsbetrieb 104
2. Bedeutung der Organisationsform 105
a) Versicherungsaktiengesellschaft 106
b) Versicherungsverein auf Gegenseitigkeit 107
c) Öffentlich-rechtliche Versicherungsunternehmen 110
3. Bedeutung der Versicherungssparten 110
4. Verbot versicherungsfremder Geschäfte 112
5. Konkrete Zulassungsvoraussetzungen 112
a) Finanzielle Zulassungsvoraussetzungen 113
b) Personenbezogene Zulassungsvoraussetzungen 114
aa) Geschäftsleiter 114

bb) Unternehmensinhaber 116
c) Geschäftsplan und andere verpflichtend vorzulegende Unterlagen 118
aa) Bestandteile des Geschäftsplans 118
(1) Satzung und Angaben über Versicherungssparten 119
(2) Unternehmensverträge 119
(3) Funktionsausgliederungsverträge 120
(4) Finanzielle Nachweise 121
bb) Zusätzlich einzureichende Unterlagen 121
cc) Allgemeine Versicherungsbedingungen 123
6. Besonderheiten für Versicherungsunternehmen aus Drittstaaten 125
a) Konzept der Reziprozität 126
b) Reziprozität im Sinne der Versicherungsrichtlinien 127
c) Kriterien der Beurteilung der Reziprozität 131
aa) Effektiver Marktzugang 132
bb) Inländerbehandlung 133
d) Kompetenz zum Erlaß der Reziprozitätsklauseln 135
aa) Gemeinsame Handelspolitik im Sinne von Art. 133 EGV 139
(1) Tätigkeitsbereiche der Handelspolitik 139
(a) Auffassung der Rechtsprechung 140
(b) Auffassungen innerhalb der Literatur 143
(aa) Wortlaut 144
(bb) Systematik 146
(cc) Teleologische Auslegung 147
(2) Maßnahmen der Handelspolitik 151
(a) Finalistisch-subjektive Ansicht 151
(b) Instrumental-objektive Ansicht 152
(c) Kombinierende Ansicht 154
(d) Ergebnis 155
bb) Implizite Außenkompetenz 155
(1) Entwicklung der Rechtsprechung 156
(2) Notwendigkeit einer impliziten Außenkompetenz 161
(3) Gefahr einer Beeinträchtigung des Gemeinschaftsrechts 163
(4) Harmonisierung durch Sekundärrecht 164
cc) Ergebnis 166
e) Ausschließliche Kompetenz 166

f) Bedeutung der Reziprozitätsklauseln 167
II. Erwerb einer Beteiligung an einem bestehenden Versicherungsunternehmen 169
III. Errichtung einer Zweigniederlassung 171
1. Erlaubnis zum Geschäftsbetrieb 172
2. Bedeutung der Organisationsform des Drittlandsunternehmens 173
3. Bedeutung der Versicherungssparten 173
4. Niederlassungserfordernis 174
5. Finanzielle Anforderungen 174
IV. Sonderregelungen 175
1. Rückversicherung 175
2. Versicherung von Transport- und Großrisiken 176

B. Teilstaaten der Vereinigten Staaten von Amerika 178
I. Regulärer Versicherungsmarkt 179
1. Notwendigkeit einer Zulassung 180
2. Zulassungsverfahren 181
3. Bedeutung der Organisationsform 183
a) Einzelkaufmann (Individual Insurer) und Personengesellschaft (Partnership) 184
b) Versicherungsaktiengesellschaft (Stock Insurance Corporation) 185
c) Gegenseitigkeitsversicherer (Mutual Corporations) 185
d) Versicherungsbörsen (Reciprocals oder Inter Insurance Exchanges) 188
e) American Lloyds 188
f) Besonderheiten bei Out of State Insurers 189
4. Bedeutung der Versicherungssparten 190
5. Konkrete Zulassungsvoraussetzungen 191
a) Finanzielle Zulassungsvoraussetzungen 191
aa) Höhe der Kapitalausstattung 192
(1) Versicherungsaktiengesellschaften 192
(2) Gegenseitigkeitsversicherer 194
(3) Kritik und Reformansätze 196
bb) Form der Kapitalausstattung 199
(1) Hinterlegungspflichten 199
(2) Kapitalanlagebestimmungen 200
b) Personenbezogene Zulassungsvoraussetzungen 202

c) Geschäftsplan 202
6. Besonderheiten für ausländische Versicherungsunternehmen .. 203
a) Bedeutung der Herkunft für die Zulassung 203
b) Eigenständige besondere Zulassungvoraussetzungen 204
c) Besondere Zulassungsvoraussetzung aufgrund von "Retaliatory Statutes" 205
d) Section 301-Verfahren 208
II. Sondermärkte 212
1. Surplus-Lines-Markt 212
a) System der Aufsicht über den Surplus-Lines-Markt 214
b) Zulassungsvoraussetzungen für Surplus-Lines-Versicherer .. 215
2. Rückversicherungsmarkt 216
a) System der Aufsicht über den Rückversicherungsmarkt 217
b) Mittelbare Zulassungsvoraussetzungen für Rückversicherer 218
3. Freier Versicherungsmarkt 219
4. Probleme und Reformansätze 220
a) New York Free Trade Zone 222
b) New York Insurance Exchange 222

C. Vergleich und Diskussion 225

Vierter Teil
Internationale Rechtslage 231

A. OECD 232
I. Liberalisierungsverpflichtungen 233
II. Einschränkungen 235
III. Wertung 236

B. Allgemeines Abkommen über den Handel mit Dienstleistungen (GATS) 237
I. Geltungsbereich des GATS 239
II. Grundprinzipien des GATS 240
1. Allgemeine Abkommensverpflichtungen 241
a) Meistbegünstigung 241
aa) Verhandlungspositionen 242
bb) Länderspezifische Ausnahmen 243

cc) Regionale Freihandelszonen 245
dd) Annex über Finanzdienstleistungen 245
ee) Konsequenzen für die Versicherungsaufsicht 246
b) Transparenz 249
2. Spezielle Abkommensverpflichtungen 249
a) Marktöffnung 250
b) Inländerbehandlung 251
c) Listen spezifischer Verpflichtungen 252
III. Entwicklung und Ergebnis 253

Ausblick 257

Literaturverzeichnis 261

Abkürzungsverzeichnis

a.a.O	am angegebenen Ort
Abl.	Amtsblatt der Europäischen Gemeinschaften
abgedr.	abgedruckt
a.F.	alte Fassung
AG	Aktiengesellschaft
AGBG	Gesetz zur Regelung des Rechts der Allgemeinen Geschäftsbedingungen
Anh.	Anhang
Anm.	Anmerkung
Ala.	Alabama
Art.	Artikel
ASEAN	Association of South East Asian Nations
AVB	Allgemeine Versicherungsbedingungen
AWD/RIW	Außenwirtschaftsdienst des Betriebsberaters/Recht der Internationalen Wirtschaft
BAG	Bundesaufsichtsamtsgesetz
BAV	Bundesaufsichtsamt für das Versicherungswesen
Bd.	Band
BGB	Bürgerliches Gesetzbuch
BGBl.	Bundesgesetzblatt
BGHZ	Entscheidungen des Bundesgerichtshofs in Zivilsachen
BR-Drucks.	Bundesratsdrucksachen
BT-Drucks.	Bundestagsdrucksachen
BVerfG	Bundesverfassungsgericht
BVerfGE	Entscheidungssammlung des Bundesverfassungsgerichts
bzgl.	bezüglich
bzw.	beziehungsweise
Cal.	California
CDE	Cahiers de droit européen
Ch.	Chapter
ChFC	Chartered Financial Consultans
CLU	Chartered Life Underwriters
CMLR	Common Market Law Review
Co.	Company
Colo.	Colorado
Cong.	Congress

CPCU	Chartered Property and Casualty Underwriters
DB	Der Betrieb
ders.	derselbe
Dok.	Dokument
DVBl.	Deutsches Verwaltungsblatt
DVZ	Deutsche Versicherungs-Zeitschrift
DZWir	Deutsche Zeitschrift für Wirtschaftsrecht
EA	Europa Archiv
EAG	Europäische Atomgemeinschaft
EAGV	Vertrag zur Gründung der Europäischen Atomgemeinschaft
ECU	European Currency Unit
EEA	Einheitliche Europäische Akte
EEC	European Economic Community
EFTA	European Free Trade Association
EG	Europäische Gemeinschaft
EGKS	Europäische Gemeinschaft für Kohle und Stahl
EGKSV	Vertrag zur Gründung der Europäischen Gemeinschaft für Kohle und Stahl
EGV	Vertrag zur Gründung der Europäischen Gemeinschaft
Einl.	Einleitung
EJIL	European Journal of International Law
EMRK	Europäische Menschenrechtskonvention
EU	Europäische Union
EUV	Vertrag über die Europäische Union
EuGH	Gerichtshof der Europäischen Gemeinschaften
EuR	Europarecht
EuZW	Europäische Zeitschrift für Wirtschaftsrecht
EWGV	Vertrag zur Gründung der Europäischen Wirtschaftsgemeinschaft
f. (ff.)	folgende Seite(n)
FAO	Food and Agriculture Organization
Fn.	Fußnote
FS	Festschrift
FTC	Federal Trade Commission
GA	Generalanwalt
GAO	General Accounting Office
GATS	General Agreement on Trade in Services
GATT	General Agreement on Tarifs and Trade
GB	Geschäftsbericht des Bundesaufsichtsamts für das Versicherungswesen

gem.	gemäß
Geo.	George
GG	Grundgesetz
HdV	Handwörterbuch der Versicherung
HGB	Handelsgesetzbuch
HR	House of Representatives
Hrsg.	Herausgeber
HS.	Halbsatz
IA	Idaho
i.d.F.	in der Fassung
i.E.	im Ergebnis
Ill.	Illinois
ILO	International Law Organization
Ind. App.	Indiana Appellate Court
Ins.	Insurance
i.V.m.	in Verbindung mit
JIBL	Journal of International Banking Law
JZ	Juristenzeitung
Kan.	Kansas
KG	Kammergericht
KOM	Kommission
Mass.	Massachusetts
Me.	Maine
Mich.	Michigan
MRVO	Verordnungen der Militärregierungen
m.w.N.	mit weiteren Nennungen
NAIC	National Association of Insurance Commissioners
NCIC	National Convention of Insurance Commissioners
Neb.	Nebraska
n.F.	neue Fassung
N.H.	New Hampshire
NJW	Neue Juristische Wochenschrift
Nr.	Nummer
N.Y.	New York
N.Y.S.	New York Supplement
OECD	Organization for Economic Cooperation and Development
OEEC	Organisation for European Cooperation
Okla.	Oklahoma
Pa.	Pennsylvania
Pa. Commw.	Pennsylvania Commonwealth Court Reports

Pt.	Part
Publ. L.	Public Law
RabelsZ	Rabels Zeitschrift für ausländisches und internationales Privatrecht
RBC	Risk Based Capital
RevMC	Revue du Marché Commun
RGBl.	Reichsgesetzblatt
R.I.	Rhode Island
RIW	Recht der internationalen Wirtschaft
RL	Richtlinie
Rn.	Randnummer
Rs.	Rechtssache
S	Senat
S.	Seite
S.C.	South Carolina
Sess.	Session
Slg.	Amtliche Sammlung der Entscheidungen des EuGH
Stat.	Statute
Supp.	Supplement
T.I.A.S.	Treaties and Other International Acts Series
TRIP	Trade-Related Intellectual Property Right
Tx.	Texas
UA.	Unterabsatz
u.a.	unter anderem
U.S.	United States
U.S.C.	United States Code
U.S.C.A.	United States Code Annotated
U.S.T.R.	United States Trade Representative
v.	versus
Va.	Virgina
VAG	Versicherungsaufsichtsgesetz
VerAfP	Veröffentlichungen des Reichsaufsichtsamtes für Privatversicherungen
VerBAV	Veröffentlichungen des Bundesaufsichtsamtes für das Versicherungswesen
verb. Rs.	verbundene Rechtssache
VersR	Zeitschrift für Versicherungsrecht
vgl.	vergleiche
VO	Verordnung
Vorbem.	Vorbemerkung

VVaG	Versicherungsverein auf Gegenseitigkeit
VVDStRL	Veröffentlichungen der Vereinigung der Deutschen Staatsrechtslehrer
VW	Zeitschrift für Versicherungswirtschaft
Wall.	Wallace
Wash.	Washington
WTO	World Trade Organisation
ZaöRV	Zeitschrift für ausländisches öffentliches Recht und Völkerrecht
z.B.	zum Beispiel
ZBB	Zeitschrift für Bankrecht und Bankwirtschaft
ZfV	Zeitschrift für das Versicherungswesen
ZfV (östr.)	Zeitschrift für Verwaltung
Ziff.	Ziffer
zit.	zitiert
ZVersWiss	Zeitschrift für die gesamte Versicherungswissenschaft

Einleitung

Seit mehreren Jahren befindet sich das Dienstleistungsgewerbe und insbesondere das Versicherungswesen in einer ausgeprägten Internationalisierungsphase[1]. Die Gründe hierfür sind vielfältiger Natur. So führte teilweise die zunehmende Internationalisierung der Kunden dazu, daß sich auch deren Versicherer gezwungen sahen, diesen ins Ausland zu folgen, um nicht die eigene Geschäftsbeziehung zu gefährden. Andere Unternehmen sahen sich wiederum aufgrund der Sättigung des Inlandsmarktes gezwungen, zur Umsatzausweitung ins Ausland zu expandieren. Schließlich versprachen sich viele Versicherungsunternehmen von einer geographischen Diversifizierung sowohl eine Kostensenkung durch die Bildung größerer Einheiten als auch einen Risikoausgleich zu den Konjunkturzyklen ihres jeweiligen Sitzlandes[2].

Eine besondere Stellung für ein entsprechendes Auslandsengagement von Versicherungsunternehmen kommen aufgrund ihres ökonomischen Gewichts den Versicherungsmärkten der Vereinigten Staaten von Amerika sowie der Bundesrepublik Deutschland zu. Sowohl die Vereinigten Staaten als größtem Versicherungsmarkt der Welt[3] als auch Deutschland[4] als wirtschaftsstärkstem Staat der Europäischen Union, in welcher immerhin etwa 30 Prozent des weltweiten Prämienaufkommens erzielt werden[5], bieten international agierenden Versicherungsunternehmen interessante wirtschaftliche Anreize für einen Marktzugang. Damit kommt auch dem

---

[1] Vgl. dazu *Stahl*, 19 Yale Journal of International Law 1994, S. 408; *Weiss*, 32 CMLR 1995, S. 1178.

[2] Zu den Gründen für einen Einstieg ins Auslandsgeschäft vgl. *Müller-Gotthard*, VW 1984, S. 45; *Farny*, VW 1984, S. 31.

[3] Eine detaillierte Aufstellung des Prämienvolumens nach Regionen, Organisationen und Staaten findet sich in der Publikation "SIGMA" der Schweizerischen Rückversicherungs-Gesellschaft sowie im Internet unter der Adresse http://www.-swissre.com/portal. Danach betrug der Weltmarktanteil der Vereinigten Staaten am Prämienvolumen des Gesamtgeschäfts 1999 34,22 %, vgl. SIGMA 9/2000, S.27.

[4] Der Weltmarktanteil der Bundesrepublik Deutschland am Prämienvolumen des Gesamtgeschäfts betrug 1999 5,97%, vgl. SIGMA 9/2000, S. 27.

[5] Der Anteil der 15 Mitgliedstaaten der Europäischen Gemeinschaft am weltweiten Prämienvolumen betrug 1999 30,24 %, vgl. SIGMA 9/2000, S. 25; siehe dazu auch Gesamtverband der deutschen Versicherungswirtschaft (GDV), Die deutsche Versicherungswirtschaft im EG-Binnenmarkt (Schriftenreihe des Ausschusses Volkswirtschaft, Heft 15), 1993, S. 11 f.

Versicherungsaufsichtsrecht der beiden Staaten eine entsprechende Bedeutung zu. Aber nicht nur für die Versicherungsunternehmen, sondern auch für die jeweiligen Staaten ist die Versicherungsaufsicht aufgrund der besonderen volkswirtschaftlichen und sozialen Funktion des Versicherungswesens ein äußerst wichtiger Bereich der Wirtschaftsaufsicht. Innerhalb des Aufsichtsrechts wiederum ist es das Zulassungsrecht, mit dem am Marktzugang interessierte Unternehmen als erstes konfrontiert werden und mit dem der Staat eine erste Weichenstellung hinsichtlich der Struktur des von ihm ordnungsrechtlich angestrebten Versicherungsmarktes stellen kann. Aus diesem Grund konzentriert sich diese Arbeit allein auf das jeweilige Zulassungsrecht.

Ein Vergleich der Aufsichtssysteme Deutschlands und der Vereinigten Staaten ist aber auch noch aus einem weiteren Grunde - unabhängig von der wirtschaftlichen Bedeutung der entsprechenden Versicherungsmärkte - von besonderem rechtswissenschaftlichen Interesse. Grundsätzlich sind sich sowohl die Vereinigten Staaten als auch die Bundesrepublik Deutschland hinsichtlich ihres Staatsaufbaus ähnlich. Beide weisen eine föderalistische Grundstruktur auf, innerhalb derer eine grundsätzliche Kompetenzvermutung zugunsten der Gliedstaaten besteht und welche den Bund auf die Wahrnehmung derjenigen Aufgaben beschränkt, die diesem durch die jeweilige Verfassung zugewiesen werden[6]. Beiden Staaten ist weiterhin gemein, daß sich dieses in den jeweiligen Verfassungen vorgesehene Regel-Ausnahme-Verhältnis in der Verfassungswirklichkeit weitgehend in sein Gegenteil verkehrt hat[7].

Umso bemerkenswerter ist es, daß die Versicherungsaufsicht eines der wichtigsten Gebiete ist, in denen sich die Strukturen der öffentlichen Verwaltung beider Staaten trotz dieser grundsätzlichen Parallelen deutlich voneinander unterscheiden. Während in Deutschland das Versicherungswesen grundsätzlich vom Bundesaufsichtsamt für das Versicherungswesen kontrolliert wird, welches seine Kompetenzen aus dem Versicherungsaufsichtsgesetz des Bundes herleitet, liegt die Versicherungsaufsicht in den Vereinigten Staaten in den Händen der einzelstaatlichen Versicherungs-

---

[6] Für die Vereinigten Staaten finden sich die entsprechenden Regelungen unter Art. I Section 8 sowie Amendment X der Verfassung, während das deutsche Grundgesetz denselben Grundsatz in Art. 30 GG regelt.

[7] Vgl. dazu für die Bundesrepublik Deutschland, *Grubelt*, in: von Münch, GG, Art. 30, Rdn. 2; sowie für die Vereinigten Staaten, *Day*, S. 74 f.

aufsichtsbehörden, die gemäß den in den Versicherungskodifikationen der Bundesstaaten enthaltenen Vorgaben im wesentlichen unabhängig voneinander ihre Tätigkeit verrichten.

Dieser signifikante Unterschied der Aufsichtsmodelle hat schließlich durch die europäische Integration eine weitere Verschärfung erhalten. Spätestens mit Umsetzung der Dritten-Richtlinien-Generation kann in der Europäischen Gemeinschaft das nationale Aufsichtsrecht nicht mehr isoliert betrachtet werde. Die entsprechenden europarechtlichen Vorgaben haben nicht nur eine Angleichung der nationalen Versicherungsaufsichtsrechte und den Abbau der nationalen Schranken für Versicherungsdienstleistungen aus anderen Mitgliedstaaten bewirkt, sondern gleichsam auch wichtige Kompetenzen hinsichtlich des Marktzuganges von Versicherungsunternehmen aus Drittstaaten auf Organe der Europäischen Gemeinschaft transferiert. Dadurch ist der bereits bestehende Gegensatz zu den Vereinigten Staaten, in welchen die Kompetenz zur Beaufsichtigung des Versicherungswesens weiterhin bei den einzelnen Gliedstaaten liegt, noch zusätzlich verstärkt worden. So wird die Versicherungsaufsicht in Deutschland nunmehr nicht nur größtenteils zentral vom Bund ausgeführt, sondern ist hinsichtlich eines wichtigen Zulassungserfordernisses sogar auf die Ebene der supranationalen Europäischen Gemeinschaft übertragen worden.

In der vorliegenden Arbeit werden die historische Entwicklung, die Ziele sowie die konkreten Strukturen und Voraussetzungen des Zulassungsrechts der deutschen und der amerikanischen Versicherungsaufsicht dargestellt und verglichen. Ursachen und Auswirkungen der gefundenen Unterschiede werden mit dem Ziel untersucht, Erkenntnisse darüber zu gewinnen, welches der Aufsichtssysteme den Anforderungen einer immer stärker international agierenden Versicherungswirtschaft besser gerecht wird. Hinsichtlich des deutschen Aufsichtsrechts sind dabei vertiefend insbesondere Zulässigkeit und Möglichkeiten einer Übertragung von Kompetenzen auf die Europäische Gemeinschaft zu prüfen. Schließlich soll aufgezeigt werden, welchen Einfluß völkerrechtliche Liberalisierungsabkommen derzeit auf das Zulassungsrecht der beiden Staaten haben und tendenziell in der Zukunft haben werden.

Gegenstand der Arbeit ist allein die Aufsicht über das privatrechtliche Versicherungswesen, während die Sozialversicherung und das öffentlich-rechtliche Versicherungswesen ausgeklammert werden. Es muß allerdings festgestellt werden, daß die Sozialversicherung in den Vereinigten Staaten nicht in der Absolutheit aus dem Tätigkeitsfeld der privaten Versicherungswirtschaft herausfällt[8], wie dies in Deutschland der Fall ist[9]. So treten teilweise private Versicherungsunternehmen für bestimmte Bereiche der Sozialversicherung als Verwalter öffentlicher Versicherungsfonds auf. In diesem Fall sind diese Unternehmen jedoch an sehr starke staatliche Vorgaben gebunden.

---

[8] Vgl. *Lovett*, S. 335 ff.

[9] Vgl. *R. Schmidt*, in: Prölss, VAG, § 1 Rdn. 7.

Erster Teil
Entwicklung der Versicherungsaufsicht

Ausgangspunkt für die Untersuchung der Marktzugangs- und Zulassungsregelungen für ausländische Versicherungsunternehmen in Deutschland und den Vereinigten Staaten ist eine Darstellung ihrer rechtsgeschichtlichen Entwicklung innerhalb der jeweiligen Rechtsordnungen. Sowohl die historischen Rahmenbedingungen als auch die Rechtssysteme sind in beiden Staaten so unterschiedlich, daß für das Verständnis der gegenwärtigen Rechtslage sowie die Beurteilung von deren Weiterentwicklungsperspektiven eine Untersuchung der historischen Entwicklungslinien hilfreich, wenn nicht gar notwendig ist[10].

Dies gilt vor allem für das von der Rechtsmethodik des "Common Law" geprägte Rechtssystem der Vereinigten Staaten, in welchem der Rechtsgeschichte über die generelle Bedeutung hinaus eine besondere Rolle zukommt. Die Fallrechtsmethode basiert darauf, bei der Suche nach dem anzuwendenden Recht stets bei der ältesten Präzedenzentscheidung anzuknüpfen, um dann unter Beachtung einer Vielzahl von methodischen Grundsätzen eine rechtliche Grundlage zur Lösung des zu entscheidenden Falles zu erarbeiten[11]. Dazu ist es jedoch erforderlich, die jeweilige gerichtliche Entscheidung im Kontext mit ihren historischen Rahmenbedingungen zu sehen, um so Erkenntnisse sowohl über ihre Tragweite als auch über ihren konkreten Bedeutungsgehalt zu gewinnen.

Zwar gilt dies für das Versicherungsaufsichtsrecht der Vereinigten Staaten nicht in dem gleichen Maße wie für andere Rechtsbereiche, da hier bereits sehr früh mit der Kodifikation des Rechts begonnen und eine Verwaltungsorganisation aufgebaut wurde, der es obliegt, das geschriebene Recht im Einzelfall auszuführen. Dennoch kommt der Rechtsgeschichte auch in diesem Bereich ein wichtiger Stellenwert zu. Dies liegt zum einen daran, daß es sich bei den amerikanischen Versicherungsgesetzen größtenteils um eine systematische Zusammenfassung von Richterrecht handelt, so daß auch hier bei der Auslegung die historischen Zusammenhänge zu beachten sind. Zum anderen basiert das heutige Versicherungssystem der Vereinig-

---

[10] Zur generellen Notwendigkeit der Einbeziehung auch der Rechtsgeschichte in eine rechtsvergleichende Untersuchung, vgl. *Zweigert/Kötz*, S. 9 f.

[11] Zur Rechtsmethode des "Common Law" und insbesondere des amerikanischen Rechts, vgl. *Fikentscher*, Methoden des Rechts, S. 58 ff. und 256 ff.

ten Staaten im wesentlichen auf zwei Entscheidungen des obersten Gerichtshofs (Supreme Court of the United States), die nur aus ihrem historischen Zusammenhang verständlich sind.

Entsprechend bildet die geschichtliche Entwicklung dieses Rechtsgebietes innerhalb der beiden Rechtsordnungen den ersten Schwerpunkt der Untersuchung. Dabei gilt es, den teilweise vollzogenen Wandel der Funktion und Struktur des Versicherungsrechts im allgemeinen sowie des Zulassungsrechts im besonderen aufzuzeigen und anschließend zu vergleichen.

A. Deutschland

Im folgenden Abschnitt wird die Entwicklung der Versicherungsaufsicht in Deutschland von ihren ersten Anfängen im 18. Jahrhundert bis zu ihrer gegenwärtigen Integration im Rahmen der Europäischen Gemeinschaft dargestellt. Dazu ist notwendigerweise auch auf die wirtschaftspolitischen Hintergründe einzugehen, welche Art und Umfang der Kontrolle über Versicherungsunternehmen maßgeblich beeinflußt haben. Besonderes Augenmerk wird dabei bereits auf die Behandlung ausländischer Versicherer gelegt. Zunächst wird allerdings kurz auf die Ursprünge des Versicherungswesens eingegangen, um so der weiteren Darstellung eine historische Basis zu geben.

I. Ursprünge des Versicherungswesens

Der Grundgedanke der Versicherung ist sehr alt und begleitet die Menschheit seit der Frühgeschichte. Bereits in dieser Epoche gab es unterschiedliche Formen des menschlichen Gemeinschaftslebens, wie die Familie, die Sippe und den Stamm, für deren Mitglieder die gemeinsame Bewältigung wirtschaftlicher Gefahren selbstverständliche Pflicht war[12]. Allerdings war für diese natürlichen Gefahrengemeinschaften die Abwehr oder Milderung bestimmter Gefahren aus den Mitteln des Zusammenschlusses nur ein Zweck unter vielen.

[12] Vgl. *Büchner*, in: Versicherungsenzyklopädie, Bd. I, Teil B, S. 313; *Tigges*, S. 3.

Erste Überlieferungen über genossenschaftliche Zusammenschlüsse, deren alleiniger oder mitbestimmender Zweck die Abwehr wirtschaftlicher Folgen konkreter Gefahren war, gibt es aus der Antike[13]. So gab es in der römischen Kaiserzeit sogenannte „collegia tenuiorum", die den Hinterbliebenen ihrer Mitglieder gegen Entrichtung von Eintrittsgeld und monatlicher Beiträge im Todesfall ein Begräbnisgeld auszahlten[14]. Vergleichbare Aufgaben übernahmen im Mittelalter die Gilden, bei denen sich die meist auf berufständischer Weise verbundenen Mitglieder zu gegenseitigem Beistand verpflichteten[15].

Ebenfalls in der Antike finden sich die ersten gesetzlichen oder vertraglichen Regelungen für die Verteilung wirtschaftlicher Risiken im Handelsverkehr. So enthält das Gesetzbuch des babylonischen Königs Hammurabi die Bestimmung, daß diejenige Stadt, in der ein reisender Kaufmann seines Eigentums beraubt wurde, diesen zu entschädigen habe[16]. Auch das Seerecht der Insel Rhodos, einer der führenden Handelsmächte im 3. Jahrhundert vor Christus, statuierte, daß dann, wenn zur Rettung aus Seenot Ladegut über Bord geworfen werden mußte, der dadurch entstandene Schaden gemeinschaftlich zu tragen sei[17]. Erste Ansätze einer vertraglichen Risikoübernahme gegen Zahlung eines Entgelts sind für das Seedarlehen oder „foenus nauticum" nachweisbar, welches aus griechischer Verkehrsübung[18] in das römische Recht übernommen wurde[19]. Hierbei gewährte ein Geldgeber dem Unternehmer einer Seereise ein Darlehen, das nur dann verzinst zurückgezahlt werden mußte, wenn das Transportgut ohne Verlust und Beschädigung im Bestimmungshafen angekommen war. Auch wenn dieses spekulative Handelsgeschäft noch nicht als Versicherungsvertrag anzusehen ist, so bildet diese Form der vertraglichen Risikoübernahme, bei der die Zinsen praktisch eine nach-

---

[13] *Büchner*, in: Versicherungsenzyklopädie, Bd. I, Teil B, S. 313.

[14] *Manes*, S. 14.

[15] Eine Verbindung zwischen den römischen Collegia und den mittelalterlichen Gilden ist nicht unwahrscheinlich, aber nicht belegbar, vgl. *Vance*, 8 Columbia Law Review 1908, S. 4.

[16] *Vance*, 8 Columbia Law Review 1908, S. 4.

[17] *Büchner*, in: Versicherungsenzyklopädie, Bd. I, Teil B, S. 313.

[18] Die griechische Verkehrsübung soll ihrerseits Vorbilder in den Handelsbräuchen der Phönizier gehabt haben, vgl. *Büchner*, in: Versicherungsenzyklopädie, Bd. I, Teil B, S. 313.

[19] *Tigges*, S. 4.

träglich entrichtete Prämie für das übernommene Risiko darstellen, einen ersten Ansatz für die spätere Ausbildung einer richtigen Seeversicherung[20]. Der Grundgedanke der Versicherung - als einer Vereinbarung, wonach eine Person, die einer bestimmten Gefahr ausgesetzt ist, dann entschädigt werden soll, wenn sich diese Gefahr konkretisiert - war somit bereits in der Antike bekannt und wurde auch erheblich genutzt. Dieses führte aber noch nicht zu einer gewerblichen Nutzung im Sinne eines auf kaufmännisch vertraglicher Grundlage betriebenen Versicherungszweiges[21].

Ein solcher entwickelte sich erst im Mittelalter in den Handelsstädten des Mittelmeerraums, wo zum einen römische Rechtsanschauungen wie das „foenus nauticum" weiterhin eine bedeutende Rolle spielten und zum anderen reger Seehandel betrieben wurde. Ausgelöst durch das Verbot des Seedarlehens durch den Papst im Rahmen der Erweiterung des kanonischen Zinsverbots um 1230, wurden die Vertragsformen derart geändert, daß zum einen statt Zinsen Prämien gezahlt wurden und zum anderen die Geldsumme erst im Schadensfall ausgezahlt wurde. Zudem reduzierten sich die Risiken der Seefahrt aufgrund des Fortschritts im Schiffbau derart, daß eine Risikoverteilung ökonomisch möglich wurde und das spekulative Element in den Hintergrund drängte[22]. Schließlich wurden gegen Ende des 14. Jahrhunderts in Genua[23] und anderen Seehandelsplätzen Italiens die ersten echten Seeversicherungsverträge abgeschlossen. Von Italien aus verbreitete sich die Seeversicherung zuerst im Mittelmeerraum sowie anschließend in West- und Mitteleuropa.

Auch die erste Gesetzgebung hinsichtlich des Versicherungswesens, ebenfalls aus dem letzten Quartal des 14. Jahrhunderts, deren Ziel das Verbot der Versicherung ausländischer Schiffe war, stammt aus Genua[24]. Ferner gab es Einzelvorschriften bezüglich der Form, der Bedingungen sowie der Versteuerung von Versicherungen. Das erste umfassende versicherungsrechtliche Gesetzeswerk waren jedoch die Ordonanzen von Barcelona in den Jahren 1435 - 1484, welche großen Einfluß auf das

---

[20] Vgl. *Büchner*, in: Versicherungsenzyklopädie, Bd. I, Teil B, S. 313.

[21] Vgl. *Vance*, 8 Columbia Law Review 1908, S. 6.

[22] *Patterson*, S. 514.

[23] Vgl. *Holdsworth*, 17 Columbia Law Review 1917, S. 90; *von Gierke*, S. 12.

[24] *Holdsworth*, 17 Columbia Law Review 1917, S. 93.

Versicherungsrecht im restlichen Europa hatten, da sie zusammen mit dem Consolato del Mare gedruckt und veröffentlicht wurden[25].

Die wahrscheinlich früheste Regelung über die Einrichtung einer Behörde zur Regulierung und Kontrolle des Versicherungsgewerbes findet sich in den Florentinischen Gesetzen von 1523[26]. Diese hatte unter anderem die Befugnis, nicht dem Standard entsprechende Vertragsklauseln abzulehnen sowie Prämien festzulegen. Es ist daher festzustellen, daß die Versicherungsaufsicht - auch in Details - keine Erfindung des 19. Jahrhunderts ist, sondern bereits eine wesentlich längere Tradition besitzt.

In Deutschland jedoch blieb die Entwicklung des Versicherungswesens hinter den anderen europäischen Staaten zurück. Zum einen hatten die jeweiligen Regierungen wenig Interesse an diesem Wirtschaftszweig, zum anderen stieß die Idee der Versicherung auch bei der Bevölkerung auf Ablehnung. Nach deren Verständnis waren Schicksalsschläge als von Gott gewollt hinzunehmen, so daß eine hinsichtlich dieser getroffene Absicherung als sündhaft empfunden wurde[27]. Lediglich in Hamburg gab es einzelne Kaufleute, die das Versicherungsgeschäft betrieben, und sogenannte Brandgilden, bei denen die Mitglieder nach dem Prinzip gegenseitiger Gefahrtragung versichert waren[28].

II. Kameralismus

Erst im Laufe des 18. Jahrhunderts erlebte der Versicherungsgedanke in den deutschen Kleinstaaten einen ersten Aufschwung. Hintergrund hierfür waren zum einen das Aufkommen des Kameralismus, einer spezifisch deutschen Spielart des europäischen Merkantilismus[29], sowie zum anderen die andauernden Folgen des Dreißigjährigen Krieges.

---

[25] *Holdsworth*, 17 Columbia Law Review 1917, S. 94.

[26] *Patterson*, S. 515.

[27] *Arps*, Pfeiler, S. 16 ff.

[28] Im Jahre 1591 schlossen einige Hauseigentümer in Hamburg den ersten nachweisbaren Feuerkontrakt. Mehrere solcher Kontrakte wurden 1676 zu einer "General-Feuer-Cassa" zusammengefaßt, aus der schließlich die noch heute als modernes Versicherungsunternehmen existierende Hamburger Feuerkasse hervorgegangen ist, vgl. *Finke*, in: HdV, Bd. I, S. 795.

[29] *Schieder*, Handbuch der europäischen Geschichte, Band 4, S. 411.

Der Kameralismus entwickelte sich in den Territorialstaaten und diente in erster Linie der Herstellung einer inneren und äußeren Autarkie. Um dieses Ziel zu erreichen, bestand die Hauptaufgabe der Wirtschaftspolitik darin, durch eine entsprechende Steuer- und Finanzpolitik den Nationalwohlstand zu fördern. Der Grundgedanke dabei war, daß sich bei einer Steigerung des allgemeinen Volkswohlstandes auch die Steuerfähigkeit der einzelnen Untertanen verbessere, welches schließlich die fürstlichen Schatzkammern (camera) füllen würde. Die Kameralisten erkannten dabei, daß für diese Ziele die Einrichtung von Versicherungen nützlich sein könnte. So konnte durch die Einführung der Feuerversicherung nicht nur verhindert werden, daß der jeweilige Landesfürst die Betroffenen aus der Staatskasse unterstützen mußte, sondern es bewirkte vielmehr auch, daß diese aufgrund des Schadensersatzes aus der Brandkasse weiterhin Steuern und Abgaben zahlen konnten. Ähnliche Überlegungen gab es auch hinsichtlich der Hagel-, Ernte- und Viehversicherungen.

Daneben spielte die „Peuplierungspolitik" eine besondere Rolle, durch welche die nach dem Dreißigjährigen Krieg durch Kämpfe, hohe Sterblichkeit und niedrige Geburtsraten radikal verminderte Bevölkerung wieder vermehrt werden sollte[30]. Geleitet von entsprechenden bevölkerungspolitischen Erwägungen sollte durch Witwen-, Waisen- und Aussteuerkassen die Heiratswilligkeit junger Frauen gefördert werden[31].

Die derart gegründeten Versicherungen wurden in der Form staatlicher Anstalten betrieben. Schließlich entsprach lediglich die staatlich betriebene Monopolversicherung den wirtschaftspolitischen Zielsetzungen des Kameralismus, wonach die Versicherung in erster Linie als direkte Einnahmequelle des jeweiligen Fürsten dienen sollte. Auch hinsichtlich der staatspolitischen Ziele, die man mit der Einrichtung von Witwen- und Aussteuerkassen verfolgen wollte, hielten die Kameralisten einzig die öffentliche Anstalt für ausreichend vertrauenserweckend und sicher[32]. Darüber hinaus eröffnete diese Form die Möglichkeit, die Bürger auch gegen ihren Willen zu einer Versicherung zu zwingen[33]. Folglich bestand

---

[30] *Schieder*, Handbuch der europäischen Geschichte, Band 4, S. 386.

[31] *Tigges*, S. 7; *Braun*, S. 211.

[32] *Weber*, S. 107.

[33] Insbesondere bei der Feuerversicherung hielten die Kameralisten einen Versicherungszwang für unerläßlich, mit dem Erfolg, daß es gegen Ende des 18. Jahrhunderts

aufgrund des unmittelbaren staatlichen Einflusses auch kein Bedürfnis einer besonderen Beaufsichtigung.

III. Liberalismus

Mit Beginn des 19. Jahrhunderts wichen die merkantilistischen Ideen von staatlicher Lenkung im Bereich von Handel und Gewerbe dem sich in Europa ausbreitenden Liberalismus und ermöglichten so das Entstehen einer privaten Versicherungswirtschaft. Insbesondere Reichsfreiherr vom Stein und Fürst von Hardenberg nahmen die Theorie einer verkehrswirtschaftlichen Marktordnung des Engländers Adam Smith auf und ergriffen als preußische Minister die von ihnen als notwendig erkannten wirtschaftspolitischen Maßnahmen. Wenn auch diese liberale Grundhaltung nicht in allen deutschen Staaten anzutreffen war und es auch noch eine Zeit dauerte, bis sich diese Ideen in der Praxis niederschlugen, so begann doch - als Folge der Stein-Hardenbergschen Gesetzgebung - eine Entwicklung, die zum Aufblühen der privaten Versicherungsunternehmen führen sollte[34].

Aufgrund der weiterhin bestehenden staatlichen Immobiliarfeuerversicherungen gab es auf diesem Gebiet kaum Betätigungsmöglichkeiten für private Versicherungsunternehmen. Anders sah es im Bereich der Mobiliarfeuerversicherung aus, jedoch bestand an dieser aufgrund der untergeordneten Rolle beweglicher Güter zunächst kaum Bedürfnis. Davon unterschied sich jedoch die Situation in der Hansestadt Hamburg[35]. Aufgrund der besonderen Bedürfnisse der Kaufleute hatte sich hier bereits 1765 die „Erste Hamburger Assekuranz-Kompanie für Seerisiko und Feuergefahr" in der Form einer Aktiengesellschaft gegründet, der weitere Gründungen folgten[36]. Diese besonderen Umstände nutzten auch

---

kaum mehr Gebäude in Deutschland gab, die nicht gegen Brand versichert waren, vgl. dazu *Tigges*, S. 10.

[34] *Tigges*, S.23.

[35] Ein Bericht aus dem Jahre 1799 sagt, dort gebe es niemand, der nicht, wenn er einen Besitz von hundert Talern habe, seine Güter gegen Feuergefahr versichern lasse. Man würde es in Hamburg einem Kaufmann, der durch Brand unglücklich würde, als Verbrechen anrechnen, wenn er nicht versichert hatte (Reichs-Anzeiger vom 29.4.1799, zitiert nach Neumanns Zeitschrift 1908 S. 370), vgl. *Arps*, Pfeiler, S. 42.

[36] Vgl. dazu *Helmer*, S. 114; *Bues*, S. 52.

ausländische - vornehmlich englische - Gesellschaften und gründeten Niederlassungen und Agenturen in Hamburg[37]. Von dort aus dehnten sie sich in andere deutsche Städte aus und weckten insbesondere in Kaufmannskreisen ein entsprechendes Bedürfnis an der Mobiliarversicherung[38]. Sowohl die sehr hohen Prämien der ausländischen Versicherer als auch die Tatsache, daß der daraus erzielte Gewinn ins Ausland abfloß, sowie das stetig wachsende Bedürfnis nach Mobiliarversicherung förderte die Bestrebungen, eigene Versicherungsgesellschaften zu gründen[39]. Konsequenterweise kam es in der Folgezeit zu einer Gründungswelle von Mobiliarversicherungen in den deutschen Staaten[40].

Die Zulassung zum Geschäftsbetrieb richtete sich bei inländischen Versicherungsunternehmen nach den Grundsätzen des Octroi-Verfahrens. Die Gründung einer neuen Gesellschaft war regelmäßig an eine staatliche Genehmigung gebunden. Dabei handelte es sich nicht um ein spezifisch versicherungsrechtliches Verfahren, sondern vielmehr um einen Bestandteil des alten obrigkeitsstaatlichen Aufsichtsrechts über die wirtschaftliche Tätigkeit der Untertanen[41]. Folglich wurde die Erteilung der Genehmigung kaum von der Erfüllung spezieller versicherungstechnischer Erfordernisse abhängig gemacht, vielmehr mußten die um Konzession nachsuchenden Unternehmen den Landesherrn überzeugen, daß das zu gründende Unternehmen einen gemeinnützigen Zweck verfolgt. Der laufende Geschäftsbetrieb wurde nur sehr unregelmäßig und in unterschiedlicher Intensität überwacht. Die jeweiligen Staatsregierungen ließen manche Versicherungsgesellschaften gänzlich unbeaufsichtigt, anderen ordneten sie sogenannte Kommissare bei, welche, mit unterschiedlichen Befugnissen ausgerüstet, Einsichts- und Kontrollrechte wahrnehmen sollten[42].

---

[37] Die Verbindung zu England war derart intensiv, daß Arps Hamburg als „Vorort Englands, auch in Versicherungsdingen und besonders in der Versicherungsgesinnung" bezeichnet, vgl. *Arps*, Pfeiler, S. 42.

[38] *Tigges*, S. 24.

[39] *Bues*, S. 52

[40] Unter anderen Berlinische Feuer-Versicherungs-Anstalt (1812), Leipziger Feuerversicherungsanstalt (1819), Vaterländische Feuerversicherungs-Aktiengesellschaft in Elberfeld (1822), Aachener und Münchner Feuerversicherungsgesellschaft in Aachen (1825).

[41] *Tigges*, S. 43.

[42] *Tigges*, S. 44.

In der Folgezeit kam es aufgrund der von den neuen Versicherungsunternehmen verfolgten Wachstumspolitik zu einem aggressiven Konkurrenzkampf mit den dafür typischen Begleiterscheinungen. Insbesondere die Agenten, die von den Unternehmen in großer Zahl eingestellt wurden, waren oft nur mit geringer Sorgfalt ausgesucht worden und dachten nur an den eigenen Vorteil. Da die Provisionseinnahmen mit der Höhe der abgeschlossenen Versicherungssumme stiegen, kam es daher häufig zu Über- und Doppelversicherungen[43]. Zudem vermehrte sich auf der anderen Seite auch die Zahl der Spekulationsbrände durch die Versicherungsnehmer[44]. Um dieser Auswüchse des Mobiliarversicherungswesens Herr zu werden, verabschiedete Preußen 1837 das „Gesetz über das Mobiliar-Feuer-Versicherungswesen“[45]. Auch die meisten anderen deutschen Staaten erließen früher oder später entsprechende Gesetze, deren Inhalte sich im wesentlichen ähneln[46].

Neben einem generellen Verbot von Über- und Mehrfachversicherungen führten die Feuerversicherungsgesetze auch eine sogenannte Präventivkontrolle ein. Dadurch waren die Agenten verpflichtet, ihre Versicherungsanträge der jeweiligen Ortspolizeibehörde zur Prüfung vorzulegen und eine entsprechende Unbedenklichkeitsbescheinigung abzuwarten, bevor sie die Versicherungspolicen an die Versicherungsnehmer aushändigen konnten[47]. Darüber hinaus wurde den Agenten eine generelle Konzessionspflicht auferlegt. Diese verpflichtete die Agenten, bei der Regierung ihres Wohnsitzes eine Genehmigung für ihre Tätigkeit zu beantragen, sowie über ihre die Feuerversicherung betreffenden Geschäfte Bücher zu führen, welche jederzeit von der zuständigen Behörde eingesehen werden konnten[48]. Schließlich wurden auch die ausländischen Versicherungsgesellschaften einer besonderen Konzessionspflicht unter-

---

[43] *Bues*, S. 66.

[44] Tigges bezeichnet den Zustand der Feuerversicherung zu diesem Zeitpunkt als Hasardspiel auf beiden Seiten, vgl. *Tigges*, S. 28.

[45] Vom 8.5.1837, Gesetz-Sammlung für die Königlich Preußischen Staaten, S. 102.

[46] Vgl. zu den einzelnen Gesetzen *Tigges*, S. 29.

[47] Vgl. § 14 des preußischen „Gesetz über das Mobiliar-Feuer-Versicherungswesen“ von 1837.

[48] Vgl §§ 7, 8 und 13 des preußischen „Gesetz über das Mobiliar-Feuer-Versicherungswesen“ von 1837.

worfen[49]. Um die Konzession zu erlangen, mußten die Gesellschaften ihre Statuten, Versicherungsbedingungen und Policen vorlegen. Außerdem mußten Aktiengesellschaften die Höhe ihres Aktienkapitals und des Reservefonds nachweisen, Gegenseitigkeitsgesellschaften den Umfang des gezeichneten Versicherungskapitals und der Prämieneinnahmen eines Jahres darlegen[50]. Von diesen Regelungen waren nicht nur Versicherungsunternehmen anderer Nationen, sondern auch Gesellschaften aus anderen deutschen Staaten betroffen. Dies hatte zur Folge, daß sich ein Versicherungsunternehmen, das seinen Geschäftsbetrieb auf andere deutsche Staaten ausdehnen wollte, in jedem dieser Staaten um eine entsprechende Konzession bemühen mußte[51].

Die Wirkungen der gesetzlichen Regelungen waren unterschiedlich. Insbesondere die Präventivkontrolle konnte nicht die erhofften Erfolge herbeiführen[52], sondern wirkte vielmehr hemmend auf den Abschluß von Neuversicherungen. Viele potentielle Versicherte vermuteten hinter der Überprüfung durch die Polizeibehörden eine versteckte Steuerkontrolle. Da man wußte, daß sich die einheimischen Gesellschaften den landesgesetzlichen Bestimmungen kaum entziehen konnten, glaubten die Versicherungssuchenden, bei den ausländischen Versicherungsunternehmen weniger der Gefahr einer Steuerkontrolle ausgesetzt zu sein. Die Konsequenz war, daß entgegen der Absicht des Gesetzgebers viele Versicherungsnehmer zu ausländischen Gesellschaften abwanderten[53]. Auf der anderen Seite konnte die Konzessionspflicht für ausländische Feuerversicherungsunternehmen die Wettbewerbssituation der einheimischen Gesellschaften verbessern[54]. Allerdings darf dabei nicht verkannt werden, daß das Konzessionssystem nicht als Schutzmaßnahme zugunsten der Versicherten, sondern als Mittel zur Protektion der einheimischen Versicherungsgesellschaften geschaffen worden ist. Es ist daher auch nicht sonderlich erstaunlich, daß es in diesem Sinne lediglich als Mittel

---

[49] Vgl. § 6 des preußischen „Gesetz über das Mobiliar-Feuer-Versicherungswesen" von 1837.

[50] Vgl. preußische Ministerial-Instruktion vom 10.6.1837.

[51] *Tigges*, S. 33.

[52] Insbesondere eine Verringerung der Spekulationsbrände ließ sich nicht verzeichnen, vgl. *Bues*, S. 68.

[53] *Tigges*, S. 35.

[54] In Preußen blieben von den 27 nicht preußischen Unternehmen nur sechs deutsche und drei englische Gesellschaften nach Erlaß des Gesetzes übrig, vgl. *Tigges*, S. 36.

staatlicher Macht und mit der Konsequenz gebraucht wurde, daß es zu regelrechten „Konzessionskriegen"[55] zwischen den einzelnen Staaten kam.

IV. Zweite Hälfte des 19. Jahrhunderts

Eine erste Veränderung der Verhältnisse trat 1843 ein, als Preußen das Gesetz über Aktiengesellschaften[56] erließ, durch welches das Octroi-Verfahren durch das Konzessionssystem abgelöst wurde. Aufgrund des wachsenden Kapitalbedarfs der Unternehmen und der Vielzahl von Gründungen im Zuge der fortschreitenden Industrialisierung sah sich der Gesetzgeber gezwungen, das allgemein als hinderlich empfundene System der Erteilung von Einzelprivilegien zu ändern. Der Vorteil des neueingeführten Konzessionssystems bestand darin, daß die Genehmigung von Aktiengesellschaften nunmehr aufgrund einer allgemeinen gesetzlichen Grundlage erging. Für die Versicherungswirtschaft bedeutete der Erlaß des Aktiengesetzes von 1843 keine wesentliche Verbesserung. Trotz der Normierung der Entstehungsvoraussetzungen für die von den Versicherern überwiegend genutzte Gesellschaftsform blieb das allgemeine Aufsichtsrecht der Staaten unberührt[57]. Weiterhin bestimmten die Konzessionsurkunden, ob und in welcher Form eine Beaufsichtigung der Versicherungsunternehmen erfolgen sollte[58].

Diese umfassende staatliche Oberaufsicht der Versicherungswirtschaft nach dem Maßstab des Gemeinwohls wurde in der Folgezeit heftig kritisiert. Das Recht, einseitig zu bestimmen, was dem jeweiligen Gemeinwohl entspreche, sei ein überkommenes Recht des Monarchen, mit der Einführung der konstitutionellen Monarchie und der Übertragung hoheitlicher Befugnisse auf das Parlament könne nunmehr nur noch das im Gesetz verfestigte Gemeinwohl Maßstab einer Aufsicht sein[59]. Hinsichtlich der Ausgestaltung entsprechender Regelungen wurden Vorschläge unterbreitet, die von einer gänzlichen Liberalisierung des Versicherungs-

[55] *Arps*, Pfeiler, S. 47.

[56] Vom 9.11.1843, Gesetz-Sammlung für die Königlich Preußischen Staaten, Nr. 31, S. 341.

[57] Vgl. *Bullinger*, VVDStRL 1965, S. 279.

[58] Vgl. *Bullinger*, VVDStRL 1965, S. 279.

[59] *Bullinger*, VVDStRL 1965, S. 280.

wesens bis zu Systemen unterschiedlich intensiver materieller Staatsaufsicht reichten[60]. Gemein war allen jedoch, daß Sinn und Zweck einer Beaufsichtigung der Schutz der Beteiligten, insbesondere der Versicherungsnehmer, sein sollte und nicht eine von Skepsis und Ablehnung getragene Bevormundung[61]. Somit war der Ansatz zu einer neuen Konzeption von Aufsicht zumindest theoretisch vollzogen.

Allerdings trat zunächst eine Verschärfung durch das „Gesetz betreffend den Geschäfts-Verkehr der Versicherungs-Anstalten" von 1853[62] ein, welches das Konzessionserfordernis auf alle schon bestehenden Gesellschaften ausweitete. Jedoch ging auch aus diesem Gesetz nicht hervor, unter welchen Bedingungen eine Genehmigung erteilt werden sollte. Das Gesetz brachte somit keine Verbesserung, es verfestigte vielmehr die uneinheitliche Beaufsichtigungspraxis. Zudem vergrößerten sich auch noch die Unterschiede der einzelstaatlichen Gesetzgebungen, da sich einige Staaten Preußen anschlossen und ein allgemeines Konzessionserfordernis schufen, andere hingegen beließen es bei den Regelungen der Feuerversicherungsgesetze aus den dreißiger Jahren, wiederum andere schlugen irgendeinen Mittelweg ein[63]. Es ist daher auch nicht verwunderlich, daß die Kritik an den teilweise willkürlichen Konzessionspraktiken sowie der immer noch bestehenden Präventivkontrolle, zumal begünstigt durch die wachsende Popularität einer liberaleren Wirtschaftspolitik, beständig zunahm. Erstes Zeichen einer Wende war ein preußischer Erlaß aus dem Jahre 1859, nach welchem die Bedürfnisfrage künftig weder bei der Zulassung neuer Versicherungsgesellschaften noch bei der Errichtung neuer Agenturen gestellt werden sollte[64]. Zwei Jahre später wurde in Preußen auch die Konzessionspflicht für alle Versicherungsagenten aufgehoben[65]. Auch in den anderen deutschen Staaten begann mit dem Ende der fünfziger Jahre ein entsprechender Umschwung zugunsten einer liberaleren Versicherungsaufsicht.

---

[60] Insbesondere Robert von Mohr, der als theoretischer Begründer der Versicherungsaufsicht in Deutschland gilt.

[61] *Tigges*, S. 50.

[62] Vom 17.5.1853, Gesetz-Sammlung für die Königlich Preußischen Staaten, S.293.

[63] *Tigges*, S. 53.

[64] Erlaß vom 2.7.1859 abgedruckt bei *Doehl*, S. 59.

[65] Gesetz vom 22.5.1861, Gesetz-Sammlung für die Königlich Preußischen Staaten, S. 442.

Mit der Errichtung des Norddeutschen Bundes im Jahre 1866 schien schließlich sogar eine Gelegenheit für die Schaffung eines einheitlichen liberaleren Versicherungsrechtes gekommen. Die Regierungen erkannten ein entsprechendes Bedürfnis an und schufen die verfassungsrechtlichen Voraussetzungen. In Artikel 4 Ziffer 1 der Bundesverfassung bestimmten sie, daß die Vorschriften über den Betrieb des Versicherungswesens der Beaufsichtigung und Gesetzgebung des Bundes unterlagen. Die Materie war jedoch derart schwierig, daß sich schnell abzeichnete, daß ein entsprechendes Gesetz noch länger auf sich warten lassen würde[66]. Es wurde daher auf einzelstaatlicher Seite darüber nachgedacht, ob nicht trotz der nunmehr in der Bundesverfassung verankerten Zuständigkeit der Bundesgesetzgebung aufgrund des dringenden Bedürfnisses auch einzelstaatliche Partikulargesetze erlassen werden könnten. In Preußen setzte sich diese Auffassung mit der Folge durch, daß dort im Jahre 1869 dem Landtag zwei entsprechende Gesetzentwürfe vorlagen, die den Geschäftsverkehr der Versicherungsanstalten und das Feuerversicherungswesen zum Gegenstand hatten[67]. Beide Entwürfe sahen grundlegende Änderungen vor, die den liberalen Zeitgeist widerspiegelten. So sollte das Konzessionserfordernis privater Versicherungsunternehmen entfallen[68] und durch ein Normativsystem ersetzt werden. Allerdings sollte die Eintragung in ein dem Handelsregister nachgebildetes Versicherungsregister erst dann erfolgen, wenn das Unternehmen einige Normativvoraussetzungen, wie die Regelung des Fonds, die Rechnungslegung und die Aufstellung einer Bilanz erfüllte[69]. Auch für ausländische Gesellschaften sollte das Konzessionserfordernis abgeschafft werden. Zusätzlich zu den für alle Gesellschaften geltenden Normativbestimmungen sollten auch noch zusätzliche Auflagen erfüllt werden, um die Interessen der

---

66 Sowohl bei den Beratungen hinsichtlich einer Gewerbeordnung als auch bezüglich des Allgemeinen Deutschen Handelsgesetzbuches nahm man das Versicherungswesen wegen seiner Komplexität ausdrücklich aus.

67 Gesetzentwurf der Königlich Preußischen Staatsregierung betreffend den Geschäftsverkehr der Versicherungsanstalten vom 1.2.1869 und Gesetzentwurf der Königlich Preußischen Staatsregierung betreffend das Feuerversicherungswesen vom 1.2.1869 (Anlagen zu den Stenographischen Berichten über die Verhandlungen des Hauses der Abgeordneten, II. Session, 3. Band, Nr. 256).

68 Art. I des Entwurfs über den Geschäftsverkehr der Versicherungsanstalten.

69 Art. II, IV, VI, VII und VIII des Entwurfs über den Geschäftsverkehr der Versicherungsanstalten.

inländischen Versicherungsnehmer zu wahren[70]. Der Gesetzentwurf hinsichtlich des Feuerversicherungswesens beinhaltete die Abschaffung der Präventivkontrolle. Zu einer Verabschiedung dieser Gesetzentwürfe kam es jedoch nicht, da die Mitgliedstaaten des Norddeutschen Bundes inzwischen den Erlaß eines bundeseinheitlichen Versicherungsgesetzes verlangten[71]. Auch wenn die preußische Gesetzvorlage im Stadium eines Entwurfes steckenblieb, so ist doch erstmals ein detaillierter Vorschlag für die Aufsichtsgesetzgebung gemacht worden, der zudem die weiteren Arbeiten an einer einheitlichen Gesetzgebung ins Rollen gebracht hat.

Die Gründung des Deutschen Reichs von 1871 fügte der praktischen Notwendigkeit einer einheitlichen Versicherungsgesetzgebung noch eine rechtspolitische hinzu. Die Reichsverfassung von 1871 hatte nämlich nicht nur den Artikel 4 der Verfassung des Norddeutschen Bundes, welcher die Zuständigkeit des Bundes für die Gesetzgebung des Versicherungswesens begründete, entsprechend übernommen, sondern auch noch ein Gleichbehandlungsgebot[72] für die einzelnen Staaten neu aufgenommen. Trotzdem hatten die Politiker in der Folgezeit, insbesondere wegen des Krieges mit Frankreich, nicht genügend Zeit, um sich mit der Versicherungsgesetzgebung zu befassen. Die theoretische Diskussion wurde hingegen zunehmend heftiger geführt und schwankte zwischen dem durch den Aufschwung begünstigten Liberalismus der siebziger Jahre[73] und Verstaatlichungsideen der achtziger Jahre[74], welche wiederum durch das sich verschlechternde Ansehen der privaten Versicherer Aufwind bekamen.

Die Hoffnungen hinsichtlich der Entwicklung eines einheitlichen Versicherungsgesetzes wurden 1879 durch ein Rundschreiben des Reichskanzlers an sämtliche Bundesregierungen, welches jedoch nicht von Bismarck selbst[75], sondern durch einen Unterstaatssekretär verfaßt worden war, bestärkt. Dieses folgte eher liberalen Grundtendenzen und enthielt eine Aufzählung der wesentlichen Problempunkte. Es sollte der Ausgangs-

[70] Art. XVI des Entwurfs über den Geschäftsverkehr der Versicherungsanstalten.

[71] Vgl. *Büchner*, in: 50 Jahre I, S. 11.

[72] Art. 3 Abs. I der Reichsverfassung von 1871.

[73] Vgl. *Arps*, Pfeiler, S. 36 ff.

[74] So insbesondere durch Adolph Wagner, vgl. *Arps*, Pfeiler, S. 88.

[75] *Arps*, Pfeiler, S. 60.

punkt für weitere Verhandlungen über den Erlaß eines Reichsgesetzes über das Versicherungswesen werden[76]. Im Anschluß an ein weiteres Rundschreiben wurde der spätere Präsident des Reichsversicherungsamts Bödiker mit der Aufgabe betraut, einen Gesetzentwurf vorzubereiten[77]. Ein Gesetzentwurf wurde auch vorgelegt und erörtert, zu einer Verabschiedung kam es jedoch nicht. Der Grund dafür lag in der negativen Einstellung Bismarcks zum privaten Versicherungswesen. Er stand dem Gedanken einer Verstaatlichung des Versicherungswesens sehr nahe, welche die Beaufsichtigung privater Versicherungsunternehmen überflüssig gemacht hätte[78]. In diesem Sinne ergeht auf Bismarcks Veranlassung 1883 ein Rundschreiben, in dem um Stellungnahme zu dem Plan einer Verstaatlichung der gesamten Feuerversicherung gebeten wird[79]. Bismarcks Verstaatlichungsideen sind jedoch nicht erfolgreich und verlieren schließlich mit seinem Rücktritt auch ihren stärksten Förderer[80].

V. Versicherungsaufsichtsgesetz von 1901

Die weiterhin bestehenden Mißstände, die sich aus der Verschiedenartigkeit der Gestaltung des Versicherungsrechts innerhalb des Deutschen Reichs ergaben und die sich durch das Entstehen ständig neuer Versicherungszweige am Ende des 19. Jahrhunderts[81] noch verstärkten, zwangen die Regierung zu einem neuerlichen Versuch, ein einheitliches Versicherungsaufsichtsrecht zu verabschieden. Im November 1898 wurde ein erster Entwurf eines Reichsgesetzes über das Privatversicherungswesen veröffentlicht[82], welchem im wesentlichen der alte Entwurf Bödikers aus dem Jahre 1883 zugrundelag. Dieser wurde mit nur geringfügigen Änderungen als Regierungsentwurf im November 1900 dem Reichstag vorgelegt. Entsprechend dem ursprünglichen Entwurfs Bödikers basierte auch dieser auf dem Prinzip materieller Staatsaufsicht und hielt am

[76] *Tigges*, S. 72.

[77] *Bödiker*, S. 41.

[78] *Tigges*, S. 74; vgl. auch *Arps*, Pfeiler, S. 81 ff.

[79] *Tigges*, S. 76.

[80] *Arps*, Pfeiler, S. 109.

[81] So z.B. hinsichtlich Einbruchsdiebstahls 1895, hinsichtlich Sturms 1898 sowie bezüglich von Maschinen 1900.

[82] Reichsanzeiger vom 26.11.1898, Nr. 280, Beilage I und II.

Konzessionssystem fest. Allerdings sollte die Konzession nur dann versagt werden, wenn erhebliche Bedenken gegen die finanziellen Grundlagen des Unternehmens, die Zuverlässigkeit des Unternehmers oder die allgemeinen Versicherungsbedingungen bestanden[83]. Das Prinzip der Publizität hielt der Gesetzgeber aufgrund der großen volkswirtschaftlichen Bedeutung des Versicherungswesens für nicht ausreichend[84]. Zudem sollte eine zentrale Aufsichtsinstanz für das gesamte Reich geschaffen werden[85].Um den gewünschten Erfolg dieser Reichsbehörde sicherzustellen, sollte sie mit großen Machtbefugnissen ausgestattet werden und in deren Grenzen freies Ermessen haben[86]. Öffentliche-rechtliche Versicherungsanstalten sollten nicht dem neuen Gesetz unterliegen, sondern nach wie vor der Landesgesetzgebung unterstellt bleiben[87]. Der Gesetzentwurf wurde heftig kritisiert[88]. Zwar hatten die privaten Versicherungsunternehmen sehr auf eine Vereinheitlichung der Gesetzgebung gewartet, trotzdem schien ihnen dieser Gesetzentwurf viel weniger liberal zu sein als die im Rundschreiben des Reichskanzlers von 1879 zum Ausdruck gekommenen Gedanken[89]. Nach lebhaften Debatten wurde der Entwurf in dritter Lesung am 2. Mai 1901 angenommen und als „Reichsgesetz über die privaten Versicherungsunternehmen“[90] am 12. Mai 1901 verkündet. Auch wenn das Gesetz vom liberalen Zeitgeist abwich, so stellte es doch einen wichtigen Fortschritt dar. Das Gesetz beseitigte die Rechtszersplitterung und Rechtsunsicherheit und machte das Konzessions- und Aufsichtsverfahren durch die zentralisierte Zulassung für das gesamte Reichsgebiet bei einer Behörde wesentlich durchsichtiger und damit auch berechenbarer.

Die ersten Aufgaben des neugegründeten „Kaiserlichen Aufsichtsamts für Versicherungswesen“ waren die Bestandsaufnahme der bestehenden

---

[83] Vgl. § 7 des Entwurfs.

[84] Motive, S.24.

[85] Vgl. § 2 des Entwurfs.

[86] Vgl. §§ 64 ff. des Entwurfs.

[87] Motive, S. 23.

[88] Vor allem die großen Verbände der Versicherungsunternehmen, aber auch die Handelskammern, der Deutsche Handelstag und der Deutsche Landwirtschaftsrat nahmen zu dem Entwurf Stellung, vgl. dazu mit weiteren Nachweisen *Moldenhauer*, S. 17 f.

[89] *Tigges*, S. 80.

[90] RGBl, S. 139.

Versicherungsunternehmen und die Vereinheitlichung des Rahmens für deren Tätigkeit[91]. Hilfreich bei der Bewältigung dieser Aufgaben war, daß diese in einer Zeit wirtschaftlicher Stabilität angegangen werden konnten. Eine Entscheidung des Aufsichtsamts von großer Tragweite war im Jahre 1903 die Einführung des Grundsatzes der Spartentrennung[92], deren Ziel die Trennung der auf statistischen Grundlagen beruhenden und daher sichereren Lebensversicherung von den riskanteren Sachversicherungen war. Diese Entscheidung war der Hauptgrund für die Bildung von Versicherungsgruppen und -konzernen und beeinflußte entsprechend die Entwicklung der privaten Versicherungswirtschaft. Ein weiterer Schwerpunkt in der Praxis des kaiserlichen Aufsichtsamtes war die Entwicklung einheitlicher Versicherungsbedingungen, mit dem Ziel, den Versicherungsschutz für den Versicherungsnehmer transparenter zu machen[93]. Dieses Bestreben führte zu dem Institut der Normativbedingungen. Entsprechend wurden Musterbedingungen veröffentlicht, welche meistens von allen Interessengruppen erarbeitet und vom Aufsichtsamt geprüft und genehmigt wurden. Wurden diese von einem Versicherer als Allgemeine Versicherungsbedingungen bei dessen Antrag auf Erlaubnis zum Geschäftsbetrieb vorgelegt, konnte er in dieser Hinsicht mit einer Erlaubnis rechnen[94]. Auch wenn die Reaktionen der Versicherer zunächst ausgesprochen negativ waren, so wurde damit doch ein sehr wichtiges Aufsichtsinstrument geschaffen.

VI. Vom Ersten Weltkrieg zur Novelle von 1931

Die Schrecken des Ersten Weltkriegs brachten für die deutsche Versicherungswirtschaft weniger Probleme, als allgemein befürchtet worden ist[95]. Zwar war auch das Kaiserliche Aufsichtsamt den Einflüssen der Kriegswirtschaft ausgesetzt, so zum Beispiel bei der Zulassung von Versicherungsgesellschaften, bei denen die Militärverwaltungen teilweise ein Mitentscheidungsrecht beanspruchten[96]. Die Abwicklung der Versiche-

[91] *Tigges*, S. 89.

[92] VerAfP 1904, S. 91ff.

[93] *Starke*, in: 50 Jahre III, S. 18.

[94] *Tigges*, S. 93; vgl. *Möller*, ZVersWiss 1974, S. 14; *Starke*, VR 1966, S. 893.

[95] Vgl. *Starke*, in: 50 Jahre III, S. 22.

[96] *Arps*, Zeiten I, S. 190.

rungsgeschäfte hingegen verlief, trotz der Einbeziehung des erhöhten Kriegsrisikos, weitgehend normal[97]. Allerdings führte die zunehmende Sorge über die Finanzierung des Krieges und die daraus resultierende Suche nach neuen Einnahmequellen zu einer Renaissance der Verstaatlichungsüberlegungen hinsichtlich des Versicherungswesens[98]. Mit der sich im Laufe des Krieges immer stärker ausbreitenden planwirtschaftlichen Steuerung der Wirtschaft schien auch die Monopolisierung der Versicherungswirtschaft nur noch eine Frage der Zeit[99]. Nur die Beendigung des Krieges und die daraus folgenden politischen Umwälzungen verhinderten eine Verwirklichung dieses Verstaatlichungsgedankens[100].

Neue Probleme für das Versicherungswesen warf jedoch die Inflation auf, die dem wirtschaftlichen Zusammenbruch nach Beendigung des Krieges folgte. Die zunehmende Geldentwertung ließ nicht nur die meisten Anlagewerte und damit den wichtigsten Sicherheitsfaktor dahinschmelzen, sondern beeinträchtigte darüber hinaus auch den Sinn und Zweck von Versicherung überhaupt[101]. Dieser gefährlichen wirtschaftlichen Entwicklung versuchte man zunächst durch Abschluß von Nachversicherungen und Intensivierung der Rückversicherung entgegenzusteuern, wobei das Reichsaufsichtsamt[102] durch Empfehlungen mitwirkte[103]. Mit fortschreitendem Währungsverfall mußte das Reichsaufsichtsamt jedoch auch weniger erprobte und ungewöhnliche Maßnahmen wie Indexklauseln[104] zulassen.

---

[97] *Starke*, in: 50 Jahre III, S. 22.

[98] In Anlehnung an die Gedanken Adolph Wagners waren nunmehr Benno Krosta und Gerhard Wörner die Hauptbefürworter derartiger Monopolisierungsbestrebungen und gaben diesen eine theoretisch dogmatische Grundlage, im Einzelnen dazu *Tigges*, S. 94 ff.

[99] Vgl. *Arps*, Zeiten I, S. 202 ff.

[100] *Tigges*, S. 96.

[101] *Starke*, in: 50 Jahre III, S. 24.

[102] Das Kaiserliche Aufsichtsamt hat durch Verfügung vom 17.3.1919 die Bezeichnung „Reichsaufsichtsamt für Privatversicherung" erhalten , VerAfP 1919, S.1.

[103] *Starke*, in: 50 Jahre III, S. 24.

[104] Diese wurde zunächst in der Haftpflicht- und Unfallversicherung, dann als Mobiliarindexversicherung auch in der Feuerversicherung genehmigt. Dabei sollten sowohl Prämien als auch Deckungssummen nach der Maßgabe einer Indexziffer steigen oder fallen, VerAfP 1923, S. 26ff.; VerAfP 1924, S.43; vgl. dazu *Starke*, in: 50 Jahre III, S. 24ff.; *Finke/ Pfeiffer*, in: 50 Jahre I, S. 129.

Besondere Probleme verursachte der mit der Inflation verbundene steigende Kursverlust gegenüber ausländischen Währungen bei den im Auslandsgeschäft aktiven Lebensversicherern. Nach den Bestimmungen des VAG[105] durften Lebensversicherungsgesellschaften ihre Deckungswerte grundsätzlich nur in mündelsicheren Werten deutscher Währung anlegen, in ausländischer Währung lediglich dann, wenn im jeweiligen Ausland zugunsten bestimmter Versicherungen eine besondere Sicherheit aus der Prämieneinnahme gestellt werden mußte[106]. Ursprünglich sollte diese Bestimmung die Sicherheit der den Lebensversicherungsunternehmen anvertrauten Gelder gewährleisten[107], wobei der Gesetzgeber aufgrund der damals stabilen Währung nicht an die Risiken eines Kursverlustes gedacht hatte. Bei Einsetzen der Inflation hatte diese Gesetzeslage jedoch katastrophale Folgen für die deutschen Lebensversicherer, so daß der Gesetzgeber 1921 die Vorschriften hinsichtlich des Deckungsstocks entsprechend änderte[108]. Dieses legislative Eingreifen erfolgte jedoch zu spät, da sich zum entsprechenden Zeitpunkt bereits viele Lebensversicherungsunternehmen in der Abwicklung befanden[109]. Diese Entwicklung wird zu einem erheblichen Teil dem Versagen der Versicherungsaufsicht angelastet, der man insbesondere vorwirft, nicht auf die Hinweise der Versicherer gehört zu haben, um diese - entsprechend den Bestrebungen der Regierung - zu einem möglichst umfangreichen Erwerb von Staatspapieren zu zwingen[110].

Mit dem Gesetz von 1923[111] versuchte der Gesetzgeber nochmals - und dieses Mal gründlicher als mit den nur punktuellen Erleichterungen des

---

[105] In § 57 I S. 2 VAG alte Fassung.

[106] *Tigges*, S. 98.

[107] Siehe dazu die Begründung zum Regierungsentwurf, Motive, S. 48.

[108] Gesetz betreffend die Anlegung des Prämienreservefonds privater Versicherungsunternehmen vom 30.12.1921 (RGBl. 1922, S. 42); nunmehr war es den Versicherungsunternehmen gestattet, die Prämienreserve der in ausländischen Valuta zu erfüllenden Versicherungen mit Mitteln derselben Währung zu bilden (Ergänzumg des § 59 VAG alte Fassung durch einen neuen entsprechenden Abs. 5).

[109] Diesen ist die Erfüllung ihrer Verbindlichkeiten aufgrund der Valutaverpflichtungen, insbesondere in der Schweiz, wo die deutschen Lebensversicherer vor dem Krieg eine bedeutende Stellung hatten, unmöglich geworden, siehe hierzu *Arps*, Zeiten I, S. 49 ff.

[110] *Tigges*, S. 99; *Arps*, Zeiten I, S. 50.

[111] Gesetz zur Änderung des Gesetzes über die privaten Versicherungsunternehmen vom 19.7.1923, RGBl. I, S. 648.

Gesetzes von 1921 - den Auswirkungen der Inflationszeit entgegenzuwirken. Von besonderer Bedeutung waren dabei die Neuregelungen über die Anlegung des Prämienreservefonds. Im Interesse einer besseren Ausnutzung des Vermögens der Gesellschaften durften diese nunmehr auch in Aktien inländischer Gesellschaften, Industrieobligationen deutscher Unternehmen, inländische Grundstücke oder sonstige wertbeständige in- und ausländische Vermögenswerte investieren[112]. Des weiteren wollte man den Versicherungsunternehmen vermeidbare Ausgaben, die mit der Aufsichtsführung und der gesetzlich vorgeschriebenen Art des Betriebes verbunden sind, ersparen[113]. Schließlich erlaubte der neu eingeführte § 67 a VAG, daß Vorstand und Aufsichtsrat einer Gesellschaft einstimmig und mit Genehmigung der Aufsichtsbehörde nachträglich den Geschäftsplan und den Geschäftsbetrieb mit Wirkung für bestehende Versicherungsverträge ändern konnten[114]. Mit dieser Regelung wollte man insbesondere den Lebensversicherern eine Möglichkeit geben, die durch die Inflation entstandenen Probleme zu bewältigen. Auch wenn dieses Gesetz für die bestehende Notlage zu spät kam und im wesentlichen ohne praktische Wirkung geblieben ist, so zeigt sich doch die Tendenz des Gesetzgebers, die Versicherungsaufsicht weiter zu liberalisieren[115].

VII. Novelle von 1931

Während die Novelle von 1923 von den allgemeinen Verhältnissen der damaligen Inflationszeit veranlaßt war, bestand der Hauptgrund für die nächste große Änderung des VAG in einem sehr konkreten Vorfall, dem Zusammenbruch der „Frankfurter Allgemeinen Versicherungsgesellschaft“ im Sommer 1929. Ursächlich für diesen Zusammenbruch war die persönliche Unzuverlässigkeit von Vorstandsmitgliedern, die in der Hoffnung auf hohen Gewinn spekulative versicherungsfremde Geschäfte

---

[112] Vgl. § 59 I Nr.5-8 VAG alte Fassung.

[113] Dazu diente unter anderem die Streichung des § 10 VAG alte Fassung, welcher den Versicherungsunternehmen die Pflicht auferlegte, dem Versicherungsnehmer vor Abschluß des Vertrages ein Exemplar der Versicherungsbedingungen gegen eine besonders auszufertigende Empfangsbescheinigung auszuhändigen, da dies nach § 64 II S. 2 ff. bereits bei Antragstellung geschah.

[114] Vgl. *Tigges*, S.101.

[115] *Büchner*, in: 50 Jahre I, S. 23; *Starke*, in: 50 Jahre III, S. 26.

betrieben hatten[116]. Die finanziellen Folgen trafen vor allem die Aktionäre der Gesellschaft, während die Interessen der Versicherten dadurch gesichert wurden, daß ein anderes großes Versicherungsunternehmen[117] die Bestände der meisten Sparten übernahm[118]. Trotzdem lösten diese Vorkommnisse in der Öffentlichkeit heftige Kritik aus, in deren Mittelpunkt das Reichsaufsichtsamt stand[119]. Dadurch fühlte sich der Gesetzgeber veranlaßt, die bisherige Ausgestaltung des Aufsichtsrechts zu überprüfen, um der Gefahr einer Wiederholung solcher Vorfälle nach Möglichkeit vorzubeugen[120]. Das Ergebnis war das Änderungsgesetz vom 30 März 1931[121] sowie eine bessere personale Ausstattung der Aufsichtsbehörde.

Die Novelle brachte eine wesentliche Erweiterung und Vertiefung der materiellen Staatsaufsicht. Die Kontrolle des Geschäftsbetriebs wurde intensiviert, indem man für die Versicherungsunternehmen eine jährliche Abschlußprüfung durch fachkundige unabhängige Prüfer[122] und die Bestellung eines Treuhänders für den Deckungsstock vorschrieb[123] sowie die Aufsichtsbehörde verpflichtete, mindestens alle fünf Jahre selbst eine örtliche Prüfung vorzunehmen[124]. Darüber hinaus wurde auch die durch die Novelle von 1923 bewirkte Liberalisierung der Kapitalanlagemöglichkeiten in wesentlichen Punkten wieder rückgängig gemacht[125]. Um die Spekulationsgefahr, die mit der Beteiligung an anderen Unternehmen verbunden war, zu reduzieren , durften die Versicherer ihre Prämienreserve nicht mehr zu einem Teil in Aktien und Industrieobligationen inländischer Gesellschaften anlegen[126].

---

[116] *Büchner*, 50 Jahre I, S. 24; *Arps*, Zeiten I, S. 180.

[117] Dabei handelte es sich um die „Münchner Rückversicherungs-Gesellschaft-Allianz Versicherungs AG“.

[118] *Büchner*, in: 50 Jahre I, S. 25.

[119] *Petersen*, ZVersWiss 1931, S. 1.

[120] *Tigges*, S. 103; *Büchner*, in: 50 Jahre I, S. 25.

[121] Gesetz zur Änderung des Versicherungsaufsichtsgesetzes vom 30 März 1931, RGBl., S. 102.

[122] §§ 57 ff. VAG.

[123] §§ 70 ff. VAG.

[124] § 84 VAG.

[125] *Tigges*, S. 105.

[126] § 59 I Nr. 5 VAG alte Fassung.

Bei den Versicherungsunternehmen stieß das Änderungsgesetz wegen der deutlichen Erweiterung der Befugnisse des Reichsaufsichtsamts auf Kritik. Insbesondere die Bestimmungen über den Treuhänder stießen auf Ablehnung, da man eine Verteuerung und Erschwerung des Geschäftsbetriebs befürchtete[127]. Trotz der verstärkten Kontrollmöglichkeiten bedeuteten die gesetzlichen Änderungen jedoch keinen Rückfall in obrigkeitsstaatliche Bevormundung, da diese nicht aus Interesse an staatlicher Macht, sondern aus Verantwortung für die zu schützenden Versicherten und unter Berücksichtigung der wirtschaftlichen Entwicklung erlassen wurden[128].

VIII. Nationalsozialismus

Die 1933 beginnende Epoche des Nationalsozialismus führte auch in der Wirtschaftspolitik zu großen Umwälzungen, die sich auch nachhaltig auf die Versicherungsaufsicht auswirkten. Die Theorie der nationalsozialistischen Wirtschaftslenkung wollte einen unmittelbaren Einfluß auf die Wirtschaft, der über eine an bestimmten Kriterien orientierte Kontrolle hinausging[129]. Unterstützt durch den Zusammenbruch der großen Wiener Lebensversicherungsgesellschaft „Phönix" im Frühjahr 1936, welche jedoch auf Fehler in der Unternehmensführung zurückzuführen war, setzte schon bald eine rege Gesetzgebungstätigkeit auf dem Gebiet des Versicherungsaufsichtsrechts ein[130]. Einige grundlegende Wandlungen brachte die Novelle des Versicherungsaufsichtsgesetzes von 1937[131]. Die wichtigste Änderung bestand in der Einführung einer Bedürfnisprüfung[132]. Zwar wurden die Belange der Versicherten als Maßstab für diese Änderung in den Vordergrund geschoben, doch ist unverkennbar, daß es dem damaligen Gesetzgeber weniger um die Abwehr der Beeinträchtigung individueller Schutzgüter, als vielmehr um die Möglichkeit wirtschaftslenkender Maßnahmen ging[133]. Ferner fügte die Novelle mit dem neuen § 81 a VAG

[127] *Petersen*, ZVersWiss 1931, S. 8.

[128] *Tigges*, S. 106; *Petersen*, ZVersWiss 1931, S. 5.

[129] *Tigges*, S. 108.

[130] Vgl. dazu *Schattschneider*, S. 8 ff.

[131] Gesetz zur Änderung des VAG vom 5.3.1937, RGBl. I, S. 269.

[132] § 8 I Nr. 3 und II VAG.

[133] Vgl. *Schattschneider*, S. 8.

eine Vorschrift in das Versicherungsaufsichtsgesetz, welche die Stellung der Aufsichtsbehörde gegenüber den Versicherungsunternehmen deutlich stärkte. Diese räumte der Aufsichtsbehörde das Recht ein, die weitere Verwendung eines genehmigten Geschäftsplans zu verbieten und ihn für Neuabschlüsse erst in veränderter Form wieder zuzulassen[134]. Ferner konnte das Aufsichtsamt auch den Geschäftsplan mit privatrechtsgestaltender Wirkung auf bestehende und nicht abgewickelte Versicherungsverhältnisse ändern oder aufheben. Diese Eingriffsmöglichkeit bestand unmittelbar und war unabhängig von der Mitwirkung des betroffenen Unternehmens[135]. In der Praxis der Aufsichtsbehörde wurde die Bestimmung des § 81 a VAG insbesondere vor und während des Krieges im Sinne eines „Notverordnungsparagraphen“[136] oder einer Generalklausel zur Regelung der verschiedensten Versicherungsfragen benutzt[137]. Schließlich wurde der Umbau des Versicherungsaufsichtsrechts zu einem Instrument der zentralen Wirtschaftslenkung durch die während des Krieges erlassenen Verordnungen weiter fortgesetzt. So wurden unter anderem auch die öffentlich-rechtlichen Versicherungsunternehmen der Fachaufsicht der Versicherungsaufsichtsbehörde unterstellt[138]. Damit war die beabsichtigte Veränderung des Versicherungsaufsichtsrechts im Sinne der nationalsozialistischen Wirtschaftspolitik noch lange nicht abgeschlossen. Das Ende des nationalsozialistischen Regimes nahm den weiteren Plänen jedoch ihre politische Grundlage[139].

IX. Errichtung des Bundesaufsichtsamts

Mit dem Zusammenbruch des Deutschen Reichs im Mai 1945 verlor auch das Reichsaufsichtsamt für das Versicherungswesen seine rechtliche

---

[134] Vgl. dazu *Kollhosser*, in: Prölss, VAG § 81 a, Rn. 1.

[135] Eine ähnliche Vorschrift hat man aufgrund der Inflation 1923 mit dem damaligen § 67 a VAG eingeführt, diese Bestimmung war allerdings durch das Ändererungsgesetz 1931, aufgrund der überstandenen Inflation, wieder gestrichen worden. Der wesentliche Unterschied zu dem neugeschaffenen § 81 a VAG bestand aber darin, daß der Eingriff nach § 67 a VAG a. F. nur aufgrund übereinstimmenden Beschlusses von Vorstand und Aufsichtsrat der Versicherungsgesellschaft zustandekommen konnte.

[136] *Kraus*, S. 249.

[137] *Starke*, in: 50 Jahre I, S. 99.

[138] § 2 der 2. Durchführungsverordnung, RGBl. I, S. 363.

[139] Vgl. *Tigges*, S. 114.

Grundlage. Statt dessen entstanden in den von den Alliierten errichteten Besatzungszonen neue Versicherungsaufsichtsbehörden. Um einer uneinheitlichen Handhabung in den verschiedenen Besatzungszonen, die sich durch die zonenübergreifende Tätigkeit der Versicherungsgesellschaften zwangsläufig ergab, entgegenzuwirken, wurde 1949 der „Sonderausschuß Versicherungsaufsicht des Vereinigten Wirtschaftsgebietes" gebildet, der auf der Basis freiwilliger Zusammenarbeit auf eine möglichst gleichmäßige Beaufsichtigungspraxis hinwirken sollte[140]. Rechtliche Grundlage für die Tätigkeiten dieser Aufsichtsbehörden waren weiterhin die Bestimmungen des VAG von 1937, soweit diese nicht das Bestehen einer zentralen Reichsaufsichtsbehörde voraussetzten[141]. Hinsichtlich der durch die Novelle von 1937 eingefügten Vorschriften war die Handhabung uneinheitlich. So machten die Zulassungsbehörden von der Möglichkeit der Bedürfnisprüfung keinen Gebrauch mehr[142], wohingegen die Eingriffsmöglichkeit des § 81 a VAG weiterhin genutzt wurde, um die durch den Krieg angeschlagenen Versicherungsunternehmen unbürokratisch und gezielt vor dem Konkurs zu retten[143]. Aufgrund dieser - gegenüber der nationalsozialistischen Handhabung veränderten - Zielsetzung hielt man diese Vorschrift trotz ihres politischen Ursprungs für nützlich[144].

Politiker und Fachleute waren sich jedoch im wesentlichen darüber einig, daß die getrennte Aufsichtsführung, trotz der gemeinsamen Rechtsgrundlage und der Koordinierung der wesentlichen Verwaltungsgrundsätze nur eine Übergangslösung sein konnte[145]. Mit der Verabschiedung des Grundgesetzes im März 1949 bestand schließlich auch die politische Grundvoraussetzung für die Wiedereinrichtung einer zentralen Aufsichtsbehörde. Streit entbrannte lediglich hinsichtlich der Frage, ob auch die öffentlich-rechtlichen Versicherer in den Zuständigkeitsbereich der neu zu schaffenden Versicherungsaufsichtsbehörde fallen sollten. Zwar hatte der Gesetzgeber von 1901 lediglich private Unternehmen der Aufsichtspflicht

---

[140] *Tigges*, S. 116; *Büchner*, in: Die Versicherung, Bd. I, S. 768; *Schattschneider*, S. 63 ff

[141] *Schattschneider*, S. 35.

[142] *Büchner*, in: Die Versicherung, Bd. I, S. 768.

[143] *Kraus*, S. 249.

[144] Vgl. *Müller* in: Goldberg/Müller, § 81 a Rn. 1; *Starke*, in: 50 Jahre I, S. 98 ff.

[145] Vgl. *Prölss*, VW 1946, S. 5; *Möller*, VW 1947, S. 214; *Wehl*, VW 1949, S. 105.

unterworfen, durch die Vereinheitlichungsverordnung der Nationalsozialisten von 1943[146] wurde diese jedoch auch auf öffentliche Versicherungsanstalten ausgedehnt. Nach längeren Diskussionen folgten sowohl Bundesregierung als auch Bundesrat der Auffassung, daß die Vereinheitlichung der Zuständigkeit ein schon vor 1943 aus praktischen Gründen erstrebtes Ziel gewesen sei, welche nicht rückgängig gemacht werden sollte[147]. Am 22. Juni 1951 trat dann das „Gesetz über die Errichtung eines Bundesaufsichtsamtes für das Versicherungs- und Bausparwesen"[148] in Kraft. Am 4. April des folgenden Jahres wurde dann das „Bundesaufsichtsamt für das Versicherungs- und Bausparwesen" in Berlin eröffnet.

In der Deutschen Demokratischen Republik (DDR) wurde zunächst ein von der Zentralverwaltungswirtschaft geprägtes Versicherungsmodell etabliert. Im Zuge der Wiedervereinigung wurde dieses auf Versicherungspflichten und -monopole gestützte System jedoch wieder abgeschafft. Das VAG wurde nur vorübergehend durch die Einfügung von Übergangsvorschriften geändert und gilt nun gleichermaßen auch in den neuen Ländern[149]. Im Rahmen dieser Arbeit soll daher nicht weiter auf die eigenständige Entwicklung in der DDR eingegangen werden.

X. Entwicklung seit 1951

Die Jahrzehnte nach Errichtung des Bundesaufsichtsamts verliefen hinsichtlich der Entwicklung des Versicherungsaufsichtsrechts vergleichsweise ruhig. Grundlegende Veränderungen oder größere Korrekturen waren in dieser Zeit nicht erforderlich. Allerdings mußte der Gesetzgeber von Zeit zu Zeit auf andere, das Versicherungswesen nur mittelbar betreffende, gesetzliche Änderungen sowie die sich wandelnden wirtschaftlichen Verhältnisse reagieren[150]. So erforderte zum Beispiel das Einführungsgesetz zum Aktiengesetz von 1965[151] eine entsprechende

---

[146] Siehe dazu oben Erster Teil A. VIII .

[147] Vgl. *Tigges*, S. 119.

[148] BGBl. I, S. 480.

[149] Vgl. dazu *Baumann*, ZVerWiss 1991, S. 37 ff.; *Gerlach*, VW 1991, S. 892 ff.; *Zschokelt*, VW 1991, S. 991 ff.

[150] Vgl. dazu *Goldberg* in: Goldberg/Müller, Einl. Rn. 12.

[151] Einführungsgesetz zum Aktiengesetz vom 6.9.1965, BGBl. I, S. 1185.

Veränderung der Rechnungslegungsvorschriften des Versicherungsaufsichtsgesetzes. Das Änderungsgesetz von 1974[152] wiederum erweiterte den Freiraum der Versicherungsunternehmen hinsichtlich der Gestaltung ihrer Vermögensanlage.

Dennoch gab es neue Spannungsfelder, die - wenn auch nur mittelbar - auf die Entwicklung des Aufsichtsrechts großen Einfluß ausübten. Dieses waren insbesondere der Erlaß des Gesetzes gegen Wettbewerbsbeschränkungen (GWB)[153] sowie die Einführung des Gesetzes der Allgemeinen Geschäftsbedingungen (AGBG)[154].

Ersteres führte zu einem Konflikt zwischen Versicherungs- und Kartellaufsicht um die Einbeziehung der Versicherungswirtschaft in den Bereich des Wettbewerbsrechts. Bis dato waren sowohl die Vereinbarungen der Versicherer als auch die wettbewerbshemmende Tätigkeit des Versicherungsaufsichtsamts von den Kartellverboten ausgenommen[155]. Sowohl die große volkswirtschaftliche und soziale Bedeutung des Versicherungswesens, als auch das damit zusammenhängende Interesse der Versicherten an dauernder Erfüllbarkeit ihrer Verträge waren Argumente für eine weitere Freistellung der Versicherungswirtschaft[156]. Des weiteren wurde vorgebracht, daß eine zweite Aufsicht neben der Versicherungsaufsicht überflüssig sei[157]. Dagegen wurde jedoch eingewandt, daß die Versicherungsaufsicht nach anderen Gesichtspunkten als die Kartellaufsicht ausgeübt werde und daß eine Ausnahme für Versicherungsunternehmen entsprechende Wünsche auch in anderen Wirtschaftszweigen aufkommen lassen könnte[158]. Dieser Konflikt führte zum Kompromiß des § 102 GWB, nach dem alle Versicherungsunternehmen, die der Fachaufsicht des

---

[152] Gesetz zur Änderung des Gesetzes über die Beaufsichtigung der privaten Versicherungsunternehmen vom 20.12.1974, BGBl. I, S. 3693.

[153] Gesetz gegen Wettbewerbsbeschränkungen vom 27.7.1957, BGBl. I, S. 1081.

[154] Gesetz zur Regelung des Rechts der Allgemeinen Geschäftsbedingungen vom 9.12.1976, BGBl. I, S. 3317.

[155] So insbesondere in der Kartellverordnung vom 2.11.1923, RGBl I, S. 1067 und auch in den auf dem Potsdamer Abkommen wurzelnden Kartellverordnungen der Militärregierungen von 1947, amerikanische MRVO Nr. 56; britische MRVO Nr. 78; französische MRVO Nr. 96.

[156] Vgl. *Hesberg*, ZfV 1979, S. 187; Motive, S. 24.

[157] Vgl. *Müller*, DVZ 1970, S. 56.

[158] *Müller*, DVZ 1970, S. 56.

Versicherungsaufsichtsgesetzes unterliegen, vom Kartellverbot der §§ 1 und 15 GWB freigestellt werden. Die Kartellbehörde hat jedoch das Recht, eine Mißbrauchsaufsicht auszuüben, wobei sie jedoch an das Einvernehmen der Versicherungsaufsichtsbehörde gebunden ist[159].

Ein weiterer Konflikt entstand, als der Gesetzgeber anläßlich der Überlegungen zu einem Gesetz über die Allgemeinen Geschäftsbedingungen die Absicht äußerte, auch die Allgemeinen Versicherungsbedingungen in dieses miteinzubeziehen. Zwar gehören die Allgemeinen Versicherungsbedingungen ihrer Rechtsnatur nach unzweifelhaft zu den Allgemeinen Geschäftsbedingungen[160]. Dennoch wurde diese weitere Kontrolle seitens der Versicherungsaufsichtsbehörde für entbehrlich gehalten, da die Versicherungsbedingungen bereits unter ihrer fachlich qualifizierten Aufsicht zustandekämen[161]. Ein Nebeneinander von gesetzlichen Verfahren würde jedoch die Rechtssicherheit und damit auch den an sich angestrebten Verbraucherschutz gefährden[162]. Diese Bedenken konnten den Gesetzgeber jedoch nicht veranlassen, für die Allgemeinen Versicherungsbedingungen eine Bereichsausnahme vorzusehen[163]. Damit erlangte das AGBG auch eine erhebliche Bedeutung für die Tätigkeit des Versicherungsaufsichtsamtes, da dieses seither die Allgemeinen Versicherungsbedingungen im Rahmen des Genehmigungsverfahrens auch auf deren Vereinbarkeit mit dessen Regeln überprüfen muß[164].

XI. Europäische Integration

Eine neue große Herausforderung für das deutsche Versicherungsaufsichtssystem stellt seit dem Ende der sechziger Jahre die Integration im Rahmen der Europäischen Gemeinschaft dar, deren wirtschaftspolitisches Ziel die Errichtung eines „Gemeinsamen Marktes“ ist[165]. Der Vertrag zur

---

159 *Müller* in: Goldberg/Müller, § 81, Anh. B Rn. 38.

160 *Starke*, VR 1966, S. 889.

161 Vgl. *Angerer*, ZVersWiss 1975, S. 209; *Rieger*, VW 1976, S. 768; *Sieg*, VR 1977, S. 489.

162 *Rieger*, VW 1976, S. 768.

163 Vgl. *Helm*, NJW 1978, S. 129.

164 *Goldberg*, in: Goldberg/Müller, Einl. Rn. 19.

165 Vgl. hinsichtlich des Binnenmarktes für Finanzdienstleistungen *Nicolaysen*, Europarecht II, S. 204 ff.

Gründung der Europäischen Gemeinschaft (EG-Vertrag)[166] fordert von den Mitgliedstaaten nicht nur einen schrittweisen Abbau der der Ausübung der Grundfreiheiten entgegenstehenden Beschränkungen, sondern darüber hinaus eine Angleichung der innerstaatlichen Rechts- und Verwaltungsvorschriften, soweit dies für die Errichtung oder das Funktionieren des Binnenmarktes erforderlich ist[167]. Im Versicherungsbereich kommt der Harmonisierung der mitgliedstaatlichen Rechtsvorschriften besondere Bedeutung zu, da Versicherungsprodukte wesentlich durch die nationalen Rechtsvorschriften bestimmt werden.

Für das VAG brachte die Umsetzung des die Ziele des EWG-Vertrages verwirklichenden europäischen Sekundarrechts in die nationale Rechtsordnung viele bedeutsame Änderungen mit sich. Drei Generationen von Richtlinien sowie deren Umsetzung in das jeweilige nationale Recht waren zur Herstellung des Binnenmarktes für Versicherungsdienstleistungen notwendig. Sie befassen sich mit der Zulassung zum Geschäftsbetrieb, der Errichtung von Zweigniederlassungen, den Bedingungen zur Ausübung des Versicherungsgeschäfts, dem freien Dienstleistungsverkehr ohne Niederlassung und der Behandlung von Unternehmen aus Drittländern.

1. Erste Richtlinien-Generation

Im Vordergrund der ersten beiden Koordinationsrichtlinien für die Schadensversicherung[168] und die Lebensversicherung[169] stand die An-

---

[166] EWG-Vertrag vom 25. März 1957, BGBl. II 1957, S. 766 und BGBl. 1958, S. 64 umbenannt in EG-Vertrag durch Art. G des Vertrages über die Europäische Union (EUV) vom 7. Februar 1992, BGBl. II 1992, S. 1253 geändert durch den Beitrittsvertrag vom 24. Juni 1994, BGBl. II 1994, S. 2022, geändert durch den Amsterdamer Vertrag vom 2. Oktober 1997, BGBl. II 1998, S. 387, ber. BGBl. II, S. 416.

[167] Vgl. *Roth*, RabelsZ 1990, S. 65 f.

[168] Richtlinie 73/239/EWG des Rates vom 24. Juli 1973 zur Koordinierung der Rechts- und Verwaltungsvorschriften betreffend die Aufnahme und Ausübung der Tätigkeit der Direktversicherung (mit Ausnahme der Lebensversicherung), Abl. Nr. L 228 vom 16.8.1973, S. 3. Im folgenden Erste Richtlinie Schadensversicherung (Erste RL Schaden in den Fußnoten) genannt.

[169] Richtlinie 79/267/EWG des Rates vom 5. März 1979 zur Koordinierung der Rechts- und Verwaltungsvorschriften über die Aufnahme und Ausübung der Direktversicherung (Lebensversicherung), Abl. Nr. L 63 vom 13.3.1979, S. 1. Im folgenden Erste Richtlinie Lebensversicherung (Erste RL Leben in den Fußnoten) genannt.

erkennung und Koordinierung der unterschiedlichen Aufsichtsanforderungen. Da der Gemeinsame Markt weder ein supranationales Gewerberecht noch eine gemeinsame Aufsichtsinstanz auf EU-Ebene vorsieht und somit der Wechsel von einem Mitgliedstaat zum anderen auch immer einen Übergang zwischen zwei Rechtssystemen mitsichbringt, sollten in diesem ersten Schritt sowohl die Unterschiede zwischen den verschiedenartigen Anforderungen abgebaut als auch der Übergang verfahrensmäßig erleichtert werden[170].

Entsprechend haben diese Richtlinien das Zulassungserfordernis und die Zulassungsbedingungen für die Aufnahme der Versicherungstätigkeit harmonisiert[171] und die Aufsichtszuständigkeit für die Solvabilitätsprüfung im Sitzstaat konzentriert[172]. Darüber hinaus wurde die Höhe der Kapitalausstattung der Versicherungsunternehmen durch die Einführung einer bezifferten Solvabilitätsspanne und eines Mindestgarantiefonds festgelegt[173]. Zwar wird für die Errichtung einer Zweigniederlassung eine erneute Zulassung im Mitgliedstaat der Zulassung gefordert, diese wird nunmehr jedoch nach koordinierten Regelungen erteilt. Entsprechend sind im Rahmen des Zulassungsverfahrens Bescheinigungen des Sitzstaates über die erlaubten Versicherungszweige und eine ausreichende Solvabilität anzuerkennen[174]. Hinsichtlich der laufenden Aufsicht bringt die Erste Richtlinien-Generation jedoch noch keine Vereinheitlichung der Aufsichtsmaßstäbe[175].

2. Zweite Richtlinien-Generation

Nachdem durch die ersten Richtlinien die Niederlassungsfreiheit[176] weitgehend verwirklicht worden ist, sollte in einem weiteren Schritt auch die Dienstleistungsfreiheit[177] von Versicherungsunternehmen im Sekundär-

---

[170] Vgl. *Miersch*, S. 32; *Carswell/de Sarreau*, S. 5-56.

[171] Art. 10 ff. Erste RL Schaden und Erste RL Leben.

[172] Art. 14 Erste RL Schaden und Art. 16 Erste RL Leben.

[173] Art. 16 ff Erste RL Schaden und Art. 18 ff. Erste RL Leben.

[174] Art. 10 Abs. 1 b) Erste RL Schaden und Art. 10 Abs. 1 b) Erste RL Leben.

[175] Vgl. *Eickhoff*, ZVersWiss 1983, S. 6 ff.

[176] Art. 52 ff. EGV.

[177] Art. 59 ff. EGV.

recht ausgestaltet werden. Entsprechend wurde 1988 die Zweite Richtlinie Schadensversicherung[178] und 1990 die Zweite Richtlinie Lebensversicherung[179] erlassen.

Zwar hatte die Kommission bereits 1975 den Vorschlag einer zweiten Richtlinie zur Koordinierung der direkten Schadensversicherung vorgelegt[180], dennoch vergingen noch mehrere Jahre bis zum Erlaß der entsprechenden Richtlinie, da sich die Mitgliedstaaten nicht auf eine gemeinsame Linie einigen konnten. Den Durchbruch bei den schwierigen Koordinierungsarbeiten brachte schließlich das sogenannte Versicherungsurteil des Europäischen Gerichtshofs (EuGH)[181]. Ausgangspunkt war ein von der Kommission angestrengtes Vertragsverletzungsverfahren mit dem Ziel, festzustellen, daß die Bundesrepublik gegen EG-Recht[182] verstoßen habe, indem sie Versicherungsunternehmen der Gemeinschaft, die in der Bundesrebublik Dienstleistungen auf dem Gebiet der Direktversicherung erbringen wollen, dem Erfordernis ihrer Niederlassung und ihrer Zulassung unterwirft[183].

---

[178] Richtlinie 88/357/EWG des Rates vom 22. Juni 1988 zur Koordinierung der Rechts- und Verwaltungsvorschriften für die Direktversicherung (mit Ausnahme der Lebensversicherung) und zur Erleichterung der tatsächlichen Ausübung des freien Dienstleistungsverkehrs sowie zur Änderung der Richtlinie 73/239/EWG, Abl. Nr. L 172 vom 4.7.1988, S. 1. Im folgenden Zweite Richtlinie Schadensversicherung (Zweite RL Schaden in den Fußnoten) genannt.

[179] Richtlinie 90/619/EWG des Rates vom 8. November 1990 zur Koordinierung der Rechts- und Verwaltungsvorschriften für die Direktversicherung (Lebensversicherung) und zur Erleichterung der tatsächlichen Ausübung des freien Dienstleistungsverkehrs sowie zur Änderung der Richtlinie 79/267/EWG, Abl. Nr. L 330 vom 29.11.1990, S. 50. Im folgenden Zweite Richtlinie Lebensversicherung (Zweite RL Leben in den Fußnoten) genannt.

[180] Vorschlag einer Zweiten Richtlinie des Rates vom 30. Dezember 1975 zur Koordinierung der die direkten Schadensversicherer betreffenden Rechts- und Verwaltungsvorschriften und zur Erleichterung des freien Dienstleistungsverkehrs im Versicherungswesen, Abl. Nr. C 32 vom 12.2.1976, S. 2.

[181] EuGH Urteil vom 4.12.1986, Rs. 205/84 (Kommision/Deutschland), Slg. 1986, S. 3755; vgl. dazu *Schmidt*, VersR 1987, S.1 ff, *Hübner*, JZ 1987, S. 330 ff; *Knocke*, ZVersWiss 1987, S. 227 ff.; *Schmidt*, VersR 1987, S. 1 ff.; *Dauses*, EuR 1988, S. 378 ff.; *Schwintowski*, NJW 1987, S. 512 ff.

[182] Art. 59 und 60 EGV.

[183] Anlaß für das Verfahren der Kommission war das Urteil des Kammergerichts im sogenannten Schleicher-Fall, KG, Urteil vom 22. April 1983, VersR 1983, S. 969; dazu *Schwintowski*, NJW 1987, S. 522 f.; *Stürmer*, VersR 1984, S. 414 ff.

Im Urteil betont der Gerichtshof zunächst, daß der freie Dienstleistungsverkehr als fundamentaler Grundsatz des Vertrages nur durch Regelungen erschwert werden darf, die durch zwingende Gründe des Allgemeininteresses des Mitgliedstaates gerechtfertigt sind. Wobei es sich beim Begriff des Allgemeininteresses um einen gemeinschaftsrechtlichen Begriff handelt, dessen Anwendung der Gerichtshof überprüfen kann[184]. Allerdings erkannte der EuGH den Schutz des Verbrauchers als Versicherungsnehmer und als Versicherter als Allgemeininteresse an, da der Versicherungssektor insoweit besonders sensibel sei. Entsprechend würden auch zwingende Gründe bestehen, welche eine Beschränkung des freien Dienstleistungsverkehrs zu rechtfertigen vermögen. Insbesondere angesichts der noch fehlenden Koordinierung vor allem auf dem Gebiet des Versicherungsvertragsrechts und der Bestimmungen über die versicherungstechnischen Rückstellungen sollen die Mitgliedsländer weiterhin ein Zulassungsverfahren durch die Aufsichtsbehörde des Tätigkeitslandes verlangen dürfen[185]. Dieses reicht nach der Ansicht des Gerichtshofes jedoch zur wirksamen Überwachung aus, so daß das darüber hinausgehende Niederlassungserfordernis des deutschen Aufsichtsrechts mit der Dienstleistungsfreiheit des EG-Vertrages unvereinbar ist[186].

Ein weiterer wichtiger Impuls dieses Urteils ging schließlich davon aus, daß der EuGH die lange umstrittene Frage der Abgrenzung von Niederlassungsfreiheit zu Dienstleistungsfreiheit dahingehend entschied, daß eine in einem anderen Mitgliedstaat ausgeübte selbständige Erwerbstätigkeit dann der Dienstleistungsfreiheit und nicht der Niederlassungsfreiheit unterfällt, wenn sie nur vorübergehend ist. Hinsichtlich der Festlegung, wann eine Aktivität noch als vorübergehend einzustufen ist, stellte der EuGH dieser die ständige Präsenz gegenüber, welche den Bestimmungen über das Niederlassungsrecht unterliegt[187]. Eine ständige Präsenz muß nicht notwendigerweise in der Form einer Niederlassung oder einer Agentur betrieben werden, sondern es reicht aus, wenn sie lediglich durch ein Büro wahrgenommen wird, das von dem eigenen Personal des Unternehmens oder von einer Person geführt wird, die zwar unabhängig,

---

[184] *Roth*, VersR 1993, S. 133.

[185] EuGH, a.a.O., Rn. 30 ff; vgl. auch *Müller*, S. 23 f.

[186] EuGH, a.a.O., Rn. 55 f.

[187] EuGH, a.a.O., Rn. 21.

aber beauftragt ist, auf Dauer für dieses Unternehmen wie eine Agentur zu handeln[188].

Der große Einfluß des Versicherungsurteils des EuGH bei der Einigung der Mitgliedstaaten über die inhaltlichen Vorgaben der Zweiten Richtlinien wird sehr deutlich. So grenzen die Richtlinien entsprechend den Vorgaben des Versicherungsurteils das Niederlassungsgeschäft vom Dienstleistungsgeschäft ab. Die Definition der ständigen Präsenz wurde sogar wörtlich aus dem Urteil übernommen. Auch die Anregungen des Gerichtshofs im Hinblick auf das Schutzbedürfnis der Versicherten werden dahingehend berücksichtigt, daß bei der Zweiten Richtlinie Schadensversicherung unterschiedliche Regelungen für die Versicherung von Großrisiken und die von Risiken des Breitengeschäfts vorgesehen sind. Für den Bereich der Großrisiken[189] wird ein großer Schritt in Richtung des Sitzlandprinzips gemacht. So darf das Tätigkeitsland nicht länger die Zulassung zum Dienstleistungsverkehr verlangen, und auch bezüglich der Berechnung und Bedeckung der technischen Rückstellungen für das Dienstleistungsgeschäft gelten die Vorschriften des Sitzlandes[190]. Darüber hinaus werden weitgehende Deregulierungen für den Bereich der Großrisiken vorgeschrieben. Daher darf zum Beispiel von Versicherungsunternehmen in diesem Bereich keine vorherige Genehmigung und systematische Übermittlung der Versicherungsbedingungen, Tarife und Formblätter verlangt werden[191]. Im Privatkundengeschäft dagegen bleibt es weitgehend beim Tätigkeitslandprinzip[192].

Im Bereich der Lebensversicherung ist eine Abgrenzung der Schutzbedürftigkeit nach Großrisiken und Massenrisiken nicht zweckmässig, daher differenzierte die Zweite Richtlinie Lebensversicherung danach, ob sich der Versicherungsnehmer aus eigener Initiative an das Versicherungsunternehmen wendet oder nicht[193]. Soweit der Abschluß des Vertrages auf

---

[188] Vgl. *Miersch*, S. 20; *Angerer*, ZVersWiss 1987, S. 211 ff.

[189] Diese werden in Art. 5 der Ersten RL Schaden i.d.F. des Art. 5 der Zweiten RL Schaden definiert.

[190] Art. 16 der Zweiten RL Schaden

[191] Art. 8 Abs. 3 und Art. 10 Abs. 3 der ersten RL Schaden i.d.F. der Art. 9 und 18 der Zweiten RL Schaden.

[192] *Carswell/de Sarreau*, S. 5-64 f.

[193] Vgl. *Hohlfeld*, VW 1990, S. 437 f.; *Miersch*, S. 35.

die Initiative des Versicherungsnehmers zurückgeht (sogenannter passiver Dienstleistungsverkehr), unterliegt das Versicherungsunternehmen weitgehend den gleichen Erleichterungen, wie sie im Bereich der Schadensversicherung der Versicherung von Großrisiken zugestanden wird[194].

Obwohl mit den beiden Zweiten Richtlinien lediglich eine Zwischenstufe bei der Herstellung des freien Dienstleistungsmarkts erreicht wurde, weisen diese - durch die in den begrenzten Bereichen realisierten Liberalisierungstendenzen - den Weg für eine umfassendere Regelung[195].

3. Dritte Richtlinien-Generation

Mit der 1992 verabschiedeten Dritten Richtlinie Schadensversicherung[196] und der Dritten Richtlinie Lebensversicherung[197] werden die Ansätze der Zweiten Richtlinien ausgebaut und damit die Rechtsgrundlage für Binnenmarktverhältnisse im Versicherungsbereich geschaffen[198]. Sie bilden gewissermaßen den Abschluß der Richtlinienrechtsetzung der Gemeinschaft auf dem Gebiet des Versicherungsaufsichtsrechts[199].

Ausgangspunkt bei der Verwirklichung der Dienstleistungsfreiheit ist das Grundprinzip der Sitzland- oder Herkunftslandaufsicht[200]. Danach

---

[194] Vgl. Art. 14 der Zweiten RL Leben und Art. 19 Abs. 2 der Zweiten RL Leben.

[195] Vgl. *Miersch*, S. 37; *Schmidt*, in: Prölss, VAG, Vorbem. Rn. 44.

[196] Richtlinie 92/49/EWG des Rates vom 18. Juni 1992 zur Koordinierung der Rechts- und Verwaltungsvorschriften für die Direktversicherung (mit Ausnahme der Lebensversicherung) sowie zur Änderung der Richtlinien 73/239/EWG und 88/357/EWG, Abl. Nr. L 228/1 vom 11.8.1992, S.1. Im folgenden Dritte Richtlinie Schadensversicherung (Dritte RL Schaden in den Fußnoten) genannt.

[197] Richtlinie 92/96/EWG des Rates vom 10. November 1992 zur Koordinierung der Rechts- und Verwaltungsvorschriften für die Direktversicherung (Lebensversicherung) sowie zur Änderung der Richtlinien 79/267/EWG und 90/619/EWG, Abl. Nr. L 360 vom 9.12.1992, S. 1. Im folgenden Dritte Richtlinie Lebensversicherung (Dritte RL Leben in den Fußnoten) genannt.

[198] *Carswell/de Sarreau*, S. 5-76.

[199] Vgl. *Kampf*, in: Grabitz/Hilf, E 26 Rn. 15; *Hübner*, in: Dauses, E IV Rn. 75.

[200] Der Mitgliedstaat, in dem das Versicherungsunternehmen seinen Sitz begründet, wird Herkunftsmitgliedstaat genannt, vgl. die Definition in Art. 1 c) der Dritten RL

unterliegt ein Versicherungsunternehmen grundsätzlich der Aufsicht der Behörde des Mitgliedstaates, in dem es seinen Sitz hat[201]. Insbesondere die gesamte Finanzaufsicht liegt in der alleinigen Zuständigkeit des Herkunftsmitgliedstaates[202]. Auch im Rahmen der Rechtsaufsicht obliegt die Überwachung sowohl der Niederlassung als auch der Dienstleistungstätigkeit zunächst der Herkunftslandbehörde[203]. Aufgabe der Aufsichtsbehörden der Tätigkeitsländer ist hingegen vor allem die Kontrolle, ob ein Versicherungsunternehmen das Recht des Tätigkeitslandes einhält, welches dieses aus Gründen des nationalen Allgemeininteresses zu beachten hat[204].

Darüber hinaus berechtigt die einmal vom Herkunftsland erteilte Zulassung zur Ausdehnung der Tätigkeiten in andere Mitgliedstaaten, unabhängig davon, ob der Versicherer dort Niederlassungen errichten oder überhaupt grenzüberschreitend tätig werden will. Folglich darf auch im Bereich der Massenrisiken weder für die Errichtung einer Niederlassung[205] noch für den reinen Dienstleistungsverkehr[206] eine Zulassung verlangt werden. Weiterhin wird das Verbot, die vorherige Genehmigung oder systematische Übermittlung der Versicherungsbedingungen, Tarife oder Druckstücke zu verlangen, von dem Bereich der Großrisiken auf den der Masssenrisiken ausgedehnt[207]. Auch die Vorschriften über die versicherungstechnischen Rückstellungen wurden angeglichen[208]. Eine Harmoni-

---

Schaden und in Art. 1 d) der Dritten RL Leben. Die Bezeichnung „Herkunftsland" wird daher gleichbedeutend verwendet wie die Bezeichnung „Sitzland".

201 Vgl. *Miersch*, S. 38; *Roth*, NJW 1993, S. 3030.

202 Art. 13 Abs. 1 der Ersten RL Schaden i.d.F. des Art. 9 der Dritten RL Schaden, Art. 15 Abs. 1 der Ersten RL Leben i.d.F. des Art. 8 der Dritten RL Leben.

203 Art. 19 der Zweiten RL Schaden i.d.F. des Art. 40 der Dritten RL Schaden, Art. 20 der Zweiten RL Leben i.d.F. des Art. 40 der Dritten RL Leben.

204 Vgl. *Müller*, S. 29.

205 Art. 10 der Ersten RL Schaden i.d.F. des Art. 32 der Dritten RL Schaden, Art. 10 der Ersten RL Leben i.d.F. des Art. 32 der Dritten RL Leben.

206 Art. 14 der Zweiten RL Schaden i.d.F. des Art. 34 der Dritten RL Schaden, Art. 11 der Zweiten RL Leben i.d.F. des Art. 34 der Dritten RL Leben.

207 Art. 8 Abs. 3 der Ersten RL Schaden i.d.F. der Art. 6 und 29 der Dritten RL Schaden; Art. 8 Abs. 3 der Ersten RL Leben i.d.F. der Art. 5 und 29 der Dritten RL Leben.

208 Art. 17 ff. der Dritten RL Schaden, Art. 18 ff. der Dritten RL Leben.

sierung des Versicherungsprivatrechts erfolgte dagegen nicht[209], so daß sich das anwendbare Vertragsrecht weiterhin nach den Grundsätzen des Internationalen Privatrechts bestimmt.

Aus Sicht der Organe der Europäischen Gemeinschaft wird die Dritte Richtlinien Generation als letzter Schritt zur Verwirklichung des Binnenmarktes für das Versicherungsgeschäft bezeichnet[210], mit dem der rund dreißig Jahre dauernde Harmonisierungsprozeß in diesem Bereich abgeschlossen wird[211]. Auch die Umsetzung der Versicherungsrichtlinien durch den deutschen Gesetzgeber wird als grundsätzlich gelungen bewertet[212]. Teilweise wird jedoch kritisiert, daß sich die Praxis trotz der umfassenden gesetzgeberischen Tätigkeit der Gemeinschaft weiterhin mit einigen verbleibenden und nicht unerheblichen Hindernissen konfrontiert sieht. Dies sind zum einen die mangelnde Vereinheitlichung des Versicherungsvertragsrechts sowie zum anderen das Fehlen einer Harmonisierung der Versicherungssteuer[213].

4. Ausweitung auf den Europäischen Wirtschaftsraum

Von erheblicher Bedeutung für das Versicherungswesen ist schließlich auch das am 1. Januar 1994 in Kraft getretene Abkommen über den Europäischen Wirtschaftsraum (EWR)[214], dessen Vertragsparteien einerseits die Europäische Gemeinschaft (EG), die Europäische Gemeinschaft für Kohle und Stahl (EGKS) und deren Mitgliedstaaten sowie auf der anderen Seite die der Europäischen Freihandelsassoziation (EFTA) angehörenden Staaten Österreich, Finnland, Island, Lichtenstein, Norwegen und Schweden sind[215].

---

[209] Vgl dazu 18. Erwägungsgrund der Dritten RL Schaden und 19. Erwägungsgrund der Dritten RL Leben.

[210] Vgl. Kommission, in: KOM (1992) 383, S. 32.

[211] Vgl. Europäischer Rat von Lissabon (26./27.6.1992), EA 1992, D 492.

[212] Vgl zur Diskussion insbesondere *Schmidt*, in: Prölss, VAG, Vorbem. Rn. 100 ff.; *Drabbe*, VW 1994, S. 550 ff.; *Fahr*, VersR 1992, S. 1033 ff.; *Hohlfeld*, VersR 1993, S. 144 ff.; *Renger*, VersR 1994, S. 753 ff.: *Miersch*, S. 117 ff.

[213] Vgl. *Kampf*, in: Grabitz/Hilf, E 26 Rn. 17.

[214] BGBl. II 1993, S. 266 und 1294.

[215] Vgl. dazu allgemein *Friedrich*, DB 1994, S. 313 ff.

Das Abkommen garantiert den Angehörigen der Vertragsparteien unter anderem das Niederlassungsrecht[216] und den freien Dienstleistungsverkehr[217]. Um dieses zu erreichen, werden Rechtsakte der EG auf den gesamten EWR übertragen. Entsprechend gelten mit bestimmten Anpassungen die Erste und Zweite Richtlinie Schadensversicherung[218] sowie die Erste und Zweite Richtlinie Lebensversicherung[219]. Auch die Dritte Richtlinien-Generation ist nach Vertragsschluß im Wege einer sogenannten Interim Package übernommen worden[220].

Die Schweiz ist als einziges EFTA-Mitglied nicht an dem EWR-Abkommen beteiligt, da sich die Schweizer Bevölkerung in einem Referendum mehrheitlich gegen einen Beitritt gewandt hatte. Allerdings gilt für die Schweiz weiterhin das bisherige Freihandelsabkommen[221], welches zwischen ihr und der EG abgeschlossen wurde und das ungefähr dem Stand der Ersten Richtlinie Schadensversicherung entspricht. Entsprechend stellt das Abkommen gemeinsame Zulassungsbedingungen[222] auf und enthält Vorschriften über die Zusammenarbeit der Aufsichtsbehörden[223]. Weiterhin werden die Vorschriften über die Berechnung der Solvabilität übernommen[224], so daß die Schweiz hinsichtlich der Nichtlebensversicherung in das europäische Solvabilitätssystem eingebunden ist.

---

216 Art. 31 ff. des EWR-Abkommens.

217 Art. 36 ff. des EWR-Abkommens.

218 Anhang IX Nr. I i) 2 und 7 EWR-Abkommen.

219 Anhang IX Nr. I iii) 11 und 12 EWR-Abkommen.

220 Beschluß Nr. 7/94 des Gemeinsamen EWR-Ausschusses vom 21. März 1994 zur Änderung des Protokolls 47 und bestimmter Anhänge des EWR-Abkommens, Abl. EG Nr. L 160/1 vom 28.6.1994.

221 Abkommen zwischen der Europäischen Wirtschaftsgemeinschaft und der Schweizerischen Eidgenossenschaft betreffend die Direktversicherung mit Ausnahme der Lebensversicherung, Abl. Nr. L 205 vom 27.7.1991, S. 3.

222 Art. 7 ff. des Abkommens, a.a.O.

223 Art. 30 ff. des Abkommens, a.a.O.

224 Art. 16 ff. des Abkommens, a.a.O.

5. Erweiterung der EU

Schließlich sind die Staaten Finnland, Österreich und Schweden mit Wirkung zum 1. Januar 1995 Mitglieder der Europäischen Union (EU) geworden[225]. Gleichzeitig sind sie damit auch Vertragsparteien der die Union begründenden Vertäge[226], so daß die Bestimmungen des EGV über die Niederlassungsfreiheit und den freien Dienstleistungsverkehr nunmehr auch für die Beitrittsstaaten gelten. Ferner sind in den neuen Mitgliedstaaten auch die vor dem Beitritt erlassenen Rechtsakte der Organe der Gemeinschaften verbindlich[227], so daß alle versicherungsaufsichtsrechtlichen Richtlinien seit dem 1. Januar 1995 auch gegenüber Finnland, Österreich und Schweden Geltung beanspruchen. Folglich umfaßt der durch Primär- und Sekundärrecht der Europäischen Gemeinschaft gesetzte Liberalisierungsstand im Versicherungsbereich in vollem Umfang alle Mitgliedstaaten.

---

[225] Vertrag zwischen den Mitgliedstaaten der Europäischen Union und Norwegen, Österreich, Finnland und Schweden über den Beitritt dieser Staaten zur Europäischen Union, Abl. Nr. C 241 vom 29.8.1994 S. 7 i.d.F. des Beschlusses des Rates der Europäischen Union vom 1. Januar 1995 zur Anpassung der Dokumente betreffend den Beitritt neuer Mitgliedstaaten zur Europäischen Union, Abl. Nr. L 1 vom 1.1.1995, S. 221. Norwegen ist schließlich aufgrund des negativen Ausgangs der notwendigen Volksabstimmung nicht Mitglied der EU geworden.

[226] Vgl. Art. 1 Abs. 1 Beitrittsvertrag.

[227] Art. 2 der Akte über die Beitrittsbedingungen und die Anpassung der die Union begründenden Verträge, Abl. Nr. C 241 vom 29.8.1994, S. 21 i.d.F. des Beschlusses des Rates der Europäischen Union vom 1. Januar 1995 zur Anpassung der Dokumente betreffend den Beitritt neuer Mitgliedstaaten zur Europäischen Union, ABl. Nr. L 1 vom 1.1.1995, S. 1.

B. Vereinigte Staaten von Amerika

Die Geschichte der Versicherungsaufsicht in den Vereinigten Staaten läßt sich in mehrere Perioden unterteilen, die durch die unterschiedlichen Entwicklungsstufen und die Bedürfnisse einer schnell wachsenden Volkswirtschaft geprägt sind. Dabei spielt immer wieder die Verteilung der Aufsichtskompetenzen zwischen dem Bund und den Einzelstaaten eine wesentliche Rolle, die von einigen Grundsatzentscheidungen des "Supreme Court" der Vereinigten Staaten und den daraus resultierenden legislativen Maßnahmen geprägt wird.

I. Kolonialzeit

Die frühe Kolonialgeschichte Amerikas wurde hauptsächlich durch eine sich noch in Bewegung befindliche Besiedlung des weitläufigen Landes geprägt. Unter diesen Bedingungen konnten sich nur sehr zögernd feste soziale Strukturen entwickeln. Die sozialen und ökonomischen Verhältnisse in den Vereinigten Staaten von Amerika boten daher weitaus ungünstigere Voraussetzungen für die Entwicklung einer Versicherungswirtschaft als die im Europa des frühen 18. Jahrhunderts. Zum einen fehlte es häufig bereits an einem Mindestmaß persönlichen Wohlstands, welcher eine Absicherung nötig gemacht hätte. Zum anderen bestand aufgrund der dünnen Besiedlung des Landes nur eine äußerst geringe Gefahr von Großbränden, welche ihrerseits ein Bedürfnis nach Schutz vor entsprechenden Folgen hätte schaffen können. Schließlich wurde der Handel durch die großen Entfernungen gehemmt und entwickelte kaum überregionale Bedeutung. Der weitaus größte Teil der Bevölkerung versorgte sich selbst mit allen lebensnotwendigen Gütern, eine industrielle Produktion hatte sich noch nicht entwickelt[228].

Zudem wurde die Entwicklung einer eigenen Versicherungswirtschaft durch ein Gesetz des englischen Parlaments aus dem Jahre 1719[229] unterbunden, welches anläßlich der Konzessionierung der ersten englischen Versicherungsgesellschaften[230] ein allgemeines Verbot der

[228] Vgl. *Neeb*, S. 17.

[229] 6 Geo. I, Ch. 18, §§ 18-21.

[230] Dies waren die Royal Exchange und die London Assurance.

Gründung von Versicherungsaktiengesellschaften bestimmte[231]. Um Zweifel auszuschließen, wurde dieses Verbot im Jahre 1741 explizit auf die amerikanischen Kolonien ausgedehnt[232]. Folglich wurde das Versicherungsgeschäft dort zunächst nur von Einzelkaufleuten betrieben[233].

Diese Situation änderte sich, da der ständige Zustrom von Einwanderern die Städte im Nordosten des Landes schnell zu Zentren des sozialen und wirtschaftlichen Lebens anwachsen ließ, in welchen gleichermaßen auch die Nachfrage nach Versicherungsschutz stieg. Diesem gewachsenen Bedarf konnten die Einzelkaufleute aufgrund ihrer limitierten Möglichkeiten, das übernommene Risiko breit zu streuen, jedoch nicht nachkommen. Die rechtlichen Rahmenbedingungen des Mutterlandes ließen die Gründung größerer Versicherungsunternehmen jedoch nur in der Rechtsform des Gegenseitigkeitsversicherers (Mutual Insurance Corporation) zu. Entsprechend waren die ersten in den Vereinigten Staaten von Amerika gegründeten Versicherungsgesellschaften Gegenseitigkeitsversicherer, wie die „Philadelphia Contributionship for the Insuring of Houses from Loss by Fire", welcher im Jahre 1768 durch die gesetzgebende Versammlung der Kolonie Pennsylvania die Rechtsfähigkeit verliehen wurde[234].

Die ersten Versicherungsgesellschaften hatten aufgrund der regionalen Absatzmärkte und des Mangels an verläßlichen Statistiken mit großen Anfangsschwierigkeiten zu kämpfen. Mit stetigem Bevölkerungswachstum in den Städten entwickelte sich die Feuerversicherung jedoch schnell zu einem lukrativen Gewerbezweig. Die Lebensversicherung hingegen, die stärker auf verläßliche Statistiken angewiesen war, blieb lediglich eine interne Angelegenheit sozial angesehener Berufsgruppen[235].

---

[231] *Patterson*, S. 522.

[232] 14 Geo. II, Ch. 37, § 1.

[233] *Hübner*, S. 184.

[234] An Act for incorporating the society known by the name and style of the Philadelphia Contributionship for the Insuring of Houses from Loss of Fire, passed February 20, 1768, confirmed by the King in council March 6, 1769, VII Statues at Large of Pennsylvania from 1682 to 1801, Ch. DLXXVI, S. 174.

[235] Vgl. *Neeb*, S. 20.

II. Erste legislative Maßnahmen

Mit der Erklärung der Unabhängigkeit im Jahre 1776 und der Ratifizierung der Bundesverfassung durch die ersten dreizehn Bundesstaaten im Jahre 1781 wurden die staatsrechtlichen Grundlagen für die Entstehung der Vereinigten Staaten von Amerika gelegt. Der dadurch angeregte Vereinheitlichungsprozeß führte - lediglich vorübergehend durch den Zweiten Unabhängigkeitskrieg unterbrochen - zu einem kräftigen Wirtschaftsaufschwung. An diesem partizipierten nicht nur diejenigen Versicherungsunternehmen, die bereits in den Ballungszentren im Osten des Landes zu beachtlicher Größe herangewachsen waren und die nunmehr - der allgemeinen Migration folgend - Filialen in den neu erschlossenen Gebieten des Landes eröffneten. Vielmehr wurden auch neue eigenständige Versicherungsgesellschaften in diesen Teilen des Landes gegründet[236].

Während dieser Anfangszeit des Versicherungswesens gab es weder ein Versicherungsgesetz, in dem die Gründungsvoraussetzungen geregelt waren, noch konnte man hierfür auf Kodifikationen des allgemeinen Gesellschaftsrechts[237] zurückgreifen. Vielmehr mußte der Gesetzgeber bei jeder Unternehmensgründung eine Satzung in Form eines allgemeinen Gesetzes verabschieden, um der damit ins Leben gerufenen juristischen Person bestimmte subjektive Rechte zu verleihen und es ihr zu ermöglichen, in eigenem Namen Verträge abzuschließen[238]. Die wirtschaftliche Entwicklung in Folge der Unabhängigkeit machte jedoch sehr bald deutlich, daß die Kontrolle über das Versicherungswesen mittels einschränkender Bestimmungen in den Gesellschaftssatzungen kaum länger ausreichen konnte. Diese Methode der Aufsicht war viel zu unflexibel, um den Versicherungsunternehmen eine dynamische Reaktion auf neue Marktsituationen zu ermöglichen, da jede Änderung einer Gesellschaftssatzung ein neues Gesetz erforderte. Darüber hinaus bestand auch für den

---

[236] So wurden zwischen 1800 und 1820 dreiundneunzig neue Versicherungsgesellschaften gegründet, während vor der Jahrhundertwende lediglich 33 Unternehmen bestanden hatten, vgl. zu den einzelnen Entwicklungsstufen *Nichols*, S. 12 ff.

[237] Erst im Jahre 1811 wurde mit dem General Business Corporation Law des Staates New York ein erstes Gesetz verabschiedet, welches allgemeine Vorschriften über die Gründung von Kapitalgesellschaften enthielt.

[238] *Neeb*, S. 21.

Staat keine Möglichkeit, auf erkannte Mißstände, die sich nunmehr häuften, zügig zu reagieren[239].

Als erster Staat reagierte Massachusetts, der im Jahre 1807 ein Gesetz[240] erließ, welches die „presidents" und „directors" aller Versicherungsgesellschaften mit Hauptsitz in diesem Staat verpflichtete, das Parlament über die finanzielle und wirtschaftliche Situation ihrer Unternehmen sowie über die Höhe und Art ihrer Kapitalanlagen unter Eid zu informieren[241]. Diesem ersten Beispiel einer allgemeinen Aufsichtsgesetzgebung folgten bald weitere Regelungen in Massachusetts[242], aber auch in den anderen Bundesstaaten[243].

Neben diesen ersten Bestimmungen zum Schutz der Versicherungsnehmer und zur Sicherung eines ausreichenden Bestandes an solventen Unternehmen wurden auch in zwei weiteren Bereichen Normen für die Versicherungswirtschaft entwickelt.

Zum einen sind dies die in engem Zusammenhang mit dem Zweiten Amerikanischen Unabhängigkeitskrieg stehenden Protektionsgesetze[244]. Trotz der positiven Entwicklung der amerikanischen Versicherungswirtschaft beanspruchten britische Versicherer zu Beginn des 19. Jahrhunderts noch immer wichtige Teile des amerikanischen Marktes, insbesondere im Bereich der Seeversicherung[245]. Gleichzeitig stieg im Vorfeld des Zweiten Unabhängigkeitskrieges die Ablehnung des britischen Einflusses mit dem Ziel einer völligen wirtschaftlichen und sozialen Unabhängigkeit[246]. Unter Einfluß dieser negativen Grundstimmung gegen

---

[239] Vgl. *Neeb*, S. 24.

[240] Mass. Law, 1807, Ch. 56, S. 39.

[241] Vgl. *Patterson*, S. 526.

[242] Herauszuheben ist die im Jahre 1818 in Massachusetts verabschiedete Verpflichtung der Versicherungsunternehmen zur periodischen Veröffentlichung ihrer Bilanzzahlen, Mass. Laws, 1818, Ch. 120, §§ 5,6.

[243] Auch Maine im Jahre 1821 und New York im Jahre 1827 verpflichten die in ihren Staaten ansässigen Versicherungsunternehmen zur periodischen Veröffentlichung ihrer Bilanzzahlen, Me. Laws, 1821, Ch. 139, §§ 5,6; N.Y. Laws, 1827-1828, Pt. I, Ch. 18, Title II, §§ 19,20,51.

[244] *Patterson*, S. 524.

[245] *Nichols*, S. 14.

[246] *Neeb*, S. 26.

die englischen Versicherer und unter dem wachsenden Druck der Öffentlichkeit verabschiedeten die Staaten Pennsylvania[247], South Carolina[248] und New York[249] in den Jahren 1809 bis 1814 Protektionsgesetze, welche den Abschluß von Versicherungen bei ausländischen Versicherern unter Strafe stellten. Mit den ersten großen Brandkatastrophen nach 1835, welche große Teile der Reserven der amerikanischen Versicherungswirtschaft aufzehrten und somit verstärkt ausländisches Kapital notwendig machten, kam auch das Ende dieser Gesetze[250].

Zum anderen führte der Bedarf nach höheren Steuereinnahmen zu Gesetzen, die die Besteuerung der Versicherungswirtschaft regelten. Mit dem steten Bevölkerungswachstum und dem daraus resultierenden Entstehen komplizierterer Sozialstrukturen nahmen auch entsprechend die Aufgaben des Staates zu. Folglich mußten neue Einnahmequellen erschlossen werden, um die fortlaufende Finanzierung der öffentlichen Aufgaben zu gewährleisten. Gleichzeitig hatte die Versicherungswirtschaft zweistellige Wachstumsraten und umfangreiche Reserven, so daß es sinnvoll erschien, die Allgemeinheit durch Besteuerung der in diesem Bereich tätigen Unternehmen am Aufschwung dieses Wirtschaftszweiges teilhaben zu lassen[251]. New York war der erste Staat, der im Jahre 1823 ein entsprechendes Steuergesetz[252] erließ. Andere Staaten[253] folgten schon bald diesem Vorbild.

---

[247] Pa. Laws, 1809-1810, Ch. 59, S. 81.

[248] S.C. Stat. Laws, Pt. V, Ch. 612.

[249] Nachdem bereits 1807 im New Yorker Parlament ein entsprechender Gesetzentwurf eingebracht wurde, der aber von der Council of Revision abgelehnt wurde, erließ schließlich 1814 auch der Staat New York ein derartiges Protektionsgesetz, N.Y. Laws, 1814, Ch. 99.

[250] Vgl. *Nichols*, S. 14; *Neeb*, S. 27.

[251] Vgl. *Neeb*, S. 27.

[252] N.Y. Laws, 1824, Ch. 277, S. 340, wonach die im Staat eingenommenen Prämien mit 10 % besteuert wurden.

[253] So New Jersey im Jahre 1826, welches eine Steuer von 5 % auf die Prämieneinnahmen erhob, N.J. Laws, 1826, S. 67; vgl. hierzu und zu weiteren Staaten *Patterson*, S. 524.

III. Entstehung der Grundstrukturen (ab Mitte des 19. Jahrhunderts)

Auch weiterhin wurde die Entwicklung der amerikanischen Versicherungsaufsicht maßgeblich von dem rapiden Wandel der sozialen und ökonomischen Verhältnisse beeinflußt. Der kontinuierliche Einwandererstrom[254] und die sich rasch entwickelnde Industrialisierung[255] führten zu immer komplexeren sozialen und wirtschaftlichen Strukturen, die ihrerseits zunehmend neue Versicherungssparten erforderten. So wurde im Jahre 1847 das erste Krankenversicherungsunternehmen gegründet, welchem zwischen 1866 und 1870 die ersten Sach- und Vermögensversicherer folgten[256]. Zudem wuchs ab Mitte des 19. Jahrhunderts auch die Bedeutung der Lebensversicherung derart, daß sie die klassischen Sparten der Feuer- und Seeversicherung fast überholte[257]. Gleichzeitig hatten diese Faktoren, welche die Versicherungswirtschaft an sich begünstigten, auch eine negative Komponente. Die rapide Bevölkerungszunahme in den industriellen Zentren des Landes machte es vielerorts notwendig, Wohnunterkünfte in kürzester Zeit und unter Mißachtung der primitivsten Sicherheitsanforderungen zu errichten. Als Konsequenz wurden besonders die schnell gewachsenen Städte des Nordostens in den Jahren zwischen 1835 und 1850 durch schreckliche Brandkatastrophen teilweise zerstört. Viele Feuerversicherungsunternehmen fielen daraufhin in Konkurs, wodurch das Vertrauen der Öffentlichkeit in die Versicherungswirtschaft tief erschüttert wurde[258].

Sowohl der wirtschaftliche Aufschwung des Versicherungswesens als auch die Konkurswelle im Feuerversicherungsgewerbe machten die Defizite der bisherigen Aufsichtsmethode offensichtlich. So stellte sich zum einen immer stärker heraus, daß der Bürger - selbst bei klarer Gliederung der veröffentlichten Informationen - nicht die ihm in diesem System zugedachte Funktion des emanzipierten Verbrauchers ausüben konnte[259].

---

[254] In den Spitzenjahren 1847-54 kamen auf 10000 Einwohner jeweils über 100 Immigranten, vgl. dazu *Heideking*, S. 112 ff.

[255] Während 1820 der Anteil der in der Landwirtschaft beschäftigten Amerikaner bei 80% gelegen hatte, ging dieser bis 1850 auf 55% zurück, vgl. dazu *Heideking*, S.118 ff.

[256] *Neeb*, S. 28.

[257] Vgl. *Nichols*, S. 29 f.

[258] *Nichols*, S. 35.

[259] *Patterson*, S. 529, der auch darauf hinweist, daß es idealistisch sei zu glauben, daß diejenigen, die aus Dummheit oder betrügerischen Gründen eine unseriöse Versicherung

Zum anderen wurde deutlich, daß es den jungen Parlamenten der Bundesstaaten, die in dieser Aufbauphase mit einer Vielzahl von Problemen beschäftigt waren, nicht möglich war, gleichzeitig die Entwicklung der Versicherungswirtschaft zu verfolgen, Fehlentwicklungen mit geeigneten Maßnahmen zu begegnen und schließlich die Einhaltung der gesetzlichen Anordnungen zu überwachen[260]. Eine umfassende Reform des Versicherungsaufsichtssystems war somit unumgänglich geworden.

Zudem waren auch die Voraussetzungen für eine effektive Reform inzwischen wesentlich verbessert. Auf Grundlage der ersten Aufsichtsgesetze waren in vielen Staaten umfassende Datensammlungen entstanden, welche es der Legislative im Gegensatz zu früheren Gesetzgebern ermöglichte, die tatsächlichen Verhältnisse der Versicherungswirtschaft sowie Auswirkungen ihrer Maßnahmen zu kalkulieren[261]. Pennsylvania, New York und Massachusetts hatten als erste Staaten bereits 1827 diese Datenarchive aus dem parlamentarischen Verantwortungsbereich ausgegliedert und sie der exekutiven Gewalt zugeordnet[262]. Dies führte zu einer Entlastung der Parlamente hinsichtlich ihrer Kontrollaufgaben, so daß sie sich verstärkt auf ihre legislative Arbeit konzentrieren konnten[263]. Es stellte sich jedoch bald heraus, daß auch die noch unterentwickelte allgemeine Verwaltung mit der Überwachungsaufgabe überfordert war. Außerdem ergaben Ermittlungen eines Untersuchungsausschusses in New York, der die finanzielle Situation kleiner Lebensversicherungsgesellschaften sowie die Spekulation mit Feuerversicherungsaktien zum Gegenstand hatte, daß die Mißstände in der Versicherungsaufsicht derart gravierend waren, daß sie das öffentliche Wohl unmittelbar gefährdeten[264]. Aus diesem Grunde empfahl der die Untersuchung leitende „State Comptroller“ in seinem Schlußbericht die Einrichtung einer unabhängigen

---

anböten, in dem Maße intelligent oder integer wären, daß sie auf diese Dummheit oder diesen Betrug öffentlich hinwiesen.

260 Vgl. *Neeb*, S. 29; *Patterson*, S. 529.

261 *Neeb*, S. 30.

262 Pa. Laws, 1826-1827, S. 239; N.Y. Laws, 1827-1828, Pt. I, Ch. 18, Title II, §§ 19, 20, 51; Mass. Laws, 1827, Ch. 141.

263 Vgl. *Patterson*, S. 529.

264 *Neeb*, S. 31; vgl. *Nichols*, S. 26 mit näheren Angaben zum „investigating committee“.

Versicherungsaufsichtsbehörde als alleinigen Garanten einer effektiven Kontrolle[265].

Entsprechend wurden die Vorschläge im Jahre 1859 vom New Yorker Parlament in geltendes Recht umgewandelt[266]. Andere Staaten hatten zwar bereits früher eine unabhängige Versicherungsaufsichtsbehörde geschaffen[267], deren Gremien waren jedoch mit Personen besetzt , die entweder in erster Linie mit anderen Aufgaben betraut oder anderen Regierungsstellen unmittelbar nachgeordnet und von deren Weisungen abhängig waren[268]. New York hingegen übertrug als erster Staat alle für die Ausführung des Versicherungsaufsichtsrechts notwendigen Kompetenzen einer einzigen Person, dem „Superintendent of Insurance". Dessen alleinige Aufgabe war es, mit Hilfe seines Behördenapparates für die Einhaltung des Versicherungsaufsichtsrechts zu sorgen[269]. Dem New Yorker Vorbild folgten immer weitere Staaten, bis im Jahre 1900 schließlich bereits 23 Staaten allgemeine Aufsichtskommissionen hatten, die ausschließlich mit der Versicherungsaufsicht betraut waren[270].

Entsprechend den Entwicklungen im verwaltungsorganisatorischen Bereich verliefen auch die Reformen im materiellen Versicherungsaufsichtsrecht. Auch hier nahm New York die Vorreiterrolle ein, wo bereits im Jahre 1849 eine umfassende Kodifikation in Kraft trat. Hierzu wurden zunächst alle die Versicherungswirtschaft betreffenden Gesetze gesammelt und anschließend in einem sogenannten „comprehensive insurance code" neu veröffentlicht[271]. Allerdings handelte es sich dabei lediglich um eine räumliche Zusammenfassung ohne eine umfassende systematische Überarbeitung[272]. Dieses Modell eines in sich abgeschlossenen Ver-

---

[265] *Nichols*, S. 26.

[266] N.Y. Laws, 1859, Ch. 366.

[267] So New Hampshire 1851 (N.H. Laws, 1851, Ch. 1111) Massachusetts 1852 (Mass. Laws, 1852, Ch. 231) und Rhode Island 1855 (R.I. Laws, 1854 (Oct. session), § 17).

[268] Vgl. *Neeb*, S. 31.

[269] Vgl. *Neeb*, S. 31; *Patterson*, S. 536, der in New York den ersten Staat mit einer gründlichen und effektiven Verwaltungsaufsicht sieht.

[270] Vgl. zu den jeweiligen Staaten und den einzelnen Entwicklungsstufen *Patterson*, S. 536.

[271] *Neeb*, S. 30.

[272] Vgl. *Grant*, S. 4.

sicherungsgesetzes setzte sich langsam allgemein durch, wobei einige Staaten, statt die eigenen Gesetze zu überarbeiten, häufig ganze Passagen aus dem New Yorker Gesetz oder aus Gesetzen anderer Staaten, die dem New Yorker Beispiel bereits gefolgt waren, wörtlich übernahmen[273].

Nachdem nunmehr die Grundstrukturen einer modernen Versicherungsaufsicht entstanden waren, begann eine Periode reger legislativer Aktivität. Während die Staaten des Nordostens sich bemühten, ihre Gesetze zu vervollständigen sowie deren Durchsetzung zu optimieren, waren die anderen Staaten damit beschäftigt, die von den nordöstlichen Staaten vorgezeichneten Entwicklungen nachzuvollziehen und lokale Mißstände zu bekämpfen[274].

IV. Entscheidung Paul v. Virginia

Die meisten in dieser Zeit geschaffenen Gesetze hatten aufgrund der Praxis des gegenseitigen Kopierens von Reformansätzen dieselben Grundstrukturen, variierten jedoch deutlich in den Einzelheiten. Zudem wiesen viele der neueren Gesetze auch erhebliche konstruktive Mängel auf. Schließlich führte die unterschiedliche Gesetzesanwendung durch die voneinander unabhängigen Aufsichtsbehörden zu Ungerechtigkeiten und Benachteiligungen einzelner Unternehmen[275].

Aufgrund dieses zerrissenen Bildes der Versicherungsaufsicht sowie angesichts der zunehmenden Regelungsdichte der Versicherungsaufsichtsgesetze forderten insbesondere diejenigen Versicherungsunternehmen, die an einer bundesweiten Tätigkeit interessiert waren, eine Zusammenfassung der Aufsichtskompetenzen in der Hand des Bundes[276]. Zudem erhofften sich die Versicherer, daß es einfacher sei, die bereits ansatzweise

---

[273] Vgl. *Neeb*, S. 33; *Grant*, S. 5.

[274] Insbesondere sogenannte „wild-cat companies“, die die bestehenden Schwächen der Versicherungsaufsicht wie Raubkatzen rücksichtslos ausnutzten, sowie „fly-by-night companies“, die häufig mit allen von den Versicherungsnehmern eingezahlten Prämien über Nacht verschwanden, bereiteten den Gesetzgebern und Behörden einige Probleme, vgl. *Neeb*, S. 34 und *Nichols*, S. 31.

[275] *Neeb*, S. 34.

[276] Vgl. *Randall*, 26 Florida State University Law Review 1999, S. 630; *Kimball/Boyce*, 56 Michigan Law Review 1958, S. 553; *Hübner*, S.185.

bestehenden Verbindungen zum Bund auszubauen, als in der ständig steigenden Zahl der Bundesstaaten jeweils eine eigene Lobby aufzubauen[277]. Daher gründeten die führenden Versicherungsunternehmen einen Ausschuß, der das Ziel hatte, Mustergesetze für die Einführung eines zweigleisigen Zulassungssystems (Dual System) für die Versicherungswirtschaft zu entwerfen[278]. Entsprechende Gesetzesentwürfe wurden in den Jahren 1866 und 1868 im Kongreß eingebracht[279], stießen allerdings auf den energischen Widerstand der Staaten und der bereits etablierten Aufsichtsbehörden, die eine Beschneidung der eigenen Kompetenzen verhindern wollten.

Zur Unterstützung dieser Gesetzesinitiativen wurde daher das Verfahren des Versicherungsagenten Samuel Paul gefördert, der sich wegen Verletzung des Zulassungsrechts des Staates Virginia zu verantworten hatte. So sollte in einem Präzedenzfall die Verfassungswidrigkeit der einzelstaatlichen Versicherungsaufsicht festgestellt werden[280]. Samuel Paul, ein Bürger des Staates Virginia, war Agent verschiedener New Yorker Versicherungsunternehmen. Das Aufsichtsrecht von Virginia sah vor, daß nichtansässige Versicherer und deren Agenten einer Lizenz bedurften. Voraussetzung dieser Lizenz war eine Sicherheitsleistung. Da sich Samuel Paul jedoch weigerte, diese zu hinterlegen, wurde ihm die Zulassung versagt. Nachdem er trotzdem eine erste Police erfolgreich vermittelt hatte, wurde er zu einer Geldbuße verurteilt. In den Rechtsmittelinstanzen, dem Supreme Court of Virginia und dem Supreme Court des Bundes machte er daraufhin geltend, daß die Konzessionspflicht gegen Art. IV Section 2 der Verfassung der Vereinigten Staaten von Amerika[281] verstoße, der den Bürgern eines jeden Staates die gleichberechtigte

---

[277] Vgl. *Nichols*, S. 34; *Day*, S. 14.

[278] Bereits 1863 wurde ein entsprechendes „dual system" für Kreditinstitute durch den „National Banking Act" eingeführt. Danach wurde Banken, denen der einzelstaatliche Gesetzgeber das Recht, Bankgeschäfte zu betreiben, eingeräumt hatte, auch die Möglichkeit gegeben, eine bundesweite Konzession zu erlangen, vgl. dazu *Lovett*, S. 8 ff.

[279] Dies waren die Gesetzentwürfe im Repräsentantenhaus HR 738, S. 39 ff., Cong. 1st Session (1866) und im Senat S 299, S 40ff, Cong. 2nd Session (1868).

[280] Vgl. *Day*, S. 14.

[281] Im Orginal lautet Art. I Section 2 Abs. 1 der Verfassung der Vereinigten Staaten von Amerika:"The Citizens of each State shall be entitled to all Privileges and Immunities of Citizens in the several States".

Anerkennung ihrer Bürgerrechte in allen anderen Staaten des Bundes garantiert, sowie gegen Art. I Section 8 (die sogensnnte „interstate commerce clause")[282], der dem Bund das Recht vorbehält, den Handel der Staaten untereinander und mit fremden Staaten rechtlich zu regeln.

Der Supreme Court wies beide Einwände in der Entscheidung Paul v. Virginia[283] zurück. Zum einen stellte das Gericht fest, daß Kapitalgesellschaften keine Bürger im Sinne des Art. IV Section 2 der Verfassung seien und daher keine Rechte aus dieser Bestimmung herleiten könnten[284]. Dabei hatte das Gericht die Absicht, wie aus der Begründung der Entscheidung deutlich hervorgeht[285], die weitere Ausbreitung der New Yorker Versicherungsunternehmen zu verhindern, um die Entwicklung einer eigenen Versicherungswirtschaft auch in den anderen Staaten zu ermöglichen. Zum anderen setzte das Gericht Versicherungspolicen mit einfachen privatrechtlichen Verträgen gleich, woraus folgt, daß der Abschluß eines solchen Vertrages niemals Handel (Commerce) sein könne. Der Gegenstand derartiger Verträge könne nicht transportiert werden, insbesondere nicht im zwischenstaatlichen Bereich. Vielmehr würden die Verträge erst durch Abschluß in einem bestimmten Staat wirksam[286]. Der letzte Teil der Entscheidung war von großer Bedeutung für die Verteilung der Kompetenz zur Beaufsichtigung des Versicherungswesens. Indem die Anwendung der „interstate commerce clause" abgelehnt wurde, wurde gleichzeitig entschieden, daß die Zuständigkeit der Gesetzgebung im Bereich der Versicherungsaufsicht nicht dem Bund zustehen könne, sondern allein den Einzelstaaten vorbehalten sei[287].

Das Urteil stand in krassem Widerspruch zu den Erwartungen der Versicherungswirtschaft[288]. Insbesondere die sehr formalistische Argumentation des Gerichts war heftiger Kritik ausgesetzt. Tatsächlich wurden

---

[282] Im Orginal lautet Art. I Section 8 der Verfassung der Vereinigten Staaten:"The Congress shall have Power ... to regulate Commerce with foreign Nations, and among the several States, and with the Indian Tribes ...".

[283] *Paul v. Virginia*, 75 U.S. (8 Wall.) 168 (1869).

[284] Vgl. *Paul v. Virginia*, 75 U.S. (8 Wall.) S. 177.

[285] Vgl. *Paul v. Virginia*, 75 U.S. (8 Wall.) S. 182.

[286] Vgl. *Paul v. Virginia*, 75 U.S. (8 Wall.) S. 183; *Neeb*, S. 37; *Hübner*, S. 186.

[287] *Hübner*, S. 186.

[288] Vgl. *Grant*, S. 157; *Nichols*, S. 34.

die Richter bei ihrer Entscheidung stark von praktischen Erwägungen geleitet[289]. Zum Zeitpunkt der Entscheidung waren noch nicht einmal Ansätze eines Bundesaufsichtssystems vorhanden. Es bestand daher die berechtigte Sorge, daß der Aufbau eines solchen Systems stark von der Versicherungswirtschaft beeinflußt worden wäre. Deshalb erschien es dem Gericht sinnvoller, das bereits praktizierte System der Beaufsichtigung durch die Einzelstaaten trotz der bestehenden Probleme weiterhin beizubehalten.

Die Offensive der Versicherungswirtschaft erhielt schließlich durch eine weitere Niederlage vor dem Supreme Court[290] sowie durch die Zurückweisung der von ihr entwickelten Gesetzentwürfe durch den Gesetzgeber zusätzliche Rückschläge[291]. Gleichzeitig gewannen die Einzelstaaten durch diese Entscheidungen Zeit und Ruhe zur Fortentwicklung des bestehenden Aufsichtssystems.

V. Entwicklung bis zur Entscheidung South Eastern Underwriters Association (1944)

Während sich die Einzelstaaten in der Folgezeit um die schrittweise Verbesserung der Überwachung der regionalen Versicherungsmärkte bemühten, entwickelte sich das Versicherungsgewerbe zu einem bedeutenden Wirtschaftszweig von nationalem Zuschnitt. Entsprechend stieg das Einkommen aller berichtenden Gesellschaften zwischen 1865 und 1905 von 25 Millionen auf 642 Millionen Dollar[292]. Um mit den Strukturveränderungen des Versicherungsgewerbes Schritt halten zu können, sahen sich die Einzelstaaten bald gezwungen, Wege und Formen der zwischenstaatlichen Zusammenarbeit zu suchen[293].

Aus diesem Grund gründeten die Leiter der Aufsichtsbehörden 1871 die National Convention of Insurance Commissioners (NCIC). Das Programm

---

289 Vgl. dazu das Gericht selber in der Entscheidung *United States v. South Eastern Underwriters Association*, 322 U.S. 533 (1944), S. 544.

290 *New York Life Ins. Co. v. Deer Lodge County*, 231 U.S. 495 (1913) S. 510.

291 *Neeb*, S. 38; *Day*, S. 14.

292 Vgl. *Grant*, S. 5.

293 *Neeb*, S. 49.

der NCIC umfaßte die Erarbeitung bundeseinheitlicher Gesetze, die Vereinheitlichung des Verwaltungsverfahrens, die Verbesserung der Kontakte und des Informationsflusses zwischen den einzelstaatlichen Behörden sowie Maßnahmen des Verbraucherschutzes[294].

Gegen Ende des 19. Jahrhunderts wurde die Lebensversicherungswirtschaft zum bedeutendsten Einzelzweig des Versicherungsgewerbes, in welchem sich ständig neue Wirtschafts- und Vertriebsformen ausprägten[295]. Es zeigte sich jedoch, daß die Entwicklung der Aufsichtspraxis nicht mit der rapide wachsenden wirtschaftlichen und sozialen Bedeutung der Lebensversicherung Schritt halten konnte. Als zudem noch Gerüchte von Bestechungen in den Zeitungen kursierten[296], entschloß sich der New Yorker Gesetzgeber, die finanzielle Lage und die Geschäftspraktiken der in New York ansässigen Lebensversicherer zu untersuchen. Das für diesen Zweck im Jahre 1905 eingesetzte „Armstrong Committee"[297] ermittelte, daß viele Versicherungen die ihnen anvertrauten Prämien in treuwidriger Weise verwaltet hatten[298]. Zudem zeigte sich, daß die Bestechung von Abgeordneten tatsächlich ein allgemein angewandtes Mittel zur Beeinflussung des Gesetzgebungsprozesses war[299].

---

294 Ursprünglich gehörte auch die Abwehr von Interventionen des Bundes auf dem Gebiet der Versicherungsaufsicht zu den Zielen, dieses Ziel ist aber nunmehr in der 1980 novellierten Satzung der NAIC nicht mehr erwähnt, vgl. *Neeb*, S. 49.

295 Insbesondere die nach dem neapolitanischen Bankier Lorenzo Tonti benannten „Tontine Contracts" warfen erhebliche aufsichtsrechtliche Probleme auf. Bei diesen Verträgen wurde das angesammelte Kapital nach Ablauf eines bestimmten Zeitraums unter den noch lebenden Versicherungsnehmern aufgeteilt. Sie wurden in den Vereinigten Staaten zuerst von der Equitable Life Assurance Society im Jahre 1867 angeboten, die dadurch zur größten Lebensversicherung wurde. Später wurden die Tontine Verträge wegen häufiger Veruntreuung der Gelder verboten, vgl. *Meier*, S. 57; *Nichols*, S. 51.

296 Ausgangspunkt der Spekulationen war eine unternehmensinterne Auseinandersetzung bei der Equitable Life Assurance Society, die ihren Ursprung in dem ausschweifenden Lebenswandel des Sohnes und Nachfolgers des Firmengründers Henry Hyde hatte, siehe dazu *Meier*, S. 57.

297 Benannt nach dem vorsitzenden Senator William Armstrong.

298 Vgl. dazu ausführlich *Stelzer*, 43 Journal of the American Society of CLU and ChFC 1989, S. 74 ff.; *Miller*, 36 CLU Journal 1982, S. 78 ff.

299 Als besonders mißbräuchlich stellten sich Equitable Life, New York Life und Mutual of New York heraus, vgl. zu den Einzelheiten der Ermittlungen, *Grant*, S. 41 ff.

Die Untersuchungsergebnisse führten in der Folgezeit zu einer Reihe von Änderungen im Aufsichtsrecht. So wurden unter anderem die Anlage in Aktien verboten, politisch motivierte Ausgaben beschränkt, Höchstsätze für Verwaltungskosten und Provisionen eingeführt und die Einführung von vier Einheitspolicen geregelt. Darüber hinaus wurden die Umsätze und Gewinne der Versicherungsunternehmen begrenzt, um ein zu schnelles Wachstum der Gesellschaften zu erschweren, welches als Hauptursache der Mißstände angesehen wurden[300]. In der Folgezeit ernannten einige weitere Staaten eigene Ermittlungskommissionen zur Untersuchung des eigenen Versicherungswesens, während andere einfach die New Yorker Reformen übernahmen[301].

Im selben Jahr, in dem das New Yorker Aufsichtsrecht überarbeitet wurde, führte das große Erdbeben von San Francisco zu Feuerschäden in Höhe von 350 Millionen US Dollar, was zur Folge hatte, daß große Teile der Feuerversicherungswirtschaft bankrott gingen[302]. Gleichzeitig erhöhten die Gesellschaften, die diese Katastrophe überlebt hatten, massiv ihre Prämien. Dieses wiederum führte dazu, daß der New Yorker Gesetzgeber einen zweiten Untersuchungsausschuß, das sogenannte Merritt Commitee, zur Untersuchung der Markt- und Wettbewerbsprobleme der Feuerversicherer einsetzte[303].

Schon seit Mitte des 19. Jahrhunderts haben die Feuerversicherer Tarifklassen und Prämiensätze miteinander abgesprochen[304]. Da die Antitrust-Gesetze des Bundes gemäß der Entscheidung im Fall Paul v. Virginia nicht auf diese Vorgänge angewendet werden konnten, hatte ein großer Teil der Staaten besondere Verbotsgesetze, sogenannte Anti-Compact-Laws erlassen. Die Untersuchungen des Merritt Commitees zeigten jedoch, daß diese Kartellverbote zum einen nur schwer durchsetzbar waren und zum anderen auch ein völlig ungeregelter Prämienwettbewerb schädliche Folgen für das Feuerversicherungswesen haben

---

300 Vgl. *Meier*, S. 58; *Neeb*, S. 43; *Lilly*, S. 104.

301 Die grundlegendste Überarbeitung der bestehenden Vorschriften fand dabei in Wisconsin statt, wo man in vielen Punkten noch über die New Yorker Reformen hinausging, vgl. *Neeb*, S. 43 ff; *Grant*, S. 46 ff.

302 *Meier*, S. 59.

303 Vgl. *Meier*, S. 59; *Hübner*, S. 187.

304 *Hübner*, 188.

konnte[305]. Daher empfahl der Ausschuß in seinem 1909 vorgelegten Abschlußbericht ein System flexibler Tarifüberwachung, welches auch vom New Yorker Gesetzgeber übernommen wurde. Bei diesem waren die Unternehmen verpflichtet, die von ihnen oder einem Tarifbüro (Rating Bureau) kalkulierten Tarife bei einer staatlichen Aufsichtsbehörde einzureichen, welche deren Änderung verlangen konnte, falls sie zu dem Ergebnis kam, daß diese überhöht oder unzulänglich wären[306].

Die betroffenen Versicherungsgesellschaften fürchteten um ihre bisher kaum eingeschränkten Freiheiten und versuchten in einem Präzedenzfall, die Einflußnahme des Staates auf die Preisbildung für verfassungswidrig erklären zu lassen. Der Supreme Court[307] vertrat zu diesem Fall jedoch die Auffassung, daß das öffentliche Interesse an der Funktionsfähigkeit der Versicherungswirtschaft nicht nur die Überwachung der Preisbildung der Unternehmen, sondern sogar auch die direkte Mitwirkung des Staates bei der Preisbildung rechtfertige[308]. Nach dieser Entscheidung erließen viele Staaten Tarifüberwachungsgesetze, wobei die meisten die von der NCIC erarbeiteten Muster übernahmen[309].

Trotz dieser koordinierenden Wirkung der NCIC, welche schließlich 1936 in die National Association of Insurance Commissioners (NAIC) umbenannt wurde, bot das Aufsichtsrecht der einzelnen Staaten nach wie vor ein äußerst zerrissenes Bild[310]. Selbst dort, wo die Rechtslage gleiche Strukturen aufwies, bestanden erhebliche Abweichungen in der jeweiligen Gesetzesausführung.

Zur gleichen Zeit wurde der Bund in immer stärkerem Maße auf dem Gebiet der Wirtschaftsaufsicht aktiv. Der Sherman Act aus dem Jahre

---

305 Vgl. *Hübner*, S. 188, *Meier*, S. 59 ff.

306 Bei seinen Vorschlägen hinsichtlich einer flexiblen Tarifüberwachung orientierte sich das Merritt Commitee an einer Gesetzesänderung des Staates Kansas, der ebenfalls 1909 zu einer entsprechenden Methode der Kartellaufsicht überging, vgl. *Neeb*, S. 46; *Meier*, S. 60.

307 *German Alliance Insurance Company v. Lewis*, 233 U.S. 389 (1914).

308 Vgl. *Neeb*, S. 46; *Meier*, S. 60.

309 Vgl. NAIC, Monitoring Competition: A Means of Regulating the Property and Liability Insurance Business, S. 19; *Kimball/Boyce*, 56 Michigan Law Review 1958, S. 551.

310 Vgl. dazu *Day*, S. 21 f.

1890[311], der Clayton Act aus dem Jahre 1914[312], die 1887 gegründete Interstate Commerce Commission[313] sowie die 1934 ins Leben gerufene Securities Exchange Commission[314] zeigen deutlich den Willen der Bundesregierung zur Beaufsichtigung volkswirtschaftlich bedeutender Wirtschaftszweige. Dieser Wille des Bundes stand im deutlichen Gegensatz zu den Interessen der Einzelstaaten, die ihre Kompetenzen im Bereich der Versicherungswirtschaft nicht verlieren wollten, wobei insbesondere die Sorge vor dem Verlust bedeutender Steuerquellen und wichtiger Verwaltungsfunktionen im Vordergrund stand[315].

Im Laufe der Zeit änderte sich aber auch die Einstellung der Versicherungswirtschaft zur Frage der Kompetenzverteilung. Zwar unternahm das Versicherungsgewerbe bereits Ende des 19. Jahrhunderts wieder Versuche, den Bund zum Einstieg in die Versicherungsaufsicht zu bewegen[316]. Die Gesetzentwürfe scheiterten jedoch frühzeitig, da aufgrund der Entscheidung Paul v. Virginia zu große Bedenken an der Verfassungsmäßigkeit eines Bundesaufsichtssystems bestanden[317]. Auch Gesetzesinitiativen auf Verfassungsebene mit dem Ziel, dem Bund die Aufsichtskompetenz eindeutig einzuräumen, scheiterten in den Jahren 1914 und 1915[318]. Schließlich begann die Position der Versicherungswirtschaft langsam umzuschlagen, als die Ermittlungen der Securities Exchange Commission und des Temporary National Economic Commitee[319] im Jahre 1940 aufdeckten, daß viele der bereits in früheren Untersuchungen gerügten Mißstände in der Beaufsichtigung des Versicherungswesens durch die Bundesstaaten nicht beseitigt worden waren. Daraufhin wurden in der Öffentlichkeit immer mehr Stimmen laut, die einen Übergang zur Bundesaufsicht auch im Interesse der Verbraucher forderten. Den Unternehmen wurde dadurch deutlich, daß es nunmehr kaum mehr möglich sein würde, ein Bundesaufsichtssystem zu schaffen, ohne dabei

[311] 15 U.S.C. §§ 1ff.

[312] 15 U.S.C. § 12.

[313] Interstate Commerce Act, 49 U.S.C. §§ 1 ff.

[314] Securities Exchange Act, 15 U.S.C. §§ 78 a ff.

[315] Vgl. dazu *Cowee*, S. 11 ff.

[316] *Neeb*, S. 56.

[317] Vgl. *Grant*, S. 158.

[318] Vgl. *Grant*, S. 160 f.

[319] Zu dieser temporären Bundeswirtschaftskommission ausführlicher bei *Cowee*, S. 15.

auch in großem Maße Verbraucherinteressen zu berücksichtigen, und zwar selbst dort, wo sie mit eigenen Interessen in Widerspruch standen[320].

Zudem mußte die Versicherungswirtschaft bei einer Konzentration der Aufsichtsaufgaben bei einer zentralen Bundesbehörde eine wesentlich striktere Gesetzesanwendung befürchten als bei den oft nachlässigen und unzureichend ausgestatteten Aufsichtsbehörden der einzelnen Staaten[321]. Dieses neue Einvernehmen zwischen den Staaten und der Versicherungswirtschaft stand im Widerspruch zu den Interessen der Bundesregierung, so daß diese durch die Antitrust Division des Bundesjustizministeriums einen besonders krassen wettbewerbsrechtlich relevanten Fall zum Anlaß nahm, um vor dem Supreme Court die Kompetenzfrage erneut zu erörtern[322].

VI. Entscheidung United States v. South Eastern Underwriters Association (SEUA)[323]

In der South Eastern Underwriters Association hatten sich 198 Feuerversicherungsgesellschaften und 27 natürliche Personen zusammengeschlossen, die ungefähr 90 % des Feuerversicherungsmarktes und der üblicherweise mit ihr verbundenen Sparten (Allied Lines) in den Bundesstaaten Alabama, Florida, Georgia, North Carolina, South Carolina und Virginia kontrollierten. Die Mitglieder hatten sich untereinander zur Einhaltung der durch die SEUA festgesetzten Prämien und Provisionssätze verpflichtet. Konkurrierenden Gesellschaften wurde die Gewährung von Rückversicherung verweigert, und Agenten, die diese Gesellschaften vertraten, wurden von der Vertretung von SEUA-Gesellschaften ausgeschlossen[324]. Von den jeweiligen einzelstaatlichen Aufsichtsbehörden wurde diese Verhaltensweise geduldet. Nach Auffassung des Generalbundesanwalts (Attorney General of the United States) hingegen stellte dieses Verhalten eine Verschwörung (Conspiracy) mit dem Ziel dar, ein

---

[320] Insbesondere das Entstehen der freien Presse gegen Ende des 19. Jahrhunderts verhalf den Verbrauchern zu einer stärkeren Lobby, vgl. *Neeb*, S. 51 ff.

[321] *Neeb*, S. 57; *Hübner*, S. 189.

[322] *Hübner*, S. 189.

[323] *United States v. South Eastern Underwriters Association*, 322 U.S. 533 (1944).

[324] *Hübner*, S. 189 f.; *Lilly*, S. 107.

Versicherungsmonopol zu errichten, und wurde deshalb wegen Verletzung von § 1 und § 2 des Sherman Acts von 1890[325] angeklagt.

Der angeklagte Verband verteidigte sich dahingehend, daß sein Verhalten kein Verstoß gegen Bundesrecht darstellen könne, da das Versicherungsgeschäft nicht unter die „Commerce"-Zuständigkeit des Bundes falle[326]. Auch das erstinstanzliche Gericht fühlte sich an die Grundsätze der Paul-Entscheidung gebunden und sprach den angeklagten Verband frei, da die der Anklage zugrunde liegenden Normen entweder die Versicherungswirtschaft nicht erfaßten oder mangels Gesetzgebungskompetenz des Bundes auf dem Gebiet der Versicherungsaufsicht nichtig waren[327]. Daraufhin legte der Anklagevertreter Revision zum Supreme Court ein.

Der Supreme Court hob in einer knappen 4 zu 3 Entscheidung das Urteil des erstinstanzlichen Gerichts auf und wies die Sache zur weiteren Verhandlung an das Bundesbezirksgericht in Georgia zurück[328]. Dabei fand das Gericht sogar eine Möglichkeit, die Gesetzgebungs- und Verwaltungskompetenz des Bundes mittels der rechtsmethodischen Form des „Distinguishing" zu begründen, ohne die frühere Rechtsprechung der Paul-Entscheidung durch die unbeliebtere Methode des „Overruling"[329] gänzlich aufzugeben[330]. Grundlage der Unterscheidung war, daß in diesem Fall im Gegensatz zu den zuvor ergangenen Entscheidungen[331], bei denen lediglich über die Gültigkeit von einzelstaatlichen Gesetzen entschieden wurde, die Anwendbarkeit eines bestimmten Bundesgesetzes zur Entscheidung stand.

---

[325] 15 U.S.C.A. §§ 1 -7, 15.

[326] *McGuire*, 25 Loyola University Chicago Law Journal 1994, S. 308.

[327] Vgl. *Neeb*, S. 58; *Meier*, S. 66.

[328] *United States v. South Eastern Underwriters Association*, 322 U.S. 533 (1944).

[329] Zu der Unterscheidung der Methoden des „overruling" und des sogenannten „distinguishing", vgl. *Fikentscher*, Methoden des Rechts, S. 105 ff. und S. 95 ff.

[330] Neeb, S. 58.

[331] *Paul v. Virginia*, 75 U.S. 168 (1869); *Ducat v. Chicago*, 10 Wall. 410 (1870); *Liverpool Insurance Co. v. Massachusetts*, 10 Wall. 566 (1870); *Philadelphia Fire Association v. New York*, 119 U.S. 110 (1886); *Hooper v. California*, 158 U.S. 648 (1895); *New York Life Insurance Co. v. Cravens*, 178 U.S. 389 (1900); *Nutting v. Massachusetts*, 183 U.S. 553 (1902); *New York Life Insurance Company v. Deer Lodge County*, 231 U.S. 495 (1913).

Dieses war aber lediglich die rechtsmethodische Grundlage für die Unterscheidung; auf tatsächlicher Ebene unterschied das Gericht aufgrund der gewandelten Vertragswirklichkeit in der Versicherungswirtschaft. Es begründete sein Urteil damit, daß im Gegensatz zu 1869 nunmehr im Jahre 1944 zur Ausübung des Gewerbes zahlreiche Einzelakte notwendig seien, von denen der Vertragsschluß nur noch als ein Teilaspekt verstanden werde. Deshalb seien Versicherungsverträge sowohl „interstate" als auch „commerce", wenn man die Paul-Entscheidung des Jahres 1869 vor ihrem historischen Hintergrund interpretiere und auf den Betrieb des Versicherungsgeschäfts im Jahre 1944 anwende[332]. Entsprechend wurde die Anwendbarkeit des Sherman Acts auf die Versicherungswirtschaft bejaht. Daraus folgerte der Supreme Court jedoch nicht, daß auch die von den Einzelstaaten erlassenen Versicherungsaufsichtsgesetze, selbst wenn sie das Gebiet der Kartellaufsicht betrafen, unwirksam waren[333]. Nach der Vorstellung des Gerichts sollten die Einzelstaaten ihre Aufsichtskompetenz insoweit behalten, als die Versicherungsgesellschaften im einzelstaatlichen Bereich tätig wurden. Handelten diese dagegen über die Staatsgrenzen hinweg, so konnten auch Bundesgesetze Anwendung finden[334]. Allerdings wies einer der Richter des Supreme Court, Justice Jackson, in seinem Sondervotum zu der Entscheidung darauf hin, daß das Gericht in diesem Punkt seine Meinung ändern könne, falls der Bund ein effektives und umfassendes Aufsichtssystem für die Versicherungswirtschaft geschaffen habe[335].

VII. McCarran-Ferguson Act

Die Entscheidung in SEUA rief sofort heftige Reaktionen hervor. Zum einen beunruhigte die Versicherungsgesellschaften die Tatsache, daß die unter ihnen weit verbreitete Übung, Preisabsprachen zu treffen, auf einmal zu einem strafrechtlich relevanten Verhalten geworden war[336]. Zum

---

332 *United States v. South Eastern Underwriters Association*, 322 U.S. 533 (1944), S. 552 ff.

333 *United States v. South Eastern Underwriters Association*, 322 U.S. 533 (1944), S. 562.

334 *Hübner*, S. 191.

335 *United States v. South Eastern Underwriters Association*, 322 U.S. 533 (1944), S. 586.

336 Vgl. *Hübner*, S. 192; *Meier*, S. 67.

anderen sahen die Einzelstaaten ihre bisherige Monopolstellung als alleinige Aufsichtsinstanz für die Versicherungswirtschaft unmittelbar bedroht, und damit auch ihre Möglichkeit, „premium taxes" zu erheben[337]. Darüber hinaus waren sich die Versicherungsunternehmen und die Aufsichtsbehörden darüber einig, daß die völlige Freigabe des Wettbewerbs katastrophale Folgen für die Versicherungswirtschaft haben würde. Aus diesem Grund drängten sie bei der Bundesregierung darauf, die Versicherungswirtschaft durch eine ausdrückliche Anordnung aus dem Anwendungsbereich der Bundeskartellgesetze auszugliedern[338].

Eine erste durch die Versicherungsunternehmen erarbeitete Gesetzesvorlage[339], die eine vollständige Befreiung der Versicherungswirtschaft vom Sherman und Clayton Act vorsah, scheiterte jedoch im Senat, nachdem Präsident Franklin Roosevelt mit der Ausübung seines Vetorechts gedroht hatte. Daraufhin legten die Bundesstaaten, deren Einzelinteressen durch die NAIC kanalisiert wurden, einen eigenen Gesetzentwurf vor. Dieser Entwurf wurde, obwohl er weitgehende Zugeständnisse an die Einzelstaaten enthielt, ohne wesentliche Änderungen in Kraft gesetzt. Dies zeigt, daß man auch auf Bundesebene offensichtlich bestrebt war, zunächst die Rechtssicherheit auf dem Gebiet der Versicherungsaufsicht wiederherzustellen, da die Sorge bestand, daß aufgrund der Entscheidung des Supreme Court nunmehr die Gültigkeit einer jeden einzelstaatlichen Norm mit dem Argument der alleinigen Bundesgesetzgebungskompetenz angezweifelt werden könne[340].

Schließlich aber reservierte der Bund sich doch die Möglichkeit, Einfluß auf die Regelungsmaterie zu nehmen, ohne jedoch die prinzipielle

---

337 *Neeb*, S. 60; *Rice*, 43 Catholic University Law Review 1994, S. 411.

338 Vgl. *Caddy*, S. 740.

339 Die Gesetzesvorlage ist bekannt unter dem Namen Walter-Hancock Bill und war aufgrund starker Lobbyarbeit äußerst erfolgreich. Bereits 17 Tage nach der Entscheidung im SEUA-Fall wurde das Gesetz vom Repräsentantenhaus mit einer 283 zu 54 Stimmen-Mehrheit angenommen. Nachdem jedoch der Attorney General Biddle ankündigte, daß er nicht unmittelbar aufgrund des SEUA-Urteils kartellrechtlich aktiv werden wolle, sondern vielmehr den Versicherungsunternehmen Zeit zur Reorganisation ihrer Strukturen geben wolle, war der Senat von dem Druck sofortiger legislativer Maßnahmen befreit. Dies gab den Gegnern des Gesetzesvorschlags die nötige Zeit, ihre Opposition wirksam und am Ende auch erfolgreich zu organisieren; vgl. *Meier*, S. 68 ff.; *Rose*, S. 693; *Weller*, Duke Law Journal 1978, S. 593.

340 Vgl. *Neeb*, S. 60 f.

Zuständigkeit der Staaten anzutasten[341]. Der nach den ihn einbringenden Senatoren benannte McCarran-Ferguson Act[342] erklärt in Section 1 und Section 2 a), daß die kontinuierliche Beaufsichtigung und Besteuerung der Versicherungsunternehmen durch die Bundesstaaten im öffentlichen Interesse liege und das Schweigen des Bundesgesetzgebers auf einem bestimmten Gebiet der Versicherungsaufsicht den Erlaß einzelstaatlicher Normen zur Füllung der Lücke nicht hindern solle. In Section 2 b) wird postuliert, daß zukünftige Bundesgesetze, welche die bestehenden einzelstaatlichen Gesetze auf dem Gebiet der Beaufsichtigung und Besteuerung von Versicherungsunternehmen verdrängen sollen, sich ausdrücklich auf das Versicherungswesen beziehen müssen. Die bereits bestehenden Wirtschaftsaufsichtsgesetze des Bundes - der Sherman Act, der Clayton Act und der Federal Trade Commission Act - sollten hingegen nach einer Übergangszeit von zwei Jahren und neun Monaten[343] auf die Versicherungswirtschaft anwendbar sein, soweit diese bis dahin nicht einer wirksamen einzelstaatlichen Wettbewerbs- und Kartellaufsicht unterworfen sein würde. Durch diese Vorschrift wurde eine Art konkurrierende Gesetzgebungszuständigkeit[344] erreicht, bei der jedoch den Einzelstaaten ein Vorrecht zukommt[345]. In Section 3 und 4 machte das Gesetz eine wichtige Einschränkung dahingehend, daß der Sherman Act mit sofortiger Wirkung auf Boykottvereinbarungen sowie auf Versuche der Einschüchterung und Zwangsausübung Anwendung finden sollte. Gleichermaßen sollten der National Labors Relation Act[346], der Fair Labour Standards Act[347] und der Merchant Marine Act[348] in vollem Umfang von den Versicherungsgesellschaften zu beachten sein.

Im Jahre 1946 wurde die Verfassungsmäßigkeit des McCarran-Ferguson Acts durch den Supreme Court bestätigt[349]. Gleichzeitig nutzten die

---

341 *Macey/Miller*, 68 New York University Law Review 1993, S. 20 f.

342 15 U.S.C. §§ 1011-1015.

343 Diese Frist wurde später um weitere sechs Monate verlängert.

344 Vgl. *Hübner*, S. 192.

345 Vgl. dazu *Macey/Miller*, 68 New York University Law Review 1993, S. 27 ff.

346 29 U.S.C. §§ 151 ff.

347 29 U.S.C. §§ 201 ff.

348 46 U.S.C. §§ 13 ff.

349 Prudential Insurance Company of America v. Benjamin, 328 U.S. 408 (1946); vgl. dazu *McGuire*, 25 Loyola University Chicago Law Journal 1994, S. 314.

Einzelstaaten die ihnen gegebene Schonfrist und entfalteten, unterstützt von der Versicherungswirtschaft, eine starke gesetzgeberische Aktivität[350]. Auf Anregung der NAIC wurde das „All Industry Committee" gegründet, das aus Vertretern von 19 Interessenverbänden aus allen Bereichen der Versicherungswirtschaft zusammengesetzt war[351]. Dieses entwickelte die sogenannten „All Industry Laws"[352], die in erster Linie die Errichtung eines einheitlichen Tarifüberwachungsverfahrens zum Ziel hatten. Dieses Verfahren sah ein „Prior Approval System" vor, bei dem Tarifverbände und verbandsunabhängige Versicherer ihre Tarife vor Anwendung den staatlichen Behörden zur Genehmigung vorlegen mußten[353]. Teilweise wurde befürchtet, daß die Einzelstaaten aufgrund der Sorge vor einem möglichen Übergreifen des Bundes ein viel zu rigides System der Tarifkontrolle propagieren und damit zu wenig Freiraum für einen gesunden Wettbewerb zwischen den Unternehmen lassen würden[354]. Trotzdem wurden die vom „All Industry Committee" erarbeiteten Mustergesetze zügig durch die einzelstaatlichen Gesetzgebungsorgane ratifiziert, so daß bis 1951 alle Bundesstaaten ein entsprechendes Gesetz zur Tarifaufsicht erlassen hatten[355].

VIII. Entwicklung seit dem McCarran-Ferguson Act

Für die nach dem McCarran-Ferguson Act beginnende, moderne Phase der amerikanischen Versicherungsaufsicht war der McCarran-Ferguson Act, obwohl unmittelbar nur den Bereich des Wettbewerbsrechts regelnd, von weitreichender Prägung. Die höchstrichterliche Anerkennung des Versicherungsgeschäfts als „Interstate Commerce" und die daraus resultierende Möglichkeit der Intervention des Bundes auf wichtigen Gebieten des Versicherungsaufsichtsrechts, allein durch die Änderung des einfachen Bundesrechts, zwang die Einzelstaaten wesentlich stärker als

---

[350] Vgl. *Neeb*, S. 62; *Keeton/Widiss*, S. 932.

[351] Vgl. *Hübner*, S. 193; *Meier*, S. 73.

[352] NAIC Proceedings, 77th Sess., S. 397 ff.

[353] *Hübner*, S. 194.

[354] Vgl. *Neeb*, S. 62; *Cowee*, S. 68 ff.

[355] Vgl. *Day*, S. 28.

zuvor, die bestehenden Strukturen fortzuentwickeln und Aufsichtslücken möglichst schnell zu schließen[356].

Im Vordergrund standen weiterhin die Tarifkontrollgesetze. Trotz der auf das Urteil folgenden Reformmaßnahmen stellte sich bald heraus, daß die im Hinblick auf den Übereifer der Einzelstaaten geäußerten Bedenken durchaus ihre Berechtigung hatten. In weiten Bereichen führte die Absicht, den Wettbewerb unter den Versicherungsunternehmen in geordnete Bahnen zu lenken, dazu, diesen fast gänzlich auszuschalten[357].

Inspiriert vom kalifornischen Recht, das bereits seit 1947 mit Erlaß des McBride-Grunsky Insurance Regulatory Act[358] keine Pflicht zur Einreichung von Tarifen bei der staatlichen Aufsichtsbehörde mehr vorsah[359], und aufgrund der Untersuchung eines auf Bundesebene gebildeten Unterausschusses für Kartellfragen[360], beschlossen die Einzelstaaten, erneut eigene Reformmaßnahmen einzuleiten, um auf diese Weise einer möglichen Bundesintervention zuvorzukommen[361]. Unter dem Dach der NAIC wurden neue Mustergesetze erarbeitet, die die Einflußmöglichkeiten der Tarifbüros auf die Preisbildung im Versicherungsgewerbe begrenzen sollten[362]. Viele dieser Gesetze wurden bis 1966 von der Mehrheit der Bundesstaaten übernommen. Trotzdem blieben die bekannten Schwächen einer dezentralen Aufsichtsführung weiter offensichtlich, da der neue Ansatz nicht überall verwirklicht wurde und es selbst bei gleichlautenden Vorschriften erhebliche Unterschiede in deren Anwendung gab[363]. In der Folgezeit gab es mehrere Untersuchungen, wie die der 1975 gegründeten „Federal Antitrust Task Force“[364], und Reformvorschläge, wie den

[356] Vgl. *Neeb*, S. 65; *Hübner*, S. 194.

[357] *Neeb*, S. 66.

[358] California Insurance Code §§ 1850.0 - 1860.3.

[359] Im Jahr 1988 führte Kalifornien jedoch aufgrund eines Referendums (Proposition 103), welches von einer Koalition verschiedener Verbraucherschutzverbände vorgeschlagen und unterstützt wurde, wieder das „Strict Approval System“ für alle Schadensversicherungen ein; vgl. California Insurance Code §§ 1861.01 - 1861.16.

[360] Dieses war das Senate Antitrust Subcommitee.

[361] Vgl. *Schlude*, S. 22.

[362] Vgl. *Neeb*, S. 67; *Day*, S. 28 ff.

[363] *Neeb*, S. 67.

[364] Vgl. dazu *Johnson*, Insurance Law Journal 1977, S. 14.

„Insurance Competition Improvement Act“[365]. Dennoch hat sich an der generellen Problematik bis heute nichts Wesentliches geändert[366].

Ein weiterer Bereich, in dem sich die Bundesstaaten bemühten, den Schwächen der einzelstaatlich gegliederten Versicherungsaufsicht entgegenzuwirken, war die Korrespondenzversicherung. Bei diesem Versicherungstypus bieten die entsprechenden Versicherungsunternehmen ihre Policen in allen Bundesstaaten mit Ausnahme desjenigen Staates an, in dem sie ihren Sitz haben. Dabei werden in den jeweiligen Tätigkeitsstaaten weder Niederlassungen noch Verkaufsbüros errichtet. Auch die technische Abwicklung des Geschäfts erfolgt ausschließlich auf fernschriftlichem Wege[367].

In seiner bis zum Jahre 1940 vertretenen Rechtsprechung zur due process clause des 14. Amendments[368], aus welcher hinsichtlich des Versicherungsaufsichtsrechts gefolgert wird, daß jede aufsichtsrechtliche Maßnahme eines Staates durch ein legitimes Interesse an der Durchführung dieser Maßnahme gedeckt sein muß, vertrat der Supreme Court die Auffassung, daß es für ein entsprechendes legitimes Interesse des Staates nicht ausreiche, wenn ein versichertes Risiko in einem Staat belegen und der Vertrag auf fernschriftlichem Wege zustande gekommen sei[369]. Es fehle in diesen Fällen an dem notwendigen Mindestkontakt[370] des Versicherers zu dem jeweiligen Staat. Während es also einerseits für den Sitzstaat am Interesse hinsichtlich einer effektiven Beaufsichtigung der Korrespondenzversicherer zum Schutze der eigenen Bevölkerung mangelte, waren denjenigen Staaten, in denen der jeweilige Versicherer sein Geschäft betrieb und in denen ein entsprechendes Interesse vorhanden war, die Hände bezüglich aufsichtsrechtlicher Maßnahmen gebunden[371].

---

[365] Vgl. 96th Cong. 2nd Sess. (1980), S. 2474.

[366] Für eine Auflistung der einzelnen Kontrollsysteme, vgl. *Pfennigstorf*, Regulierung, S. 82 ff.

[367] *Neeb*, S. 70.

[368] Der Orginalwortlaut ist: „... nor shall any State deprive any person of life, liberty, or property, without due process of law; ... “.

[369] Vgl. *Day*, S. 37 m.w.N.

[370] Das Kriterium des Mindestkontakts (Minimum Contacts) entwickelte der Supreme Court 1945 in der Entscheidung *International Shoe v. Washington*, 326 U.S. 310.

[371] *Neeb*, S. 72.

Diese Situation änderte sich jedoch Anfang der fünfziger Jahre, als der Supreme Court in mehreren Entscheidungen auch den fernschriftlichen Kontrakt als Mindestkontakt ausreichen ließ[372]. Unter dem Dach der NAIC erarbeiteten die Bundesstaaten zügig entsprechende Mustergesetze, zumal sie durch eine Entscheidung des Supreme Courts[373] zu schnellem Handeln gezwungen waren. In dieser Entscheidung wurde der Federal Trade Commission (FTC) ausdrücklich das Recht zugestanden, Maßnahmen zur effektiven Beaufsichtigung der Korrespondenzversicherer zu treffen, soweit die betroffenen Einzelstaaten keine eigenen Gesetze zum Schutz ihrer Bürger erlassen hatten[374]. Als Ergebnis dieser Bemühungen gelang es den Einzelstaaten, einheitliche Gesetze zu erlassen, die den Problemkreis der Korrespondenzversicherungen zur überwiegenden Zufriedenheit aller Beteiligten regelten. Auf diesem Gebiet führte die durch den McCarran-Ferguson Act geschaffene Konkurrenzsituation zwischen Bund und Einzelstaaten durchaus zu positiven Ergebnissen[375].

Trotz derartiger Erfolge der Einzelstaaten auf einigen Teilgebieten des Aufsichtsrechts überwogen weiterhin die Mißstände, so daß sich wieder die Stimmen mehrten, die verlangten, daß der Bund die unmittelbare Verantwortung für das Gebiet der Versicherungsaufsicht übernehmen solle. Das Hauptargument der Gegner der einzelstaatlichen Versicherungsaufsicht war, daß eine bundeseinheitliche Organisation wesentlich mehr dem nationalen Charakter der Versicherungswirtschaft entspräche. Zudem erhoffte man sich, daß eine Verschiebung der Aufsichtskompetenz eine stärkere Berücksichtigung von Verbraucherinteressen mit sich bringe[376]. Dagegen wurde eingewandt, daß die einzelstaatliche Versicherungsaufsicht dem Marktgeschehen sehr nahe stehe und somit die Aufsichtsbehörden sachgerechtere Entscheidungen treffen könnten als eine zentrale Bundesbehörde[377]. Darüber hinaus blieben beim bestehenden System die Auswirkungen neuer aufsichtsrechtlicher Maßnahmen auf einen Bundesstaat begrenzt, so daß gesetzgeberische Fehlentscheidungen nicht

---

372 Vgl. *Travellers Health Association v. Virginia*, 339 U.S. 643 (1950); *McGee v. International Life Insurance Company of Texas*, 355 U.S. 220 (1957).

373 *Federal Trade Commission v. Travellers Health Association*, 362 U.S. 293 (1960).

374 Vgl. *Neeb*, S. 73; *Haase*, in: Kimball/Denenberg, S. 337 f.

375 *Neeb*, S. 73.

376 Vgl. *Day*, S. 66 ff.

377 Vgl. *Neeb*, S. 89; *Kimball*, in: Kimball/Denenberg, S. 417.

entsprechend verheerende Wirkungen hätten[378]. Obwohl die Diskussion über eine Reform nicht zu einer Veränderung in dem von den Einzelstaaten belegten Zentralbereich der Versicherungsaufsicht führte, konnte der Bund immer weiter in deren Randbereiche vordringen[379]. Eine Zunahme des Bundeseinflusses auf die Versicherungsaufsicht im weiteren Sinne läßt sich insbesondere an der stetig wachsenden Zahl von Bundesprogrammen für die Versicherung solcher Risiken ablesen, für die die private Versicherungswirtschaft keine Deckung anbieten kann oder will[380], wie etwa die Versicherung von politischen Risiken, von schwer beherrschbaren Großrisiken der modernen Technik und von Auswirkungen von Naturkatastrophen[381]. Eine weitere Gruppe bilden schließlich die Bankguthaben- und Investmentversicherungen[382], die den Zweck haben, das Vertrauen der Bevölkerung in den Finanzmarkt zu erhalten und einen Zusammenbruch des Bankensystems zu verhindern[383].

Schließlich entwickelte die NAIC die „Financial Regulation Standards[384]", in welchen - nach Auffassung des NAIC - die wichtigsten Elemente einer effektiven Versicherungsaufsicht sowohl in Hinsicht auf die gesetzliche Grundlage, als auch bezüglich der Verwaltungspraxis und der Organisation festgehalten wurden[385]. Seit 1990 sind diese Standards auch die Basis eines

---

[378] Vgl. *Day*, S. 55 ff.; *Kimball*, in: Kimball/Denenberg, S. 414 f.

[379] Siehe dazu *Meier*, S. 109 ff.

[380] *Neeb*, S. 93.

[381] Vgl. *Dunham*, 16 Forum 1980, S. 221.

[382] Im einzelnen sind dies die Federal Deposit Insurance Corporation (FDIC), die Federal Savings and Loans Insurance Corporation (FSLIC), der National Credit Union Share Insurance Fund (NCUSIF) und die Securities Investor Protection Corporation (SIPC).

[383] Dazu und zu den einzelnen Institutionen ausführlich *Lovett*, S. 105 ff.

[384] NAIC, Models IV 690-1.

[385] Hintergrund dieser Initiative des NAIC war die Krise der Schadensversicherer Ende der 80er Jahre, während welcher einige große Unternehmen wie die Mission Insurance Company und die Anglo-American Insurance Company den Konkurs anmelden mußten. Dadurch ausgelöst, veranlaßte der Kongreß mehrere Untersuchungen, welche zu dem Ergebnis kamen, daß neben den jeweiligen Unternehmen auch die Aufsichtsbehörden für die Insolvenzen mitverantworlich waren, vgl. dazu *Priest*, 76 Yale Law Lournal 1987, S. 1521; Staff of the House of Representatives Subcommittee on Oversight and Investigation of the Committee on Ernergy and Commerce, 101st Cong., 2nd Sess., Failed Promises: Insurance Insolvences, Comm. Print 1990.

Akkreditierungsverfahrens für die einzelstaatlichen Aufsichtsbehörden[386]. Man verleiht diese offizielle Akkreditierung denjenigen Staaten, welche die vom NAIC entwickelten Gesetzentwürfe übernommen haben, und deren Aufsichtsbehörden den finanziellen, organisatorischen, personellen und verfahrenstechnischen Standards nach Überprüfung durch unabhängige Prüfer entsprechen[387]. So soll den Einzelstaaten ein Anreiz gegeben werden, ihr Aufsichtsrecht entsprechend den Modellgesetzen der NAIC weiterzuentwickeln, was tatsächlich dazu geführt hat, daß Anfang 1994 bereits 34 Staaten akkreditiert waren[388]. Allerdings sind auch diese Standards einiger Kritik ausgesetzt. Insbesondere wird bemängelt, daß einerseits die Beurteilungskriterien zu unspezifisch sind und andererseits der Akkreditierungsprozeß aufgrund fehlender Verfahrensregeln und ungenügender Dokumentation kaum zu kontrollieren ist[389]. Zudem wird die NAIC dafür kritisiert, daß sie den Einzelstaaten nicht genügend Zeit für die Umsetzung der Entwürfe gibt und zu wenig Spielraum hinsichtlich von Modifikationen erlaubt[390].

C. Vergleich

Vergleicht man die Geschichte sowohl des Versicherungswesens als auch der Versicherungsaufsicht in Deutschland und den Vereinigten Staaten, so werden viele Gemeinsamkeiten, aber auch einige Unterschiede deutlich.

Während in den deutschen Teilstaaten der Aufschwung des Versicherungsgedankens im Laufe des 18. Jahrhunderts sowohl aus bevölkerungs- als auch finanzpolitischen Erwägungen von staatlicher Seite verordnet wurde, waren in Amerika allein die wirtschaftlichen Notwendigkeiten für die zunehmende Verbreitung von Versicherungen ausschlaggebend. Eine Veranlassung, entsprechende Aufsichtsgesetze zu erlassen, gab es jedoch

---

[386] Vgl. dazu insbesondere *Randall*, 26 Florida State University Law Review 1999, S. 644 ff.

[387] Vgl. *Pomeroy*, S. 11 ff.

[388] *Pfennigstorf*, S. 39.

[389] *Randall*, 26 Florida State University Law Review 1999, S. 646 ff.

[390] Die Kritik verschärfte sich, als die NAIC 1993 dem Staate New York die Akkreditierung entzog, weil dieser drei Gesetzentwürfe der NAIC nicht übernommen hatte.

weder in den deutschen Teilstaaten noch in Amerika. In Deutschland war die Gründung privater Versicherungsgesellschaften generell ausgeschlossen, da das Versicherungsgeschäft lediglich von staatlichen Monopolanstalten betrieben wurde. In den amerikanischen Kolonien wurde die Entwicklung einer eigenen Versicherungswirtschaft durch Gesetze des englischen Mutterlandes unterbunden.

Gegen Ende des 18. Jahrhunderts änderte sich diese Ausgangssituation in beiden Ländern deutlich. Die Unabhängigkeit der neugegründeten Vereinigten Staaten löste die gesetzlichen Fesseln Englands und startete einen kräftigen Wirtschaftsaufschwung, in dessen Folge es zu vielen Gründungen neuer Versicherungsgesellschaften kam. Auch in Europa ermöglichte der sich mit Beginn des 19. Jahrhunderts ausbreitende Liberalismus das Entstehen einer privaten Versicherungswirtschaft. Hinsichtlich der Kontrolle der neuen Unternehmen vertrauten sowohl die Vereinigten Staaten als auch die deutschen Kleinstaaten lediglich auf ihre Einflußmöglichkeiten im Rahmen der Gründung[391]. Das laufende Geschäft wurde hingegen kaum überwacht. Allerdings führte der aggressive Konkurrenzkampf der neuen Versicherer in der Folgezeit zu Mißständen wie der Über- und Doppelversicherung. Auf beiden Seiten des Atlantiks reagiert man auf diese Mißstände gleichermaßen mit dem Erlaß erster Versicherungsgesetze. Diese enthielten neben Bestimmungen zum Schutz der Versicherungsnehmer und zur Sicherung eines ausreichenden Bestandes an solventen Unternehmen bereits erste spezielle Regelungen hinsichtlich ausländischer Versicherungen. Während diese Protektionsnormen in den Vereinigten Staaten Ausdruck des Wunsches völliger wirtschaftlicher Unabhängigkeit von England waren, dienten sie in dem noch staatlich stark zersplitterten Europa lediglich als Mittel zur Protektion der einheimischen Gesellschaften.

Die Versicherungsgesetze haben seit ihrem ersten Erlaß sowohl in den Vereinigten Staaten als auch in Deutschland zahlreiche materielle Veränderungen erfahren. Gemeinsam ist beiden Aufsichtssystemen dabei jedoch, daß diese Änderungen in der Regel Reaktionen auf außerordent-

---

[391] In den deutschen Einzelstaaten war die Gründung an eine staatliche Genehmigung nach den Grundsätzen des Octroi-Verfahrens gebunden. In den Vereinigten Staaten mußte der Gesetzgeber bei jeder Unternehmensgründung eine entsprechende Satzung in Form eines allgemeinen Gesetzes verabschieden und konnte so über einschränkende Bestimmungen eine bestimmte Kontrolle ausüben.

liche Ereignisse wie Katastrophen[392] oder spektakuläre Konkurse[393] waren. Erst diese Krisen, die häufig ihren Ursprung in den sich verändernden Wirtschaftsverhältnissen und den daraus resultierenden Anforderungen an das Versicherungswesen hatten, führten zu dem notwendigen Druck, um entsprechende Novellierungen durchzusetzen.

Der wichtigste Unterschied in der Entwicklung der deutschen und der amerikanischen Versicherungsaufsicht ist die zunehmende Integration hin zu einem europäischen Versicherungsmarkt einerseits sowie das unveränderte Festhalten an einzelstaatlicher Aufsicht in den Vereinigten Staaten andererseits. So führten die Interessen der deutschen Teilstaaten, die auch zur Gründung des Norddeutschen Bundes und schließlich des Deutschen Reiches führten, in einem ersten Schritt zu einer Vereinheitlichung der Versicherungsaufsicht durch das Gesetz von 1901. In einem zweiten Schritt hat der deutsche Gesetzgeber nunmehr im Rahmen der europäischen Integration mit den anderen Mitgliedstaaten der Europäischen Gemeinschaft einen Binnenmarkt für Versicherungsdienstleistungen errichtet. Im Gegensatz dazu halten die Vereinigten Staaten seit den Anfängen der Versicherungsaufsicht an einer Zersplitterung der Aufsichtssysteme in den jeweiligen Bundesstaaten fest. Während in den Vereinigten Staaten andere Bereiche der Wirtschaftsaufsicht auf Bundesebene geregelt werden, ist die Versicherungsaufsicht ein letztes Rudiment aus föderaleren Zeiten.

Diese unterschiedliche Entwicklung des Versicherungsaufsichtsrechts hat viele einzelne Gründe, die im vorigen Abschnitt dargestellt wurden. Sie ist aber auch eine Folge der in den Vereinigten Staaten im Vergleich zu Europa und Deutschland ganz anders verlaufenen politischen und geschichtlichen Entwicklung. Europa und so auch das jetzige Deutschland hat in den letzten Jahrhunderten eine wechselvolle Geschichte der Kriege, Revolutionen, Grenzverschiebungen und Staatenbildungen erlebt. Die Vereinigten Staaten hingegen haben seit den Bürgerkriegen eine verhältnismäßig ruhige Entwicklung genommen, im Rahmen derer das demokratische System, die Verfassung und die föderalen Institutionen im

---

[392] So etwa die großen Brandkatastrophen in den Städten des Nordostens der Vereinigten Staaten zwischen den Jahren 1835 und 1850.

[393] Beispielhaft sei hier der Zusammenbruch der "Frankfurter Allgemeinen Versicherungsgesellschaft" im Jahre 1929 sowie die Untersuchungen des "Armstrong Committee" im Jahre 1905 genannt.

wesentlichen unverändert blieben. Es ist daher zu vermuten, daß unter diesen geschichtlichen Bedingungen das Bedürfnis der Bürger und der Regierenden in Europa nach einheitlichen und Ordnung schaffenden Regelungen größer war und ist als in den Vereinigten Staaten. Dieser Unterschied mag sich auch auf die jeweiligen Systeme zur Versicherungsaufsicht niedergeschlagen haben.

Tendenziell verstärkt wurden die Unterschiede in der Entwicklung sicher auch durch das Nachwirken zentralistischer und merkantilistischer Traditionen in Europa, die in den Vereinigten Staaten nicht bestehen. Zudem ist das europäische und deutsche Recht grundsätzlich eher von einem paternalistischen Ansatz geprägt und ist daher viel stärker als das amerikanische Recht geneigt, den Bürger durch Vorschriften vor Risiken zu schützen[394]. Beides führt in Europa zu einer stärkeren Ausbildung des Wirtschaftsaufsichtsrechts und so auch des Versicherungsaufsichtsrechts.

Schließlich erleichtert unser auf dem römischen Recht basierendes Rechtssystem eine einheitliche und logische Regelung der Versicherungsaufsicht, während das amerikanische Rechtssystem eher eine Entwicklung begünstigt, die von den besonderen Situationen und Interessen bestimmt wird, die zu den Zeitpunkten der Entscheidungen der entsprechenden Gerichte - im Falle des Versicherungsaufsichtsrechts des Supreme Courts - über die jeweilige Frage vorherrschten. Gerade hinsichtlich der Entwicklung der Versicherungsaufsicht wird diese Tendenz, wie oben dargestellt, ausgesprochen deutlich.

---

394 Besonders augenfällig sind diese unterschiedlichen Ansätze im Hinblick auf die Regelungen von Produktrisiken. Während sowohl der europäische wie auch der deutsche Gesetzgeber versuchen, derartige Risiken durch konkrete Regelungen und Industrienormen im Vorfeld zu verhindern, greift das amerikanische Rechtssystem erst im Falle der Verwirklichung eines solchen Risikos ein und versucht, den entstandenen Schaden durch ein strenges Produkthaftungssystem auszugleichen. Selbstverständlich hat die Androhung entsprechender Haftung auch eine präventive Wirkung, dennoch ist der Ansatz ein anderer.

Zweiter Teil
Schutzgut und Ziele der Versicherungsaufsicht

Die rechtsvergleichende Untersuchung kann sich nicht isoliert auf die rechtlichen Regelungen konzentrieren, sondern muß immer auch deren Funktion für die Erreichung bestimmter praktischer Bedürfnisse und Ziele im Auge haben[395]. Ein Vergleich verschiedener Regelungsansätze ist schließlich nur dann aussagekräftig, wenn durch diese ein mehr oder weniger ähnlicher Zweck erreicht werden soll. Insofern ist vor einer Analyse der konkreten Zulassungsbedingungen zu untersuchen, ob die Schutzgüter und Ziele der jeweiligen Aufsichtssysteme überhaupt vergleichbar sind.

A. Deutschland

In Deutschland herrschte lange Zeit ein Streit in der juristischen Literatur hinsichtlich des Schutzgutes der deutschen Versicherungsaufsicht. Hauptsächlich standen sich hierbei die Schutztheorie und die Strukturtheorie gegenüber. Darüber hinaus wurden aber noch weitere Theorien entwickelt[396]. Um nicht den Rahmen der Arbeit zu sprengen, kann hier nur auf die wichtigsten kurz eingegangen werden.

I. Schutztheorie

Nach der Schutztheorie besteht der Zweck der Versicherungsaufsicht allein in der Wahrung der Belange der Versicherten[397]. Wie aus den Motiven zum VAG[398] ersichtlich, sind die Gesetzesväter bei der Schaffung des Versicherungsaufsichtsgesetzes von Vorstellungen ausgegangen, die der

---

[395] Zur funktionellen Rechtsvergleichung *Zweigert/Kötz*, S. 32 ff.; *Rheinstein/von Borries/Niethammer*, S. 25 ff.

[396] Die Gefahrentheorie, die unter Vernachlässigung des Präventivcharakters nur den polizeilichen Eingriff nach Auftreten einer Gefahr in den Vordergrund stellte, wird bereits seit den Fünfziger Jahren nicht mehr vertreten, vgl. *Michaels*, S. 44 ff.

[397] *Prölss*, ZVersWiss 1961, S. 118 ff.; *Wessels*, S. 42.

[398] Motive zum VAG, S. 24.

Schutztheorie entsprechen[399]. Zudem werden in §§ 8 Abs. 1 Nr. 2, 81 und 81 a VAG die „Belange der Versicherten“ ausdrücklich hervorgehoben. Weitgehend unbestritten beschreibt die Schutztheorie damit einen Zweck der Versicherungsaufsicht, geht aber letztendlich nicht über eine Wiederholung des gesetzgeberischen Auftrags hinaus[400].

II. Strukturtheorie

Während die Versicherungsaufsicht nach der Schutztheorie ausschließlich zum Schutz der Versicherteninteressen konzipiert ist, hat die Strukturtheorie einen anderen Schwerpunkt. Ausgangspunkt ist hier vielmehr die besondere Struktur der Versicherungswirtschaft, die durch ihre äußerste Vertrauensempfindlichkeit der Nachfrage und die theoretisch fast unbegrenzte Möglichkeit der Vermehrung der abstrakten Ware Versicherungsschutz geprägt sei[401]. Zum Ausgleich dieser Strukturschwächen müsse der Erhalt der Funktionsfähigkeit der Versicherungswirtschaft insgesamt oberste Richtschnur für die Tätigkeit der Aufsichtsbehörde sein, dem sich die Notwendigkeit des Schutzes der Interessen der Versicherten ein- und notfalls unterzuordnen habe[402]. Problematisch ist jedoch, daß durch die Strukturtheorie nicht hinreichend konkretisiert wird, was zu einer funktionsfähigen Versicherungswirtschaft gehört. Die Erhaltung der wirtschaftlichen Funktion allein ist eine zu weite Aufgabenumschreibung und ermöglicht staatliche Eingriffe, welche die Grenze zur verfassungsrechtlich nicht mehr zulässigen Wirtschaftslenkung überschreiten[403].

III. Funktionsschutztheorie

Dieses Problem erkennt die Funktionsschutztheorie, die eine Abgrenzung der Wirtschaftsaufsicht von der Wirtschaftslenkung versucht. Danach soll die Versicherungsaufsicht dafür sorgen, daß seriös wirtschaftende Versicherungsunternehmen die ihnen anvertrauten Funktionen erfüllen

---

399 Vgl. *Sieg*, in: HdV, S. 995.

400 Vgl. *Miersch*, S. 9.

401 *Starke*, in: 50 Jahre III, S. 63 ff.

402 *Starke*, in: 50 Jahre III, S. 67f.

403 Vgl. *Miersch*, S. 9.

können und auch wirklich erfüllen[404]. Sobald jedoch das Aufsichtsamt eine Funktion an sich ziehen und primär selbst ausüben würde, wäre die Grenze der Wirtschaftsaufsicht überschritten[405]. Ebenso wie die Strukturtheorie leidet jedoch auch die Funktionsschutztheorie als deren Weiterentwicklung an einer fehlenden Definition der an die Funktionsfähigkeit der Versicherungswirtschaft gestellten Anforderungen und läßt sich ebenfalls nicht auf die Motive, die Verfassung und den Gesetzestext stützen.

IV. Soziale Theorie

Die soziale Theorie[406] betont schließlich die soziale Bedeutung der Versicherungsaufsicht und leitet deren Zweck aus der in Art. 20 Abs. 1, 28 Abs. 1 und 3 Abs. 1 GG zum Ausdruck kommenden sozialstaatlichen Ausrichtung des Grundgesetzes ab[407]. Aber auch dieser Ansatz, der das Sozialstaatsprinzip als alleinige Grundlage für den Aufsichtszweck ansieht, wird kritisiert, da die Erhaltung eines einmal erreichten Lebensstandards im Falle eines Schicksalschlags nicht zur Aufgabe des Staates gehöre und zu stark in die bestehende Wirtschaftsordnung eingreife[408]. Die Individualversicherung sei vielmehr der Wettbewerbswirtschaft zuzuordnen, bei welcher ein besonderer Grund für die gesteigerte Einflußnahme in Form einer Staatsaufsicht vorliegen müsse[409].

V. Ergebnis

Keine der Theorien kann isoliert betrachtet den Schutzzweck der Versicherungsaufsicht befriedigend umschreiben. Schon das Bemühen um die Festlegung eines einzig gültigen Aufsichtszwecks scheint verfehlt[410]. In der Literatur wird daher nunmehr auch die Auffassung vertreten, daß die

---

[404] *Stein*, S. 14 ff.

[405] Vgl. *Stein*, S. 15.

[406] Vgl. *Starke*, in: 50 Jahre III, S. 62.

[407] *Weber*, ZVersWiss 61, S. 346.

[408] Vgl. *Michaels*, S. 50 ff.; *B. Müller*, S. 47.

[409] *B. Müller*, S. 47.

[410] *Dreher*, S. 201.

Strukturtheorie neben der Schutztheorie ihre Berechtigung habe[411]; teilweise wird auch eine pragmatische Kombination der Theorien befürwortet[412]. Schließlich setzt die Wahrung der Belange der Versicherten und die Sicherung der Erfüllbarkeit der von den Versicherungsträgern übernommenen Verpflichtungen zu einem nicht unerheblichen Teil die Erhaltung der Funktionsfähigkeit der Versicherungswirtschaft voraus. Entsprechend hat der juristische Streit um den Zweck oder die Zwecke der Versicherungsaufsicht an Bedeutung verloren[413] und sich seit dem Anfang der achtziger Jahre verstärkt auf die Frage verlagert, ob das VAG ein Verbraucherschutzgesetz ist[414]. Gegen eine Ausrichtung der Versicherungsaufsicht an dem Ziel des Verbraucherschutzes wird jedoch eingewandt, daß der Begriff des Verbraucherschutzes zu verschwommen sei, um für die Ableitung konkreter Folgerungen brauchbar zu sein[415]. Dieses sei aber auch nicht nötig, da das VAG die Belange aller Versicherten unabhängig von ihrer Verbraucherqualität wahren solle[416].

B. Vereinigte Staaten von Amerika

Im Gegensatz zu Deutschland ist es in den Vereinigten Staaten nicht üblich, daß die wissenschaftliche Lehre die Entscheidungen des Gesetzgebers und der Gerichte systematisch aufbereitet und analysiert. Zudem enthalten die amerikanischen Versicherungsaufsichtsgesetze regelmäßig äußerst detaillierte Bestimmungen und verzichten auf Abstraktionen und Generalklauseln. Aus diesen Gründen gibt es in der juristischen Literatur der Vereinigten Staaten auch keinen dem deutschen entsprechenden Theorienstreit hinsichtlich des Schutzguts und der Ziele der Versicherungsaufsicht. Allerdings gibt es im Schrifttum gute Ansätze, die zahlreichen Einzelziele der amerikanischen Versicherungsaufsicht zu

411 *Kaulbach*, in: Fahr/Kaulbach, Vor § 1 Rn. 5.

412 *Sieg*, in: HdV, S. 995.

413 Vgl. *Schmidt*, in: Prölss, VAG, Vorbem. Rn. 110.

414 Dafür sind *Hohlfeld*, VW 1991, S. 1494; *Büchner*, ZVersWiss 1994, S. 351 f.; dagegen *Scholz*, ZVersWiss 1984, S. 17 f.; *Sieg*, in: HdV, S. 996; vgl. dazu auch *Bähr*.

415 *Sieg*, in: HdV, S. 996.

416 *Dreher*, S. 214.

systematisieren[417]. Dafür werden die jeweiligen Ziele zwei Hauptgruppen zugeordnet.

Die erste Hauptgruppe umfaßt die Aufsichtsziele, die sich intern aus der Funktion der Versicherungswirtschaft ergeben[418]. Dazu gehört in erster Linie, das Vertrauen der Bevölkerung in die von den Versicherungsunternehmen angebotenen Dienstleistungen herzustellen (reliability of the insurance product). Wichtige Voraussetzung dafür ist die Gewährleistung der Solvalibilität der Versicherungsunternehmen (solidity and solvency of the insurance enterprise) sowie die des Ausgleichs von Nachteilen, die im Falle der Insolvenz eines Versicherungsunternehmens den Versicherungsnehmern drohen (guaranty against loss). Ein weiteres Aufsichtsziel dieser Hauptgruppe ist die Schaffung vernünftiger und gerechter Verhältnisse auf dem Versicherungsmarkt (principle of aequum et bonum).

Die zweite Hauptgruppe enthält externe Aufsichtsziele, die sich einerseits aus der staatspolitischen Grundordnung, andererseits aus der Wirtschafts- und Sozialpolitik ergeben[419]. Entsprechend gebietet die amerikanische Verfassung die Ausrichtung des Versicherungssystems auf die durch sie vorgegebenen Ziele der Demokratie, der Freiheit und des Föderalismus (democracy, liberty, and federalism). Des weiteren sollen Versicherungsschutz für von der Versicherungswirtschaft versicherbare, aber nicht versicherte Risiken ermöglicht (availability of coverage), und nicht von der Versicherungswirtschaft versicherbare Risiken sozialisiert werden (socialization of risks)[420]. Schließlich soll die Versicherungsaufsicht auch der Aufrechterhaltung der freien Marktwirtschaft dienen (freedom of enterprise)[421].

Häufig enthalten amerikanische Aufsichtsgesetze Präambeln, aus denen die jeweilige Zielsetzung hervorgeht. Insbesondere bemerkenswert ist die Zusammenfassung der Ziele durch das Aufsichtsgesetz von Wisconsin[422],

---

[417] Die Erforschung der Grundstrukturen der amerikanischen Versicherungsaufsicht ist in erster Linie der Analyse von Kimball zu verdanken, vgl. *Kimball*, 45 Minnesota Law Revue 1961, S. 471 ff.; *Kimball*, 29 Journal of Insurance 1962, S. 19 ff.

[418] *Hanson*, S. 17.

[419] *Hanson*, S. 18.

[420] *Kimball*, 45 Minnesota Law Review 1961, S. 512.

[421] Vgl. auch *Hanson*, 31 CLU Journal 1977, S. 20 ff.

[422] Wis. Stat. § 601.01 (3) Ch. 337, Laws of 1969.

in welchem der Gesetzgeber folgende Aufsichtsziele in entsprechender Rangfolge formuliert: die Sicherstellung der Solidität der Versicherungsunternehmen, die gerechte Behandlung von Versicherten und Versicherern, die Erhaltung eines gesunden, wettbewerbsfreundlichen und reformfreudigen Versicherungsmarkts, die Sicherstellung eines kompetenten Aufsichtsamtes, die Ermutigung der Kooperation mit anderen reglementierenden Behörden des Staates und anderer Staaten sowie der Bundesregierung, die Verbesserung und Weiterentwicklung der Versicherungsaufsicht, die Erhaltung der Vertragsfreiheit und der freien Marktwirtschaft, die Erhaltung selbstregulierender Mechanismen im Versicherungswesen, die Ermutigung zur Schadensverhütung und schließlich die Information der Öffentlichkeit in Versicherungsangelegenheiten[423].

C. Vergleich

Zwar ist der deutsche Ansatz, das Schutzgut und die Ziele der Versicherungsaufsicht anhand einer generell der Versicherungsaufsicht zugrunde liegenden Theorie zu bestimmen, vom Ausgangspunkt grundsätzlich anders als der entsprechende amerikanische Ansatz, welcher vielmehr einzig darin besteht, die gewünschten Ziele in einer offenen Liste aufzuzählen. Die Ursache für diesen ungleichen Ansatz liegt jedoch nicht in einer generellen Diskrepanz hinsichtlich der konkreten Zielvorstellung an die jeweilige Versicherungsaufsicht als vielmehr in den unterschiedlichen Rechtssystemen und Rechtsentwicklungen der beiden Staaten begründet.

Der undogmatischere Ansatz des amerikanischen Aufsichtsrechts entsteht durch die Wechselwirkung zwischen der oft sprunghaften Rechtsentwicklung und der fehlenden Kodifikationstradition in den Vereinigten Staaten. Die Entwicklung des amerikanischen Versicherungsaufsichtsrechts wurde hauptsächlich durch Reaktionen auf bestimmte Vorfälle oder Situationen geprägt, in welchen die Interessen der Versicherten oder der Allgemeinheit in unterschiedlichster Art als gefährdet angesehen wurden. Folglich waren die Bemühungen der amerikanischen Gesetzgeber auch stärker auf die konkrete Bereinigung der jeweiligen Gefahrenlage als auf eine konsequente Weiterentwicklung des bestehenden Rechts auf Basis

[423] Vgl. *Hübner*, S. 206.

einer bestimmten Theorie gerichtet. Zudem hat die fehlende Kodifikationstradition des Common Law dazu geführt, daß es sich bei den einzelstaatlichen Versicherungsgesetzen nicht um Resultate einer umfassenden theoretischen Überarbeitung, sondern lediglich um Aneinanderreihungen von Einzelvorschriften handelt, die häufig von verschiedenen Verfassern aus verschiedenen Zeitepochen stammen[424]. Später hinzutretende Rechtsvorschriften wurden nicht an das bestehende Regelwerk angeglichen, sondern ohne systematische Überarbeitung in das Gesamtwerk eingegliedert. Dieser Prozeß hat zur Folge, daß die Versicherungsgesetze mit zunehmendem Alter immer unstrukturierter werden. Konsequenterweise können auf diese Weise entstehende Kodifikationen auch nicht an einer bestimmten Theorie oder Doktrin ausgerichtet sein.

Dennoch sind die Zielvorstellungen des deutschen und der amerikanischen Gesetzgeber zum weitaus größten Teil kongruent. Dies ist auch plausibel, da beide Staaten von einem sehr ähnlichen Wirtschaftsverständnis ausgehen und folglich auch entsprechend vergleichbare Interessen im Rahmen der Wirtschaftsaufsicht verfolgen. Aufgrund der volkswirtschaftlich herausragenden Bedeutung der Versicherungswirtschaft in fast allen Bereichen der Ökonomie und der sich aus der Struktur dieses Dienstleistungsgewerbes ergebenden Gefahren ist es für beide Staaten von größter Bedeutung, einen funktionierenden Markt aufzubauen und zu erhalten[425]. Dafür ist jedoch das entsprechendes Vertrauen und die Akzeptanz der Versicherungsnehmer nötig. Ziel beider Staaten muß es daher sein, sowohl das öffentliche Interesse an einer funktionierenden Versicherungswirtschaft als auch die Interessen der Versicherten als Verbraucher zu sichern.

Dies gilt auch, wenn man das deutsche Aufsichtsrecht vorrangig einer Theorie unterordnet und entsprechend ein Ziel, wie etwa bei der Schutztheorie die „Wahrung der Belange der Versicherten", in den Vordergrund der Aufsicht stellt. In diesem Fall verlangt die primäre Ausrichtung auf dieses Ziel zugleich auch die Beachtung weiterer Ziele wie zum Beispiel den „Schutz der Struktur der Versicherungswirtschaft", da sich beide

---

[424] Eine Ausnahme bilden nach der Ansicht von Kimball und Pfennigstorf allerdings die Aufsichtsrechte von New York und Wisconsin, an dessen Reform beide Autoren beteiligt waren, vgl. *Pfennigstorf*, ZVersWiss 1970, S. 712 ff.; *Kimball*, ZVersWiss 1967, S. 515.

[425] Siehe dazu auch die Entscheidung des United States Supreme Courts, *German Alliance Ins. Co. v. Lewis*, 233 U.S. 389 (1914), S. 411 ff.

Schutzziele zu einem gewissen Grad gegenseitig bedingen. Zudem werden auch im Versicherungsaufsichtsrecht Schutzzwecke durch die verfassungsrechtlichen und europarechtlichen Regelungen vorgegeben, die nicht durch den Verweis auf eine der Theorien außer Acht gelassen werden können. Insofern decken sich auch dann die Ziele der deutschen mit denen der amerikanischen Versicherungsaufsicht.

Dritter Teil
Zulassung zum Geschäftsbetrieb

Die Zulassung eines Versicherungsunternehmens zum Betrieb des Versicherungsgeschäfts ist für den jeweiligen Staat einer der wichtigsten Aspekte der Versicherungsaufsicht[426]. Zum einen setzt ein Staat bereits durch seine Zulassungsvoraussetzungen einen prinzipiellen Rahmen hinsichtlich derjenigen Versicherungsgeschäfte und Unternehmensformen, welche er für seinen Versicherungsmarkt wünscht. Zum anderen wird der entsprechenden Aufsichtsbehörde durch den formellen Akt der Zulassung und der damit verbundenen Möglichkeit des Widerrufs und Entzugs derselben ein äußerst wichtiges und effektives Druckmittel an die Hand gegeben[427].

Gleichsam können die Bedingungen, unter denen die zuständigen Behörden Zulassungen erteilen, einschneidende Marktzugangsschranken für ausländische Unternehmen darstellen. So ist ein Unternehmen grundsätzlich nur dann in der Lage, Versicherungsdienstleistungen in dem betreffenden Staat auszuführen, wenn es von diesem eine Zulassung erhalten hat. Diese wird in der Regel nur erteilt, wenn das Versicherungsunternehmen bestimmte Voraussetzungen im Hinblick auf seine Organisationsform, seinen Tätigkeitsbereich, sowie seine finanzielle Ausstattung und Zuverlässigkeit erfüllt. Selbst dann, wenn das Unternehmen diesen Anforderungen genügt, kann das Zulassungsverfahren noch weiteren Beschränkungen unterliegen[428].

Eine der wichtigsten Voraussetzungen einer erfolgreichen Beaufsichtigung ist es, daß diese von den Betroffenen auch akzeptiert wird. Zwar erkennen die Versicherer generell die Notwendigkeit von staatlicher Beaufsichtigung an und begrüßen diese sogar als Schutz vor schädlicher Konkurrenz durch unsolide oder betrügerische Unternehmen. Wenn aber die Belas-

---

[426] Entsprechend machen alle OECD-Länder die Errichtung einer Niederlassung eines ausländischen Direktversicherers vom Erfordernis einer Zulassung abhängig, OECD, International Trade in Services: Insurance, 26 (Ziff. 76).

[427] Die Aufsichtsbehörde des Staates Kalifornien drohte entsprechend über hundert europäischen Versicherungen mit der Aussetzung ihrer Zulassung, wenn diese nicht bis zu einem bestimmten Zeitpunkt Informationen über deren Zahlungen an Opfer des Holocaust herausgäben, vgl. Financial Times vom 30.4.1999.

[428] Vgl. *Stadler*, S. 58.

tungen durch die Beaufsichtigung sowohl finanziell als auch formell ein bestimmtes Limit überschreiten und die Rentabilität des Versicherungsgeschäfts negativ beeinflussen, besteht die Gefahr, daß sich die Versicherungsunternehmen aus dem jeweiligen Markt zurückziehen oder von vornherein auf eine Zulassung verzichten. Die Aufgabe der Staaten ist es daher, bei ihrer Entscheidung hinsichtlich des Grades der Zulassungsvoraussetzungen einen entsprechenden Kompromiß zwischen dem Schutzbedürfnis ihrer Bürger einerseits und den Lasten und Kosten des Zulassungsverfahrens andererseits zu finden, um die in einer Marktwirtschaft notwendig oder wünschenswert erachtete Versorgung mit Versicherungen nicht zu gefährden[429].

A. Deutschland

Mit der Umsetzung der Richtlinien der dritten Generation[430] wurde auf der europäischen Ebene der letzte Schritt zur Verschmelzung der einzelstaatlichen Märkte zu einem Binnenmarkt vollzogen[431]. Demnach ist seit Juli 1994 die einmal einem Versicherungsunternehmen in einem Mitgliedstaat erteilte Erlaubnis gemeinschaftsweit gültig, so daß dieses Unternehmen ohne weitere Zulassung in allen anderen Mitgliedstaaten Niederlassungen gründen oder Dienstleistungen anbieten kann. Ebenso liegt die aufsichtsbehördliche Verantwortung für die finanzielle Solidität dieses Versicherungsunternehmens bei der Aufsichtsbehörde des Sitzstaates. Für einen in der Gemeinschaft ansässigen Versicherer bedeutet dies die gemeinschaftsweite Dienstleistungs- und Niederlassungsfreiheit ohne erneute Zulassung. Durch diese Liberalisierung ist in Europa ein Markt von 340 Millionen Verbrauchern entstanden, in dem etwa 30 Prozent des weltweiten Prämienaufkommens erzielt wird[432]. Hinter den

---

[429] *Pfennigstorf*, International Encyclopedia of Comparative Law, Volume IX, S. 64.

[430] Vgl. zur historischen Entwicklung der Europäischen Integration Erster Teil A. XI.

[431] Drittes Gesetz zur Durchführung versicherungsrechtlicher Richtlinien des Rates der Europäischen Gemeinschaften vom 21. Juli 1994, BGBl. I 1994, S. 1630.

[432] Der Anteil der 15 Mitgliedstaaten der Europäischen Gemeinschaft am Prämienvolumen des Gesamtgeschäfts betrug 1999 30,24 %. Bei der Nichtlebensversicherung war der Anteil 29,47 % und beim Lebengeschäft 30,73%, vgl. SIGMA 9/2000, S. 25; siehe dazu auch Gesamtverband der deutschen Versicherungswirtschaft, Die deutsche

Vereinigten Staaten und Kanada[433] ist dies der zweitgrößte Versicherungsmarkt der Welt[434]. Ein solcher Markt bietet natürlich nicht nur den Versicherungsunternehmen der Mitgliedstaaten, sondern auch solchen aus Drittländern große Chancen, zumal der europäische Versicherungsmarkt weitaus weniger gesättigt ist als zum Beispiel der amerikanische Markt[435].

Um auf dem europäischen Versicherungsmarkt tätig zu werden, gibt es für Versicherungsunternehmen aus Drittstaaten drei Möglichkeiten. Zum einen können sie eine Tochtergesellschaft mit Rechtspersönlichkeit in einem der EG-Mitgliedstaaten gründen, zum anderen eine dort ansässige Gesellschaft erwerben. In diesen beiden Fällen gilt das Versicherungsunternehmen als Gemeinschaftsunternehmen und kann wie alle EG-Versicherer von den Freiheiten des Gemeinsamen Marktes profitieren[436]. Das Drittlandsunternehmen kann aber auch drittens eine Zweigniederlassung oder Agentur in der Europäischen Gemeinschaft gründen. In diesem Fall findet der Grundsatz der einmaligen Zulassung allerdings keine Anwendung, und der Versicherer ist in seiner Geschäftstätigkeit auf den Staat beschränkt, in dem er die Niederlassung errichtet hat.

I. Gründung einer Tochtergesellschaft in Deutschland

Die erste Möglichkeit, die ein Drittlandsunternehmen hat, um die Möglichkeiten des Gemeinsamen Marktes für Versicherungsdienstleistungen voll auszuschöpfen, ist die Gründung eines Tochterunternehmens in einem der Mitgliedstaaten der Europäischen Union. Dieses hätte dann dieselben

---

Versicherung im EG-Binnenmarkt (Schriftenreihe des Ausschusses Volkswirtschaft, Heft 15) 1993, S. 11 f.

433 Der Weltmarktanteil Nordamerikas am Prämienvolumen des Gesamtgeschäfts betrug 1999 37,55 %, vgl. SIGMA 9/2000, S. 27.

434 Siehe auch *G. Schmidt*, in: Grabitz/v. Bogdandy/Nettesheim, Europäisches Außenwirtschaftsrecht, S. 497.

435 Europäische Haushalte geben bislang nur etwas mehr als halb soviel für Versicherungen aus wie amerikanische mit vergleichbaren Einkommen. So wurden 1999 in Nordamerika 2.765,50 USD Prämien pro Kopf gezahlt, während die Durchschnittsprämien in der Europäischen Gemeinschaft im gleichen Zeitraum nur 1.805,90 USD betrugen, siehe dazu SIGMA 9/2000, S. 25; vgl. auch *Fitchew*, CDE 25 (1989), S. 550.

436 Vgl. *Troberg*, in: von der Groeben/Thiesing/Ehlermann, EWG-Vertrag, Art. 58 Rn. 1 ff.

Rechte wie jedes inländische Unternehmen des jeweiligen Mitgliedstaates. Entscheidend ist nach der in der Gemeinschaft geltenden modifizierten Sitztheorie lediglich, daß dieses Unternehmen in der Gemeinschaft inkorporiert und eine tatsächliche und dauerhafte Verbindung mit der Wirtschaft eingegangen ist[437]. Unerheblich ist nach Gemeinschaftrecht dagegen, wer Anteilseigner an einem in der Gemeinschaft inkorporierten Unternehmen ist. Tochtergesellschaften ausländischer Unternehmen gelten, soweit sie effektiv in der Gemeinschaft ansässig sind[438], als Gemeinschaftsunternehmen, so daß eine Diskriminierung nach Anteilseignerschaft ausgeschlossen ist.

Im folgenden Abschnitt werden die zu erfüllenden Zulassungsvoraussetzungen für ein solches Tochterunternehmen dargestellt, soweit dieses die Bundesrepublik Deutschland als Unternehmenssitz ausgewählt hat. Dazu werden zunächst die für alle Versicherungsunternehmen geltenden Zulassungsvoraussetzungen untersucht und anschließend die Besonderheiten für Versicherungsunternehmen aus Drittstaaten näher erläutert.

1. Erlaubnis zum Geschäftsbetrieb

Alle Unternehmen, die ihren Sitz in der Bundesrepublik Deutschland haben, brauchen grundsätzlich gemäß § 5 Abs. 1 VAG die staatliche Erlaubnis zum Betrieb des Versicherungsgeschäfts. Dies gilt selbstverständlich nur für Versicherungsunternehmen, die nicht gemäß § 1 VAG von der Versicherungsaufsicht freigestellt sind oder für die gemäß § 111 VAG das Versicherungsaufsichtsgesetz unanwendbar ist[439]. Die Erlaubnis umfaßt örtlich zwingend das Gebiet der EU und das der Vertragsstaaten des EWR-Abkommens und wird grundsätzlich unbefristet erteilt[440]. Allerdings besteht die Möglichkeit, daß das Aufsichtsamt durch die Erteilung der Erlaubnis unter Bedingungen oder durch Auflagen dafür sorgt, daß sich das Geschäft eines neuen Versicherers kontinuierlich im Rahmen des mit dem Zulassungsantrag eingereichten Geschäftsplans

---

437 *Troberg*, in: von der Groeben/Thiesing/Ehlermann, EWG-Vertrag, Art. 58 Rn. 13 ff.

438 Vgl. Art. 48 EGV.

439 Näheres zu diesen Fallgruppen unter Dritter Teil A. IV.

440 § 6 Abs. 1 VAG.

entwickelt und parallel zur Entwicklung der Eigenmittelsituation verläuft[441].

2. Bedeutung der Organisationsform

Nach koordiniertem Recht dürfen Versicherungsgeschäfte nur noch in bestimmten Rechtsformen betrieben werden. Entsprechend sind in den Ersten Richtlinien für jedes Mitgliedsland die Unternehmensformen festgelegt, die für die Zulassung im jeweiligen Sitzland in Frage kommen[442]. Dabei handelt es sich im wesentlichen um Aktiengesellschaften, Gegenseitigkeitsvereine und Genossenschaften[443]. Die Mitgliedstaaten können ferner öffentlich-rechtliche Versicherungsunternehmen schaffen und ihnen die Zulassung zum Geschäftsbetrieb erteilen, allerdings nur unter der Voraussetzung, daß jede Wettbewerbsverzerrung gegenüber privaten Unternehmen vermieden wird[444]. Schließlich ist in den Ersten Richtlinien ausdrücklich festgelegt worden, daß das Versicherungsgeschäft auch durch die supranationale Gesellschaftsform der Europäischen Aktiengesellschaft betrieben werden kann, sobald diese verabschiedet wird[445].

Entsprechend darf einem Unternehmen mit Sitz in Deutschland gemäß dem numerus clausus des § 7 Abs. 1 VAG nur dann die Erlaubnis zum Geschäftsbetrieb erteilt werden, wenn es entweder in den privatrechtlichen Rechtsformen der Aktiengesellschaft (AG) oder des Versicherungsvereins auf Gegenseitigkeit oder als Körperschaft und Anstalt des öffentlichen Rechts geführt wird.

---

[441] Vgl. *R. Schmidt*, in: Prölss, VAG, § 8 Rn. 8 f.

[442] Art. 8 Abs. 1 a) der Ersten RL Schaden i.d.F. von Art. 6 Dritte RL Schaden bzw. Art. 8 Abs. 1 a) Erste RL Leben i.d.F. von Art. 5 Dritte RL Leben.

[443] *Müller*, S. 173.

[444] Art. 8 Abs. 1 a) Satz 3 der Ersten RL Schaden und Leben.

[445] Art. 8 Abs. 1 a) Satz 2 der Ersten RL Schaden und Leben.

a) Versicherungsaktiengesellschaft

Die Versicherungsaktiengesellschaft ist, sowohl hinsichtlich der Anzahl der Gesellschaften[446], als auch bezogen auf ihre Marktanteile[447], die bedeutendste Organisationsform des deutschen Versicherungsgewerbes. Im Hinblick auf die rechtliche Grundstruktur unterscheidet sie sich kaum von anderen Aktiengesellschaften. Sie ist eine Handelsgesellschaft mit eigener Rechtspersönlichkeit, für deren Verbindlichkeiten den Gläubigern nur das Gesellschaftsvermögen haftet und die ein in Aktien zerlegtes Grundkapital aufweist[448]. Unternehmensträger sind allein die Aktionäre, von den Versicherten ist das Unternehmen organisatorisch unabhängig[449]. Nur vereinzelt enthält das Aktiengesetz noch Sondervorschriften für Versicherer[450]. Allerdings tritt in manchen Fällen das VAG, als lex specialis zum Aktiengesetz (AktG), ändernd und ergänzend neben dieses[451]. Schließlich sind handelsrechtlich auch noch die ergänzenden Vorschriften für Versicherungsunternehmen des Handelsgesetzbuchs (HGB) zu beachten[452].

---

[446] Im Jahr 1997 standen 326 Versicherungsaktiengesellschaften, 93 Versicherungsvereine auf Gegenseitigkeit, 223 kleine Vereine gemäß § 53 VAG sowie 28 öffentlich-rechtliche Versicherungsunternehmen unter Bundesaufsicht, GB 1997, Teil B, Tabelle 030.

[447] Von allen unter Bundes- und Landesaufsicht stehenden Erstversicherungsunternehmen konnte die Versicherungsaktiengesellschaft im Jahr 1994 65,5 % der gebuchten Bruttobeiträge auf sich vereinigen, während auf die Versicherungsvereine auf Gegenseitigkeit 23,5 % und die öffentlich-rechtlichen Versicherungsunternehmen 8,5% entfielen, GB 1997, Teil B, Tabelle 030.

[448] § 1 AktG.

[449] *Weigel*, in: Prölss, VAG, Vor § 15 Rn. 17.

[450] So zum Beispiel § 182 Abs. 4 Satz 2 AktG hinsichtlich der Kapitalerhöhung gegen Einlagen sowie § 209 Abs. 5 AktG bezüglich des Rechts des Aufsichtsrats den Abschlußprüfer zu bestimmen, wenn dieser nicht von der Hauptversammlung gewählt wurde.

[451] So verdrängt § 88 Abs. 2 VAG den § 92 Abs. 2 AktG hinsichtlich der Pflichten des Vorstands bei der Zahlungsunfähigkeit eines Erstversicherungsunternehmens. Ein weiteres Beispiel ist § 56 a VAG, der § 58 AktG bezüglich der Verwendung des Jahresüberschusses einschränkt.

[452] Vgl. §§ 341 – 341 o HGB.

b) Versicherungsverein auf Gegenseitigkeit

Im Gegensatz zur Aktiengesellschaft als Rechtsform allgemeiner Art handelt es sich bei dem Versicherungsverein auf Gegenseitigkeit um eine eigene versicherungsspezifische Rechtsform[453]. Nach dem Gesetzeswortlaut des § 15 VAG ist diese Organisationsform als privater rechtsfähiger Verein einzuordnen, der seinen Mitgliedern auf Grundlage des Gegenseitigkeitsgedankens unmittelbar Versicherungsschutz gewährt. Konsequenterweise sind alle Mitglieder grundsätzlich zugleich auch Versicherungsnehmer[454]. Entsprechend tragen die Versicherungsnehmer - als Mitglieder - das Risiko des Geschäftsverlaufs, soweit sich dieses als Unternehmensrisiko manifestiert. Sie bringen die Mittel des Versicherungsbetriebs einschließlich der Eigenkapitalbildung selbst auf und unterliegen einer Nachschußpflicht. Darüber hinaus haben sie aber auch ein Anrecht auf eine Beteiligung am Überschuß[455]. Folglich müssen die Unternehmensziele der Versicherungvereine ausschließlich an den Interessen der Versicherungsnehmer orientiert sein.

Einerseits wird durch das mitunternehmerische Prinzip des Versicherungsvereins der Grundsatz der Gegenseitigkeit, welcher in seiner allgemeinen Ausprägung das Grundprinzip jeder Versicherung ist, derart konsequent umgesetzt, daß daraus ein eigener gesellschaftsrechtlicher Rechtsträger entsteht[456]. Andererseits ist es gerade diese besondere Struktur der Versicherungsvereine, die - verglichen mit den Aktiengesellschaften - zu einer eingeschränkten Möglichkeit der Eigenmittelbildung führt. Mangels der Möglichkeit einer Inanspruchnahme des Kapitalmarktes ist die Eigenkapitalbildung für Versicherungsvereine grundsätzlich nur über die

---

[453] *Weigel*, in: Prölss, VAG, Vor § 15 Rn. 22.

[454] Zwar ist auch die Versicherung von Nichtmitgliedern möglich, diese darf aber nach der Amtspraxis des Bundesaufsichtsamts nicht den Rahmen eines unbedeutenden Geschäftszweigs übersteigen; Geschäftsbericht des BAV 1962, S. 33.

[455] Allerdings sind Überschüsse nur soweit zurückzuerstatten, soweit sie nicht gemäß der gesetzlichen Solvabilitätsvorschriften oder nach vernünftigen kaufmännischen Grundsätzen zu thesaurieren sind. Dieser Anspruch erweist sich jedoch als wirtschaftlich schwach, da regelmäßig kein entsprechender Überschuß entsteht; vgl. *Benkel*, S. 414; *Weigel*, in: Prölss, VAG, § 15 Rn. 14.

[456] Daher werden die Versicherungsvereine auf Gegenseitigkeit auch als die natürliche Rechtsform eines Versicherungsunternehmens bezeichnet; vgl. *Weigel*, VersR 1993, S. 1442.

zu versteuernde Thesaurierung von Gewinnen möglich[457]. Dies ist jedoch problematisch, da sowohl die fortschreitende Internationalisierung als auch der verstärkte Wettbewerb im deregulierten europäischen Binnenmarkt zum verstärkten Aufbau von Eigenmitteln zwingen, die jedoch nur selten ausschließlich aus selbsterwirtschafteten Beiträgen aufgebracht werden können. Dieser rechtsformbedingte Nachteil des Versicherungsvereins auf Gegenseitigkeit dürfte daher ein wichtiger Grund für das Absinken sowohl der Gesamtzahl[458] als auch des Marktanteils[459] im Vergleich zur Aktiengesellschaft sein[460].

Trotz der rechtlichen Einordnung des Versicherungsvereins auf Gegenseitigkeit als rechtsfähigem Verein finden die Bestimmungen des Bürgerlichen Gesetzbuchs (BGB) über eingetragene Vereine, aufgrund der ausführlichen Regelungen im VAG[461], nur in geringem Umfang Anwendung. In einigen Bereichen wird zudem auf die entsprechenden Bestimmungen des Aktiengesetzes verwiesen[462]. Die besondere Einbindung des Versicherungsvereins auf Gegenseitigkeit in das Aufsichtsrecht wird auch dadurch manifestiert, daß bei diesem die Erlangung der Rechtsfähigkeit und die Zulassung zum Geschäftsbetrieb in einem Rechtsakt zusammenfallen.

Das deutsche Aufsichtsrecht unterscheidet innerhalb der Organisationsform des Versicherungsvereins zwischen zwei Arten von Vereinen. Es gibt zum einen die hauptsächlich in den §§ 15-52 VAG behandelte Regelform der großen Versicherungsvereine sowie zum anderen den sogenannten „kleineren Verein“ als Sonderform, welche in den §§ 53 und 53 b geregelt ist. Dem „kleineren Verein“ werden gewisse Erleichterungen gegenüber

---

[457] Vgl. *Weigel*, VersR 1993, S. 1429.

[458] Diese ist von 707 Gesellschaften im Jahr 1960 auf 438 Gesellschaften im Jahr 1980 und schließlich 325 Gesellschaften im Jahr 1994 gesunken, wobei es sich allerdings bei der überwiegenden Zahl der verschwundenen Unternehmen um kleinere Versicherungsvereine auf Gegenseitigkeit gehandelt hat.

[459] Dieser sank von 31,6 % im Jahr 1951 über 26,6 % im Jahr 1975 auf 23,5 % im Jahr 1994; vgl. *Weigel*, in: Prölss, VAG, Vor § 15 Rn. 3.

[460] Vgl. *Peiner*, VW 1992, S. 920.

[461] §§ 15 – 53 b VAG.

[462] So hinsichtlich der Vorschriften über den Vorstand in § 34 VAG, des Aufsichtsrats in § 35 VAG, der Obersten Vertretung in § 36 VAG und des Abwicklungsverfahrens in § 47 VAG.

den strengeren gesetzlichen Regelungen des großen Versicherungsvereins gewährt, weil bei diesem die personalen Verbindungen zwischen den Mitgliedern und das Gefühl der solidarischen Selbsthilfe aufgrund seines eingrenzbaren Wirkungskreises stärker ausgeprägt sind[463]. Die für die „kleineren Vereine" charakteristische enge Begrenzheit ihres Wirkungskreises muß sich an bestimmten Kriterien festmachen lassen, welche bereits in der Satzung festzuschreiben sind[464]. Entsprechend kann der Wirkungskreis örtlich begrenzt sein, wenn sich dieser auf ein verhältnismäßig eng umgrenztes Geschäftsgebiet wie zum Beispiel eine Gemeinde oder einen Landkreis beschränkt. Ein weiteres Kriterium für die Begrenztheit des Wirkungskreises ist ein beschränkter Personenkreis, welcher dann vorliegt, wenn lediglich eine überschaubare Gruppe wie zum Beispiel die Angestellten eines bestimmten Unternehmens für die Mitgliedschaft in Frage kommen. Schließlich kann die Begrenzung auch sachlich begründet sein, wenn der Versicherungsverein geringe wirtschaftliche Bedeutung hat und das Versicherungswesen nicht entscheidend beeinflußt[465]. Ein solcher sachlich begrenzter Wirkungskreis liegt zum Beispiel bei der Beschränkung des Versicherungsvereins auf einen Versicherungszweig mit übersehbarem Risiko vor[466]. Es ist aber nicht notwendig, daß diese Kriterien kumulativ vorliegen, sondern lediglich, daß der Wirkungskreis in einer der genannten Weisen tatsächlich eng begrenzt ist[467]. Die Entscheidung, ob ein Versicherungsverein als „kleinerer" anzusehen ist, wird von der Aufsichtsbehörde im Rahmen des Zulassungsverfahrens entschieden[468]. Allerdings müssen die Voraussetzungen für die Anerkennung als „kleinerer Verein" nicht nur bei der Zulassung, sondern auch im weiteren Verlauf gegeben sein.

---

463 *Weigel*, in: Prölss, VAG, § 53 Rn. 1.

464 Vgl. *Heidelbach*, S. 28.

465 Vgl. *Goldberg*, in: Goldberg/Müller, VAG, § 53 Rn. 7; *von Wick/Greve*, VerBAV 1993, S. 288.

466 Zum Beispiel Schiffskasko bei Binnenschiffen, vgl. *Weigel*, in: Prölss, VAG, § 53 Rn. 4.

467 Vgl. *von Wick/Greve*, VerBAV 1993, S. 288.

468 § 53 Abs. 4 VAG.

c) Öffentlich-rechtliche Versicherungsunternehmen

Die dritte zulässige Organisationsform, um in Deutschland die Erlaubnis zum Betrieb des Versicherungsgeschäfts zu erhalten, ist die der öffentlich-rechtlichen Versicherungsunternehmen[469]. Allerdings können diese lediglich durch einen hoheitlichen Akt erschaffen werden, was jedoch seit dem Ersten Weltkrieg nicht mehr erfolgt ist. Sie ist daher auch keine taugliche Organisationsform für die Gründung von Tochtergesellschaften und soll an dieser Stelle lediglich der Vollständigkeit halber erwähnt sein.

3. Bedeutung der Versicherungssparten

Grundsätzlich wird die Erlaubnis zum Geschäftsbetrieb gemäß § 6 Abs. 2 VAG für jede Sparte gesondert erteilt. Maßgeblich für die Einteilung der zu deckenden Risiken auf die verschiedenen Versicherungssparten ist Teil A der Anlage zum VAG. Darüber hinaus kann die Erlaubnis aber auch für mehrere Versicherungssparten gemeinsam unter der in Teil B der Anlage zum VAG genannten Bezeichnung erteilt werden[470]. Schließlich umfaßt die Erlaubnis unter den in § 6 Abs. 4 VAG bestimmten Voraussetzungen auch die Deckung zusätzlicher Risiken aus anderen Versicherungssparten. Sowohl dieses System als auch die Bezeichnung der Sparten und ihre sachliche Abgrenzung beruhen auf der Umsetzung der Vorgaben der gemeinschaftsrechtlichen Richtlinien und sind Ergebnis der praktischen Einigung im Rahmen der europäischen Integration[471]. Damit wurde der früher geltende Spartentrennungsgrundsatz des deutschen Aufsichtsrechts aufgehoben, nach welchem die einzelnen Versicherungssparten weithin getrennt betrieben werden mußten[472].

Das deutsche Versicherungsaufsichtsrecht hält jedoch weiterhin an dem strengen Spartentrennungsgrundsatz für die Lebens- und die Krankenversicherungen fest[473], welcher allerdings nicht in allen europäischen

---

[469] Vgl. dazu *Michaels/Rieger/Vogelsang*, in: HdV, S. 1135 ff.

[470] § 6 Abs. 2 VAG.

[471] Vgl. *R. Schmidt*, in: Prölss, VAG, § 6 Rn. 5.

[472] Vgl. *von Criegern*, S. 90.

[473] § 8 Abs. 1 a Satz 1 VAG.

Ländern besteht[474]. Danach darf das Lebens- und Krankenversicherungsgeschäft grundsätzlich nur solchen Versicherungsunternehmen erlaubt werden, die keine anderen Versicherungszweige betreiben. Dadurch sollen diese Bereiche aufgrund ihrer besonderen sozialen und volkswirtschaftlichen Bedeutung von den Risiken anderer Sparten freigehalten werden.

Zwar wurde das Spartentrennungsgebot durch die Erste Lebensversicherungsrichtlinie auch zum Grundsatz der europäischen Gemeinschaft gemacht, allerdings wurde diese Lösung in der Zweiten und Dritten Lebensversicherungsrichtlinie wieder aufgeweicht. Danach dürfen bestehende Mehrbranchenversicherer nunmehr unbefristet und ungehindert in allen Ländern der Gemeinschaft kumulativ die Lebens- und Nichtlebensversicherung betreiben. Darüber hinaus ist es den Mitgliedstaaten nach koordiniertem Aufsichtsrecht möglich, den ihrer Aufsicht unterliegenden Versicherungsunternehmen zu erlauben, neben der Lebensversicherung auch das Kranken- und Unfallversicherungsgeschäft aufzunehmen[475]. Konsequenterweise können Versicherer aus anderen Mitgliedsländern, in denen das eingeschränkte Spartentrennungsgebot gilt, auch in Mitgliedstaaten mit strenger Spartentrennung ungehindert neben der Lebensversicherung die Unfall- und die Krankenversicherung betreiben. Umgekehrt allerdings dürfen reine Lebensversicherer aus Mitgliedstaaten mit strengen Spartentrennungsgeboten wie zum Beispiel Deutschland auch in Ländern mit eingeschränktem Gebot das Kranken- oder Unfallversicherungsgeschäft nicht betreiben. Es wäre schließlich inkonsequent, wenn ein Staat, welcher das strenge Spartentrennungsgebot zum Schutz der Versicherten für notwendig erachtet, diese Grundeinstellung nicht auch auf das Auslandsgeschäft der in seinem Land ansässigen Versicherer ausdehnen würde[476].

---

[474] So zum Beispiel in Belgien, Luxemburg und dem Vereinigten Königreich, vgl. Geschäftsbericht des BAV 1973, S. 24.

[475] Art. 13 Abs. 2 Erste RL Leben i.d.F. von Art. 16 Dritte RL Leben.

[476] *Müller*, S. 179 f.

4. Verbot versicherungsfremder Geschäfte

Ein weiterer Grundsatz des deutschen Versicherungsrechts sowohl für die Zulassung[477] von Versicherern aber auch als allgemeine Regel für bereits zugelassene Versicherungsunternehmen[478] ist das in § 7 Abs. 2 statuierte Verbot des Betriebs versicherungsfremder Geschäfte. Mit Umsetzung der Ersten Versicherungsrichtlinien gilt dieser Grundsatz in allen EG-Mitgliedsländern. Danach dürfen die Versicherer nur Versicherungsgeschäfte betreiben, es sei denn, bei den versicherungsfremden Geschäften handelt es sich um solche, die unmittelbar mit der Versicherungstätigkeit zusammenhängen. Allerdings ist der Begriff des „unmittelbaren Zusammenhangs" weder begrifflich noch enumerativ definiert und läßt sich nur unter Berücksichtigung der Verkehrsauffassung bestimmen[479]. Insoweit ist es nicht ausgeschlossen, daß sowohl die europäische Integration als auch die grundsätzliche Diskussion um kombinierte Finanzdienstleistungen[480] zu einer Änderung der Verkehrsauffassung in Richtung einer Erweiterung der Grenzen der zulässigen Geschäfte führen kann.

5. Konkrete Zulassungsvoraussetzungen

Um die für den Geschäftsbetrieb notwendige Erlaubnis zu erhalten, muß das potentielle Versicherungsunternehmen dem Bundesaufsichtsamt für das Versicherungswesen einen entsprechenden Antrag einreichen[481]. Darin muß zum einen nachgewiesen werden, daß sowohl die finanziellen als auch die personellen Zulassungsvoraussetzungen erfüllt sind. Zum anderen muß mittels eines Geschäftsplans und anderer Unterlagen dargelegt

---

477 Im Rahmen der Zulassung ist dieses Verbot insbesondere bei der Festlegung des Gesellschaftszwecks in der Satzung zu beachten.

478 Der von *Rittner*, VersR 1994, S. 5, vertretenen Ansicht, daß diese Bestimmung nur im Marktzutrittsverfahren zu beachten ist, kann nicht gefolgt werden, da nicht erkennbar ist, welchen Sinn eine Zulassung haben soll, wenn der Antragsteller sofort nach der Zulassung die Zulassungsvoraussetzungen nicht mehr zu erfüllen braucht, vgl. auch *Müller*, S. 147.

479 *R. Schmidt*, in: Prölss, VAG, § 7 Rn. 11.

480 Vgl. dazu *Müller*, in: Gies/Müller/Kuntze, S. 20 ff.

481 § 5 Abs. 2 VAG.

werden, wie das Unternehmen die dauerhafte Erfüllung seiner künftigen Verpflichtungen plant und sichert.

a) Finanzielle Zulassungsvoraussetzungen

Durch die Solvabilitätsanforderungen des deutschen Aufsichtsrechts sind Versicherungsunternehmen verpflichtet, durch eine Mindestausstattung an Eigenmitteln zur Deckung von Verlusten aller Art die dauernde Erfüllbarkeit der Versicherungsverträge sicherzustellen[482]. Allerdings sind die für die Bemessung einer entsprechenden Kapitalausstattung zugrundezulegenden Kriterien unternehmensbezogen konzipiert und hängen einerseits von der Relation des Geschäftsvolumens des einzelnen Versicherungsunternehmens zu den ihm zur Verfügung stehenden Eigenmitteln sowie andererseits von den betriebenen Sparten ab[483]. Konsequenterweise setzen die Kriterien, aufgrund derer eine entsprechende Mindestausstattung berechnet wird - wie zum Beispiel der Beitrags- und der Schadensindex sowie die Deckungsrückstellung - bereits einen nennenswerten Bestand an Versicherungsverträgen voraus[484].

Allerdings müssen auch vor Aufnahme des Geschäftsbetriebs und vor Abschluß des ersten Vertrages bestimmte Eigenmittel vorhanden sein. Dabei handelt es sich um den sogenannten Mindestgarantiefonds, dessen Höhe durch einen absoluten Betrag festgelegt ist. Für Lebensversicherungen beträgt er gemäß § 5 Abs. 1 Kapitalausstattungsverordnung[485] mindestens 800.000,- ECU/EURO. Für alle anderen Versicherungen bestimmt sich die Höhe nach der betriebenen Sparte; bei mehreren Sparten innerhalb eines Versicherungsunternehmens ist der höchste Betrag maßgebend. Für die Kreditversicherung, die Haftpflicht- und die Kautionsversicherung beträgt der Mindestgarantiefonds 1.464.000,- DM. Für

[482] §§ 53 c ff. VAG.

[483] *Lipowsky*, in: Prölss, VAG, Vor § 53 c Rn. 8.

[484] Den entsprechenden Vorschriften liegen die Bestimmungen von Art. 18 Erste RL Leben i.d.F. von Art. 25 Dritte RL Leben sowie von Art. 16 Erste RL Schaden i.d.F. von Art. 24 Dritte RL Schaden zugrunde.

[485] Verordnung über die Kapitalausstattung von Versicherungsunternehmen vom 13. Dezember 1983, BGBl. I, S. 1451. Änderungen durch Verordnung vom 7. Oktober 1987, BGBl. I, S. 2278, Verordnung vom 24. Juli 1990, BGBl. I, S. 1511 und Verordnung vom 16. April 1996, BGBl. I, S. 616.

die Zweige der Unfall-, Kranken-, Transport-, Feuer- und Elementarschädenversicherung sowie die Versicherung verschiedener finanzieller Verluste und von Beistandsleistungen werden 1.098.000,- DM vorgeschrieben. Soweit ein Versicherungsunternehmen die Rechtschutzversicherung oder die Versicherung von Hagel-, Frost- und sonstigen Sachschäden betreiben will, muß ein Mindestgarantiefonds von 732.000 DM nachgewiesen werden.

b) Personenbezogene Zulassungsvoraussetzungen

Die personenbezogenen Zulassungsvoraussetzungen des deutschen Aufsichtsrechts sind zweigeteilt. Zum einen betreffen die Anforderungen die Eignung der Geschäftsleiter, zum anderen stellt das VAG darüber hinaus auch bestimmte Ansprüche an die Inhaber einer bedeutenden Beteiligung.

aa) Geschäftsleiter

Die Zulassung darf gemäß § 8 Abs. 1 Satz 1 Nr. 1 VAG nur dann erteilt werden, wenn die Geschäftsleiter die in § 7 a Abs. 1 VAG umschriebene Zuverlässigkeit und fachliche Eignung besitzen. Als Geschäftsleiter gelten nach der Legaldefinition die ordentlichen und stellvertretenden Vorstandsmitglieder von Versicherungsaktiengesellschaften[486] und Versicherungsvereinen auf Gegenseitigkeit[487], die Mitglieder des entsprechenden Geschäftsführungsorgans von öffentlich-rechtlichen Versicherungsunternehmen[488] sowie der Hauptbevollmächtigte einer Niederlassung in einem Mitgliedstaat der Europäischen Gemeinschaft[489] oder einem anderen Mitgliedstaat des EWR-Abkommens[490].

Das Erfordernis nach Zuverlässigkeit ersetzt den bisher in § 8 Abs. 1 Nr.4 VAG a.F. verwandten Begriff der "Ehrbarkeit" und stellt wie dieser auf

[486] §§ 94,78 AktG.

[487] § 34 Abs. 1 Satz 2 VAG.

[488] § 3 VAG.

[489] § 106 Abs. 3 VAG.

[490] §§ 110 a Abs. 4 Nr. 4, 106 Abs. 3 VAG.

charakterliche Eigenschaften ab[491]. Damit knüpft nunmehr auch das Versicherungsrecht an den insbesondere in § 35 GewO, aber auch sonst im Gewerberecht weitverbreiteten Begriff der „Zuverlässigkeit" an[492]. Allerdings kennt das Gewerberecht keinen absoluten Zuverlässigkeits- beziehungsweise Unzuverlässigkeitsbegriff. Dieser ist vielmehr abhängig vom Schutzzweck der jeweiligen Bestimmung gewerbebezogen zu ermitteln[493]. Ziel des Gesetzgebers bei der Änderung des bisherigen Begriffs „Ehrbarkeit" in „Zuverlässigkeit" war jedoch lediglich, der Vorschrift eine zeitgemäßere Sprache zu geben, aber nicht den Regelungsgehalt zu ändern[494]. Deshalb kann bei der Bestimmung der „Zuverlässigkeit" im Rahmen des Versicherungsgeschäfts auf die in jahrzehntelanger Anwendung des Aufsichtsrechts getroffenen Feststellungen zum Begriff der „Ehrbarkeit" zurückgegriffen werden[495].

Prinzipiell wird so lange die Zuverlässigkeit vermutet, wie nicht Tatsachen vorliegen, aus denen die Aufsichtsbehörde aufgrund ihrer Erfahrung schließen kann, daß der jeweilige Geschäftsleiter das Versicherungsunternehmen nicht rechtmäßig und richtig leiten wird. Entsprechende Tatsachen können zum Beispiel Vorstrafen wegen solcher Delikte sein, die als schwere Verstöße gegen die bürgerliche Ordnung empfunden werden, wie Mord, Totschlag, Sittlichkeitsdelikte, Bestechung, Steuerhinterziehung sowie alle Vermögensdelikte[496]. Darüber hinaus werden grundsätzlich auch die hinreichende Beherrschung der deutschen Sprache sowie ausreichende Kenntnis des Wirtschaftssystems und der maßgebenden Rechtsgrundsätze der Bundesrepublik Deutschland gefordert[497].

Die fachliche Eignung setzt in ausreichendem Maße theoretische und praktische Kenntnisse in Versicherungsgeschäften sowie Leitungserfahrung voraus. Das deutsche Aufsichtsrecht sieht diese Anforderungen regelmäßig als erfüllt an, wenn eine dreijährige leitende Tätigkeit bei

---

[491] Vgl. *R. Schmidt*, in: Prölss, VAG, § 7 a Rn. 4.

[492] Generell zum Begriff der Zuverlässigkeit siehe *Lang*, S. 30 ff.

[493] Vgl. *Lang*, S. 31.

[494] Vgl. Begründung zu Art. 1 Nr. 4 des Dritten Durchführungsgesetz, BT-Drucks. 12/6959 S. 44.

[495] *R. Schmidt*, in: Prölss, VAG, § 7 a Rn. 4.

[496] Vgl. *Kaulbach*, ZVersWiss 1976, S. 697 ff.

[497] *Kaulbach*, ZVersWiss 1976, S. 700.

einem Versicherungsunternehmen von vergleichbarer Größe und Geschäftsart nachgewiesen wird[498].

bb) Unternehmensinhaber

Zusätzlich wird durch die Umsetzung der Dritten Versicherungsrichtlinien[499] in § 8 Abs. 1 Nr. 2 VAG in Verbindung mit § 7 a Abs. 2 Satz 1 und 2 VAG mit der sogenannten Aktionärskontrolle ein neuer absoluter Versagungsgrund eingeführt. Danach ist die Erlaubnis zu versagen, wenn die Inhaber einer bedeutenden Beteiligung den im Interesse einer soliden und umsichtigen Führung des Versicherungsunternehmens zu stellenden Ansprüchen nicht genügen.

Zur Durchführung dieser Überprüfung ist zunächst notwendig, daß der Aufsichtsbehörde entsprechende Angaben über Identität und Beteiligungsumfang der unmittelbaren und mittelbaren Unternehmensinhaber gemacht werden. Einer Kontrolle der fachlichen Eignung unterliegen dann gemäß § 7 a Abs. 2 Satz 2 VAG lediglich die Inhaber einer bedeutenden oder qualifizierten[500] Beteiligung. Um eine solche handelt es sich gemäß der unwiderleglichen Vermutung des § 7 a Abs. 2 Satz 3 VAG dann, wenn unmittelbar oder mittelbar über ein oder mehrere Tochterunternehmen mindestens 10 % des Nennkapitals oder der Stimmrechte eines Versicherungsunternehmens gehalten werden[501]. Allerdings können Aktionäre und Gesellschafter in Ausnahmefällen auch bei Unterschreitung der 10 %-Schwelle einer entsprechenden Kontrolle ausgesetzt sein, falls diese aufgrund besonderer Umstände einen maßgeblichen Einfluß auf die Geschäftsführung ausüben könnten[502]. Verwandtschaft und Schwägerschaft allein können jedoch nicht ausreichen, um diese Ausnahmeregelung zu rechtfertigen[503].

---

498 § 7 a Abs. 1 Satz 3 VAG.

499 Art. 8 Dritte RL Schaden; Art. 7 Dritte RL Leben.

500 So der Wortlaut in Art. 1 g) Dritte RL Schaden und Art. 1 h) Dritte RL Leben.

501 Zur Berechnung des Anteils gilt Art. 7 Satz 1 der sogenannten Transparenzrichtlinie von 1988, Richtlinie 88/627/EWG des Rats vom 12. Dezember 1988 über die den Erwerb und die Veräußerung einer bedeutenden Beteiligung an einer börsennotierten Gesellschaft zu veröffentlichenden Informationen, Abl. EG Nr. L 348/62 v. 17.12.1988.

502 § 7 a Abs. 2 Satz 3 VAG.

503 *R. Schmidt*, in: Prölss, VAG, § 7 a Rn. 12.

Soweit es zu einer Überprüfung der Anforderungen an die Eignung der Aktionäre und Gesellschafter kommt, ist deren persönliche Zuverlässigkeit sowie bei juristischen Personen oder Personenhandelsgesellschaften die Zuverlässigkeit der mit der Geschäftsführung betrauten natürlichen Personen Hauptansatzpunkt der Aufsichtsbehörden. Darüber hinaus sind aber auch die wirtschaftliche Situation der Inhaber, die Transparenz der Gruppenstruktur und die Legalität der von den Inhabern unmittelbar oder mittelbar betriebenen Geschäfte für die Beurteilung mit entscheidend[504]. Eines der Hauptziele dieser neuen Kontrollpflicht der Aufsichtsbehörde ist es, zu verhindern, daß die Versicherungsunternehmen zu kriminellen Zwecken wie zum Beispiel der Geldwäsche mißbraucht werden können[505].

Eine Konsequenz dieser neu im Rahmen der Umsetzung der Dritten Richtlinien eingeführten Kontrolle der Unternehmensinhaber ist, daß sich die Versicherungsaufsicht nunmehr über die nach § 1 VAG beaufsichtigten Unternehmen hinaus auch auf die Inhaber bedeutender Beteiligungen an diesen Unternehmen erstreckt. Insoweit führen die Richtlinien zu einer Verschärfung der Zulassungsvoraussetzungen[506]. Allerdings wird zum Teil die Umsetzung des deutschen Gesetzgebers dahingehend kritisiert, daß die Anknüpfung an die 10 %-Schwelle keine logischen Ansatzpunkte im deutschen Recht habe[507]. So werde in § 311 HGB hinsichtlich der assoziierten Unternehmen ein maßgeblicher Einfluß erst ab der Grenze einer Beteiligung von mindestens 20 % vermutet. Auch nach dem deutschen Aktienrecht haben Aktionäre, die nicht allein oder mit anderen eine Mehrheit haben, nur unter bestimmten Umständen eine Führungsmöglichkeit in den entsprechenden Unternehmen. Eine Kontrolle der Zuverlässigkeit von Aktionären und Gesellschaftern unterhalb der Sperrminorität sei jedoch äußerst zweifelhaft, da diese regelmäßig keine Möglichkeit hätten, auf das praktische Versicherungsgeschäft Einfluß zu nehmen.

---

[504] *Müller*, S. 179.

[505] Vgl. *Müller*, S. 179; *Golz*, S. 19.

[506] Vgl. *Miersch*, S. 85; *Hohlfeld*, in: FS für Lorenz, S. 296.

[507] *R. Schmidt*, in: Prölss, VAG, § 7 a Rn. 12.

c) Geschäftsplan und andere verpflichtend vorzulegende Unterlagen

Einen weiterer Versagungsgrund enthält § 8 Abs. 1 Satz 1 Nr. 3 VAG, nach dem die Erlaubnis nur dann erteilt werden kann, wenn nach Überprüfung des Geschäftsplans und der anderen verpflichtend vorzulegenden Unterlagen sowohl die Belange der Versicherten als ausreichend gewahrt als auch die Verpflichtungen aus den Versicherungen genügend als dauerhaft erfüllbar dargetan sind.

Mit diesem materiellen Versagungstatbestand verfügt die deutsche Versicherungsaufsicht über eine Art Generalklausel[508]. Allerdings wird die Weite dieser Generalklausel dadurch eingegrenzt, daß einerseits mit dem Geschäftsplan - dessen Bestandteile aufgezählt werden - und andererseits mit den anderen ausdrücklich als vorlegungsbedürftig bezeichneten Unterlagen die inhaltliche Grundlage dieses Versagungsgrundes abschließend genannt wird. Entsprechend wird durch die Streichung des Wortes „insbesondere", welches in § 5 Abs. 3 VAG a.F. vor der Aufzählung der Geschäftsplanbestandteile stand, klargestellt, daß der Inhalt des Geschäftsplans gesetzlich festliegt und nicht nach Ermessen erweitert werden kann[509].

aa) Bestandteile des Geschäftsplans

Zweck des Geschäftsplans ist es, Nachweis über die rechtlichen, versicherungstechnischen und finanziellen Grundlagen des Unternehmens zu erbringen. Damit soll dem Bundesaufsichtsamt für das Versicherungswesen die Möglichkeit zur Präventivkontrolle hinsichtlich der Finanzlage des Unternehmens sowie der dauernden Erfüllbarkeit der Versicherungsverhältnisse geschaffen werden[510].

---

[508] So *Miersch*, S. 85.

[509] Vgl. Begründung zu Art. 1 Nr. 2 des Dritten Durchführungsgesetzes, BT-Drucks. 12/6959, S. 44 ff.

[510] Vgl. *von Puskas*, in: HdV, S. 979.

(1) Satzung und Angaben über Versicherungssparten

Grundlage des Geschäftsplans ist die Satzung, die von allen Unternehmensformen einzureichen ist. Weiterhin sind Angaben über die zu betreibenden Versicherungssparten sowie über die in den einzelnen Sparten zu deckenden Risiken unter Mitteilung der Bezeichnung und des Gegenstandes des geplanten Versicherungsschutzes zu machen. Anhand dieser Mitteilung soll die Aufsichtsbehörde in die Lage versetzt werden, zu überprüfen, ob die zu deckenden Risiken überhaupt in die Versicherungssparte fallen, für welche die Erlaubnis beantragt worden ist, und ob gegebenenfalls das Spartentrennungsgebot zu beachten ist[511]. Zusätzlich sollen anhand der so erlangten Grundkenntnisse über die abzuschließenden Versicherungen auch deren dauernde Erfüllbarkeit sowie die notwendige finanzielle Ausstattung des Unternehmens in der Anlaufphase kursorisch überprüft werden[512].

(2) Unternehmensverträge

Außerdem sind die in §§ 291[513] und 292[514] AktG bezeichneten Unternehmensverträge einzureichen. Die Bezugnahme auf die Definition des Aktiengesetzes bedeutet schon dem Wortlaut der Vorschrift nach keine Beschränkung auf die Aktiengesellschaft, so daß von dieser Verpflichtung die entsprechenden Unternehmensverträge aller Organisationsformen betroffen sind[515]. Unter den in §§ 291 und 292 AktG definierten Unternehmensverträgen haben die Beherrschungsverträge die größte Bedeutung. Zwar sind diese nicht per se verboten, da der Gesetzgeber lediglich ein Genehmigungserfordernis aufgestellt hat, dennoch wurden bestimmte Beherrschungsverträge in der früheren Aufsichtspraxis vom Bundesamt für Versicherungsaufsicht für nicht genehmigungsfähig gehalten[516]. So sind

---

[511] Vgl. *Müller*, S. 175.

[512] Amtliche Begründung zu Art. 1 Nr. 2 des Dritten Durchführungsgesetzes, BT-Drucks. 12/6959 S. 44 f.

[513] In § 291 AktG werden Beherrschungs- und Gewinnabführungsverträge definiert.

[514] Die in § 292 AktG definierten Verträge sind Gewinngemeinschafts-, Teilgewinnabführungs-, Betriebspacht- und Betriebsüberlassungsverträge.

[515] *R. Schmidt*, in: Prölss, VAG, § 5 Rn. 15.

[516] *R. Schmidt*, in: Prölss, VAG, § 5 Rn. 16.

Beherrschungsverträge zwischen Lebensversicherungsunternehmen und Versicherungsunternehmen anderer Sparten aufgrund des strikten Spartentrennungsgebots sowie des Haftungsrisikos des herrschenden Unternehmens[517] für dieses grundsätzlich nicht genehmigungsfähig. Beherrschungs- und Gewinnabführungsverträge zwischen einem Versicherungsunternehmen als herrschendem und einem Nicht-Versicherungsunternehmen als abhängigem Unternehmen sind in dem Fall unbedenklich, wenn das herrschende Versicherungsunternehmen keine unternehmerischen Risiken außerhalb seines durch § 7 Abs. 2 VAG abgegrenzten Tätigkeitsbereichs übernimmt[518]. Bei umgekehrter Rollenstellung ist eine Genehmigung nur dann zulässig, wenn sichergestellt wird, daß die Leitung der Versicherungsgeschäfte von versicherungsfremden Einflüssen frei bleibt[519].

(3) Funktionsausgliederungsverträge

Durch die Verpflichtung, auch Funktionsausgliederungsverträge im Rahmen des Geschäftsplans anzugeben, soll auch die Aufsicht über ausgegliederte Betriebsbereiche sichergestellt werden. Zunächst setzt der Tatbestand der Funktionsausgliederung gemäß § 5 Abs. 3 Nr. 4 VAG voraus, daß Funktionen eines Versicherungsunternehmens auf Dauer einem anderen Unternehmen vertraglich übertragen werden. Zudem werden die in diesem Rahmen relevanten Funktionen durch die abschließende Aufzählung in § 5 Abs. 3 Nr. 4 VAG auf die Kernfunktionen eines Versicherungsunternehmens, wie Vertrieb, Bestandsverwaltung, Leistungsbearbeitung, Rechnungswesen, Vermögensanlage und deren Verwaltung beschränkt. Allerdings handelt es sich bei der Ausgliederung dieser Funktionen um betriebsorganisatorische Maßnahmen, deren Versagung nur wegen der Gefährdung der Belange der Versicherten möglich ist, welche zudem konkret dargelegt werden muß[520].

---

517 Vgl. § 302 Abs. 1 AktG.

518 *R. Schmidt*, in: Prölss, VAG, § 5 Rn. 19.

519 Dies trifft zum Beispiel zu, wenn das herrschende Unternehmen den Organen des beherrschten eine förmliche Freistellungserklärung für die Versicherungstätigkeit erteilt.

520 *R. Schmidt*, in: Prölss, VAG, § 5 Rn. 20; vgl. dazu umfassend *Kagelmacher*.

(4) Finanzielle Nachweise

Schließlich ist gemäß § 5 Abs. 4 VAG im Rahmen des Geschäftsplans auch die Existenz und Zusammensetzung des Mindestgarantiefonds nachzuweisen. Dieses sind im wesentlichen die Solvabilitätsmittel Grundkapital bei Aktiengesellschaften und Gründungsstock bei Versicherungsvereinen auf Gegenseitigkeit. Nicht eingezahltes Kapital wird zur Hälfte anerkannt, sobald der eingezahlte Teil 25 % des Grundkapitals oder Gründungsstocks erreicht.

Darüber hinaus muß der Versicherer dem Aufsichtsamt ein Unternehmenskonzept für die ersten drei Geschäftsjahre vorlegen, aus dem sich das voraussichtliche Prämienaufkommen sowie die geplanten Verwaltungskosten, Provisionen, Schadensaufwendungen und die daraus resultierende voraussichtliche Liquiditätslage ergeben. Außerdem ist das Versicherungsunternehmen verpflichtet, darzulegen, wie die zu erwartenden Verpflichtungen einschließlich des Aufbaus der Solvabilität finanziert werden sollen. Dadurch soll das Versicherungsaufsichtsamt in die Lage versetzt werden, aufgrund seiner Erfahrungen die aufgestellten Prognosen auf ihre Plausibilität hin zu überprüfen. Für den Fall, daß die Erwartungen nicht realistisch erscheinen, kann es entweder eine Änderung des Konzepts verlangen oder die Zulassung ablehnen[521].

bb) Zusätzlich einzureichende Unterlagen

Die zusätzlich einzureichenden Unterlagen und Angaben sind zwar nicht Bestandteil des Geschäftsplans und unterliegen daher auch nicht dem Genehmigungserfordernis[522], sondern sind lediglich Gegenstand einer konkreten formalisierten Informationspflicht[523]. Dennoch sind auch diese Unterlagen Entscheidungsgrundlage für die Versagung der Erlaubnis gemäß § 8 Abs. 1 Nr. 3 VAG.

Hierbei sind insbesondere die Angaben über beabsichtigte Rückversicherung von Bedeutung. Gerade in der Anlaufphase ist eine vorsichtige an die

---

[521] Vgl. *Müller*, S. 177.

[522] Vgl. § 13 Abs. 1 VAG.

[523] *R. Schmidt*, in: Prölss, VAG, § 5 Rn. 25.

Risikosituation des Erstversicherers angepaßte Rückversicherungspolitik fast genauso wichtig wie die Eigenmittelausstattung[524]. Daher verlangt das Aufsichtsamt vor Erteilung der Erlaubnis zum Geschäftsbetrieb Angaben über das beabsichtigte Rückversicherungssystem, um so zu prüfen, ob der Versicherer die richtigen Rückversicherer sowie die richtigen Rückversicherungsformen ausgewählt hat. Dadurch soll das Urteil der Aufsichtsbehörde über die dauernde Erfüllbarkeit der Verträge abgerundet und abgesichert werden.

Ferner muß das die Zulassung beantragende Unternehmen nachweisen, daß es über den Mindestgarantiefonds hinaus über einen Organisationsfonds verfügt, aus dem die im Geschäftsplan vorgesehenen Aufwendungen für den Aufbau der Verwaltung und des Vertreternetzes bestritten werden sollen[525]. Entsprechend muß das Versicherungsunternehmen die geplante Verwaltungsstruktur, die Vertriebswege, angestrebte Versicherungsnehmergruppen und andere für die Kostenentwicklung wesentliche Faktoren aufzeigen und eine Schätzung hinsichtlich der voraussichtlichen Kosten vorlegen. Diese sollen nicht nur die Aufbaukosten des Zulassungsjahres betreffen, sondern vor allem auch die der darauf folgenden Jahre, in denen das Unternehmen als in der Aufbauphase befindlich anzusehen ist, berücksichtigen[526]. Provisionszahlungen sowie andere laufende Kosten werden vom Organisationsfonds jedoch nicht erfaßt, sondern müssen aus den laufenden Einnahmen bestritten werden[527]. Grundsätzlich ist der Organisationsfonds zur Finanzierung der Anlaufphase bestimmt, um so sicherzustellen, daß das neugegründete Versicherungsunternehmen über eine über die dauernde Eigenkapitalausstattung hinausgehende Starthilfe verfügt[528].

Weiterhin sind von dem antragstellenden Unternehmen zusätzlich Angaben sowohl über an ihm gehaltene bedeutende Beteiligungen als auch

---

[524] Vgl. *Müller*, S. 176.

[525] Damit ist auf dem Wege des EG-Sekundärrechts die bisherige Aufsichtspraxis gesetzlich verfestigt worden, vgl. Art. 9 Satz 1 d) Erste RL Leben und Erste RL Schaden i. d. F. von Art. 6 Dritte RL Leben bzw. Art. 7 Dritte RL Schaden.

[526] Der Aufsichtsbehörde bleibt ein Wertungszeitraum bezüglich der versicherungstechnischen Vorkalkulation gemäß § 5 Abs. 4 Satz 3 VAG und der Deckungsrechnung gemäß § 5 Abs. 4 Satz 4 VAG, vgl. *R. Schmidt*, in : Prölss, VAG, § 5 Rn. 28.

[527] Vgl. *Müller*, S. 177.

[528] *Goldberg*, in: Goldberg-Müller, VAG, § 5 Rn. 25.

über die Geschäftsleiter zu machen, um damit eine Grundlage für die Beurteilung nach § 7 a VAG zu haben. Schließlich müssen für die substitutive Krankenversicherung und die Pflichtversicherung die Allgemeinen Versicherungsbedingungen vorgelegt werden. Darüber hinaus sind allein bei der substitutiven Krankenversicherung auch die Berechnungsgrundsätze für Prämien und mathematische Rückstellungen sowie die verwendeten mathematischen Rechnungsgrundlagen einschließlich der mathematischen Formeln vorzulegen.

cc) Allgemeine Versicherungsbedingungen

Eine wichtige Änderung sowohl des Inhalts des Geschäftsplans als auch des Aufsichtssystems ergibt sich aus der Einführung des Grundsatzes der Bedingungsfreiheit durch die Umsetzung der Dritten Richtlinien[529]. Während nach der alten Rechtslage die Allgemeinen Versicherungsbedingungen Bestandteil des Geschäftsplans waren und daher der Vorabkontrolle der Aufsichtsbehörde unterlagen, müssen diese nunmehr nicht mehr systematisch vorgelegt werden und unterliegen auch nicht der Pflicht zur Vorabgenehmigung[530]. Hintergrund der Abschaffung der in Deutschland bereits seit Anfang dieses Jahrhunderts bestehenden Genehmigungspflicht ist das Anliegen der Kommission, den Verbrauchern die Möglichkeit zu geben, unbeeinflußt von den nationalen Aufsichtsbehörden aus einem vielfältigen Angebot das individuell günstigste auszuwählen[531].

Trotzdem ist dem Bundesaufsichtsamt nicht jegliche Möglichkeit zur Kontrolle der Versicherungsbedingungen aus der Hand genommen worden[532]. So darf das Bundesamt für Versicherungswesen nach wie vor gemäß § 83 Abs. 1 Nr. 1 VAG stichprobenweise oder aufrund eines

---

529 *von Criegern*, S. 85.

530 Lediglich für die substitutive Krankenversicherung und die Pflichtversicherungen müssen gemäß § 5 Abs. 5 Nr. 1 VAG die Versicherungsbedingungen bereits im Zulassungsverfahren eingereicht werden. Sie sind aber nicht als Bestandteil des Geschäftsplans einzureichen.

531 *Biagosch/Scherer*, VW 1995, S. 430.

532 Vgl. *Miersch*, S. 86; *Fahr*, VersR 1992, S. 1038.

bestimmten Anlasses[533] die Versicherungsbedingungen anfordern und auf ihre Vereinbarkeit mit dem geltenden Recht überprüfen[534]. Daneben wird die gerichtliche Kontrolle der Vertragsbedingungen auf der Grundlage des AGBG, des VVG und des BGB zunehmen und somit die Rechtsprechung ursprüngliche Funktionen der behördlichen Präventivkontrolle übernehmen[535].

Problematisch ist jedoch, daß beide Arten der Überprüfung, sowohl die durch das Bundesaufsichtsamt für das Versicherungswesen als auch die durch die Rechtsprechung lediglich nachträglich wirken und zudem auf den Einzelfall begrenzt sind. Aus diesem Grunde wurde vorgeschlagen, ein „Gütesiegel" einzuführen, welches das Bundesamt auf Wunsch der Versicherungsunternehmen vergeben sollte, um damit zu dokumentieren, daß deren Versicherungsbedingungen gesetzeskonform sind[536]. Allerdings besteht bei einem behördlichen „Gütesiegel" die Gefahr, daß der Wettbewerb dazu führen könnte, daß jeder Versicherer faktisch gezwungen wäre, sich dieses besorgen zu müssen[537]. In dem Fall würde ein entsprechendes Gütesiegel in seiner Konsequenz einer präventiven Genehmigung sehr nahe kommen und entsprechend den klaren Vorgaben der Dritten Richtlinien widersprechen[538].

Allerdings bleibt den Versicherungsunternehmen und ihren Verbänden die Möglichkeit, sich in bestimmtem Umfang bei der Erstellung Allgemeiner Versicherungsbedingungen abzustimmen. Solch eine gemeinsame Ausarbeitung verstößt auch nicht gegen die Wettbewerbsregeln des EG-Vertrags, da die Kommission aufgrund der fortschreitenden Liberalisierung bestimmte Formen der Kooperation gemäß Art. 85 Abs. 3 EG-

---

[533] Ein entsprechender Anlaß wird in der Regel der Eingang einer Beschwerde beim Bundesamt für Versicherungswesen sein; vgl. *Miersch*, S. 86; *Hohlfeld*, VersR 1993, S. 146; *Müller*, VW 1993, S. 552.

[534] Rechtsgrundlage für eine Untersagung der Weiterverwendung der Versicherungsbedingungen ist § 81 Abs. 2 VAG, sofern die tatbestandlichen Voraussetzungen dieser Norm erfüllt sind.

[535] Vgl. *Hohlfeld*, VersR 1993, S. 146.

[536] Vgl. *Präve*, ZVersWiss 1993, 225 ff.; *Prölss/Armbrüster*, DZWir 1993, S. 458.

[537] *Fahr*, VersR 1992, S. 1037; *Müller*, S. 291.

[538] *Miersch*, S. 86 f.; *Fahr*, VersR 1992, S. 1037; *Büchner*, ZVersWiss 1994, S. 365 f.

Vertrags freigestellt hat[539]. Auch die Beteiligung des Bundesamtes für Versicherungswesen an der freiwilligen und kollektiven Ausarbeitung von Musterbedingungen durch die Versicherungswirtschaft erscheint denkbar, soweit diese lediglich dem Gedankenaustausch dient und sich nicht zu einem faktischen oder vereinbarten Vorabprüfungsvorbehalt entwickelt[540]. Auf diese Weise könnte den Versicherungsunternehmen eine gewisse Sicherheit vor nachträglichen behördlichen und gerichtlichen Abänderungsverlangen gegeben werden[541].

6. Besonderheiten für Versicherungsunternehmen aus Drittstaaten

Wichtige Besonderheiten im Zulassungsrecht ergeben sich, wenn ein Unternehmen die Erlaubnis zum Geschäftsbetrieb beantragt, welches zwar seinen Sitz in Deutschland oder einem anderen Mitgliedstaat hat, jedoch Tochtergesellschaft[542] mindestens eines Unternehmens ist, das dem Recht eines Drittlandes unterliegt. In diesem Fall kann dieser Tochtergesellschaft trotz Erfüllung der oben dargestellten Zulassungsvoraussetzungen der Marktzugang verwehrt werden, wenn dessen Herkunftsland Unternehmen aus der Europäischen Gemeinschaft diskriminierend behandelt und damit einen effektiven Marktzugang verwehrt.

Kernelement dieses besonderen Zulassungsverfahrens ist das Prinzip der Reziprozität oder Gegenseitigkeit[543], welches bereits in der Bankenrichtlinie verankert war und das durch die Zweite Lebensversicherungsrichtlinie[544] und die Dienstleistungsrichtlinie für die Kraftfahrzeug-

---

[539] VO der Kommission Nr. 3932/92/EWG, ABl. Nr. L 398 vom 31.12.1992, S. 7; Ermächtigung des Rates in der Verordnung 1534/91/EWG, ABl. Nr. L 143 vom 7.6.1991, S. 1.

[540] *Büchner*, ZVersWiss 1994, S. 365.

[541] Vgl. *Miersch*, S. 87; *Müller*, S. 292; *Hohlfeld*, VersR 1993, S. 148.

[542] Was unter Tochter- und Muttergesellschaft zu verstehen ist, richtet sich nach Art. 1 und 2 der Konzernbilanzrichtlinie von 1983, Siebente Richtlinie 83/349/EWG des Rates vom 13. Juni 1983, Abl. Nr. L 193/1 vom 18.7.1983, siehe Art. 2 h) und i) Zweite RL Leben.

[543] Beide Begriffe werden hier synonym verwendet.

[544] Siehe Erster Teil A IX. 2.

Haftpflichtversicherung[545] auf den Versicherungssektor übertragen wurde[546].

a) Konzept der Reziprozität

Ursprünglich handelt es sich bei der Reziprozität um ein dem Völkerrecht entnommenes Konzept zur Gestaltung internationaler Wirtschaftsbeziehungen[547]. Entsprechend finden sich Gegenseitigkeitsklauseln in vielen völkerrechtlichen Verträgen[548]. Ansatzpunkt ist dabei die Betonung der wechselseitigen Bedingtheit von Rechten und Pflichten im Rahmen des Austausches wirtschaftlich gleichwertiger Leistungen und Vorteile zwischen zwei Staaten[549]. Häufig gewährleistet erst die Gegenseitigkeit der Vorteile die getreue Befolgung der Verpflichtungen aus den völkerrechtlichen Verträgen. Entsprechend wirkt die Reziprozität zugleich motivierend als auch sanktionierend[550]. Ziel ist dabei die Erreichung eines Gleichgewichtszustandes, bei dem unterschiedliche handelspolitische Positionen zugunsten beiderseitiger Interessen ausgeglichen werden[551]. Neben der Förderung übergeordneter Kollektivinteressen[552] liegt eine

---

[545] Richtlinie 90/618/EWG des Rates vom 8. November 1990 zur Änderung der Richtlinie 73/239/EWG und der Richtlinie 88/357/EWG zur Koordinierung der Rechts- und Verwaltungsvorschriften für die Direktversicherung (mit Ausnahme der Lebensversicherung), insbesondere bezüglich der Kraftfahrzeug-Haftpflichtversicherung, ABl. Nr. L 330 vom 29.11.1990.

[546] Zwar ist in den zitierten Richtlinien entgegen den ursprünglichen Entwürfen und wegen zahlreich geäußerter Bedenken nicht mehr ausdrücklich das Reziprozitätserfordernis erwähnt, dennoch führt auch der jetzige Wortlaut zu vergleichbaren Voraussetzungen, vgl. dazu *Kampf*, in: Grabitz/Hilf, E 26 Rn. 45.

[547] *Verdross/Simma*, S. 48 f.; *Ipsen/Haltern*, S. 27; *Nguyen Quoc/Dailler/Pellet*, Nr. 654, S. 932 f.

[548] Dazu ausführlich *Simma*, S. 130 ff.

[549] *Simma*, S. 50; *Hay/Sulzenko*, 16 Journal of World Trade Law 1982, S. 471.

[550] Vgl. *Wils*, 28 CMLR 1991, S. 245.

[551] Vgl. *Nguyen Quoc/Dailler/Pellet*, Nr. 655 1 b), S. 934.

[552] Das übergeordnete Ziel eines erhofften gemeinsamen Nutzens kommt bei internationalen Handelsverträgen wie zum Beispiel dem Abkommen zur Liberalisierung des Dienstleistungshandels (GATS) zum Ausdruck, vgl. Abs. 3 der Präambel des GATS.

weitere Aufgabe des Gegenseitigkeitsprinzips aber auch in der Wahrnehmung eigener nationaler Belange gegenüber anderen Staaten[553].

Folglich hat die Reziprozität zwei Funktionen. Zum einen schirmt sie den Inlandsmarkt gegenüber unerwünschten ausländischen Wettbewerbern ab und trägt zum anderen gleichzeitig zur Förderung der außenpolitischen Ziele eines Staates bei[554]. Entscheidend ist, ob die Reziprozität restriktiv oder expansiv verwendet wird[555]. Restriktiv eingesetzt besteht die Gefahr, daß die Berufung auf das Kriterium der Reziprozität lediglich einen Vorwand bieten soll, um Zugangsbeschränkungen für ausländische Unternehmen aus rein protektionistischen Erwägungen zu rechtfertigen. Soweit das Gegenseitigkeitserfordernis jedoch mit expansiver Zielsetzung genutzt wird, kann es als Hebel zur Öffnung von Auslandsmärkten dienen.

b) Reziprozität im Sinne der Versicherungsrichtlinien

Hintergrund der Einführung des Reziprozitätsgedankens durch die Versicherungsrichtlinien war die Sorge, daß die Vollendung des Binnenmarktes gleichsam zu einer Benachteiligung der europäischen Versicherungsunternehmen im internationalen Wettbewerb führen könnte. So sollte verhindert werden, daß ein Mitgliedstaat, welcher traditionell gute Beziehungen zu einem Drittland unterhält, Tochtergesellschaften von Unternehmen aus diesem Land bevorzugt zuläßt, die dann dank des Binnenmarktes ebenfalls in allen anderen Mitgliedstaaten der Gemeinschaft tätig werden können, während dieses Drittland seinerseits nur Gesellschaften aus dem befreundeten Mitgliedsland zuläßt und ansonsten seinen Markt gegenüber Unternehmen aus anderen Ländern der Gemeinschaft abschottet. Um dieser Gefahr vorzubeugen, wurde es notwendig, daß die Mitgliedstaaten auch hinsichtlich der Reziprozitätserwägungen als Gemeinschaft auftreten.

Entsprechend muß auch die Gemeinschaft neben den jeweiligen Mitgliedstaaten an der Entscheidung über den Marktzugang von Unternehmen aus Drittländern beteiligt werden, um so Diskriminierungen von Unternehmen

---

[553] Diese Funktion wird insbesondere vom Deutschen Bundesverfassungsgericht betont, vgl. BVerfGE 30,409,413 f.; BVerfGE 62,169,185; BVerfGE 81,208,224.

[554] Vgl. *Weber*, S. 89 f.

[555] Vgl. dazu *Keohane*, 40 International Organisation 1986, S. 5 ff.

einzelner Mitgliedsländer in Drittstaaten zu vermeiden[556]. Zwar obliegt den nationalen Aufsichtsbehörden der Mitgliedstaaten auch hinsichtlich von Drittlandsunternehmen grundsätzlich die endgültige Entscheidung über deren Zulassung. Im Gegensatz dazu besitzt die Europäische Kommission selbst keine Zuständigkeit für die Zulassung von Versicherungsunternehmen. Sie ist keine zentrale Aufsichtsbehörde und mithin nicht befugt, ausländischen Unternehmen den Zugang zum europäischen Versicherungsmarkt zu gewähren oder zu verwehren.

Dennoch sind die nationalen Aufsichtsämter durch die Reziprozitätsklauseln der Richtlinien zur Kooperation mit den Gemeinschaftsorganen verpflichtet, indem ihnen diese verschiedene Meldepflichten auferlegen. Danach sind die Aufsichtsbehörden der Mitgliedstaaten zunächst verpflichtet, jede Zulassung eines Unternehmens aus Drittstaaten sowie den Erwerb von Beteiligungen an einem Gemeinschaftsunternehmen durch Drittlandsunternehmen an die Europäische Kommission zu melden[557], um dieser damit einen umfassenden Überblick über die Geschäftstätigkeit von Unternehmen aus Drittländern zu ermöglichen. Darüber hinaus teilen die Mitgliedstaaten der Kommission alle allgemeinen Schwierigkeiten mit, auf die ihre Versicherer bei der Niederlassung oder der Ausübung von Versicherungsgeschäften in Drittländern stoßen[558].

Parallel zu diesen Meldepflichten ist die Kommission ihrerseits verpflichtet, regelmäßig Berichte über die Behandlung von Gemeinschaftsinstituten in Drittländern anzufertigen und zu veröffentlichen[559]. In diesen sogenannten Drittländerberichten wird die nachteilige Behandlung von Versicherern der Gemeinschaft untersucht und auf liberalisierungsbedürftige Mißstände hingewiesen.

Nach Umsetzung der Richtlinien in deutsches Recht sind die neuen Meldepflichten des Bundesaufsichtsamts in § 111 f VAG zusammen-

---

[556] Vgl. *Müller*, S. 191.

[557] Art. 29 a Erste RL Schaden i.d.F. von Art. 4 der RL 90/618/EWG; Art. 32 a Erste RL Leben i.d.F. von Art. 9 Zweite RL Leben; vgl. dazu *Vigneron/Smith*, JIBL 1990, S. 187; *Dassesse/Isaacs/Penn*, S. 399.

[558] Art. 29 b Abs. 1 Erste RL Schaden i.d.F. von Art. 4 der RL 90/618/EWG; Art. 32 b Abs. 1 Erste RL Leben i.d.F. von Art. 9 Zweite RL Leben.

[559] Art. 29 b Abs. 2 Erste RL Schaden i.d.F. von Art. 4 RL 90/618/EWG; Art. 32 b Abs. 2 Erste RL Leben i.d.F. von Art. 9 Zweite RL Leben.

gefaßt. Allerdings erwächst die Meldepflicht gegenüber der Kommission erst, nachdem die einzelstaatliche Erlaubnis zum Betreiben des Versicherungsgeschäfts erteilt wurde. Weitergehende Pflichten bestehen nur, falls die Kommission zuvor eine Feststellung getroffen hat, wonach ein Drittland keine Gegenseitigkeit gewährt oder Gemeinschaftsversicherern keine Inländerbehandlung garantiert. In diesem Fall ist das Bundesaufsichtsamt verpflichtet, die Kommission bereits vor der Entscheidung über den Antrag auf Zulassung eines entsprechenden Drittlandsunternehmens beziehungsweise deren Absicht am Erwerb einer Beteiligung an einem deutschen Versicherungsunternehmen zu informieren[560].

Stellt die Kommission mit Hilfe der eingehenden Meldungen fest, daß ein Drittland Versicherungsunternehmen der Gemeinschaft keinen effektiven Marktzugang gestattet, welcher demjenigen vergleichbar ist, den die Gemeinschaft den Versicherern dieses Drittlandes gewährt, so kann sie sich um ein Mandat des Rates für Verhandlungen mit dem Drittstaat bemühen[561]. Die entsprechende Feststellung der Gegenseitigkeit ist eine Ermessensentscheidung, hinsichtlich welcher die Kommision über einen weiten Ermessensspielraum verfügt[562]. Soweit in dem Verhalten des Drittlandes gleichzeitig auch ein Verstoß gegen den Grundsatz der Inländerbehandlung liegt, kann die Kommission auch ohne Mitwirkung des Rates von sich aus Verhandlungen zur Beseitigung der Diskriminierung aufnehmen[563].

Darüber hinaus sehen die Reziprozitätsklauseln im Falle der diskriminierenden Verwehrung effektiven Marktzuganges vor, daß die Kommission zusätzlich zur Einleitung von Verhandlungen nach ihrem Ermessen Zugangsbeschränkungen für Unternehmen aus einem Drittland erlassen kann, indem sie den zuständigen Behörden der Mitgliedstaaten aufgibt, die Entscheidung über eingereichte oder künftige Anträge auf Zulassung und

---

[560] Allerdings kann das Bundesaufsichtsamt dieser Verpflichtung gegenüber der Kommission nur insoweit nachkommen, als auch die an einem Beteiligungserwerb interessierten Drittlandsunternehmen ihre Anzeigepflichten gegenüber dem Aufsichtsamt erfüllen; vgl. § 104 Abs. 1 VAG.

[561] Art. 29 b Abs. 3 Erste RL Schaden i.d.F. von Art. 4 RL 90/618/EWG; Art. 32 b Abs. 3 Erste RL Leben i.d.F. von Art. 9 Zweite RL Leben.

[562] Vgl. *Levitin*, 31 Harvard International Law Journal 1990, S. 559.

[563] Art. 29 b Abs. 4 Erste RL Schaden i.d.F. von Art. 4 RL 90/618/EWG; Art. 32 b Abs. 4 Erste RL Leben i.d.F. von Art. 9 Zweite RL Leben.

über den Erwerb von Beteiligungen an Gemeinschaftsversicherungsunternehmen zu beschränken oder auszusetzen.

Mangels eigener Zuständigkeit ist die Kommission allerdings nicht berechtigt, unmittelbar in das Zulassungsverfahren vor den nationalen Aufsichtsbehörden einzugreifen. Daher bedarf sie zuvor der positiven Stellungnahme eines besonderen Ausschusses, welcher sich aus den Vertretern der Mitgliedstaaten zusammensetzt, um eine Unterbrechung des Verfahrens zu veranlassen[564]. Die Aufgabe dieses Ausschusses besteht darin, die Kommission bei der Koordinierung des Versicherungsaufsichtsrechts zu unterstützen und die Zusammenarbeit der nationalen Aufsichtsbehörden zu fördern. Gleichzeitig gewährleistet dieses Konsultationsverfahren, daß die Mitgliedstaaten über den Ausschuß indirekt an möglichen Sanktionsbeschlüssen beteiligt sind. Bei übereinstimmender Stellungnahme des Ausschusses ist die Kommission ermächtigt, die vorgesehenen Sanktionen selbst zu beschließen. Soweit die Kommission und der Ausschuß keine Einigung über die vorgeschlagenen Maßnahmen erzielen können, hat der Rat über die Ergreifung der Maßnahme mit qualifizierter Mehrheit zu beschließen. Die Dauer der Beschränkung ist im Regelfall auf drei Monate begrenzt, kann aber vom Rat auf Vorschlag der Kommission verlängert werden.

Zwar liegt die endgültige Entscheidung über die Verhängung und Durchführung möglicher Sanktionen in der Hand der Mitgliedstaaten. Gleichwohl sind die Beschlüsse der Kommission oder des Rates für alle Mitgliedstaaten bindend. Die Reziprozitätsklauseln der Richtlinien lassen den nationalen Versicherungsaufsichtsbehörden in dieser Hinsicht keinen Ermessensspielraum[565]. Liegt ein entsprechender Beschluß vor, hat das Bundesaufsichtsamt für Versicherungswesen die Entscheidung über die Erteilung einer Erlaubnis zum Geschäftsbetrieb für Unternehmen aus dem betroffenen Drittland zeitlich befristet auszusetzen oder zu beschränken[566]. Allerdings sind in dem Fall, daß ein Drittland nach der Feststellung der

---

[564] Das den Ausschuß betreffende Verfahren regelt der durch die Zweite RL neu eingeführte Art. 32 b Abs. 6, während sich der durch RL 90/618/EWG eingeführte Art. 29 b Abs. 4 nur noch auf dieses Verfahren bezieht.

[565] Art. 29 b Abs. 4 UA 2 Erste RL Schaden i.d.F. von Art. 4 RL 90/618/EWG; Art. 32 b Abs. 4 UA 2 Erste RL Leben i.d.F. von Art. 9 Zweite RL Leben.

[566] Vgl. auch die amtliche Begründung zu Art. 1 Nr. 5 Drittes Durchführungsgesetz, S. 54.

Kommission den Gegenseitigkeitstest nicht besteht, Kommission oder Rat aber gleichwohl keine Sanktionen beschließen, auch die Mitgliedstaaten daran gehindert, restriktive Maßnahmen gegenüber dem betroffenen Drittland zu ergreifen.

Eine einmal erteilte Zulassung kann jedoch nicht allein aus Gründen der Reziprozität aufgehoben werden[567]. Ebenso sind Tochtergesellschaften von Drittlandsversicherern, die vor Inkrafttreten der Richtlinien zugelassen waren, ausdrücklich von möglichen Sanktionen ausgenommen[568]. Schließlich können sich alle ordnungsgemäß gegründeten Tochtergesellschaften auf den Gleichbehandlungsanspruch des Art. 58 EG-Vertrag berufen, selbst dann, wenn das Heimatland der Muttergesellschaft die Gegenseitigkeitserfordernisse der Richtlinien nicht erfüllt und Versicherer aus der Gemeinschaft diskriminiert[569]. Etwas anderes gilt jedoch für den Fall der nachträglichen Umwandlung einer Zweigstelle in eine Tochtergesellschaft. Zweigniederlassungen sind rechtlich unselbständig und erfüllen daher schon nicht die tatbestandlichen Voraussetzungen, um in den Schutzbereich des Art. 58 EG-Vertrag zu fallen. Zudem können Drittländerzweigstellen nur eine Zulassung erhalten, die auf den jeweiligen Mitgliedstaat begrenzt ist. Würde aber die Möglichkeit bestehen, eine einzelstaatliche Lizenz ohne Beachtung der Gegenseitigkeitsanforderungen allein durch die Umwandlung in eine rechtlich selbständige Gesellschaft in eine europaweite Zulassung aufzuwerten, ließen sich die entsprechenden Bestimmungen der Richtlinien leicht umgehen. Folglich unterliegt die nachträgliche Umwandlung in eine Tochtergesellschaft ohne Einschränkung der Überprüfung der Reziprozität.

c) Kriterien der Beurteilung der Reziprozität

Die Kriterien, die als Maßstab für die Behandlung von Gemeinschaftsunternehmen in Drittstaaten normiert wurden, sind bewußt vage, um einerseits Meinungsverschiedenheiten im Rat zu überbrücken und andererseits der Gemeinschaft bei der praktischen Anwendung einen

[567] *Vigneron/Smith*, JIBL 1990, S. 186; *Scott*, RevMC 1989, S. 47.

[568] Art, 29 b Abs. 4 UA 4 Erste RL Schaden i.d.F. von Art. 4 RL 90/618/EWG, Art. 32 b Abs. 4 UA 4 Erste RL Leben i.d.F. von Art. 9 Zweite RL Leben.

[569] Vgl. *Troberg* in: von der Groeben/Thiesing/Ehlermann, EWG-Vertrag, Art. 58, Rn. 36.

Spielraum zu gewähren[570]. Danach haben Drittländer den Versicherungsunternehmen der Gemeinschaft sowohl „effektiven Marktzugang“ als auch „Inländerbehandlung“ zu gewähren.

aa) Effektiver Marktzugang

Problematisch ist die Auslegung des Begriffs des „effektiven Marktzugangs“, da die Reziprozitätsklauseln der Richtlinien darauf verzichten, konkrete Anforderungen aufzustellen. Der Maßstab des Gemeinschaftsgesetzgebers wird nur in Umrissen bestimmt, indem festgelegt wird, daß ein Marktzugang effektiv ist, wenn er demjenigen vergleichbar ist, den die Gemeinschaft den Versicherungsunternehmen des Drittlandes gewährt[571]. Unbestimmt bleibt dabei, nach welchen Kriterien die Vergleichbarkeit festgesetzt werden soll. Unzweifelhaft ist jedoch, daß ein effektiver Marktzugang weder nach gänzlich identischen Zulassungsvoraussetzungen im Drittland noch nach Aufgabe gewachsener wirtschaftlicher, rechtlicher und kultureller Eigenarten verlangt[572]. Übereinstimmende Zutrittsbedingungen sind angesichts der strukturellen Unterschiede zwischen den einzelnen Versicherungsaufsichtssystemen ein unrealistisches Ziel[573]. Schließlich sind auch die auf dem Binnenmarkt erzielten Mindestharmonisierungen keinesfalls homogen.

Weitere Ansatzpunkte für die Auslegung enthalten die den Richtlinien vorangestellten Erwägungsgründe des Rats der Europäischen Gemeinschaften. Ziel der Gegenseitigkeitsklauseln ist es danach, ausländische Finanzmärkte zu liberalisieren und so weit wie möglich für Gemeinschaftsunternehmen zu erschließen. Eine Abschottung des Gemeinsamen Marktes gegenüber den anderen Ländern wird demgegenüber nicht angestrebt. Folglich will die Europäische Gemeinschaft mit dem Prinzip des Marktzugangs vor allem Direktinvestitionen und Niederlassungsvorgänge in Drittländern unterstützen. Eine erfolgreiche Liberalisierung erfordert daher zumindest nichtdiskriminierende Zulassungs- und

[570] *Nettesheim*, in: Grabitz/v. Bogdandy/Nettesheim, Europäisches Außenwirtschaftsrecht, S. 475.

[571] Art. 29 b Abs. 3 Erste RL Schaden i.d.F. von Art. 4 RL 90/618/EWG; Art. 32 b Abs. 3 Erste RL Leben i.d.F. von Art. 9 Zweite RL Leben.

[572] Vgl. *Dolzer*, in: Hilf/Tomuschat, S. 126.

[573] Vgl. *Viermetz*, in: Bruns/Häuser, S. 15.

Tätigkeitsbedingungen für Gemeinschaftsunternehmen im Ausland. Entsprechend wird Gemeinschaftsunternehmen effektiver Marktzugang dann gewährt, wenn diese einerseits auf ausländischen Versicherungsmärkten aktiv werden können und andererseits keinen diskriminierenden Maßnahmen rechtlicher wie faktischer Art ausgesetzt sind[574]. Der Marktzugang muß also nicht nur de jure, sondern auch de facto gewährleistet sein. Generell ist dem Gebot effektiven Marktzugangs immer dann genügt, wenn Gemeinschaftsunternehmen mit vergleichbarem Aufwand in dem Drittland Fuß fassen können wie Drittlandsunternehmen im Binnenmarkt. Nicht notwendig ist jedoch, daß einem Versicherer alle Rechtsformen für sein Auslandsengagement zur Verfügung stehen müssen. Entscheidend ist vielmehr, daß die Gemeinschaftsunternehmen im Gastland auf keine Beschränkungen stoßen, die nicht aus aufsichtsrechtlichen Gründen gerechtfertigt sind.

bb) Inländerbehandlung

Allerdings reicht der ungehinderte Zutritt zu einem Auslandsmarkt allein nicht aus, um den Gegenseitigkeitsanforderungen der Richtlinien zu genügen. Das zweite Kriterium zur Beurteilung der Reziprozität ist der Grundsatz der Inländerbehandlung. Während der „effektive Marktzugang" eine von Vergleichsgrößen unabhängige, nur am Ziel orientierte Behandlung verlangt, fordert das Prinzip der Inländerbehandlung einen situationsgebundenen Vergleich zwischen Ausländern und Inländern. Es untersagt insbesondere jede einseitige Diskriminierung aus Gründen der Staatsangehörigkeit oder des Herkunftslands und betrifft Produkte ebenso wie Produzenten[575]. Dabei setzt der Begriff der Diskriminierung das Vorliegen einer vergleichbaren Situation voraus. Das Gebot der Inländerbehandlung beinhaltet somit ein Diskriminierungsverbot beziehungsweise Gleichbehandlungsgebot[576]. In dieser Funktion gehört das Inländerprinzip auch zu den Grundlagen des EG-Vertrages[577].

---

[574] Vgl. *Matsushita*, in: Oppermann/Molsberg, S. 298.

[575] Zum Grundsatz der Inländerbehandlung allgemein *Fikentscher*, S. 259; *Schweitzer/ Hummer*, S. 297.

[576] Vgl. *Stadler*, S. 80.

[577] Der allgemeine Grundsatz ist in Art. 12 EG-Vertrag niedergelegt. Besondere Ausprägungen stellen Art. 43 Abs. 2 , Art. 49, Art. 50 Abs. 3 und Art. 294 EG-Vertrag dar.

Nach dem Wortlaut der Reziprozitätsklauseln der Richtlinien ist die Inländerbehandlung in einem Drittland dann gewährleistet, wenn den Versicherungsunternehmen der Gemeinschaft „gleiche Wettbewerbsmöglichkeiten“ geboten werden. Diese Legaldefinition ist das Ergebnis eines längeren Entwicklungsprozesses, bei dem sich das Konzept der Inländerbehandlung im Bereich der Finanzdienstleistungen allmählich von der rein formalen Gleichbehandlung ausländischer Marktteilnehmer zur faktischen Gleichheit der Wettbewerbsmöglichkeiten im Gastland fortentwickelt hat[578].

Im traditionellen Sinn ist die Inländerbehandlung lediglich normorientiert[579]. Das heißt, sie beschränkt sich darauf, ausländische Wettbewerber im Verhältnis zu inländischen Unternehmen formalrechtlich gleichzustellen. Entsprechend dürfen die nationalen Gesetze und Vorschriften bei der Anwendung auf Unternehmen aus Drittstaaten keine diskriminierenden Auswirkungen haben[580]. Dieser formale Standard läßt jedoch außer Acht, daß weniger der Wortlaut einer Rechtsnorm, als vielmehr das Resultat ihrer praktischen Anwendung über die Wettbewerbsbedingungen eines Marktes entscheidet. Folglich eignet sich das Gebot regulativer Gleichbehandlung auch nur begrenzt als Hebel zur Öffnung von Auslandsmärkten. Deshalb gehen die Reziprozitätsklauseln der Richtlinien über die Herstellung rein formaler Gleichbehandlung hinaus und fordern eine ergebnisorientierte Auslegung der nationalen Maßnahmen. Entsprechend ist das Kriterium der Inländerbehandlung nicht nur auf den Normgehalt einer Maßnahme beschränkt, sondern verlangt auch die Berücksichtigung der praktischen Auswirkungen.

Dennoch verlangt der Inländergrundsatz nicht, daß ausländische und inländische Unternehmen unter allen Umständen gleich behandelt werden. Insbesondere im Versicherungssektor können berechtigte aufsichtsrechtliche Erwägungen eine besondere Kontrolle ausländischer Unternehmen erfordern[581]. Daher muß der Inländergrundsatz in begründeten Fällen und unter engen Voraussetzungen eine differenzierte Ungleichbehandlung gestatten. Schließlich können nur auf diese Weise die Unterschiede zwischen den einzelnen Aufsichtssystemen berücksichtigt werden.

578 Vgl. *Levitin*, 31 Harvard International Law Journal 1990, S. 527.

579 Vgl. *Ipsen/Haltern*, S. 23.

580 *Jackson*, International Competition, S. 16.

581 OECD, National Treatment for foreign-controlled enterprises, 1993, S. 22.

Daß auch die Europäische Union von einem entsprechend modifizierten Konzept der Inländerbehandlung ausgeht, bestätigen die von ihr unterbreiteten Vorschläge für einen Finanzdienstleistungs-Annex zum GATS. Danach sollen einseitig benachteiligende Vorschriften dann mit den Verpflichtungen zur Inländerbehandlung unvereinbar sein, wenn sie die Wettbewerbschancen von Finanzdienstleistern in diskriminierender Weise beschränken, ohne durch ordnungspolitische Erwägungen gerechtfertigt zu sein[582]. Allerdings darf die abweichende Behandlung in keinem Mißverhältnis zum Interesse an der Differenzierung stehen[583]. Hinsichtlich der Bewertung der Wettbewerbsmöglichkeiten verfügt die Kommission über einen weiten Beurteilungsspielraum und damit gleichsam auch über genügend Flexibilität im Umgang mit den entsprechenden Drittländern.

d) Kompetenz zum Erlaß der Reziprozitätsklauseln

Für Versicherungsunternehmen aus Drittländern, welche die Zulassung eines Tochterunternehmens in Deutschland planen, ist die Überprüfung der Reziprozität - im Gegensatz zu den anderen Zulassungsbedingungen - die einzige Voraussetzung, deren Erfüllung sie nicht selbst in der Hand haben. Sie sind insofern von der Zulassungspolitik ihres jeweiligen Sitzlandes abhängig. Wichtig für deren Beurteilung ist jedoch, gegenüber welchem Bezugspunkt eine entsprechende Gegenseitigkeit bestehen muß. Nach Umsetzung der Richtlinien sind nun nicht mehr die Einzelstaaten, sondern die Europäische Gemeinschaft respektive die Zulassung von Versicherern aus allen ihren Mitgliedsländern Anknüpfungspunkte für die Beurteilung der Reziprozität, was durchaus in Einzelfällen zu einer Verschärfung der Anforderungen führen kann.

Insofern ist es von entscheidender Bedeutung zu prüfen, ob die Europäische Gemeinschaft überhaupt die Kompetenz zum Erlaß der Reziprozitätsklauseln hatte. Dies ist problematisch, da die Europäische Gemeinschaft, obwohl sie sich international als Akteur des Welthandels durch-

---

[582] Vgl. Art. 10 Abs. 2 des EU-Entwurfs für einen Finanzdienstleistungs-Annex zum GATS, GATT-Dok. MTN.GNS/Fin/W/1, 6 vom 10.7.1990.

[583] Vgl. Art. 12 Abs. 2 des EU- Entwurfs, GATT-Dok. MTN.GNS/Fin/W/1, 6 vom 10.7.1990.

setzen konnte[584], im Unterschied zu souveränen Staaten nicht über eine grundsätzliche Allzuständigkeit verfügt, sondern lediglich in den Fällen rechtsetzend tätig werden kann, in denen dies durch die Verträge ausdrücklich vorgesehen ist[585]. Man spricht dementsprechend vom "Prinzip der begrenzten Ermächtigung"[586]. Hinweise auf diesen Grundsatz finden sich in zahlreichen Vorschriften des Primärrechts, sowohl in allgemeiner[587] als auch in spezieller Form[588]. Seit dem Inkrafttreten des Maastrichter Vertrages ist der Grundsatz nunmehr ausdrücklich in Art. 5 EGV (Art. 3 b Abs. 1 EGV a.F.)[589] niedergelegt, allerdings ohne daß sich dadurch die Rechtslage geändert hätte. Wichtigste Aufgabe des Prinzips der begrenzten Ermächtigung ist es, die Kompetenzbereiche der Gemeinschaft und der Mitgliedstaaten voneinander abzugrenzen[590]. So wird den

---

[584] Durch Art. 2, 2. Spiegelstrich EUV ist auch die Behauptung der Identität auf internationaler Ebene zu einem der Ziele der EU erklärt worden, vgl. hierzu *Hilf/Pache*, in: Grabitz/Hilf, Art. B EUV, Rn. 10f.

[585] *Beutler/Bieber/Pipkorn/Streil*, S. 42; *Nicolaysen*, S. 128.

[586] Begrifflich ist dieser Grundsatz auf die Schlußanträge des Generalanwalts Lagrange in EuGH verb. Rs. 7/56 und 3/57 bis 7/57 - Alegra u.a./ Gemeinsame Verwaltung der EGKS - Slg. 1957, S. 83, 167 zurückzuführen, in denen der Begriff "competétence d'attribution" erstmals verwendet wurde. In der deutschen Literatur ist die Begrifflichkeit nicht ganz einheitlich. Mehr oder minder synonym ist die Rede vom "Prinzip der enumerativen Einzelermächtigung" (*Beutler/Bieber/Pipkorn/Streil*, S. 82), dem "Prinzip der begrenzten Einzelermächtigung" (*Bleckmann*, S. 69), dem "Prinzip der begrenzten Einzelzuständigkeit" (*Nicolaysen*, S. 128), dem "Prinzip der begrenzten Kompetenzzuweisung" (*von Borries*, EuR 1994, S. 263, 267) oder dem "Prinzip der begrenzten Ermächtigung" (so *Ipsen*, S.425; *Grabitz*, in: Grabitz/Hilf, Art. 189 Rn.4).

[587] Vgl. Art. 3 EGV ("nach Maßgabe dieses Vertrages") und Art. 7 Abs. 1 EGV ("nach Maßgabe der ihm in diesem Vertrag zugewiesenen Befugnisse").

[588] Vgl. zum Beispiel Art. 189 EGV ("die ihr nach dem Vertrag zustehen") und Art. 202 EGV ("nach Maßgabe dieses Vertrages") in bezug auf das Europäische Parlament bzw. den Rat.

[589] Durch den Amsterdamer Vertrag vom 2.10.1997, BGBl. 1998 II S. 387, ber. BGBl. 1999 II S. 416 ist die Numerierung des Vertrags zur Gründung der Europäischen Gemeinschaft (EGV) in weiten Bereichen geändert worden. Entscheidungen des EuGH, die vor Erlaß dieses Vertrages gefällt wurden, sowie große Teile der Literatur beziehen sich auf alte Numerierung. Zur besseren Verständlichkeit werden deshalb teilweise sowohl die alte Fassung als auch die neue Numerierung verwandt. Vgl. dazu die Übereinstimmungstabelle gemäß Art. 12 des Vertrags von Amsterdam.

[590] Ausführlich zu den einzelnen Funktionen des Grundsatzes, vgl. *Kraußer*, S. 26 ff.

Mitgliedstaaten der Verzicht auf eigene Kompetenzen sowohl überschaubar als auch kontrollierbar gemacht[591].

Eine umfassende Zuständigkeit der Gemeinschaft zur Regelung des Außenwirtschaftsrechts kennt der EG-Vertrag jedoch nicht, woran auch die Revision durch den Vertrag von Amsterdam nichts geändert hat[592]. Lediglich Art. 133 EGV (Art. 113 EGV a.F.) stattet die Gemeinschaft ausdrücklich mit der Kompetenz zur Regelung der gemeinsamen Handelspolitik aus. Daneben ist die Außenhandelskompetenz nur in vereinzelten, sektorenspezifischen Vorschriften niedergelegt oder angedeutet[593].

Darüber hinaus hat der Europäische Gerichtshof die Reichweite der vertraglichen Einzelermächtigung mit Hilfe seiner teleologisch-funktionalen Auslegungsmethode[594] beträchtlich ausgeweitet. Entsprechend stehen der Gemeinschaft nach der sogenannten "Implied Powers"-Doktrin neben den geschriebenen auch jene Kompetenzen zu, die sie zur Erfüllung der ihr gestellten Aufgaben benötigt, selbst wenn diese Kompetenzen nicht ausdrücklich in den Gemeinschaftsverträgen enthalten sind[595].

Schließlich wird das Prinzip der begrenzten Einzelermächtigung auch noch durch das Vertragslückenschließungsverfahren gemäß Art. 308 EGV (Art. 235 EGV a.F.) ergänzt. Danach kann der Rat in den Fällen geeignete Vorschriften erlassen, in denen ein Tätigwerden der Gemeinschaften erforderlich erscheint, um eines ihrer Ziele zu verwirklichen, dies aber nicht möglich ist, da aufgrund des Prinzips der begrenzten Ermächtigung die hierfür erforderlichen ausdrücklichen oder stillschweigenden Befugnisse fehlen. Damit besteht die Möglichkeit, anhand der Zielbestimmungen des EG-Vertrages[596] bisher nicht gegebene Kompetenzen neu zu begründen.

---

[591] *Nicolaysen*, S. 128.

[592] *Krenzler*, in: Grabitz/Hilf, E1 Rn. 31.

[593] Siehe insbesondere Art. 149 Abs. 3 , 150 Abs. 3, 151 Abs. 3, 152 Abs. 3, 155 Abs. 3, 170 UAbs. 2, 174 UAbs. 1 Satz 2 EGV.

[594] Zu Interpretationsmethode und Stil des EuGH allgemein, vgl. *Schweitzer/Hummer*, S. 105 ff.

[595] Grundlegend zur Lehre von den "implied powers", *Nicolaysen*, EuR 1966, S. 129 ff.

[596] Etwa in Art. 2, 3 und 4 EGV.

Zu prüfen ist daher, ob die oben beschriebenen Reziprozitätsklauseln ihre zutreffende Rechtsgrundlage in der Regelung der "Gemeinsamen Handelspolitik" gemäß Art. 133 EGV haben, oder ob nicht vielmehr Art. 57 Abs. 2 EGV a.F. in Verbindung mit Art. 66 EGV a.F., auf welchen sich der Rat der Europäischen Gemeinschaften bei Erlaß beider Richtlinien ausdrücklich stützt, implizit eine entsprechende Außenkompetenz einräumt. Schließlich besteht auch die Möglichkeit eines Rückgriffs auf Art. 308 EGV, wenn keine andere Rechtsgrundlage ausreicht.

Eine Abgrenzung der Rechtsgrundlage ist notwendig, da sich die Beteiligungs- und Abstimmungserfordernisse je nach Kompetenzbestimmung unterscheiden. So läßt Art. 133 EGV eine qualifizierte Mehrheit zustimmender Ratsmitglieder ausreichen, während demgegenüber Art. 308 EGV Einstimmigkeit verlangt. Darüber hinaus kann der Rat im Rahmen der Handelspolitik nach Art. 133 Abs. 2, 4 EGV ohne Beteiligung des Europäischen Parlaments entscheiden, eine solche ist aber gemäß Art. 57 Abs. 2 S. 3 EGV a.F. (Art. 47 EGV i.V.m. Art. 251 EGV) erforderlich. Ausgehend von diesen Divergenzen sieht es der EuGH[597] als einen Nichtigkeitsgrund an, wenn eine unzutreffende Rechtsgrundlage gewählt wurde, die einen anderen Abstimmungsmodus oder ein anderes Verfahren als die einschlägige Kompetenznorm vorsieht, da selbst im Falle einer fälschlicherweise einstimmig getroffenen Maßnahme die Möglichkeit bestehen würde, daß der politische Prozeß im Hinblick auf die mögliche Mehrheitsentscheidung ein anderes Ergebnis erzeugt hätte[598]. Lediglich dann, wenn Verfahren und Abstimmungsmodus identisch sind, soll die Wahl der falschen Rechtsgrundlage nicht zur Nichtigkeit führen[599]. Bei der Zuordnung von Rechtsakten zu Kompetenznormen kommt es jedoch nicht auf die subjektive Auffassung des rechtsetzenden Organs an, sondern auf die traditionellen Kriterien der juristischen Auslegung und Subsumtion[600].

---

[597] EuGH, Rs. 45/86 - Kommission/Rat (APS) - Slg. 1987, S. 1493, 1520; EuGH Rs. 68/86 - Vereinigtes Königreich/Rat - Slg. 1988, S. 855, 894; EuGH Rs. 131/87 - Kommission/ Rat - Slg. 1989, S. 3743, 3767; EuGH Rs. 62/88 - Griechenland/Rat (Tschernobyl) - Slg. 1990, S. 1527, 1548.

[598] *von Bogdandy*, in: Grabitz/v. Bogdandy/Nettesheim, Europäisches Außenwirtschaftsrecht, S. 10.

[599] EuGH, Rs. 165/87 - Kommission/Rat (Harmonisiertes System zur Bezeichnung und Codierung von Waren) - Slg. 1988, S. 5545, 5562.

[600] EuGH, Rs. 45/86 - Kommission/Rat (APS) - Slg. 1987, S. 1493, 1520.

aa) Gemeinsame Handelspolitik im Sinne von Art. 133 EGV

Zunächst ist daher der Frage nachzugehen, ob mit den in den Richtlinien geregelten Reziprozitätsklauseln Materien der "Gemeinsamen Handelspolitik" im Sinne des Art. 133 EGV geregelt werden. Dabei ist einerseits zu klären, welche Tätigkeitsbereiche in den Anwendungsbereich des Art. 133 EGV gehören, sowie andererseits festzustellen, welche Maßnahmentypen unter diese Kompetenzvorschrift fallen.

(1) Tätigkeitsbereiche der Handelspolitik

Um eine Kompetenz der Europäischen Gemeinschaft zur Regelung von Reziprozitätsklauseln im Rahmen des Versicherungsaufsichtsrechts auf Art. 133 EGV stützen zu können, müßte die in dieser Bestimmung geregelte gemeinsame Handelspolitik neben dem Warenverkehr auch andere Bereiche der Wirtschaftstätigkeit wie die Dienstleistung und die Niederlassung umfassen. Der Wortlaut des Art. 133 EGV gibt allerdings nur wenige Anhaltspunkte zur Bestimmung seines Anwendungsbereichs. Weder definiert er den Begriff der Handelspolitik noch den der einheitlichen Grundlagen, sondern beschränkt sich auf eine beispielhafte Aufzählung von klassischen handelspolitischen Instrumenten[601]. So wird gemäß Art. 133 EGV seit dem Ende der Übergangszeit[602]

> "... die gemeinsame Handelspolitik nach einheitlichen Grundsätzen gestaltet; dies gilt insbesondere für die Änderungen von Zollsätzen, den Abschluß von Zoll- und Handelsabkommen, die Vereinheitlichung der Liberalisierungsmaßnahmen, die Ausfuhrpolitik und die handelspolitischen Schutzmaßnahmen, zum Beispiel im Fall von Dumping und Subventionen."

Es herrscht daher auch weitgehend Einigkeit, daß der gesamte Titel über die Handelspolitik zu den am schlechtesten redigierten Teilen des Vertrages gehört[603]. Konsequenterweise besteht demgegenüber wesentlich

---

601 *von Bogdandy*, in: Grabitz/von Bogdandy/Nettesheim, Europäisches Außenwirtschaftsrecht, S. 11.

602 Vgl. hierzu Art. 8 EGV a.F.

603 *Ehlermann*, in: Mélanges offerts à P.H. Teitgen, S. 147; *von Bogdandy*, in: Grabitz/von Bogdandy/Nettesheim, Europäisches Außenwirtschaftsrecht, S. 11; *Bourgeois*, in: von der Groeben/Thiesing/Ehlermann, Kommentar zum EWGV, Vor. Art. 110, Rn. 1.

weniger Einigkeit bei der konkreten Bestimmung und Abgrenzung des Anwendungsbereichs des Art. 133 EGV.

(a) Auffassung der Rechtsprechung

Der Europäische Gerichtshof hatte bis zu seinem Gutachten 1/94[604] keine Gelegenheit, sich zur Abgrenzung der Tätigkeitsbereiche der gemeinsamen Handelspolitik konkret zu äußern. Soweit er jedoch vorher vereinzelt auf die gemeinsame Handelspolitik Bezug genommen hat, deutete seine Rechtsprechung auf eine weite Auslegung der Gemeinschaftskompetenzen hin[605]. So verwarf der Gerichtshof im Gutachten 1/78 eine Auslegung von Art. 113 EGV a.F., "die dazu führen würde, die gemeinsame Handelspolitik auf den Gebrauch der Instrumente zu beschränken, deren Wirkung ausschließlich auf die herkömmlichen Aspekte des Außenhandels gerichtet ist". Vielmehr sei die Frage der Außenhandelsbeziehungen in "einer offenen Perspektive" zu regeln, was "sich auch dem Umstand entnehmen [lasse], daß die in Art. 113 enthaltene Aufzählung der Gegenstände der Handelspolitik [...] als eine nicht abschließende Aufzählung gedacht [sei]"[606].

Nunmehr wurde diese Auslegung durch das grundlegende Gutachten 1/94 des EuGH deutlich eingeschränkt[607]. Ausgangspunkt dieses Gutachtens war ein Antrag der Kommission gemäß Art. 228 Abs. 6 EGV a.F. (Art. 300 Abs. 6 EGV) hinsichtlich der Vereinbarkeit des WTO-Abkommens mit dem EG-Vertrag. Darin ging es insbesondere um die Frage, ob die Kommission zu Recht davon ausgehe, daß die Gemeinschaft nicht nur die Kompetenz zum Abschluß des "Übereinkommens zur Errichtung der Welthandelsorganisation (WTO)" und des "Allgemeinen Zoll- und

---

604 EuGH, Gutachten 1/94 - WTO - Slg. 1994, S. I-5267.

605 Vgl. EuGH, Rs. 8/73 - Massey-Ferguson - Slg. 1973, S. 897, 907; EuGH, Gutachten 1/75 - Lokale Kosten - Slg. 1975, S. 1355, 1362 ff.; EuGH, Gutachten 1/78 - Internationales Naturkautschuk-Übereinkommen - Slg. 1979, S. 2871, 2913; EuGH, Rs. 45/86 - Kommission/Rat (APS) - Slg. 1987, S. 1493, 1522; EuGH, Rs. C-83/94 - Leifer - Slg. 1995, S. I-3231, I-3244; EuGH, Rs. C-70/94 - Werner - Slg. 1995, S. I-3189, I-3223.

606 EuGH, Gutachten 1/78 - Internationales Naturkautschuk-Übereinkommen - Slg. 1979, S. 2871, 2914.

607 Vgl. *Hilf*, EuZW 1995, S. 7 f.

Handelsabkommens (GATT 1994)" über den Warenhandel innehabe, sondern auch für das "Allgemeine Übereinkommen über den Handel mit Dienstleistungen (GATS)" und das "Übereinkommen über handelsrelevante Aspekte des Rechts an geistigem Eigentum (TRIPs)" zuständig sei. In ihrer Stellungnahme stützte die Kommission diese Gemeinschaftskompetenz auf Art. 113 EGV a.F. allein oder in Verbindung mit Art. 100a und/oder 235 EGV a.F. (Art. 95 und/oder 308 EGV) als Rechtsgrundlage.

In seinem Gutachten wies der Gerichtshof diese Auffassung der Kommission zurück. Danach habe die Gemeinschaft zwar die ausschließliche Zuständigkeit für den Abschluß von Abkommen über den Handel mit Waren, darüber hinaus erfasse die gemeinsame Handelspolitik jedoch lediglich die grenzüberschreitende Erbringung von Dienstleistungen, die keinen Grenzübertritt von Personen erfordert. Alle anderen Erbringungsweisen von Dienstleistungen wie auch die durch gewerbliche Niederlassungen sollen nicht unter Art. 113 EGV a.F. fallen, denn "allgemein zeigt der Umstand, daß der Vertrag spezifische Kapitel über die Freizügigkeit sowohl natürlicher als auch juristischer Personen enthält, daß diese Materien nicht zur gemeinsamen Handelspolitik gehören"[608]. Bezüglich des TRIPs-Abkommens hat der Gerichtshof eine ausschließliche Gemeinschaftszuständigkeit unter Art. 113 EGV a.F. lediglich für diejenigen Bestimmungen anerkannt, die sich mit dem Verbot der Überführung nachgeahmter Waren in den zollrechtlich freien Verkehr befassen. Hinsichtlich der übrigen Bestimmungen dieses Abkommens befand der EuGH, daß die Rechte an geistigem Eigentum nicht "spezifisch den internationalen Warenaustausch", sondern "vielmehr den Binnenhandel im gleichen Maße wie den internationalen Handel" betreffen[609], weil "der Hauptzweck des TRIPs darin besteht, den Schutz des geistigen Eigentums weltweit zu verstärken und zu harmonisieren"[610]. Würde der Europäischen Gemeinschaft in dieser Hinsicht eine ausschließliche Zuständigkeit nach Art. 113 EGV a.F. zuerkannt, "so könnten sich die Gemeinschaftsorgane den Zwängen entziehen, denen sie intern hinsichtlich des Verfahrens und der Art der Beschlußfassung unterliegen"[611].

---

608 EuGH, Gutachten 1/94 - WTO - Slg. 1994, S. I-5267, I-5402 Rn. 46.

609 EuGH, Gutachten 1/94 - WTO - Slg. 1994, S. I-5267, I-5405 Rn. 57.

610 EuGH, Gutachten 1/94 - WTO - Slg. 1994, S. I-5267, I-5405 Rn. 58.

611 EuGH, Gutachten 1/94 - WTO - Slg. 1994, S. I-5267, I-5406 Rn. 60.

Die einschränkende Tendenz der Entscheidung des Gerichtshofs wird verständlich, wenn man sie vor dem Hintergrund der Debatte zur Ratifizierung des Maastrichter-Vertrages sieht, welche kurz vorher stattgefunden hatte[612]. Zwar wäre es dem EuGH aufgrund seiner früheren integrationsfreundlichen Rechtsprechung durchaus möglich gewesen, im Rahmen seines Gutachtens auch die gesamte Außenwirtschaftspolitik unter den Begriff der "Gemeinsamen Handelspolitik" zu subsumieren. Bei einer solchen Entscheidung hätte aber die Gefahr bestanden, der ohnehin schon zurückhaltenden und teilweise ablehnenden Haltung in einigen Mitgliedstaaten hinsichtlich der Ausweitung der Kompetenzen der Gemeinschaft weiteren Auftrieb zu geben und entsprechend kontraproduktiv für die zukünftige Entwicklung der Europäischen Union zu sein. Zudem reagierten auch die Mitgliedstaaten selbst äußerst sensibel, da mit der möglichen Kompetenzverlagerung der Außenwirtschaftspolitik ein wichtiger Teil der Außenpolitik und damit gleichsam auch ein Grundpfeiler der nationalen Souveränität berührt war. Entsprechend widersprachen sowohl der Europäische Rat, das Europäische Parlament wie auch acht Mitgliedstaaten deutlich dem Standpunkt der Kommission[613].

Anschließend bestätigte der Gerichtshof diese restriktive Tendenz im Gutachten 9/92[614], welches die Inländerbehandlung von Unternehmen im OECD-Bereich betrifft. Als vorläufigen Schlußpunkt dieser Entwicklung annulierte der EuGH in dem Urteil zur Rechtssache C-360/90[615], in dem es um ein Abkommen zwischen der Europäischen Gemeinschaft und den Vereinigten Staaten über öffentliche Ausschreibungen ging, sogar einen Beschluß, den der Rat selbst auf Art. 113 EGV a.F. gestützt hat, weil die Teilnahme an diesen Ausschreibungen auch grenzüberschreitende Dienstleistungen mitumfaßte.

Auch wenn die integrationsfreundlichere Rechtsprechung des Gerichtshofs aus den siebziger und achtziger Jahren nicht ausdrücklich widerrufen worden ist, ist nunmehr offensichtlich mit dem Gutachten 1/94 eine einschränkende Tendenzwende eingetreten[616].

---

[612] So auch Hilf, der das Urteil als "hardly a surprise" bezeichnet, vgl. *Hilf*, EJIL 1995, S. 245.

[613] EuGH, Gutachten 1/94 - WTO - Slg. 1994, S. I-5267, I-5306 ff.

[614] EuGH, Gutachten 2/92 - OECD - Slg. 1995, S. I-521 ff.

[615] EuGH, Rs. C-360/93 - Parlament/Rat - Slg. 1996, S. I-1195 ff.

[616] Vgl. *Gilsdorf*, ZfV (östr.) 1996, S. 793 f.

(b) Auffassungen innerhalb der Literatur

In der juristischen Literatur gibt es ein großes Spektrum von unterschiedlichen Auffassungen hinsichtlich des Umfangs der gemeinsamen Handelspolitik im Sinne des Art. 133 EGV. Teilweise wird argumentiert, daß diese das gesamte Außenwirtschaftsrecht umfassen solle[617]. Andere Stimmen verfolgen eine etwas einschränkendere Sicht und unterwerfen nur bestimmte Aspekte des internationalen Handels mit Dienstleistungen der gemeinsamen Handelspolitik[618]. Darüber hinaus gibt es eine weitere Auffassung, nach welcher lediglich diejenigen Dienstleistungen zum Anwendungsbereich des Art. 133 EGV gehören sollen, die direkt mit dem Warenhandel in Verbindung stünden[619]. Schließlich wird auch noch vertreten, daß Dienstleistungen überhaupt nichts mit der gemeinsamen Handelspolitik zu tun haben und folglich auch nicht unter Art. 133 EGV fallen[620].

Bei der Bewertung der unterschiedlichen Standpunkte muß berücksichtigt werden, daß diese aus unterschiedlichen Zeiten stammen. Einige wurden teilweise vor über zwei Jahrzehnten geäußert, zu einer Zeit also, in welcher der internationale Handel mit Dienstleistungen noch nicht ansatzweise den heutigen volkswirtschaftlichen Stellenwert hatte. Zudem stellen sich einige dieser unterschiedlichen Auffassungen lediglich als reine Grundtendenzen dar, die nicht weiter begründet werden. Soweit sich jedoch die juristische Literatur intensiv mit dieser Frage beschäftigt hat, folgt sie bei der Auslegung des Art. 133 EGV dem Grundschema einer am Wortlaut, an der Systematik und an teleologischen Gesichtspunkten orientierten Interpretation. Es ist daher sinnvoll, sich mit den entsprechenden Argumenten in derselben Reihenfolge auseinanderzusetzen.

---

[617] So *Bleckmann*, S. 461 f.; *Pescatore*, in: Les Novelles: droit des communautés européennes, S. 921; *Weissenberg*, S. 71 und 95 ff.

[618] So insbesondere *Timmermans*, in: Du droit international au droit de l'intégration: Liber Amicorum Pierre Pescatore, S. 675 ff.; *Vigneron/Smith*, 28 CDE 1992, S. 515 ff.; *Troberg*, in: von der Groeben/Thiesing/Ehlermann, Vor. Art. 52-58 Rn. 23; *Beutler/Bieber/Pipkorn/Streil*, S. 549; *Vedder*, in: Grabitz/Hilf, Art. 113 Rn. 33.

[619] Vgl. *Lauwaars*, in: Schwarze, Discretionary Powers of the Member States in the Field of Economic Policies and their Limits under the EEC Treaty, S. 80 f.; *Kapetyn/VerLoren van Themaat*, S. 790.

[620] So *Perreau de Pinninck*, 27 CDE 1991, S. 390 ff.; *d'Orville*, S. 7 ff.

(aa) Wortlaut

Teilweise wird argumentiert, daß bereits der Wortlaut des Art. 133 EGV gegen eine Ausweitung der gemeinsamen Handelspolitik auf Dienstleistungen spricht, da sich die aufgezählten Handelsinstrumente lediglich auf den Warenhandel beziehen[621]. Dieses Argument ist jedoch wenig überzeugend, da allein Zollabkommen bis heute nur auf Waren Anwendung finden[622]. Alle anderen Instrumente sind auch auf Dienstleistungen anwendbar, wie insbesondere das GATS-Abkommen zeigt. Zwar ist die Aufzählung von der bei der Ausarbeitung des Vertrages herrschenden Vorstellung einer allein auf den Warenverkehr mit Drittstaaten bezogenen Handelspolitik geprägt, aber sie schreibt dieses Verständnis nicht fest[623]. Vielmehr ist der Wortlaut durch die Verwendung des Wortes "insbesondere" offen[624], so daß anhand anderer Auslegungskriterien ermittelt werden muß, welche Tätigkeitsbereiche dem Art. 133 EGV unterfallen.

Gegen eine absolute Beschränkung aufgrund einer objektiv-historischen Auslegung des Wortlauts spricht zudem die schon in der Präambel zum Ausdruck kommende dynamische Entwicklung der Europäischen Gemeinschaft[625]. Zwar ist nach traditionell völkerrechtlicher Auslegung ein Begriff auf den Sprachgebrauch festgelegt, der zum Zeitpunkt des Vertragsschlusses galt[626]. Dieses kann aber nicht für den EG-Vertrag gelten, da sich dieser von einem engen völkerrechtlichen Verständnis gelöst und in Richtung einer Verfassung entwickelt hat, was es erlaubt, die Begriffe von ihrer ursprünglichen Bedeutung zu lösen und neuen Gegebenheiten anzupassen[627].

---

[621] *Perreau de Pinninck*, 27 CDE 1991, S. 402.

[622] Wobei jedoch nicht ausgeschlossen ist, daß irgendwann auch Zölle auf Dienstleistungen erhoben werden.

[623] Vgl. *Timmermans*, in: Du droit international au droit de l'intégration: Liber Amicorum Pierre Pescatore, S. 684.

[624] Vgl. *Bourgeois*, in: von der Groeben/Thiesing/Ehlermann, Art. 113 Rn. 2.

[625] *Zulegg*, in: von der Groeben/Thiesing/Ehlermann, Art. 1 Rn. 31.

[626] Vgl. dazu *Ipsen*, § 11 Rn 6, 13.

[627] *von Bogdandy*, in: Grabitz/von Bogdandy/Nettesheim, Europäisches Außenwirtschaftsrecht, S. 13.

Zudem ist der Art. 133 EGV durch den Vertrag von Amsterdam[628] um eine Ermächtigungsklausel ergänzt worden, die die Ausdehnung seiner Absätze 1 bis 4 - durch einstimmigen Ratsbeschluß auf Vorschlag der Kommission und nach Anhörung des Europäischen Parlaments - auf internationale Verhandlungen und Übereinkünfte über Dienstleistungen und Rechte an geistigem Eigentum möglich macht, "soweit sie durch diese Absätze nicht erfaßt sind"[629]. Zwar ist diese Ergänzung nicht hilfreich, um die Tätigkeitsbereiche der ersten vier Absätze konkret zu bestimmen, macht aber immerhin deutlich, daß diese nicht nur auf den Warenhandel beschränkt sein sollen.

Durch den Vertrag von Nizza[630], für dessen In-Kraft-Treten jedoch noch die Ratifizierung durch die nationalen Parlamente der Mitgliedstaaten erforderlich ist, ist schließlich der bislang letzte Versuch unternommen worden, den Art. 133 EGV der Entwicklung der Welthandelssysteme anzupassen. Danach sollen nunmehr grundsätzlich auch der "Handel mit Dienstleistungen und Handelsaspekte des geistigen Eigentums" in den Anwendungsbereich des Art. 133 Absatz 1 bis 4 EGV fallen und damit der Abstimmung mit qualifizierter Mehrheit unterliegen. Allerdings wird dieser Grundsatz in den folgenden Unterabschnitten durch zahlreiche Einstimmigkeitsvorbehalte wieder eingeschränkt[631]. Aufgrund dieser komplizierten Ausnahmeregelungen sowie der Verwendung vieler unbestimmter Rechtsbegriffe ist daher zu befürchten, daß auch der Wortlaut des neuen Art. 133 EGV Ausgangspunkt für zukünftige Auseinanderssetzungen und Diskussionen über den Inhalt und die Tragweite der gemeinsamen Handelspolitik sein wird[632].

---

[628] Amsterdamer Vertrag vom 2. Oktober 1997, BGBl. II 1998, S. 387, ber. BGBl II 1999, S. 416; vgl. dazu auch *Hilf/Pache*, NJW 1998, S. 705; *Krenzler/da Fonseca-Wohlheim*, EuR 1998, S. 234 ff.

[629] Art. 133 Abs. 5 EGV.

[630] Vertrag von Nizza zur Änderung des Vertrages über die Europäische Union, der Verträge zur Gründung der Europäischen Gemeinschaften sowie einiger damit zusammenhängender Rechtsakte vom 26. Februar 2001, ABl. Nr. C 80 vom 10. März 2001, S. 1 ff.

[631] Vgl. dazu *Pache/Schorkopf*, NJW 2001, S. 1384 f.

[632] *Pache/Schorkopf*, NJW 2001, S. 1385 sehen daher zu Recht in dem neuen Art. 133 EGV ein Beispiel "für die Karikatur des Bemühens, die vertraglichen Grundlagen der EU transparent und nachvollziehbar zu gestalten".

(bb) Systematik

Nach Auffassung der Gegner einer Ausweitung des Anwendungsbereichs des Art. 133 EGV spricht auch die Vertragssystematik für eine Begrenzung auf den internationalen Warenhandel. Hintergrund dieser Interpretation ist der enge Zusammenhang zwischen der gemeinsamen Handelspolitik und der Zollunion[633]. Danach zeigt die Systematik des EGV, daß Art. 133 EGV lediglich die notwendige äußere Ergänzung der Zollunion darstellt, ohne welche diese nicht funktionieren könne. Tatsächlich weisen zahlreiche Bestimmungen auf diesen Zusammenhang hin; so sprechen sowohl Art. 3 lit. a und Art. 23 sowie Art. 131 und Art. 133 EGV die Änderung von Zollsätzen an.

Gleichzeitig zeigt die Vertragssystematik jedoch auch, daß die äußere Absicherung des innergemeinschaftlichen Warenhandels nicht der alleinige Zweck der gemeinsamen Handelspolitik sein kann. So erwähnt Art. 131 Abs. 1 EGV neben den Zöllen auch die Beseitigung anderer Beschränkungen im internationalen Handelsverkehr. Zudem ist die gemeinsame Außenpolitik in der Auflistung der Tätigkeiten der Gemeinschaft in Art. 3 EGV nach den Änderungen durch den Amsterdamer Vertrag unter lit. b als eigener Punkt aufgezählt und nicht mehr wie davor gemeinsam mit dem gemeinsamen Zolltarif als ein Tätigkeitsbereich aufgelistet. Die Funktion des Art. 133 EGV kann sich daher nicht nur darauf beschränken, die Zollunion nach außen zu ergänzen. Vielmehr ist Art. 133 EGV dahingehend auszulegen, daß dieser es - zusammen mit den Vorschriften über den freien Warenverkehr und die Zollunion - der Europäischen Gemeinschaft ermöglichen soll, eine zusammenhängende Regelung der Außenhandelsbeziehungen treffen zu können[634].

Auch aus systematischen Überlegungen ist deshalb eine Auslegung des Begriffs der gemeinsamen Handelspolitik als allein auf den Warenverkehr bezogen abzulehnen, ohne daß damit zugleich eine Einbeziehung von Dienstleistungs- und Niederlassungsvorgängen mit Drittstaaten begründet wäre. Eine solche kann deshalb nur auf Ebene der teleologischen Auslegung erfolgen.

---

633 *Perreau de Pinninck*, 27 CDE 1991, S. 402.

634 Vgl. *Bourgeois*, in: von der Groeben/Thiesing/Ehlermann, Art. 113 Rn. 9; *Vedder*, in: Grabitz/Hilf, Art. 113 Rn. 23.

(cc) Teleologische Auslegung

Auf teleologische Argumente stützen sich daher sowohl die weitestgehende Auffassung, nach welcher Art. 133 EGV das gesamte Außenwirtschaftsrecht umfaßt[635], als auch eine vermittelnde Meinung, die zwar bestimmte Dienstleistungen einbezieht, Niederlassungsvorgänge jedoch aus dem Tätigkeitsbereich der gemeinsamen Handelspolitik ausschließt[636].

Zweck des Art. 133 EGV ist es, der Europäischen Gemeinschaft ausgehend vom Warenhandel eine zusammenhängende und vollständige Regelung ihrer Außenhandelsbeziehungen zu ermöglichen und gleichsam Störungen des innergemeinschaftlichen Handels zu verhindern. Dies bedeutet jedoch nicht, daß Art. 133 EGV damit auch die Funktion einer Generalklausel für die gesamten Außenbeziehungen der Gemeinschaft zugewiesen wird, da dies ansonsten der ausdrücklichen Aufgliederung des EG-Vertrags nach einzelnen Politiken und Sachgebieten widersprechen und gleichzeitig die dort ausbalancierte Kompetenzverteilung zwischen den Mitgliedstaaten und der Gemeinschaft im Außenbereich wieder verwischen würde[637]. Folglich sind die Tätigkeitsbereiche der gemeinsamen Handelspolitik nicht pauschal, sondern nach einzelnen Sachbereichen näher zu untersuchen[638].

Für eine Einbeziehung von Dienstleistungen in den Tätigkeitsbereich der gemeinsamen Handelspolitik spricht einerseits die generelle Vergleichbarkeit von Warenhandel und Dienstleistungsverkehr. So erfüllen auch Dienstleistungen als "unkörperliche Güter"[639] das für den Handel entscheidende Kriterium des Austausches. Vergleichbar mit einem Warenlieferanten bleibt der Dienstleistende in seinem Heimatland ansässig, während nur das Produkt - entsprechend der Ware - die Grenze über-

---

[635] So *Bleckmann*, S. 461 f.; *Pescatore*, in: Les Novelles: droit des Communautés européennes, S. 921; *Weissenberg*, S. 95 ff.

[636] So *Timmermans*, in: Du droit international au droit de l'intégration: Liber Amicorum Pierre Pescatore, S. 678; *Troberg*, in: von der Groeben/Thiesing/Ehlermann, Vor. Art. 52-58 Rn. 23; *Vigneron/Smith*, 28 CDE 1992, S. 534 ff.; *Beutler/Bieber/Pipkorn/Streil*, S. 549; *Vedder*, in: Grabitz/Hilf, Art. 113 Rn. 35.

[637] Vgl. *Vedder*, in: Grabitz/Hilf, Art. 113 Rn. 24.

[638] Vgl. *Ehle/Meier*, D 9 ff.; *Vedder*, in: Grabitz/Hilf, Art. 113 Rn. 25.

[639] *Vedder*, in: Grabitz/Hilf, Art. 113 Rn. 33; *Troberg*, in: von der Groeben/Thiesing/Ehlermann, Art. 52-58 Rn. 25.

schreitet. Dies gilt nicht nur für den Korrespondenzverkehr[640], sondern auch für den Fall, daß der Dienstleistende zur Erbringung der Dienstleistung die Grenze überschreitet, da sich jener auch dann nicht in die Wirtschaftsordnung des Aufnahmestaates integriert und letztlich wieder in sein Heimatland zurückkehrt, so daß die Dienstleistung als quasi in der Person des Dienstleistenden verkörperte Ware die Grenze überschreitet[641]. Eine entsprechende Vergleichbarkeit ist demgegenüber bei Niederlassungsvorgängen nicht gegeben, da sich hierbei der Erbringer in die aufnahmestaatliche Rechtsordnung integriert und somit das Element des Austausches entfällt[642].

Andererseits unterscheidet sich der Dienstleistungsverkehr materiell vom Warenaustausch dahingehend, daß Dienstleistungen nach ihrer Produktion nicht weiter gehandelt werden können. Importierte Waren aus Drittstaaten hingegen können frei von einem Mitgliedstaat zum anderen gehandelt werden, sobald sie die Grenze zu einem Mitgliedstaat überschritten haben. Ein solcher innergemeinschaftlicher Handelsverkehr von internationalen Dienstleistungen ist im allgemeinen jedoch nicht möglich[643]. Insoweit berühren Dienstleistungen aus Drittländern das Funktionieren des Gemeinsamen Marktes nicht in derselben Weise wie die Einfuhr von Waren aus Drittländern. Gleichwohl ist eine unterschiedliche Behandlung des internationalen Dienstleistungsverkehrs je nach Mitgliedstaat durchaus geeignet, Verkehrsverlagerungen und Wettbewerbsverzerrungen innerhalb der Gemeinschaft hervorzurufen[644]. So besteht insbesondere die Gefahr, daß die innergemeinschaftlichen Dienstleister gemäß der jeweiligen Handelsregime der entsprechenden Mitgliedstaaten unterschiedlichen Konkurrenzsituationen mit Drittlandsunternehmen ausgesetzt sind. Aber auch auf Seiten der Dienstleistungsempfänger kann eine von Mitgliedstaat zu Mitgliedstaat variierende Marktsituation zu Vor- oder Nachteilen gegenüber Konkurrenten aus anderen Mitgliedstaaten führen. Ein Ziel des Art. 133 EGV ist es jedoch gerade, solche Störungen des innergemeinschaftlichen Handels zu verhindern. Dies spricht für eine Ein-

---

640 So jedoch EuGH, Gutachten 1/94 - WTO - Slg. 1994, S. I-5267, I-5401 f.

641 Mit ähnlicher Argumentation auch *Kampf*, in: Grabitz/Hilf, E 26, Rn. 135.

642 So auch *Vedder*, in: Grabitz/Hilf, Art. 113 Rn. 35.

643 *Timmermans*, in: Du droit international au droit de l'intégration: Liber Amicorum Pierre Pescatore, S. 684.

644 *Bourgeois*, in: von der Groeben/Thiesing/Ehlermann, Art. 113 Rn. 26.

beziehung des Dienstleistungsverkehrs unter den Begriff der gemeinsamen Handelspolitik trotz der bestehenden strukturellen Unterschiede zum Warenhandel.

Zwar ist diese Argumentation im Prinzip auch auf Niederlassungsvorgänge übertragbar, die Gefahr von Störungen hat bei diesen allerdings bei weitem nicht die gleiche Intensität. Insbesondere Art. 48 EGV verhindert zum großen Teil, daß Binnenmarktstörungen durch unterschiedliche mitgliedstaatliche Anforderungen eintreten können. Lediglich in dem von Art. 48 EGV nicht erfaßten Bereich des Gründungsvorgangs können unterschiedliche mitgliedstaatliche Bedingungen zu gewissen Verzerrungen führen. Deren Relevanz für den innergemeinschaftlichen Handel ist zur Zeit aber noch zu gering, um eine weitere Ausdehnung der Tätigkeitsbereiche der gemeinsamen Handelspolitik auf Niederlassungsvorgänge trotz der fehlenden Vergleichbarkeit zum Warenhandel zu begründen.

Auch die Entwicklung des internationalen Handels spricht für eine Einbeziehung von Dienstleistungen in die gemeinsame Handelspolitik[645]. Insbesondere der Vertrieb internationaler Finanzprodukte zeigt die zunehmende Bedeutung von Dienstleistungen als eigenständige Austauschobjekte im internationalen Handel[646]. Dienstleistungen werden damit ein zunehmend wichtiger Faktor in der Regelung internationaler Wirtschaftsbeziehungen, ohne deren Einbeziehung eine gemeinsame Handelspolitik nicht mehr wirksam betrieben werden kann. Zudem wird in einer zunehmenden Zahl von Bereichen eine Trennung zwischen Waren und Dienstleistungen immer fragwürdiger, in einigen - wie zum Beispiel der Hochtechnologie - ist sie sogar kaum noch nachvollziehbar[647]. Ausdruck dieser Entwicklung sind die weltweiten Bemühungen zur Liberalisierung des Dienstleistungsverkehrs, die zum erfolgreichen Abschluß des GATS führten, in welchem die Grundsätze des GATT auf den Bereich der Dienstleistungen übertragen wurden[648].

Eine vergleichbare Entwicklung kann demgegenüber für Niederlassungsvorgänge nicht festgestellt werden. Entsprechend sind diese bis jetzt auch

---

[645] *Demaret*, in: Schwarze/Schermers, S. 77.

[646] Vgl. *Weissenberg*, S. 96 f.; *Barth*, EuZW 1994, S. 467; *Bail*, EuZW 1990, S. 470 ff.

[647] *von Bogdandy*, in: Grabitz/von Bogdandy/Nettesheim, Europäisches Außenwirtschaftsrecht, S. 31; *Ehlermann*, in: Mélanges offerts à P.H. Teitgen, S. 162.

[648] *Timmermans*, in: Liber Amicorum Pierre Pescatore, S. 684; *Eeckhout*, S. 27.

noch nicht zu einem Hauptgegenstand im Rahmen der Regelung der weltweiten Wirtschaftsbeziehungen geworden. Zwar behandelt das GATS auch bestimmte Niederlassungsvorgänge, jedoch nur im Zusammenhang mit Dienstleistungen und nicht als eigenständigen Hauptgegenstand[649]. Tendenziell steigt aber auch die Bedeutung von Niederlassungsvorgängen, so daß nicht unwahrscheinlich ist, daß zunehmend auch dieser Bereich zu einem eigenständigen Hauptgegenstand internationaler Erörterungen wird und damit möglicherweise gleichsam zum Gegenstand der gemeinsamen Handelspolitik. Bis dahin spricht die internationale Praxis jedoch gegen eine Einbeziehung der Regelung von Niederlassungsvorgängen in den Anwendungsbereich des Art. 133 EGV.

Für eine Einbeziehung von Dienstleistungen in den Bereich der gemeinsamen Handelspolitik sprechen daher sowohl deren Vergleichbarkeit mit dem Warenverker als auch deren zunehmende Bedeutung im internationalen Handelsverkehr. Eine Begrenzung des Tätigkeitsbereichs des Art. 133 EGV auf bestimmte Bereiche des Dienstleistungsverkehrs, wie etwa auf die mit dem Warenverkehr direkt in Verbindung stehenden[650] oder keinen Grenzübertritt von Personen erfordernden Dienstleistungen[651], erscheint aufgrund der oben dargelegten Argumente hingegen unbegründet. Demgegenüber ist eine weitere Ausdehnung der gemeinsamen Handelspolitik auf Niederlassungvorgänge[652] nur schwerlich vertretbar. Eine entsprechende Begrenzung der gemeinsamen Handelspolitik wird auch durch den Aufbau des EG-Vertrages unterstützt, nach welchem das Recht der Niederlassung und das der Dienstleistungen in zwei unterschiedlichen Kapiteln behandelt wird.

Inhaltlich regeln die Reziprozitätsklauseln der Richtlinien die grundsätzliche Möglichkeit der Zulassung von Tochterunternehmen von Versicherungsgesellschaften aus Drittstaaten in den Mitgliedstaaten der Europäischen Gemeinschaft. Auch wenn die Versicherung eine klassische Dienstleistung ist, sind durch diese Klauseln konkret nur bestimmte Bereiche der Niederlassungsmöglichkeiten von Drittlandsunternehmen betroffen. Folglich fällt die in den Reziprozitätsklauseln geregelte Materie

---

[649] So die gewerbliche Niederlassung in Art. I Abs. 2 lit. c GATS und die Niederlassung natürlicher Personen in Art. I Abs. 2 lit. d GATS.

[650] So *Lauwaars*, in: Schwarze/ Schermers, S. 81.

[651] So EuGH, Gutachten 1/94 - WTO - Slg. 1994, S. I-5267, I-5402 Rn. 46.

[652] *Bleckmann*, S. 462; *Weissenberg*, S. 95 ff.

nach der hier vertretenen Auffassung nicht unter die Tätigkeitsbereiche der gemeinsamen Handelspolitik im Sinne des Art. 133 EGV.

(2) Maßnahmen der Handelspolitik

Ebenso wichtig wie die Abgrenzung der Handelspolitik nach allgemeinen Tätigkeitsbereichen ist die sehr umstrittene Frage, welche konkreten Maßnahmen durch die umfassende Kompetenznorm des Art. 133 EGV im einzelnen gedeckt werden. Während sich zunächst die finalistisch-subjektive Ansicht des Rats und die instrumental-objektive Ansicht der Kommission gegenüberstanden, werden nun zunehmend beide Ansichten kombiniert[653].

(a) Finalistisch-subjektive Ansicht

Nach der sogenannten finalistisch-subjektiven Ansicht des Rates fällt ein Rechtsakt unter Art. 133 EGV, wenn er ausschließlich und nicht nur neben anderen Zielen auf die Änderung des Handelsvolumens oder der Handelsströme abzielt[654]. Danach ist Art. 133 EGV nur für solche Gemeinschaftsmaßnahmen die zutreffende Rechtsgrundlage, deren ausschließliches Ziel es ist, den Dienstleistungsverkehr mit dem Versicherungsmarkt eines Drittstaates einzuschränken oder auszuweiten. Soweit Rechtsakte wie die Versicherungsrichtlinien zumindest auch der Errichtung des Binnenmarktes für Versicherungsdienstleistungen dienen, kommt Art. 133 EGV als Kompetenznorm nicht in Betracht. Er scheidet selbst für darin mitenthaltene Bestimmungen über die äußeren Aspekte - wie die Reziprozitätsklauseln - schon deshalb als Rechtsgrundlage aus, da selbst

---

[653] *Beutler/Bieber/Pipkorn/Streil*, S. 549 f.; *Bourgeois*, in: von der Groeben/Thiesing/Ehlermann, Art. 113 Rn. 5 f.; *Vedder*, in: Grabitz/Hilf, Art. 113 Rn. 40 und 44; *Weissenberg*, S. 70.

[654] Ratsvorbringen in: EuGH Gutachten 1/78 - Naturkautschuk - Slg. 1979, S. 2871, 2887; EuGH Rs 45/86 - Kommission/Rat - Slg. 1987, S. 1493, 1499 f.; ähnlich schon in EuGH Rs. 8/73 - Massey-Ferguson - Slg. 1973, S. 897, 902; EuGH verb. Rs. 3,4 und 6/76 - Kramer - Slg. 1976, S. 1279, 1298; dazu GA Lenz, in: EuGH Rs. 45/86 - Kommission/Rat (APS) - Slg. 1987, S. 1493, 1508 f.; vgl. auch *Beutler/Bieber/Pipkorn/Streil*, S. 549; *Bourgeois*, in: von der Groeben/Thiesing/Ehlermann, Art. 113 Rn. 3; *Vedder*, in: Grabitz/Hilf, Art. 113 Rn. 38.

wenn der Dienstleistungsverkehr mit einem Drittland tatsächlich betroffen wird, keine ausschließlich handelspolitische Motivation zugrunde liegt.

Gegen die finalistisch-subjektive Theorie läßt sich jedoch einwenden, daß es kaum möglich sein wird, eine gemeinsame Handelspolitik sinnvoll zu betreiben, wenn allein die Verbindung mit einem weiteren Ziel die Ablehnung von Art. 133 EGV als Rechtsgrundlage ermöglicht. Schließlich stehen handelspolitische Maßnahmen regelmäßig auch im Dienst anderer Politiken[655]. Entsprechend hat auch der EuGH entschieden, indem er Art. 113 EGV a.F. als taugliche Grundlage bestimmter Maßnahmen anerkannt hat, obwohl diese zugleich auch Ziele der Wirtschaftpolitik[656], der Entwicklungspolitik[657] oder der Umwelt- und Gesundheitspolitik[658] verfolgten. Im übrigen hat auch der Rat seine Ansicht nicht durchgängig verfolgt und ist beim Erlaß einzelner Maßnahmen auf objektive Gesichtspunkte ausgewichen[659].

(b) Instrumental-objektive Ansicht

Demgegenüber ist nach der von der Kommission und einem Großteil der Literatur in unterschiedlicher Ausprägung vertretenen instrumental-objektiven Ansicht die Art des Instruments das entscheidende Kriterium. Danach fällt eine Maßnahme unter Art. 133 EGV, wenn sie ein Instrument zur Regelung des internationalen Handels darstellt. Dazu gehören neben den klassischen handelspolitischen Instrumenten auch alle weiteren, die

---

[655] So zum Beispiel die Verbindung zur Außen- und Sicherheitspolitik bei Wirtschaftssanktionen, vgl. Kommissionsvorbringen, in: EuGH Gutachten 1/78 - Naturkautschuk - Slg. 1987, S. 2871, 2884; GA Lenz, in: EuGH Rs. 45/86 - Kommission/Rat (APS) - Slg. 1987, S. 1493, 1509 f.; dazu auch *Weissenberg*, S. 74 f.

[656] EuGH Gutachten 1/78 - Naturkautschuk - Slg. 1979, S. 2871, 2914 f.

[657] EuGH Rs. 45/86 - Kommission/Rat (APS) - Slg. 1987, S. 1493, 1521 f.

[658] EuGH Rs. 62/88 - Griechenland/Rat (Tschernobyl) - Slg. 1990, S. 1527, 1550.

[659] Vgl. GA Lenz, in: EuGH Rs. 45/86 - Kommission/Rat (APS) - Slg. 1987, S. 1493, 1509 mit dem Hinweis auf zwei Verordnungen des Rates aus dem Jahr 1982 zur Aussetzung der Einfuhr von Erzeugnissen mit Ursprung in der UdSSR bzw. Argentinien, die beide ausdrücklich auf Art. 113 EGV a. F. gestützt wurden, obwohl sie vorrangig Handelssanktionen betrafen. Vgl. dazu auch *Friedrich*, RIW 1982, S. 333 ff.; *Bleckmann*, RIW 1986, S. 194 ff.

zur vollständigen und zusammenhängenden Regelung des internationalen Handels nötig sind[660].

Teilweise wird ein solches Instrument zur Regelung des internationalen Handels bereits dann angenommen, wenn die entsprechende Maßnahme den Handelsverkehr objektiv beeinflußt[661]. Danach hätten auch die Maßnahmen der Reziprozitätsklauseln ihre zutreffende Rechtsgrundlage in Art. 133 EGV, da sich auch diese objektiv auf den Dienstleistungsverkehr mit Drittstaaten auswirken. Eine solche Interpretation, die jede Auswirkung genügen ließe, ginge jedoch zu weit. So könnten beispielsweise auch steuerrechtliche Bestimmungen, die unterschiedslos auf einheimische und eingeführte Produkte anwendbar sind, bei konsequenter Anwendung dem Art. 133 EGV unterstellt werden, wenn sie Auswirkungen auf den Außenhandel mit diesen Produkten haben[662]. Dies würde jedoch zu einer substanziellen Veränderung des Kompetenzgefüges des Gemeinschaftsrechts führen.

Aber auch eine engere Auffassung, welche stärker das spezifische Instrument anstelle der objektiven Auswirkung betont, bietet kein ausreichendes Kriterium. Diesem Ansatz ist insbesondere entgegenzuhalten, daß die neuen, meist subtileren Maßnahmen außerhalb der klassischen handelspolitischen Instrumente häufig erst durch ihre Zweckbestimmung ihren handelspolitischen Charakter offenbaren[663]. Entsprechend ist die instrumental-objektive Theorie entweder zu eng oder zu weit. Aufgrund dieses Dilemmas hat auch die Kommission ihren Ansatz

---

[660] Kommissionsvorbringen, in: EuGH Rs. 8/73 - Massey-Ferguson - Slg. 1973, S. 897, 903; EuGH Gutachten 1/78 - Naturkautschuk - Slg. 1979, 2871, 2884 f.; EuGH Rs. 45/86 - Kommission/Rat (APS) - Slg. 1987, S. 1493, 1498 f.; EuGH Gutachten 1/94 - WTO - Slg. 1994, S. 5267, 5303 f.; vgl. dazu GA Lenz, in: EuGH Rs. 45/86 - Kommission/Rat (APS) - Slg. 1987, S. 1493, 1508 f.; *Beutler/Bieber/Pipkorn/Streil*, S. 549 f.; *Bourgeois*, in: von der Groeben/Thiesing/Ehlermann, Art. 113 Rn. 3; *Vedder*, in: Grabitz/Hilf, Art. 113 Rn. 38.

[661] Vgl. dazu *Beutler/Bieber/Pipkorn/Streil*, S. 549; *Vedder*, in: Grabitz/Hilf, Art. 113 Rn. 38.

[662] Vgl. Kommissionsvorbringen, in: EuGH Gutachten 1/78 - Naturkautschuk - Slg. 1979, S. 2871, 2885.

[663] *Vedder*, in: Grabitz/Hilf, Art. 113 Rn. 39.

inzwischen mittels subjektiver Elemente ergänzt und spezifiziert[664] und nähert sich somit der vermittelnden kombinierenden Ansicht.

(c) Kombinierende Ansicht

Die kombinierende Ansicht, die auf Ehlermann zurückgeht[665], versucht, den Konflikt zwischen der finalistisch-subjektiven und der instrumental-objektiven Ansicht zu überwinden, indem sie beide kombiniert. Danach umfaßt die gemeinsame Handelspolitik alle Maßnahmen, die unabhängig von ihrer Zielsetzung und ihrer Begründung offen und spezifisch den Handelsverkehr mit Drittstaaten regeln, außer der Vertrag bestimmt - etwa in Art. 27, 28, 43, 224 - ausdrücklich etwas anderes. Ferner umfaßt Art. 133 EGV Maßnahmen, einschließlich solcher nach den eben genannten Vertragsbestimmungen, die zwar nicht offen und spezifisch den Handelsverkehr mit Drittstaaten regeln, deren Hauptzweck aber darin besteht, das Handelsvolumen oder die Handelsströme mit Drittstaaten zu beeinflussen[666].

Aber auch wenn man diese Ansicht zugrunde legt, stellen die Reziprozitätsklauseln der Richtlinien keine Maßnahmen der Handelspolitik dar. Sie enthalten keine Vorschriften, die offen und spezifisch den Verkehr von Versicherungsdienstleistungen mit einem Drittlandversicherungsmarkt regeln, sondern vorwiegend nur Bestimmungen über Niederlassungsvorgänge von Drittlandsunternehmen im Binnenmarkt sowie von Gemeinschaftsunternehmen im Drittlandsmarkt. Auch soweit mit dem Kriterium der Gegenseitigkeit bei der Zulassung von innergemeinschaftlichen Tochterunternehmen eines Drittlandsversicherers eine Öffnung des Versicherungsmarktes des betreffenden Drittstaates erreicht werden soll, kann darin keine offene und spezifische Regelung des Handelsverkehrs mit diesem Drittstaat gesehen werden[667]. Soweit sich die Reziprozitätsklauseln objektiv auf den Dienstleistungsverkehr mit Dritt-

---

664 Insbesondere in EuGH Rs. 45/86 - Kommission/Rat (APS) - Slg. 1987, S. 1493,1499; vgl. dazu GA Lenz, in: EuGH Rs. 45/86 - Kommission/Rat (APS) - Slg. 1987, S. 1493, 1509; *Bourgeois*, in: von der Groeben/Thiesing/Ehlermann, Art. 113 Rn. 3.

665 *Ehlermann*, in: Mélanges offerts à P.H. Teitgen, 1984, S. 145, 152.

666 *Bourgeois*, in: von der Groeben/Thiesing/Ehlermann, Art. 113 Rn. 5.

667 Vgl. EuGH Gutachten 1/94 - WTO - Slg. 1994, S. I-5267, 5416.

ländern auswirken, besteht darin nicht ihr Hauptzweck. Nach Ziel und Inhalt der Richtlinien geht ihre vorherrschende Zweckbestimmung auf die Errichtung des Versicherungsbinnenmarktes. Hauptzweck der Reziprozitätsklauseln ist es daher, nicht den Verkehr von Versicherungsdienstleistungen mit Drittstaaten zu beeinflussen, sondern vielmehr negative Auswirkungen auf den Versicherungsbinnenmarkt zu verhindern.

(d) Ergebnis

Folglich würden die Reziprozitätsklauseln nur nach der weiten Auslegung der instrumental-objektiven Ansicht als taugliche Maßnahme des Art. 133 EGV gelten. Diese Auslegung, die jede Auswirkung auf den Handelsverkehr ausreichen läßt, geht jedoch nach den oben dargelegten Argumenten zu weit und ist daher abzulehnen. Die in den Reziprozitätsklauseln der Richtlinien geregelten Materien fallen daher weder vom Tätigkeitsbereich noch hinsichtlich der konkreten Maßnahme in den Regelungsbereich des Art. 133 EGV.

bb) Implizite Außenkompetenz

Zu prüfen ist daher in einem zweiten Schritt, ob nicht vielmehr Art. 57 Abs. 2 EGV a.F. in Verbindung mit Art. 66 EGV a.F. eine entsprechende Außenkompetenz für die Europäische Gemeinschaft begründet. Hiervon scheint jedenfalls der Rat der Europäischen Gemeinschaften auszugehen, der den Erlaß beider Richtlinien ausdrücklich auf diese Artikel stützt. Auch wenn Art. 57 Abs. 2 EGV a.F. explizit keine Außenkompetenz enthält, kann der Gemeinschaft nach der sogenannten "Implied Powers"-Theorie[668] eine entsprechende implizite Gemeinschaftskompetenz zustehen[669]. Darunter versteht man Handlungsbefugnisse, die zwar nicht

[668] Die Lehre der "Implied Powers" stammt aus dem Völkerrecht. Danach verfügt eine internationale Organisation über alle diejenigen Kompetenzen, die zur Erfüllung ihrer Aufgabe erforderlich sind. Im deutschen Recht haben ungeschriebene Kompetenzen in drei Formen, und zwar als "Annexkompetenz", als "Kompetenz aus dem Sachzusammenhang" sowie als "Kompetenz aus der Natur der Sache" Anerkennung gefunden; vgl. *Jarass/Pieroth*, GG, Art. 70 Rn. 5 ff.

[669] Grundlegend zur Theorie der "Implied Powers" in den Europäischen Gemeinschaften, *Nicolaysen*, EuR 1966, S. 129 ff.; *Kovar*, in: Demaret, Relations extérieures de

vom Wortlaut der jeweiligen Kompetenzschrift getragen, aber von der Gemeinschaft zur vollständigen und wirksamen Ausführung einer ausdrücklich zugebilligten Kompetenz benötigt werden[670]. Bezogen auf die Außenkompetenzen bedeutet dieses, daß der Gemeinschaft zugleich mit den ausdrücklichen Innen- auch die jeweiligen notwendigen Außenkompetenzen zugeteilt werden, ohne welche erstere sinnlos wären oder nicht vollständig und wirksam ausgeübt werden könnten.

(1) Entwicklung der Rechtsprechung

Da der Bereich der Außenkompetenzen im Rahmen des EG-Vertrages, wie oben gezeigt, nur sehr lückenhaft behandelt worden ist, war es zwangsläufig Aufgabe des Gerichtshofs, in einer Reihe von Entscheidungen die Zuständigkeiten der Gemeinschaft herauszuarbeiten. Allerdings verlief diese Entwicklung nicht immer gradlinig und der EuGH hat seine Rechtsprechung in den letzten Jahrzehnten einige Male korrigiert und präzisiert. Daher ist es notwendig, die Entwicklungslinie der Rechtsprechung nachzuvollziehen, um die Reichweite der ungeschriebenen Außenkompetenzen der Gemeinschaft konkret zu bestimmen[671].

Sowohl Ausgangspunkt dieser Entwicklung als auch "leading case"[672] für die Anerkennung ungeschriebener Außenkompetenzen ist das sogenannte AETR-Urteil[673]. Dort entschied der Gerichtshof anläßlich eines Rechtsstreits zwischen dem Rat und den Mitgliedstaaten hinsichtlich der Zuständigkeit für den Abschluß eines europäischen Abkommens zu den Lenkzeiten von Fahrzeugbesatzungen im internationalen Straßenverkehr, daß sich eine Zuständigkeit der Gemeinschaft nicht nur aus einer ausdrücklichen Zuweisung durch den EG-Vertrag ergebe, sondern vielmehr auch "aus anderen Vertragsbestimmungen und aus in ihrem Rahmen ergangenen Rechtsakten der Gemeinschaftsorgane fließen" könne. Insbesondere in den Bereichen, "in denen die Gemeinschaft zur Ver-

---

la Communauté européenne et marché intérieur: aspects juridiques et fonctionnels, S. 15 ff.

670 *von Bogdandy/Nettesheim*, in: Grabitz/Hilf, Art. 3 b Rn. 9; *Schweitzer/Hummer*, S. 99; *Ipsen*, S. 436.

671 *Krenzler*, in: Grabitz/Hilf, E 1 Rn. 33.

672 *Krenzler*, in: Grabitz/Hilf, E 1 Rn. 34.

673 EuGH, Rs. 22/70 - AETR - Slg. 1971, S. 263 ff.

wirklichung einer gemeinsamen Politik bereits Vorschriften erlassen" habe, seien "die Mitgliedstaaten nicht mehr berechtigt, mit dritten Staaten Verpflichtungen einzugehen, die diese gemeinsamen Normen" beeinträchtigten[674]. Mit diesem Urteil erkannte der EuGH einerseits das Bestehen einer ungeschriebenen Kompetenz an, stellte andererseits aber auch gleichzeitig klar, daß nicht allein das Vorhandensein einer bloßen Aufgabe der Gemeinschaft ausreichend, sondern vielmehr eine konkrete vertragliche Handlungsermächtigung erforderlich sei, um eine solche Kompetenz zu begründen. Weiterhin ist dem Urteil zu entnehmen, daß die Zuständigkeit der Gemeinschaft auch dann gegeben ist, wenn durch einzelstaatliches völkerrechtliches Handeln das interne Recht der Gemeinschaft beeinträchtigt werden könnte. Unklar blieb jedoch, ob lediglich die Existenz einer vertraglichen Ermächtigung zur Begründung einer Gemeinschaftskompetenz genüge oder ob es zusätzlich noch eines Erlasses von Sekundärrecht bedürfe[675].

In den folgenden Entscheidungen deutet der EuGH an, bereits eine potentielle Zuständigkeit der Gemeinschaft ausreichen zu lassen. So gestand er den Mitgliedstaaten im Urteil Kramer[676] hinsichtlich des Abschlusses eines Fischereiabkommens lediglich eine "Übergangskompetenz" zu, da die Gemeinschaft aufgrund des Vertrages eigentlich verpflichtet war, auf diesem Gebiet von ihrer Außenkompetenz Gebrauch zu machen, diese Verpflichtung aber noch nicht erfüllt hatte. Im Stillegungsfonds-Gutachten 1/76[677] bezüglich eines Abkommens zur Sanierung der Binnenschiffahrt der Stromgebiete von Rhein und Mosel[678] ging der Gerichtshof sogar noch einen Schritt weiter und billigte der Gemeinschaft ungeschriebene Außenkompetenzen zu, obwohl noch kein Sekundärrecht erlassen worden war und auch keine Handlungspflicht bestand. Auch im ILO-Gutachten 2/91[679], welches sich mit dem beabsich-

674 EuGH, Rs. 22/70 - AETR - Slg. 1971, S. 263, 274.

675 Vgl. *Krenzler*, in: Grabitz/Hilf, E 1 Rn. 37.

676 EuGH, verb. Rs. 3,4 und 6/76 - Kramer - Slg. 1976, S. 1279 ff.

677 EuGH, Gutachten 1/76 - Stillegungsfond - Slg. 1977, S. 741 ff.

678 Aufgrund der Teilnahme von Schiffen aus der Schweiz an der Schiffahrt auf den betroffenen Wasserstraßen konnten die Ziele dieses Abkommens nicht allein durch Aufstellung autonomer gemeinsamer Regeln erreicht werden, so daß es notwendig war, die Schweiz durch eine völkerrechtliche Vereinbarung an der geplanten Regelung zu beteiligen.

679 EuGH, Gutachten 2/91 - ILO - Slg. 1993, I-1064 ff.

tigten Beitritt zu einer Konvention der ILO (International Labour Organization) auf dem Gebiet des Sozialrechts befaßt, begründet der Gerichtshof eine Zuständigkeit der Gemeinschaft mit deren interner Rechtsetzungskompetenz auf dem Gebiet des Sozialrechts[680]. Weiterhin stellt er jedoch fest, daß es sich dabei nicht um eine ausschließliche Zuständigkeit der Gemeinschaft handele, weil diese gar nicht Vertragspartei des Übereinkommens werden konnte, dessen Mitgliedschaft nur Staaten vorbehalten war. Deshalb waren nach Auffassung des EuGH sowohl die Gemeinschaft als auch die Mitgliedstaaten im Rahmen einer gemeinsamen Zuständigkeit verpflichtet, die Konvention zu unterzeichnen.

Allerdings wurde diese Entwicklungslinie, die eine generelle Parallelität von Innen- und Außenkompetenz nahelegte, im WTO-Gutachten 1/94[681] deutlich eingeschränkt. In diesem Rechtsstreit hatte die Kommission für den Fall, daß der Gerichtshof ihre Hauptthese von der ausschließlichen Zuständigkeit der Gemeinschaft bezüglich des GATS und des TRIPS-Übereinkommens nach Art. 113 EGV a.F. zurückweisen sollte[682], hilfsweise geltend gemacht, daß diese Zuständigkeit stillschweigend aus den Vertragsbestimmungen über die interne Zuständigkeit[683] sowie aus dem Bestehen von Vorschriften des Sekundärrechts folge[684]. Dabei stützte sich die Kommission ausdrücklich auf die Urteile AETR und Kramer sowie das Stillegungsfonds-Gutachten 1/76, um darzulegen, daß die ausschließliche externe Zuständigkeit nicht davon abhänge, daß die Gemeinschaft von ihrer internen Zuständigkeit zum Erlaß von Maßnahmen bereits Gebrauch gemacht habe[685]. Vom Gerichtshof wurde diese Auffassung jedoch ausdrücklich zurückgewiesen, indem er feststellte, daß "die ausschließliche Zuständigkeit der Gemeinschaft nicht ohne weiteres aus ihrer Befugnis zum Erlaß von Vorschriften auf interner Ebene" folge[686]. Vielmehr verlieren die Mitgliedstaaten ihr "Recht zum Eingehen von Verpflichtungen gegenüber Drittstaaten nur in dem Maße, wie

---

680 Siehe Art. 118a EGV a.F.

681 EuGH, Gutachten 1/94 - WTO - Slg. 1994, S. I-5267 ff.

682 Siehe dazu Dritter Teil A. I. 6. d) aa) (1) (a).

683 Insbesondere aus den Kapiteln über das Niederlassungsrecht, über den freien Dienstleistungsverkehr und über den Verkehr.

684 EuGH, Gutachten 1/94 - WTO - Slg. 1994, S. I-5267, I-5320 ff.

685 Vgl. *Krenzler*, in: Grabitz/Hilf, E 1 Rn. 48.

686 EuGH, Gutachten 1/94 - WTO - Slg. 1994, S. I-5267, I-5411.

gemeinsame Rechtsnormen erlassen werden, die durch diese Verpflichtungen beeinträchtigt werden könnten"[687]. Als Konsequenz ist die Zuständigkeit für den Abschluß des GATS und des TRIPS-Übereinkommens zwischen der Europäischen Gemeinschaft und deren Mitgliedstaaten geteilt[688].

In seinem kurz darauf abgegebenen OECD-Gutachten 2/92[689] bestätigt der EuGH die Kernaussagen des WTO-Gutachtens. Auch in diesem Fall gelangte der Gerichtshof zu dem Schluß, daß die Zuständigkeit geteilt ist, da nicht für alle Tätigkeitsbereiche, auf die sich das OECD Abkommen bezieht, entsprechende Rechtsakte erlassen worden waren. Diese restriktive Tendenz behielt der EuGH auch im Gutachten 2/94[690] bei, welches die Frage der Zuständigkeit der Gemeinschaft hinsichtlich des Beitritts zur Europäischen Menschenrechtskonvention (EMRK) behandelt. Als Rechtsgrundlage für die Begründung einer entsprechenden Außenkompetenz der Gemeinschaft wurden von der Kommission sowohl die Ziele der Gemeinschaft als auch der Rechtswahrungsauftrag des Art. 164 EGV a.F. angeführt. Allerdings wurde auch diesmal eine entsprechende Gemeinschaftskompetenz abgelehnt. Diese war nach Auffassung des Gerichtshofs insbesondere deshalb nicht gegeben, da die Gemeinschaft nicht über die Kompetenz verfüge, interne Rechtsakte auf dem Gebiet der Menschenrechte zu erlassen. Beide Gutachten unterstreichen die Zurückhaltung des Gerichtshofs, bei erkennbarem Widerstand der Mitgliedstaaten weitere Außenzuständigkeiten zugunsten der Gemeinschaft anzuerkennen[691].

Vorläufiger Schlußpunkt der Entwicklung in der Rechtsprechung ist das FAO-Urteil[692]. Ausgangspunkt dieses Rechtsstreits war die Übertragung des Stimmrechts zum Abschluß des Abkommens über die "Food and Agriculture Organization" (FAO) von dem Rat auf die Mitgliedstaaten, in

---

687 EuGH, Gutachten 1/94 - WTO - Slg. 1994, S. I-5267, I-5411.

688 Entsprechend sind die WTO Abkommen als gemischte Abkommen ratifiziert worden. Vgl. dazu *Neuwahl*, CMLR 1996, S. 678 ff.

689 EuGH, Gutachten 2/92 - OECD - Slg. 1995, S. I-521 ff.

690 EuGH, Gutachten 2/94 - EMRK - Slg. 1996, S. I-1759 ff.

691 So haben hinsichtlich des Gutachtenverfahrens zum Beitritt der Europäischen Gemeinschaft zur EMRK gleich fünf Mitgliedstaaten erhebliche verfassungsrechtliche Bedenken vorgetragen, vgl. *Hilf*, ZfV (östr.) 1997, S. 293 f.

692 EuGH, Rs. C-25/94 - FAO - Slg. 1996, S. I-1469 ff.

welchem neben Fragen der Fischerei auch das Flaggerecht und die staatliche Zuordnung von Fischereischiffen geregelt werden sollten. Nachdem diese weiteren Bereiche später aber wieder ausgeklammert wurden, erklärte der Gerichtshof den Beschluß zur Stimmrechtsübertragung im Hinblick auf Erhaltungs- und Bewirtschaftungsfragen aufgrund der ausschließlichen Fischereizuständigkeit der Gemeinschaft für nichtig. Zudem erkannte der EuGH an, daß sich die Zuständigkeitsfrage insgesamt nach dem wesentlichen Inhalt des Vertrages zu richten habe, woran auch akzessorische Regelungen in Randbereichen nichts ändern könnten[693].

Zusammenfassend läßt sich feststellen, daß der Gerichtshof im Laufe der Zeit immer zurückhaltender mit der Anerkennung impliziter Außenkompetenz geworden ist. Einer der Gründe für diese Entwicklung ist sicherlich die durch den Vertrag von Maastricht nochmals betonten und kodifizierten Prinzipien der begrenzten Verbandskompetenz und Subsidiarität[694]. So dürfte der Grundgedanke der nunmehr erreichten Rechtsprechung seine Verankerung in dem neu formulierten Art. 5 EGV haben. Dieser läßt ein Tätigwerden der Gemeinschaft - auch im Bereich der Außenwirtschaft - erst dann zu, wenn die Zuständigkeit im Vertrag angelegt ist und überdies mitgliedstaatenschonend ausgeübt wird. Zudem verlangt er jeweils die Notwendigkeit beziehungsweise die Erforderlichkeit des Tätigwerdens der Gemeinschaft[695]. Darüber hinaus scheint aber auch die generelle politische Diskussion in den Mitgliedstaaten anläßlich der Ratifizierung des Maastrichter Vertrages, vor dessen Hintergrund insbesondere das trendwendende WTO-Gutachten gesehen werden muß, den EuGH dahingehend beeinflußt zu haben, den Mitgliedstaaten etwaige Kompetenzen zumindest konkurrierend zu belassen[696].

Entsprechend der oben geschilderten Entwicklung der Rechtsprechung scheinen daher nunmehr drei Voraussetzungen erforderlich zu sein, um eine ungeschriebene Kompetenz der Gemeinschaft annehmen zu können. Zunächst ist notwendig, wie bei anderen internationalen Organisationen[697]

---

693 *Krenzler*, in: Grabitz/Hilf, E 1 Rn. 56.

694 Art. 5 EGV.

695 *Hilf*, ZfV (östr.) 1997, S. 298.

696 Vgl. *Krenzler*, in: Grabitz/Hilf, E 1 Rn. 57.

697 Zur "implied powers-Theorie" im internationalen Organisationsrecht *Vedder*, S. 99 ff.

auch, daß eine solche Kompetenz unerläßlich ist[698], um eine ausdrücklich der Gemeinschaft zugewiesene Materie vollständig und wirksam ausüben zu können[699]. Als zweites Erfordernis scheint der EuGH darüber hinaus die mögliche Beeinträchtigung des internen Gemeinschaftsrechts im Falle eines Tätigwerdens der Mitgliedstaaten hinzutreten zu lassen. Schließlich ist weiterhin notwendig, daß eine vollständige Harmonisierung durch Sekundärrecht auf dem betreffenden Bereich erreicht worden ist[700].

(2) Notwendigkeit einer impliziten Außenkompetenz

Zunächst ist entsprechend dem Grundgedanken der "Implied Powers Theorie"[701] für die Herleitung impliziter Außenkompetenzen erforderlich, daß diese für die Regelung der ausdrücklich zugewiesenen Kompetenzen derart notwendig sind, daß die dort geregelten Bereiche bei deren Fehlen nicht vollständig und wirksam ausgeübt werden könnten. Die impliziten Kompetenzen müßten geradezu unerläßlich für die Erfüllung der ausdrücklich zugewiesenen Aufgaben sein[702].

Das Ziel der Europäischen Gemeinschaft, einen Versicherungsbinnenmarkt mittels Richtlinien gemäß Art. 57 Abs. 2 EGV a.F. (i.V.m. Art. 66 EGV a.F.) mit den Prinzipien der einmaligen Zulassung und der Beaufsichtigung durch den Herkunftsmitgliedstaat zu errichten, ist jedoch ohne eine entsprechende Außenkompetenz nicht vollständig und wirksam zu erreichen. Ohne eine parallele Regelung der Anforderungen an Drittlandsunternehmen wäre der Versicherungsbinnenmarkt unvollständig und seiner wesentlichen Wirkungen beraubt, da die Zulassung eines Drittlandsversicherers in einem Mitgliedstaat gleichzeitig auch Auswirkungen auf die anderen Mitgliedstaaten sowie auf die Struktur und Wettbewerbs-

---

[698] Vgl. zu dieser Formulierung EuGH, verb. Rs. 281-285 und 287/85 - Wanderungspolitik - Slg. 1987, S. 3203, 3553; EuGH Rs. 165/87 - Kommission/Rat - Slg. 1988, S. 5545, 5560.

[699] *von Bogdandy*, in: Grabitz/von Bogdandy/Nettesheim, Europäisches Außenwirtschaftsrecht, S. 17; *Schweitzer/Hummer*, S. 99; *Ipsen*, S. 436; *Schwartz*, in: von der Groeben/Thiesing/Ehlermann, Art. 235 Rn. 57; *Bleckmann*, S. 210; *Nicolaysen*, EuR 1966, S. 135.

[700] *Krenzler*, in: Grabitz/Hilf, E 1 Rn. 58.

[701] Hierzu insbesondere *Nicolaysen*, EuR 1966, S. 129 ff.

[702] Vgl. EuGH Rs. 165/87 - Kommission/Rat - Slg. 1988, S. 5545, 5560.

bedingungen des gesamten Versicherungsbinnenmarktes mit sich bringt[703]. Insbesondere ist damit zu rechnen, daß Drittlandsunternehmen den Sitz ihrer Tochtergesellschaften in demjenigen Mitgliedstaat nehmen, der die liberalsten bilateralen Zulassungsbedingungen besitzt, was andererseits Schutzmaßnahmen solcher Mitgliedstaaten provozieren könnte, welche eine Umgehung ihrer restriktiveren Bestimmungen verhindern wollen. Gleichzeitig besteht aber auch die Gefahr, daß die Mitgliedstaaten hinsichtlich ihrer Zulassungsvoraussetzungen für Drittlandsunternehmen in Konkurrenz zueinander treten, um durch entsprechend liberale Regelungen ihre Position als wichtiger europäischer Versicherungs- und Finanzplatz zu verstärken[704].

Darüber hinaus ist aber nicht nur im Hinblick auf die Positionierung von Drittlandsunternehmen im Versicherungsbinnenmarkt eine Gemeinschaftskompetenz erforderlich, sondern auch hinsichtlich der Beurteilung der Behandlung von Gemeinschaftsunternehmen in den Drittlandsmärkten. Schließlich geben die Richtlinien der Gemeinschaft auch das Mandat, zusammen mit dem jeweiligen Drittstaat festzustellen, inwieweit dieser einen effektiven Marktzugang und gleiche Wettbewerbsmöglichkeiten für Gemeinschaftsunternehmen gewährleistet[705]. Soweit diese Voraussetzungen positiv festgestellt werden, sind die nationalen Behörden der Mitgliedstaaten verpflichtet, Tochterunternehmen von Versicherern dieses Drittstaates gleichermaßen zuzulassen. Umgekehrt besteht für die nationalen Aufsichtsämter keine Möglichkeit, einem Drittlandsunternehmen die Erlaubnis zum Geschäftsbetrieb zu erteilen, wenn die Kommission für dessen Sitzland eine Verletzung der Reziprozitätskriterien gegenüber Gemeinschaftsunternehmen festgestellt hat. Damit hat aber die Entscheidung der Gemeinschaft bezüglich der Behandlung von Gemeinschaftsunternehmen in den jeweiligen Drittstaaten gleichsam eine entsprechende Rechtswirkung in den Mitgliedstaaten, so daß auch hierfür die Notwendigkeit einer Gemeinschaftskompetenz bestehen muß.

Aber auch hinsichtlich dieser Beurteilung ist gemeinschaftliches Handeln dringend erforderlich. Anderenfalls könnten Verkehrsverlagerungen

---

[703] Vgl. *Troberg*, in: von der Groeben/Thiesing/Ehlermann, Art. 59 Rn. 30.

[704] *Weatherill/Beaumont*, S. 600, bezeichnen einen derartigen Wettlauf der nationalen Systeme recht prägnant als "Delaware-Effekt".

[705] Vgl. Art. 29 b Abs. 3 und 4 Erste RL Schaden i.d.F. von Art. 4 RL 90/618/EWG; Art. 32 b Abs. 3 und 4 Erste RL Leben i.d.F. von Art. 9 Zweite RL Leben.

dadurch entstehen, daß Gemeinschaftsunternehmen nicht aufgrund ökonomischer Entscheidungen ihre Standortwahl im Binnenmarkt treffen, sondern allein deshalb einen Mitgliedstaat bevorzugen, weil dort der liberalste Zugang auf einen lukrativen Drittlandsmarkt gewährt wird. Nur wenn der jeweilige Drittstaat alle Gemeinschaftsinstitute gleichbehandelt, unabhängig davon, aus welchem Mitgliedstaat sie kommen, sind keine derartigen innergemeinschaftlichen Verkehrsverlagerungen zu erwarten. Zudem hätten Drittlandsversicherer anderenfalls einen Wettbewerbsvorteil, indem ihnen zusätzlich auch der Versicherungsbinnenmarkt eröffnet wäre, ohne daß sie in ihrem Sitzlandmarkt dem Wettbewerb durch sämtliche Gemeinschaftsunternehmen ausgesetzt wären.

Für die erfolgreiche Vollendung des Binnenmarktes für Versicherungsdienstleistungen ist es daher unerläßlich, daß die Gemeinschaft neben der ausdrücklichen Kompetenz zum Erlaß interner Harmonisierungsvorschriften auch über eine zusätzliche implizite Kompetenz zur Regelung der Anforderungen an Drittlandsunternehmen im Binnenmarkt sowie zur Beurteilung entsprechender Zugangsvoraussetzungen für Gemeinschaftsversicherer in den Drittlandsmärkten anhand der Kriterien von Gegenseitigkeit und Inländergleichbehandlung verfügt.

(3) Gefahr einer Beeinträchtigung des Gemeinschaftsrechts

Zweite Voraussetzung für die Annahme ungeschriebener Kompetenzen ist die Gefahr einer möglichen Beeinträchtigung des internen Gemeinschaftsrechts durch das Tätigwerden der Mitgliedstaaten[706]. Diese ist unzweifelhaft gegeben. Soweit die einzelnen Mitgliedstaaten eigene Regelungen hinsichtlich der Zulassungsvoraussetzungen für Drittlandsunternehmen aufstellen, haben diese - unabhängig von deren Ausgestaltung entweder als generelle Auflistung allgemeiner Anforderungen oder als einzelstaatliche Reziprozitätsklausel - aufgrund des nunmehr auch im Dienstleistungsbereich verwirklichten Binnenmarktes gleichsam immer auch Auswirkungen auf dessen Funktionsfähigkeit. Gemäß den obigen Ausführungen über die Notwendigkeit impliziter Außenkompetenzen besteht bei jeder ungleichmäßigen Behandlung sowohl von Drittstaatsunternehmen in den einzelnen Mitgliedstaaten, als auch von einzelnen Gemeinschaftsunternehmen im Drittland die Gefahr einer Wettbewerbsverzerrung auf

[706] Vgl. *Vedder*, in: Grabitz/Hilf, Art. 228 Rn. 5 f.; Vedder, S. 121 ff.

dem gemeinsamen Markt. Daher kann eine entsprechende Beurteilung der Zulassung von Drittlandsversicherern für diesen gemeinsamen Markt auch nur durch eine gemeinschaftlich koordinierte Aufsicht erfolgreich durchgeführt werden.

(4) Harmonisierung durch Sekundärrecht

Schließlich ist weiterhin erforderlich, daß es auf dem entsprechenden Teilgebiet zu einer vollständigen Harmonisierung durch Sekundärrecht gekommen ist. Dieses Erfordernis ist äußerst problematisch, da der EuGH nicht weiter präzisiert hat, unter welchen Voraussetzungen ein solches Teilgebiet als vollständig harmonisiert anzusehen ist[707]. Im WTO-Gutachten 1/94 hat der Gerichtshof die Harmonisierung des Rechts der Gemeinschaftsmarke als nicht ausreichend angesehen, da sich die Angleichung der nationalen Rechtsvorschriften nur auf diejenigen beschränkt, die sich am unmittelbarsten auf das Funktionieren des Binnenmarktes auswirken[708]. Da zudem in anderen vom TRIPs erfaßten Bereichen keinerlei Harmonisierungsmaßnahmen erlassen worden waren, konnte der Gerichtshof eine vollständige Harmonisierung knapp verneinen, ohne deren Voraussetzungen konkreter festzulegen.

Der Bereich des Versicherungsaufsichtsrechts war jedoch bereits bei Erlaß der Reziprozitätsklauseln[709] in starken Maße harmonisiert. So waren durch die Erste Richtlinie Schadensversicherung sowie die eng an dieses Regelungsmodell anlehnende Erste Richtlinie Lebensversicherung das Zulassungserfordernis und die Zulassungsbedingungen für die Aufnahme der Versicherungstätigkeit[710] und für die Errichtung einer Zweigniederlassung[711] gemeinschaftsweit koordiniert. Nachdem auf der Basis dieser Richtlinie die Niederlassungsfreiheit weitgehend erreicht worden war[712],

---

[707] Vgl. zu dieser Problematik *Hilf*, ZfV (östr.) 1997, S. 298.

[708] EuGH, Gutachten 1/94 - WTO - Slg. 1994, S. I-5267, I-5418.

[709] Hinsichtlich der Schadensversicherung wurden die entsprechenden Klauseln durch die Richtlinie 90/618/EWG vom 8. November 1990, bezüglich der Lebensversicherung durch die Zweite Richtlinie Lebensversicherung vom selben Tage erlassen.

[710] Art. 6 ff. der Ersten RL Schaden und der Ersten RL Leben.

[711] Art. 10 ff. der Ersten RL Schaden und der Ersten RL Leben.

[712] Vgl. *Müller*, S. 22; *Miersch*, S. 32; *Roth*, EuR 1986, S. 350; *Eickhoff*, ZVersWiss 1983, S.6 ff.

wurde anschließend durch die Zweite Richtlinien-Generation auch die Dienstleistungsfreiheit für den Versicherungssektor zum größten Teil verwirklicht[713]. Zwar war noch eine den Reziprozitätsklauseln nachfolgende Dritte Generation von Richtlinien als letzter Schritt zur Verwirklichung des Binnenmarktes für das Versicherungsgewerbe notwendig; in diesen wurden aber lediglich die Ansätze der Zweiten Richtlinien hinsichtlich des freien Dienstleistungsverkehrs weiter ausgebaut und vollendet[714].

Entsprechend läßt sich feststellen, daß der Versicherungsbinnenmarkt bei Erlaß der Richtlinien zwar noch nicht gänzlich erreicht, aber doch bereits in weiten Teilen harmonisiert war. Insbesondere in dem Teilbereich des Zulassungs- und Niederlassungsrechts, auf den sich die Reziprozitätsklauseln beziehen, wurde bereits durch die Ersten Richtlinien eine weitgehende Harmonisierung erreicht. Eine derartige Koordinierung des betroffenen Teilbereichs durch Sekundärrecht der Gemeinschaft muß für die Anerkennung entsprechender Kompetenzen ausreichend sein, insbesondere dann, wenn auch der weitergehende Bereich, auf welchen diese Kompetenzen Auswirkungen haben - in diesem Fall das Versicherungsaufsichtsrecht - ebenfalls zum größten Teil harmonisiert ist.

Ziel der zurückhaltenderen Rechtsprechung des EuGH ist es, die Gemeinschaft mit dem Erfordernis der Vollharmonisierung davon abzuhalten, pauschal Außenkompetenzen für alle die Bereiche anzunehmen, in denen sie die Innenkompetenz hat, ohne diese vorher zum Erlaß von internen Harmonisierungsmaßnahmen zu nutzen. Gleichzeitig soll verhindert werden, daß die Außenkompetenz im Rahmen von umfangreichen Verträgen, wie zum Beispiel dem WTO-Übereinkommen, unabhängig von dem jeweiligen gemeinschaftlichen Harmonisierungsstand auf alle darin enthaltenen Bereiche ausgedehnt wird[715]. Soweit jedoch die vollständige Harmonisierung eines Bereichs - wie etwa des Versicherungsaufsichtsrechts - durch mehrere Generationen von Richtlinien erreicht werden soll, kann die Gemeinschaft die notwendigen Regelungen der Außenbeziehungen auch vor der endgültigen Harmonisierung erlassen. Ansonsten würden für die Zeitspanne zwischen der Vollendung des jeweiligen Binnenmarktes und dem Erlaß von Regelung hinsichtlich externer Aspekte dieses Marktes

---

713 *Müller*, S. 22.

714 *Miersch*, S. 39.

715 Vgl. EuGH, Gutachten 1/94 - WTO - Slg. 1994, S. I-5267, I-5418 f.

die oben geschilderten Gefahren von Verkehrsverlagerungen und Wettbewerbsverzerrungen[716] bestehen. Insofern war auch die erforderliche Harmonisierung durch Sekundärrecht bei Erlaß der Reziprozitätsklauseln gegeben.

cc) Ergebnis

Folglich hatte die Europäische Gemeinschaft die Kompetenz zum Erlaß der Reziprozitätklauseln. Diese ergibt sich jedoch nicht aus Art. 133 EGV, da die in den Klauseln geregelte Materie weder vom Tätigkeitsbereich noch hinsichtlich der konkreten Maßnahmen in den dort geregelten Bereich der gemeinsamen Handelspolitik fällt. Vielmehr leitet sich eine entsprechende Kompetenz aus Art. 57 Abs. 2 S. 1 und 3 EGV a.F. ab. Auch wenn der Wortlaut dieser Vorschrift nicht von Drittstaaten spricht, ergibt sich eine implizierte Regelungskompetenz aus Gründen des Gemeinschaftsinteresses[717]. Insbesondere die Auswirkungen der einzelstaatlichen Zulassungsentscheidungen auf Struktur und Wettbewerbsbedingungen des Binnenmarktes rechtfertigen es, die aufsichtsrechtlichen Anforderungen an Drittländerunternehmen in den Koordinierungsrichtlinien mitzuregeln[718]. Schließlich wirkt sich die Entscheidung eines Mitgliedstaates zur Erteilung der Erlaubnis zum Geschäftsbetrieb, nach der Einführung des Herkunftslandprinzipes, auf den gesamten Binnenmarkt aus. Die vergrößerte Tragweite der einzelstaatlichen Zulassung machte gleichsam notwendig, daß die Reziprozität auf einer gemeinschaftlichen Grundlage bewertet wird. Damit ist auch ein Rückgriff auf das Vertragslückenschließungsverfahren gemäß Art. 307 EGV nicht notwendig und möglich.

e) Ausschließliche Kompetenz

Die Kompetenz der Gemeinschaft zur Beurteilung der Reziprozität läßt gleichsam die Außenkompetenz der Mitgliedstaaten in diesem Punkt erlöschen[719]. Eine parallele Zuständigkeit der Mitgliedstaaten würde

[716] Siehe dazu Dritter Teil A. 6. d) bb) (2).

[717] Entsprechend *Perreau de Pinninck*, CDE 1991, S. 490.

[718] *Troberg*, in: von der Groeben/Thiesing/Ehlermann, Art. 58 Rn. 30.

[719] Vgl. auch *Dassesse/Isaacs/Penn*, S. 398.

ansonsten die Verhandlungsposition der Kommission gegenüber den Drittländern unterlaufen und damit die Zielsetzung der Öffnung ausländischer Märkte gefährden. Es obliegt daher ausschließlich der Kommission, festzustellen, ob Versicherungsunternehmen der Gemeinschaft in einem Drittstaat Gegenseitigkeit gewährt wird oder nicht. Im Interesse des Binnenmarktes darf die Kommission den Mitgliedstaaten in dieser Hinsicht ein bestimmtes Verhalten in ihren Außenbeziehungen vorschreiben und auf das mitgliedstaatliche Zulassungsverfahren durch Einzelfallweisungen Einfluß nehmen. Zwar liegen die Verwaltungsbefugnisse im Niederlassungsbereich nach der Systematik des EG-Vertrags grundsätzlich bei den Mitgliedstaaten, aber soweit es um die Durchsetzung eines gemeinschaftsweiten einheitlichen Auftretens gegenüber Drittlandsunternehmen geht, muß die Gemeinschaft implizierte entsprechende Verwaltungsbefugnisse haben. Ansonsten bestünde die Gefahr, daß ein uneinheitliches Auftreten der mitgliedstaatlichen Verwaltung von Drittstaatsunternehmen ausgenutzt würde[720]. Schließlich wird diese Kompetenzverteilung zugunsten der Kommission ausdrücklich auch vom deutschen Gesetzgeber durch die Umsetzung der Gegenseitigkeitsbestimmungen in § 8 Abs. 3 und § 111 f VAG anerkannt.

f) Bedeutung der Reziprozitätsklauseln

Welche praktische Bedeutung die Reziprozitätsklauseln in der Zukunft entfalten werden, ist nur schwer abzuschätzen. Angesichts der vielfältigen Beschränkungen im internationalen Handel mit Erstversicherungen können die potentiellen Auswirkungen dieser Vorschriften erheblich sein. Schließlich erstreckt sich der Geltungsbereich der Reziprozität auf den gesamten Marktzugang einschließlich des Erwerbs von Beteiligungen, für welchen das Gemeinschaftsrecht jedoch weitgehend liberale Regelungen bereithält, so daß viele Drittstaaten keine vergleichbaren Wettbewerbsmöglichkeiten eröffnen dürfen[721].

Andererseits steht es im alleinigen Ermessen der Gemeinschaftsorgane, ob sie bei Vorliegen der oben genannten Voraussetzungen überhaupt tätig werden und Verhandlungen aufnehmen oder die Zulassung von Unter-

---

[720] *Nettesheim*, in: Grabitz/von Bogdandy/Nettesheim, Europäisches Außenwirtschaftsrecht, S. 474.

[721] Vgl. *Stadler*, S. 203.

nehmen verzögern. Eine direkte Möglichkeit für die Versicherungsunternehmen der Gemeinschaft, die Kommission zur Ergreifung von Maßnahmen zu veranlassen, eröffnen die Reziprozitätsklauseln nicht. Darüber hinaus müssen, soweit die Kommission im Falle diskriminierender Beschränkungen über die Einleitung von Verhandlungen hinaus auch die Verhängung von Maßnahmen vorschlägt, acht der im Ausschuß vertretenen Mitgliedstaaten diesen Vorschlag befürworten[722]. Insbesondere diese notwendige Mitwirkung der Mitgliedstaaten macht deutlich, daß das Gegenseitigkeitsinstrument der Versicherungsrichtlinien eher als politisches Druckmittel denn als Werkzeug zur Verteidigung des europäischen Versicherungsmarktes angewendet werden soll[723]. Entsprechend werden bei der Ausübung des Ermessens der Kommission sowie bei den Entscheidungen der Mitgliedstaaten im Versicherungsausschuß hauptsächlich Gesichtspunkte der außenpolitischen Opportunität eine Rolle spielen. Dabei wird sicherlich zu berücksichtigen sein, ob der betreffende Staat bereits an einer Liberalisierung seines Aufsichtsrechts arbeitet und inwieweit bilaterale Schritte die multilateralen Verhandlungen zur Liberalisierung vorantreiben oder gefährden können[724].

Insbesondere die Ziele der Verhandlungen über Finanzdienstleistungen im Rahmen des GATS/WTO[725] decken sich zum großen Teil mit den Liberalisierungszielen der Versicherungsrichtlinien[726]. Beide stimmen jedenfalls insoweit überein, als sie erleichterte Zugangsmöglichkeiten für Versicherungsunternehmen der Gemeinschaft anstreben. Im Gegensatz zum bilateralen Verhandlungs- und Sanktionsinstrumentarium der Reziprozitätsklauseln bieten die Handelsverhandlungen im Rahmen der WTO jedoch weitergehende Möglichkeiten. So gewährt die WTO der Europäischen Union nicht nur ein Forum, um spezifische Niederlassungsrechte im Versicherungssektor auf multilateraler Ebene abzusichern,

---

722 Dieses ergibt sich daraus, daß der Ausschuß seine Stellungsnahme mit der Mehrheit des Art. 148 Abs. 2 1.Alt. EG-Vertrag abgibt, vgl. Art. 32 b Abs. 6 Satz 4 Erste RL Leben i.d.F. von Art. 9 Zweite RL Leben.

723 Vgl. *Stadler*, S. 203; *Troberg*, in: von der Groeben/Thiesing/Ehlermann, Art. 58, Rn. 73 mißt den entsprechenden Vorschriften aus den Bankenrichtlinien sogar lediglich eine eher symbolische Bedeutung zu.

724 *Nettesheim*, in: Grabitz/von Bogdandy/Nettesheim, Europäisches Außenwirtschaftsrecht, S. 476.

725 BGBl. 1994 II S. 1438.

726 Siehe dazu Vierter Teil B.

sondern auch, um generelle handelspolitische Interessen durchzusetzen. Solange die WTO-Verhandlungen jedoch den gleichen Zweck wie die Drittländerbestimmungen der Richtlinien mitverfolgen, besteht die Gefahr, daß sich Vergeltungsmaßnahmen auf bilateraler Ebene als kontraproduktiv erweisen. Dieser Vorrang hinsichtlich multilateraler Abkommen wird auch durch den Wortlaut der Reziprozitätsklauseln unterstützt, in denen festgehalten ist, daß Maßnahmen der Kommisssion und des Rates mit den Verpflichtungen der Gemeinschaft vereinbar sein müssen, die sich aus internationalen Abkommen über die Aufnahme und Ausübung der Tätigkeit von Versicherungsunternehmen ergeben[727].

Es ist daher nicht zu befürchten, daß die Europäische Gemeinschaft ihr Reziprozitätsinstrumentarium zur eigenen Abschottung nutzen wird[728]. Hintergrund der Aufnahme der Sanktionsvorschriften ist vielmehr die Erwägung, durch diese sowohl die Position der Gemeinschaft in den Verhandlungen im Rahmen der WTO zu stärken, als auch - soweit diese nicht zu den erwünschten Ergebnissen kommen - Ausgangspunkt bilateraler Gespräche zu sein.

II. Erwerb einer Beteiligung an einem bestehenden Versicherungsunternehmen

Die zweite Möglichkeit für Versicherungsunternehmen aus Drittstaaten, auf dem europäischen Versicherungsmarkt tätig zu werden, ist der Erwerb einer Beteiligung an einem dort bereits zugelassenen Versicherungsunternehmen.

Soweit es sich dabei um eine bedeutende Beteiligung an einem deutschen Versicherungsunternehmen handelt, schafft der § 104 VAG bestimmte Anzeige- und Nachweispflichten für das sich beteiligende Unternehmen. Hinsichtlich des Begriffs der bedeutenden Beteiligung wird auf § 7 a Abs. 2 Satz 3 VAG verwiesen, wonach es notwendig ist, daß entweder mindestens 10% des Kapitals oder der Stimmrechte eines Unternehmens direkt oder indirekt gehalten werden oder trotz Unterschreitens dieser Schwelle ein maßgeblicher Einfluß auf die Geschäftsführung ausgeübt

[727] Art. 29 b Abs. 6 Erste RL Schaden i.d.F. von Art. 4 der RL 90/618/EWG; Art. 32 b Abs. 7 Erste RL Leben i.d.F. von Art. 9 Zweite RL Leben.

[728] Vgl. dazu *Krenzler*, Europa Archiv 1988, S. 241 ff.

werden kann[729]. Besteht eine entsprechende Erwerbsabsicht, so ist diese vom potentiellen Erwerber unverzüglich und in jedem Fall vor der Übernahme dem Bundesaufsichtsamt für das Versicherungswesen anzuzeigen. Dabei sind der Aufsichtsbehörde die wesentlichen Tatsachen anzugeben, die zur Beurteilung der in § 7 a Abs. 1 Satz 1 und 2 VAG genannten Zulässigkeitsanforderungen dienen[730]. Dies entspricht der Nachweispflicht der Versicherungsunternehmen im Zulassungsverfahren gemäß § 5 Abs. 5 Nr. 6 b VAG für den Fall, daß schon vor der Zulassung des Versicherungsunternehmens eine bedeutende Beteiligung in diesem Sinne besteht[731]. Aber auch der Inhaber einer bereits bestehenden bedeutenden Beteiligung ist in dem Fall verpflichtet, die Absicht zur Erhöhung seiner Beteiligung anzuzeigen, wenn durch diese die Schwellenwerte von 20%, 33% oder 50% der Stimmrechte oder des Nennkapitals erreicht oder überschritten werden oder das Versicherungsunternehmen zu einem Tochterunternehmen im Sinne des § 7 a Abs. 2 Satz 6 VAG wird[732].

Entsprechend § 8 Abs. 1 Nr. 1 VAG, laut dem schon die Zulassung des Versicherungsunternehmens zum Geschäftsbetrieb zu versagen ist, wenn bei einer bedeutenden Beteiligung schon von vornherein die Voraussetzungen des § 7 a Abs. 2 Satz 1 und 2 VAG nicht gegeben sind, hat das Versicherungsaufsichtsamt gemäß § 104 Abs. 1 Satz 5 VAG innerhalb von drei Monaten nach Anzeigeeingang die Beteiligung zu untersagen, soweit ihm Tatsachen vorliegen, aus denen sich ergibt, daß der Inhaber der bedeutenden Beteiligung oder dessen gesetzliche oder satzungsmäßige Vertreter nicht zuverlässig im Sinne des § 7 a Abs. 2 Satz 1 und 2 VAG sind[733]. Dasselbe gilt auch für den Fall, daß der Anzeigende seiner Nachweispflicht nach § 104 Abs. 1 Satz 2 nicht hinreichend nachgekommen ist[734].

Eine Sonderregelung für Unternehmen mit Sitz außerhalb der Europäischen Gemeinschaft und der anderen Vertragsstaaten des EWR-

---

[729] Vgl. dazu auch 3. Teil A. I. 5. b) bb).

[730] Vgl. dazu 3. Teil A. I. 5. b) aa).

[731] *Kollhosser*, in: Prölss, VAG, § 104 Rn. 2.

[732] § 104 Abs. 1 Satz 4 VAG.

[733] *Kollhosser*, in: Prölss, VAG, § 104 Rn. 4.

[734] Vgl. auch die Amtliche Begründung zum Regierungsentwurf BT-Drucksache 12/ 6959, S. 90.

Abkommens trifft § 104 Abs. 4 VAG, wonach der Beteiligungserwerb an einem in Deutschland zugelassenen Versicherungsunternehmen unter dem Vorbehalt der Überprüfung der Reziprozität steht, soweit dieses durch die Beteiligung des Drittlandsunternehmens zu einem Tochterunternehmen desselben würde. Dies entspricht den Regelungen der Reziprozitätsklauseln der Versicherungsrichtlinien, die nicht nur die Zulassung eines Tochterunternehmens, sondern auch gleichermaßen den Erwerb einer Beteiligung durch Unternehmen aus Drittstaaten betreffen[735]. Folglich kann insoweit auf die Ausführungen zur Reziprozität im Rahmen der Gründungsvoraussetzungen verwiesen werden. Konsequenterweise bestehen auch hinsichtlich eines derartigen Beteiligungserwerbs entsprechende Meldepflichten gemäß Art. 111 f VAG für das Bundesaufsichtsamt für Versicherungswesen.

III. Errichtung einer Zweigniederlassung

Eine dritte Möglichkeit des Marktzugangs für Versicherungsunternehmen aus Drittstaaten ist die Gründung einer Zweigniederlassung in einem der Mitgliedstaaten der Gemeinschaft. In diesem Fall ist deren Geschäftstätigkeit jedoch auf den Staat beschränkt, in dem die Niederlassung errichtet ist. Der Grundsatz der einmaligen Zulassung, der die Mitgliedstaaten verpflichtet, die Zulassung anzuerkennen, die in einem anderen Mitgliedstaat erteilt wurde, findet keine Anwendung[736].

Dennoch nahm der Europäische Rat die grundsätzliche Koordinierung der Rechtsvorschriften im Versicherungssektor zum Anlaß, auch für diejenigen Unternehmen, die ihren Hauptsitz in einem Drittland haben, eine Koordinierung ihrer Versicherungsaktivitäten in der Gemeinschaft anzustreben[737]. Die entsprechenden Vorschriften der Richtlinien geben bis zu einem gewissen Grad auch den Drittlandsunternehmen diejenigen Rechte, die auch Versicherungsunternehmen der Mitgliedstaaten zu-

---

[735] Art. 29 a b) Erste RL Schaden i.d.F. von Art. 4 der RL 90/618/EWG; Art. 32 a b) Erste RL Leben i.d.F. von Art. 9 Zweite RL Leben.

[736] Vgl. *Dassesse/Isaacs/Penn*, S. 391; *Hübner/Matusche-Beckmann*, EuZW 1995, S. 269.

[737] Vgl. die Regelungen in den Art. 23 – 29 Erste RL Schaden und Art. 27 – 32 Erste RL Leben

gestanden werden[738]. Dennoch bleiben, insbesondere aufgrund der Gefahr einer möglicherweise schlechteren Zusammenarbeit mit den Aufsichtsbehörden des Herkunftslands, einige Unterschiede. So haben Drittlandsunternehmen im Gegensatz zu Versicherern aus der Gemeinschaft keinen Anspruch darauf, eine Zweigniederlassung zu gründen, auch wenn sie den gegebenen Anforderungen genügen[739]. Für das gewachsene deutsche Recht der Aufsicht über ausländische Versicherungsunternehmen mit Sitz außerhalb der Gemeinschaft hat die Harmonisierung des Versicherungsaufsichtsrechts der Europäischen Union allerdings kaum materielle Änderungen gebracht[740].

1. Erlaubnis zum Geschäftsbetrieb

Ebenso wie Versicherungsunternehmen mit Sitz in der Bundesrepublik Deutschland, der Europäischen Gemeinschaft oder einem anderen Vertragsstaat des Abkommens über den Europäischen Wirtschaftsraum bedürfen auch Drittlandsunternehmen der Erlaubnis zum Betrieb des Direktversicherungsgeschäfts. Bei Versicherern mit Sitz in der Gemeinschaft oder dem Europäischen Wirtschaftsraum wird die Befugnis zur Erteilung der Zulassung allerdings aufgrund des Herkunftslandprinzips auf die zuständige Behörde des Sitzlandes übertragen. Lediglich reine Korrespondenzverträge[741] sind gemäß § 105 VAG von dem Erfordernis einer aufsichtsrechtlichen Gewerbeerlaubnis ausgenommen. Soweit Unternehmen aus Drittstaaten jedoch beabsichtigen, das Direktversicherungsgeschäft in Deutschland durch Mittelspersonen zu betreiben, benötigen sie eine entsprechende Erlaubnis. Dabei ist unter einer „Mittelsperson" jedwede Zwischenperson gemeint, derer sich ein

---

[738] *G. Schmidt*, in: Grabitz/von Bogdandy/Nettesheim, Europäisches Außenwirtschaftsrecht, S. 518.

[739] Vgl. *Roth*, in: Friedmann/Mestmäcker, Rules for International Trade in Services, S. 252.

[740] *R. Schmidt*, in: Prölss, VAG, Vor § 105 Rn. 6.

[741] Korrespondenzversicherungen sind durch Korrespondenz zwischen einer Person, die ihren gewöhnlichen Aufenthalt im Inland hat, und einem Versicherungsunternehmen im Ausland zustande gekommene Versicherungen, ohne daß dabei ein geschäftsmäßig handelnder Vermittler mitwirkt und dadurch das ausländische Versicherungsunternehmen Versicherungsgeschäfte im Inland betreibt, *Hartung* VerBAV 61, 85, zustimmend *R. Schmidt*, in: Prölss, VAG, § 105 Rn. 10.

Versicherungsunternehmen bedienen kann, wie zum Beispiel Versicherungsmakler, Vertreter oder Agenten[742]. Über einen entsprechenden Antrag entscheidet das Bundesministerium der Finanzen, dessen Ermessen gesetzlich nicht eingeschränkt ist[743].

2. Bedeutung der Organisationsform des Drittlandsunternehmens

Die Erteilung der Erlaubnis zum Geschäftsbetrieb an Drittlandsunternehmen ist nicht an bestimmte Unternehmensformen gebunden. Da sich das Drittlandsunternehmen nach seinem Heimatrecht konstituiert hat, kann es naturgemäß nicht in jedem Fall eine der genannten Organisationsformen des deutschen Rechts aufweisen. Allerdings muß das Unternehmen nach dem Recht seines Sitzlandes eigene Rechtspersönlichkeit besitzen und dort ein Versicherungsunternehmen sein[744]. Generell wird eine Bewilligung zum Geschäftsbetrieb nur dann erteilt, wenn eine Rechtsform gewählt worden ist, die ungefähr den Rechtsformen entspricht, die das deutsche Recht für inländische Versicherer verlangt[745].

3. Bedeutung der Versicherungssparten

Soweit allerdings Versicherungsunternehmen aus Drittstaaten im Ausland neben der Lebensversicherung auch andere Sparten betreiben, darf ihnen in Deutschland gemäß § 106 c VAG nicht die Erlaubnis zum Geschäftsbetrieb der Lebensversicherung erteilt werden. Sie können daher im Geltungsbereich des VAG lediglich die Zulassung zum Geschäftsbetrieb der übrigen Sparten beantragen und genehmigt bekommen. Entsprechendes gilt für die private Krankenversicherung[746]. Mit dieser Regelung wurde der Rechtsgedanke der Spartentrennung auch für die inländischen Niederlassungen ausländischer Versicherungsunternehmen gesetzlich festgelegt.

---

[742] Vgl. *Fahr*, in: Fahr/Kaulbach, VAG, § 105 Rn. 19.

[743] § 106 b Abs. 4 VAG

[744] *R. Schmidt*, in: Prölss, VAG, § 7 Rn 7.

[745] Vgl. dazu BGHZ 16, 37.

[746] §§ 106 c, 8 Abs. 1 Satz 1 Nr. 3 VAG.

4. Niederlassungserfordernis

Eine weitere Vorausetzung für Versicherungsunternehmen mit Sitz in Drittländern ist das in § 106 VAG normierte Niederlassungserfordernis. Dies bedeutet zugleich, daß die in § 110 a VAG normierte Dienstleistungsfreiheit für Versicherungsunternehmen mit Sitz in einem Mitgliedstaat der Europäischen Gemeinschaft oder einem anderen Vertragsstaat des EWR-Abkommens nicht auch mit einer Zulassung gemäß § 105 VAG verbunden ist.

Unter einer Niederlassung versteht man die räumliche Zusammenfassung aller Einrichtungen und Personen, die zur Leitung und Kontrolle des Versicherungsbestandes im Inland notwendig sind. Darüber hinaus muß die Zweigniederlassung so eingerichtet sein, daß sie notfalls jederzeit als selbständiger Betrieb, losgelöst von der Zentrale des Drittlandsunternehmens, fortgeführt werden kann[747]. Weiterhin ist eine eigene, auf die Erfordernisse der deutschen Rechnungslegungsvorschriften zugeschnittene Buchhaltung vorgeschrieben[748]. Schließlich ist für die Niederlassung ein Hauptbevollmächtigter zu bestellen, der seinen Wohnsitz und ständigen Aufenthalt in Deutschland hat. Dieser muß den Anforderungen des § 8 Abs. 1 Satz 1 VAG genügen und die entsprechende Zuverlässigkeit besitzen[749] und ist zur Eintragung in das Handelsregister anzumelden.

5. Finanzielle Anforderungen

Hinsichtlich der Mindestkapitalausstattung verweist § 106 b VAG auf die Anforderungen des § 8 VAG, um eine Besserstellung von Drittlandsunternehmen gegenüber Gemeinschaftsunternehmen auszuschließen. Allerdings wird der Mindestbetrag des Garantiefonds durch § 106 b Abs. 2 Satz 4 pauschal auf die Hälfte gesenkt. Dadurch soll berücksichtigt werden, daß die Tätigkeit der inländischen Niederlassung nicht die gesamte Geschäftstätigkeit des antragstellenden Unternehmens darstellt[750]. Zudem sind die Unternehmen verpflichtet, in Höhe von 25 % des

---

[747] Vgl. Rundschreiben R 1/62 des BAV vom 22.2.1962 (VerBAV 62, 74).

[748] *R. Schmidt*, in: Prölss, VAG, § 106 Rn. 4.

[749] Vgl. dazu Dritter Teil A. I. 5. b).

[750] *R. Schmidt*, in: Prölss, VAG, § 106 b Rn. 8.

Mindestbetrags des Garantiefonds Sicherheiten als Kaution zu stellen, um so sicherzustellen, daß diese nicht vorzeitig vor Abwicklung der Versicherungsverbindlichkeiten ihre Mittel abziehen[751]. Allerdings können nach § 106 c Abs. 5 Satz 1 VAG sowohl hinsichtlich der Höhe des Garantiefonds als auch bezüglich der Kautionsverpflichtungen bestimmte Erleichterungen gewährt werden, wenn das Drittlandsunternehmen bereits in einem anderen Mitgliedsland der Europäischen Gemeinschaft oder in einem anderen Vertragsstaat des Abkommens über den Europäischen Wirtschaftsraum eine Erlaubnis zum Geschäftsbetrieb erhalten oder beantragt hat.

IV. Sonderregelungen

Für bestimmte Versicherungszweige sind die Vorschriften des deutschen Versicherungsaufsichtsrechts grundsätzlich nicht oder nur sehr eingeschränkt anwendbar. Im folgenden soll kurz auf die wichtigsten Sonderregelungen eingegangen werden.

1. Rückversicherung

Besonderheiten bestehen bei der Rückversicherung, die gemäß § 1 Abs. 2 Satz 1 VAG nur hinsichtlich einzelner Vorschriften der Versicherungsaufsicht unterworfen ist. Die danach anwendbaren Regelungen betreffen aber nur bestimmte Teile der laufenden Aufsicht, wie beispielsweise die Rechnungslegung der Unternehmen. Alle Zulassungsvoraussetzungen sind im Gegensatz dazu nicht anwendbar. Diese Einschränkung gilt allerdings nicht in dem Fall, wenn die Rückversicherung in der Rechtsform eines Versicherungsvereins auf Gegenseitigkeit betrieben wird. Darüber hinaus bleibt die volle Aufsicht über Versicherungsunternehmen auch dann unberührt, wenn diese neben dem Rückversicherungsgeschäft auch noch das Erstversicherungsgeschäft betreiben[752].

Hintergrund dieser Einschränkung ist einerseits der internationale Charakter des Rückversicherungsgeschäfts, welches nicht mit den Methoden der Erstversicherungsaufsicht überwacht werden kann, sowie andererseits das geringere Schutzbedürfnis hinsichtlich der Erstversiche-

---

[751] § 106 b Abs. 2 Satz 5 - 7 VAG.

[752] *R. Schmidt*, in: Prölss, VAG, § 1 Rn. 34.

rungsunternehmen als Versicherte der Rückversicherer im Vergleich zu ihren eigenen Versicherungsnehmern.

Eine mittelbare Aufsicht über die Rückversicherungsunternehmen erfolgt allerdings durch die Aufsicht über die Erstversicherer, deren Rückversicherungsgeschäfte vollständig der Aufsicht unterliegen[753]. Die Verantwortung hinsichtlich der Auswahl der Rückversicherungsunternehmen und die konkrete Gestaltung der Rückversicherungsverträge liegt jedoch bei den Erstversicherern, von denen ein hinreichender Überblick über den Rückversicherungsmarkt erwartet wird[754].

2. Versicherung von Transport- und Großrisiken

Weitere Sonderregelungen enthält § 111 VAG für die Transportversicherung und die Mitversicherung von Großrisiken auf Gemeinschaftsebene.

Die Transportversicherung betreffend stellt der erste Absatz klar, daß diese - sofern sie im Dienstleistungsverkehr ohne Niederlassung betrieben wird - nicht dem Versicherungsaufsichtsgesetz unterliegt, so daß weder die Zulassungsbestimmungen noch die Regelungen hinsichtlich der laufenden Aufsicht Anwendung finden. Hinsichtlich der Definition des Begriffs der Transportversicherung verweist § 111 Abs. 1 VAG auf bestimmte in der Anlage A Teil A genannte Versicherungssparten[755]. Gleichwohl bestehen weiterhin einige Abgrenzungsprobleme, insbesondere bezüglich der Reisegepäckversicherung, auf die hier jedoch nicht näher eingegangen werden soll. Generell ist die Freistellung vom VAG allerdings auf solche Versicherungsunternehmen beschränkt, die sich ausschließlich mit den genannten Risiken beschäftigen.

Ebenfalls von der Anwendung des VAG werden gemäß § 111 Abs. 2 VAG diejenigen Mitversicherer freigestellt, die nur über den führenden Versicherer tätig werden und die in Deutschland weder Sitz noch Nieder-

[753] So etwa durch § 5 Abs. 5 Nr. 2 VAG im Rahmen der Erlaubnis zum Geschäftsbetrieb.

[754] Vgl. *R. Schmidt*, in: Prölss, VAG, § 1 Rdn. 41; siehe auch *Klein*, S. 27.

[755] Dies sind die Schienenfahrzeug-, die Luftfahrzeug- und die Schiffskaskoversicherung sowie die Transportgüterversicherung und die Schiffshaftpflichtversicherung.

lassung haben. Diese Regelung ist das Ergebnis der Umsetzung der Mitversicherungsrichtlinie[756] durch das entsprechende Änderungsgesetz[757]. Dadurch sollen Versicherungsunternehmen aus der Europäischen Gemeinschaft die Möglichkeit erhalten, soweit sie in ihrem Sitzstaat für den in Frage kommenden Versicherungszweig die Erlaubnis haben, sich über Mitversicherungsverträge über Risiken dieses Zweiges auch in Deutschland beteiligen zu können, selbst wenn sie hier nicht zugelassen sind. Allerdings bezieht sich diese Regelung lediglich auf Risiken, die nach Art und Umfang die Mitwirkung mehrerer Versicherer erfordern und die durch einen in Deutschland niedergelassenen Versicherer gebunden sind. Ausgenommen sind ferner die Arzneimittel- und die Kernenergiehaftung. Die praktische Bedeutung dieser Vorschrift ist nach Verwirklichung der allgemeinen Dienstleistungsfreiheit geringer geworden, sie hat nur noch insofern eine Bedeutung, als die im Rahmen der gemeinschaftsrechtlichen Mitversicherung abgeschlossenen Geschäfte keiner Ausübungserlaubnis gemäß § 110 a VAG bedürfen[758].

Für Versicherungsunternehmen mit Sitz außerhalb der Mitgliedstaaten der Europäischen Gemeinschaft oder eines anderen Vertragsstaates des Abkommens über den Europäischen Wirtschaftsraum ist von Bedeutung, daß der Bundesminister für Finanzen durch § 111 Abs. 3 VAG ermächtigt wird, die Freistellungen der Absätze 1 und 2 durch Rechtsverordnung auf solche Unternehmen zu erweitern. Allerdings sind bisher noch keine derartigen Verordnungen ergangen.

---

[756] Richtlinie 78/473/EWG des Rates vom 30. Mai 1978 zur Koordinierung der Rechts- und Verwaltungsvorschriften auf dem Gebiet der Mitversicherung auf Gemeinschaftsebene, ABl. EG Nr. L 151/25 vom 7.6.1978, S. 259 ff. Vgl. dazu *Lemor*, VW 1981, S. 1178 ff.; *Levie*, ZVersWiss 1978, S. 341 ff.

[757] 14. Änderungsgesetz zum VAG, BGBl. I, S. 377.

[758] *R. Schmidt*, in: Prölss, VAG, § 111 Rn. 10.

B. Teilstaaten der Vereinigten Staaten von Amerika

Auf den ersten Blick wirkt das System der Versicherungsaufsicht in den Vereinigten Staaten von Amerika vielschichtig und komplex. Zusätzlich zu der geographischen Gliederung des amerikanischen Versicherungsaufsichtsrechts, die sich aus der Zuständigkeit der 53 Bundesstaaten ergibt, gibt es eine weitere Untergliederung in struktureller Hinsicht. Diese führt zu einer weiteren Auffächerung des amerikanischen Versicherungsmarktes in die Teilmärkte „Regulärer Versicherungsmarkt", „Rückversicherungsmarkt", den sogenannten „Surplus-Lines-Markt" (Markt für schwerversicherbare Risiken) und den „Freien Versicherungsmarkt", die durch eigene Zulassungsbestimmungen voneinander abgegrenzt sind. Folglich unterliegt der amerikanische Versicherungsmarkt nicht nur 53, sondern über 200 Aufsichtssystemen.

Trotzdem ist die Rechtslage bei weitem nicht so verwirrend, wie diese Anzahl der Aufsichtshierarchien anfänglich vermuten läßt. Bei näherer Betrachtung lassen sich eine Vielzahl von gemeinsamen Grundsätzen erkennen, auf denen die Zulassungssysteme aller Bundesstaaten beruhen. Aufgrund der Praxis vieler Staaten, sich bei der Normierung ihrer Versicherungsaufsicht an anderen als fortschrittlich anerkannten Bundesstaaten zu orientieren, lassen sich sogar Bundesstaatengruppen bilden, deren zulassungsrechtliche Bestimmungen sich fast bis ins Detail decken[759]. Zudem führten die Bemühungen der National Convention of Insurance Commissioners (NAIC)[760] zu weiteren Vereinheitlichungen[761].

Ziel der folgenden Ausführungen ist es daher, die strukturellen Charakteristika der einzelnen Zulassungssysteme herauszuarbeiten. Soweit es in diesem Zusammenhang notwendig ist, Beispiele aus geltendem Zulassungsrecht zu geben, werden diese dem Recht des Staates New York[762] entnommen, da diesem Staat bei der Weiterentwicklung des

---

759 Zu den historischen Wurzeln dieses „Kopierens" von Reformansätzen siehe Erster Teil B. III.

760 Hinsichtlich der Hintergründe der Gründung der NAIC, vgl. Erster Teil B. V.

761 *Randall*, 26 Florida State University Law Review 1999, S. 629.

762 New York State Consolidated Laws, Chapter 28 (zitiert New York Insurance Code), in: McKinney's Consolidated Laws of New York Annotated, Book 27, Insurance Law, 1985, sowie McKinney's Cumulative Annual Pocket Part, 1999; eine immer aktuelle

amerikanischen Versicherungsaufsichtsrechts schon immer eine Vorreiterfunktion zugekommen ist[763] und auch weiterhin eine Schlüsselsrolle zukommt. Darüber hinaus ist der Staat New York wegen der Bedeutung von New York City als weltwichtigstem Kapitalumschlagplatz auch aufgrund der größeren Praxisrelevanz das interessanteste Beispielsobjekt unter den amerikanischen Bundesstaaten.

Nach amerikanischen Recht bedürfen neben den Versicherungsunternehmen auch Versicherungsagenten und Versicherungsmakler grundsätzlich einer Zulassung, um ihrer Tätigkeit nachgehen zu können[764]. Rechtsfragen, die sich aus dieser Zulassungspflichtigkeit ergeben, sollen jedoch in der folgenden Untersuchung nicht näher berücksichtigt werden[765]. Lediglich im Bereich der Aufsicht über den Surplus-Lines-Markt ist es zum besseren Verständnis des Gesamtsystems notwendig, auf den Bereich der Maklerzulassung einzugehen.

I. Regulärer Versicherungsmarkt

Der Reguläre Versicherungsmarkt ist der praktisch bedeutendste dieser Teilmärkte. Innerhalb dieses Teilmarktes unterscheidet man zunächst weiterhin zwischen der Lebensversicherung (Life Insurance) und der Schadensversicherung (z.B. Casualty-, Fire and Casualty-, Property and Casualty-, Property and Liability Insurance)[766]. Die Krankenversicherung (Health Insurance) wird teilweise der Lebensversicherung zugerechnet[767], da sie fast ausschließlich von Lebensversicherungsunternehmen nach Art der Lebensversicherung betrieben wird. Teilweise wird sie jedoch aufgrund ihrer strukturellen Besonderheiten als eigenständiger Zweig angesehen. Schließlich wird in den Aufsichtsgesetzen einiger Staaten

---

Version des New Yorker Insurance Codes findet man auch im Internet unter der Adresse der New York State Assembly: http://assembly.state.ny.us.

763 Vgl. dazu die Ausführungen im historischen Teil der Arbeit, insbesondere Erster Teil. B. III.

764 Vgl. Article 21 des New York Insurance Code.

765 Einen guten Überblick über die unterschiedlichen Zulassungsvoraussetzungen für amerikanische Versicherungsagenten und -makler geben *Kimball / Jackson*, 61 Columbia Law Review 1961, S. 141.

766 Zu den verschiedenen Bezeichnungen, vgl. *Dobbyn*, S. 23.

767 Vgl. Article 32 und 42 des New York Insurance Code.

hinsichtlich der Schadensversicherung weiter differenziert. Entsprechend unterscheidet zum Beispiel der Bundesstaat New York zwischen 27 Sparten der Schadensversicherung[768]. Folglich bietet die Zulassung zum Regulären Versicherungsmarkt den Unternehmen zwar die vielfältigsten und weitesten Entfaltungsmöglichkeiten. Gleichzeitig sind die auf diesem Teilmarkt tätigen Versicherer jedoch auch den striktesten Zulassungsschranken ausgesetzt.

1. Notwendigkeit einer Zulassung

In allen amerikanischen Bundesstaaten unterliegen ausländische Versicherungsunternehmen der jeweiligen einzelstaatlichen Versicherungsaufsicht und benötigen eine Zulassung zum Geschäftsbetrieb, wenn sie in dem entsprechenden Bundesstaat Versicherungsgeschäfte betreiben[769]. Dieser Anknüpfungspunkt ist in den Versicherungsaufsichtsgesetzen der meisten Bundesstaaten recht unpräzise mit "doing business" umschrieben[770]. Folglich oblag es hauptsächlich den amerikanischen Gerichten, näher zu bestimmen, welche Aktivitäten unter "doing business" zu subsumieren sind. Deren Entscheidungen sind jedoch in starkem Maße von den Umständen des Einzelfalls abhängig und haben kaum grundsätzlichen Charakter.

Festhalten läßt sich aber, daß im allgemeinen der Abschluß von Versicherungsverträgen dann aufsichtspflichtig ist, wenn der Versicherungsnehmer seinen Wohnsitz oder gewöhnlichen Aufenthalt in dem jeweiligen Bundesstaat hat[771]. Aber auch die Versicherung eines im entsprechenden Bundesstaat gelegenen Grundstücks führt - unabhängig davon, wo der Versicherungsnehmer seinen Wohnsitz hat - zu einer Beaufsichtigung durch diesen Bundesstaat[772]. Allerdings ist eine gewisse Planmäßigkeit des

---

[768] Article 11, Section 1113, Subsection a), Paragraph (3) – (29) des New York Insurance Code.

[769] *Holmes*, S. 391.

[770] Teilweise wird auch die Formulierung "writing of insurance" benutzt.

[771] *Russ/Segalla*, Couch on Insurance, § 3:6; vgl auch *Travelers Health Association v. Virgina*, 339 U.S. 643 (1950).

[772] *McCord v. Illinois Nat'l Fire Ins. Co.*, 47 Ind. App. 602 (1911); *Swing v. Munson*, 191 Pa. 582 (1899).

Versicherungsgeschäfts erforderlich[773], so daß ein "zufälliger" Vertragsabschluß eine Zulassung noch nicht notwendig macht[774]. Andererseits kann aber auch ein einzelner Vertragsabschluß ausreichen, um die Anwendung des jeweiligen Aufsichtsrechts zu begründen, wenn es Hinweise darauf gibt - wie etwa durch den Einsatz von Werbung - daß dieser Abschluß lediglich der Ausgangspunkt eines umfangreicheren Engagements sein soll[775]. Darüber können auch die Beschäftigung von Agenten für das Anwerben neuer Versicherungsnehmer[776], das Einfordern von Versicherungsprämien[777] sowie der Ausgleich von Schäden[778] ausreichen, um von der einzelstaatlichen Aufsicht erfaßt zu werden.

2. Zulassungsverfahren

Entscheidet sich ein Versicherungsunternehmen zu einem Engagement in einem der amerikanischen Bundesstaaten, sind zwei Fälle hinsichtlich des bei der Entscheidung über die Zulassung zur Aufnahme des Versicherungsgeschäfts (License)[779] zu beachtenden Verfahrens zu unterscheiden. Zum einen besteht die Möglichkeit, daß ein Unternehmen die Zulassung beantragt, dem noch durch keinen anderen Staat die Rechtsfähigkeit verliehen wurde, wie etwa bei der Gründung einer Tochtergesellschaft. In diesem Fall muß dieses Unternehmen neben dem Zulassungsverfahren auch ein Gründungsverfahren durchlaufen. Dieses Gründungsverfahren ist dem Zulassungsverfahren vorgeschaltet, da die Zulassung zum Geschäftsbetrieb logisch voraussetzt, daß bereits ein Rechtssubjekt besteht, dem eine solche Zulassung erteilt werden kann. Um die Vorgänge in der Praxis nicht unnötig zu komplizieren und auseinanderzureißen, sehen die amerikanischen Versicherungsgesetze meist eine Verbindung beider Verfahren

---

773 *International Fuel & Iron Corporation v. Donner Steel Co.*, 242 N.Y. 224 (1926)

774 *Rausch v. Commercial Travelers' Mut. Acc. Ass'n*, 38 F.2d 766 (8th Cir. Mo. 1937); *Kline Bros. & Co. v. German Union Fire Ins. Co. of Baltimore*, 210 N.Y. 534 (1913).

775 *Union Mut. Life Co. v. District Court of Denver*, 97 Colo. 108 (1935).

776 *Sparks v. National Masonic Acc. Ass'n*, 100 Iowa 458 (1896); *Merchants & Bankers Guaranty Co. v. Washington*, 185 Okla. 532 (1939).

777 *Johnston v. Mutual Reserve Life Ins. Co.*, 93 N.Y.S. 1048 (1905).

778 *Henriques v. Gauthiod Marine Ins. Co.*, 199 N.Y.S. 131 (1923).

779 In New York ist das Erfordernis einer entsprechenden Lizenz in Article 11, Section 1102, Subsection a) des New York Insurance Code normiert.

vor[780]. Entsprechend wird der Gesellschaft zunächst die Rechtsfähigkeit verliehen und eine begrenzte Genehmigung erteilt, um die zur Aufbringung des Gründungskapitals notwendige Zeichnung von Aktien oder bei den Gegenseitigkeitsversicherern die erforderliche Anzahl von Aufnahmeanträgen zu aquirieren (Organisation Permit). Erst wenn auf diese Weise die notwendigen Voraussetzungen der finanziellen Leistungsfähigkeit erfüllt sind, wird eine Genehmigung zur Aufnahme des eigentlichen Versicherungsgeschäfts gewährt (Certificate of Authorithy)[781]. Zum anderen kann auch ein bereits bestehendes Versicherungsunternehmen die räumliche Erweiterung seines Tätigkeitsbereichs anstreben. In diesem Fall läuft das Zulassungsverfahren isoliert ab und der Versicherer hat lediglich den Nachweis der wirksamen Errichtung nach seinem Gründungsrecht zu erbringen[782].

Das Zulassungsverfahren beginnt damit, daß dem Behördenleiter der Aufsichtsbehörde - dem sogenannten Insurance Commissioner - ein Antrag auf Zulassung zum Geschäftsbetrieb zugeht. Zusammen mit diesem ist ein Geschäftsplan einzureichen, welcher genaue Angaben zu der beabsichtigten Geschäftstätigkeit enthalten soll. Zusätzlich sind in vielen Staaten Vertragsmuster, Tarife, Ertragsprognosen und weitere Hilfsdokumente beizufügen[783]. In einigen Staaten wird darüber hinaus noch eine eidesstattliche Versicherung der Geschäftsführer oder der Gründungsmitglieder gefordert, in welcher diese die Erfüllung aller vom Gesetz geforderten Zulassungsvorausetzungen bestätigen[784].

Kommt die Aufsichtsbehörde nach Prüfung der eingereichten Unterlagen zu dem Ergebnis, daß alle vom Gesetz geforderten Voraussetzungen erfüllt sind, kann sie die Erlaubnis zum Betrieb des Versicherungsgeschäfts im beantragten Umfang erteilen. Eine Besonderheit besteht allerdings darin,

---

[780] So etwa in Article 12, Section 1201 des New York Insurance Code, welcher bestimmt, daß sämtliche zu erbringenden Nachweise beim Insurance Commissioner einzureichen sind. Dieser sammelt alle Unterlagen und leitet sie an den Attorney General weiter, welcher die Gesellschaftssatzung prüft. Soweit dieser keine Einwände hat, sendet er die genehmigte Satzung an den Commissioner zurück, welcher dann unverzüglich mit dem eigentlichen Zulassungsverfahren beginnt.

[781] *Hübner*, S. 209.

[782] Vgl. Article 41, Section 4119 des New York Insurance Code.

[783] *Neeb*, S. 182.

[784] So etwa Article 12, Section 1201des New York Insurance Code.

daß die Zulassung in einigen Bundesstaaten[785] - insbesondere für ausländische Gesellschaften - auf eine bestimmte Zeitdauer, in der Regel ein Jahr, begrenzt ist[786]. Regelmäßig wird die Erneuerung der Genehmigung von der Zahlung der anfallenden Gebühren und Steuern sowie der Einhaltung der aufsichtsrechtlichen Ge- und Verbote abhängig gemacht[787].

Für den Fall, daß die Erlaubnis jedoch verweigert werden sollte, haben Unternehmen mit Sitz in dem entsprechenden Bundesstaat einen Anspruch auf gerichtliche Überprüfung der Frage, ob die Behörde die Grenzen ihres Ermessens eingehalten hat[788]. Allerdings wird der Umfang dieser gerichtlichen Nachprüfung dadurch eingeschränkt, daß den Aufsichtsbehörden sehr weitreichende Beurteilungs- und Ermessensspielräume eingeräumt werden[789]. Für Versicherer mit Sitz außerhalb des jeweiligen Bundesstaats besteht diese Möglichkeit hingegen nur dann, wenn die Verlängerung einer bereits erteilten Lizenz in Frage steht[790].

3. Bedeutung der Organisationsform

Die Wahl der Organisationsform ist für die Zulassung zum Betrieb des Versicherungsgeschäfts in doppelter Hinsicht von Bedeutung. Zum einen ist die Organisationsform bereits entscheidend für die Frage, ob ein Versicherer überhaupt die Zulassung zum Geschäftsbetrieb in der von ihm angestrebten Sparte erhalten kann, da prinzipiell lediglich zwei Organisationsformen sämtliche Sparten des Versicherungsgewerbes offenstehen. Für alle anderen Unternehmensformen gibt es Beschränkungen auf eine oder mehrere bestimmte Sparten. Zum anderen sind auch die konkreten

---

785 Gemäß Article 11, Section 1103, Subsection a) ist die Lizenz für ein inländisches Unternehmen unbegrenzt zu erteilen, wohingegen nach Subsection b) Lizenzen für ausländische Versicherer jährlich erneuert werden müssen.

786 *Hanson*, S. 23.

787 Vgl. *Hübner*, S. 214.

788 Article 3, Section 326 des New York Insurance Code; vgl. auch *Russ/Segalla*, Couch on Insurance, § 2:14 ff.

789 Siehe dazu insbesondere *Massachusetts Association of Independent Ins. Agents & Brokers Inc. v. Commissioner of Ins.*, 373 Mass. 290 (1977); vgl. auch *Appelman*, S. 3.

790 *Appleman*, S. 18 f.

Zulassungsvoraussetzungen des jeweiligen Antragstellers von der gewählten Organisationsform abhängig.

Trotz der beachtlichen Zahl von Organisationsformen[791], die die Versicherungsgesetze der amerikanischen Bundesstaaten zur Verfügung stellen, bleiben die jeweiligen Zulassungsvoraussetzungen dennoch durchaus übersichtlich. Regelmäßig werden die in der Praxis bei weitem bedeutendsten Gesellschaftsformen der Kommerziellen Versicherungsaktiengesellschaft (Stock Insurance Corporation) und des Großen Gegenseitigkeitsversicherers (Mutual Corporation) als Grundlage für die Zulassungsvoraussetzungen genommen. Für die anderen Organisationsformen werden dann lediglich diejenigen Punkte geregelt, in denen diese vom so vorgegebenen Grundschema abweichen[792].

a) Einzelkaufmann (Individual Insurer) und Personengesellschaft (Partnership)

Die ersten Organisationsformen, in welchen in den Vereinigten Staaten das Versicherungsgeschäft betrieben wurde, waren die des einzelkaufmännischen Gewerbebetriebs (Individual Insurer) sowie die der Personengesellschaft (Partnership), die aus dem Zusammenschluß mehrerer Einzelkaufleute zur Erhöhung der Zeichnungskapazität entstanden sind. Diese beiden Formen des Geschäftsbetriebs verloren allerdings mit dem Aufkommen des Gegenseitigkeitsgedankens in der zweiten Hälfte des 18. Jahrhunderts und der Gründung der ersten Aktiengesellschaften um die Jahrhundertwende rasch an Bedeutung[793]. Aufgrund der besonderen Gefahr einer Schädigung der Versicherungsnehmer beim Betrieb des Versicherungsgeschäfts durch eine unseriöse Personengesellschaft

---

[791] Ursache dieses Formenreichtums ist die pragmatische Grundeinstellung des amerikanischen Gesetzgebers, sich eher der ökonomischen Entwicklung anzupassen als zu versuchen, diese in vorgefertigte Strukturen zu übertragen. Folglich war man insbesondere in der Anfangszeit der Versicherungsaufsicht entsprechend bereit, die von der Praxis entwickelten Organisationsformen anzuerkennen, um so dem wachsenden Risikovorsorgebedürfnis gerecht zu werden.

[792] So zum Beispiel in Article 12 des New Yorker Insurance Code, bei dem die zulassungsrechtlichen Bestimmungen für den Großen Gegenseitigkeitsversicherer und Versicherungsaktiengesellschaft in einer Art „Allgemeiner Teil" vor die Klammer gezogen sind.

[793] Vgl. *Neeb*, S. 160.

erkannten die Gerichte den Staaten das Recht zu, diese Organisationsformen zu verbieten[794]. Soweit die Bundesstaaten nicht von diesem Recht Gebrauch gemacht haben, wurden derartige Zulassungsvoraussetzungen aufgestellt, daß sie einem praktischen Verbot gleichkommen[795].

b) Versicherungsaktiengesellschaft (Stock Insurance Corporation)

Die eine der beiden heute bedeutendsten Organisationsformen des amerikanischen Versicherungsgewerbes ist die der Kommerziellen Versicherungsaktiengesellschaft (Stock Insurance Corporation). So sind beispielsweise im Bereich des Lebensversicherungsgeschäfts über 90 % der Versicherer in dieser Rechtsform organisiert[796]. Grundsätzlich kann in der Form der Kommerziellen Versicherungsaktiengesellschaft jede Sparte des Versicherungsgewerbes betrieben werden[797]. Die Bestimmungen zur Gründung und Verfassung der Versicherungsaktiengesellschaften sind im Gegensatz zum deutschen Recht umfangreich in den jeweiligen Insurance Codes der amerikanischen Bundesstaaten geregelt[798]. Lediglich für den Fall, daß diese Bestimmungen Lücken aufweisen, ist auf die subsidär geltenden Vorschriften der allgemeinen Gesellschaftsrechtskodifikationen zurückzugreifen[799].

c) Gegenseitigkeitsversicherer (Mutual Corporations)

Die Gegenseitigkeitsversicherer (Mutuals Corporations) stellen die zweite bedeutende Anbietergruppe auf dem amerikanischen Versicherungsmarkt.

---

794 Vgl. *Appleman*, S. 63 ff., m.w.N.

795 So durch Article 11, Section 1107, Subsection (b) des New York Insurance Code, der von Individual Insureres die gleichen Zulassungserfordernisse fordert, die auch für Insurance Corporations gelten, und somit den generell anerkannten und vom Gesetzgeber honorierten Vorteil einer persönlichen Haftung für die Versicherungswirtschaft negiert.

796 Aktuelle Tabellen und Analysen über die Marktstellung einzelner Versicherungsunternehmen und –gruppen finden sich in den aktuellen Ausgaben von Best's Review (Property/Casualty) und Best's Review (Life/Health).

797 Vgl. Article 12, Section 1201 des New Yorker Insurance Code.

798 Vgl. Article 12 des New Yorker Insurance Code.

799 So Article 1, Section 108 des New Yorker Insurance Code.

Insbesondere im Bereich der Schadensversicherung sind die Gegenseitigkeitsversicherer im Verhältnis zu den Versicherungsaktiengesellschaften klar in der Überzahl, während andererseits die Versicherungsaktiengesellschaften in diesem Bereich jedoch etwa 65 % der Prämien vereinnahmen[800]. Im Gegenzug entfallen allerdings auch über 50 % aller Anlagen im Lebensversicherungsgeschäft trotz der in diesem Bereich prozentual deutlich geringeren Anzahl auf die Gegenseitigkeitsversicherer[801].

Dem Grundgedanken nach entsprechen die amerikanischen Mutuals den deutschen Versicherungsvereinen auf Gegenseitigkeit. Strukturell besteht jedoch ein deutlicher Unterschied zwischen beiden Organisationsformen. Während nach deutschem Verständnis ein Versicherungsunternehmen entweder als Versicherungsverein auf Gegenseitigkeit oder als Versicherungsaktiengesellschaft organisiert sein kann, sind die großen amerikanischen Gegenseitigkeitsversicherer gleichsam „incorporated". Der Ursprung dieses strukturellen Unterschieds liegt in den unterschiedlichen Rechtsentwicklungen in Deutschland und den Vereinigten Staaten begründet. Von Anfang an wurde im anglo-amerikanischen Recht die Ansammlung von Kapital zu wirtschaftlichen Zwecken als Hauptfunktion körperschaftlicher Organisationen angesehen[802]. Folglich ist im Gegensatz zum deutschen Recht nicht der Verein[803], sondern die Aktiengesellschaft Ausgangspunkt des amerikanischen Rechts der körperschaftlichen Organisationen. Allerdings erlauben die zahlreichen Variationsmöglichkeiten innerhalb des körperschaftlichen Rahmens der amerikanischen Aktiengesellschaft, daß die innere Struktur den Bedürfnissen der jeweiligen Mitglieder angepaßt werden kann. Entsprechend führte der Gegenseitigkeitsgedanke auf dem Gebiet des amerikanischen Versicherungsrechts zur Ausprägung eines nunmehr eigenständigen Gesellschaftstyps der Incorporated Mutual, die sich durch die Ausbildung besonders persönlichkeitsbezogener Strukturen im Innenverhältnis auszeichnet[804].

---

[800] Auch hinsichtlich der Gegenseitigkeitsversicher informieren die aktuellen Ausgaben des Best's Review (Property/Casualty) und Best's Review (Life/Health) über die jüngsten Entwicklungstendenzen auf dem amerikanischen Versicherungsmarkt; vgl. auch *Gerdes*, VW 1994, S. 258.

[801] Vgl. *McAvory*, S. 9 ff.

[802] Vgl. dazu *Reinhardt*, S. 171.

[803] Vgl. *K. Schmidt*, S.34.

[804] Vgl. dazu *Fletcher*, S. 327 ff.; *Neeb*, S. 161.

Innerhalb der Gruppe der Mutuals muß man zwischen den sogenannten großen und kleinen Gegenseitigkeitsversicherern unterscheiden. Den großen Gegenseitigkeitsversicherern (Incorporated Mutuals, Mutual Insurance Corporations) stehen entsprechend den Versicherungsaktiengesellschaften sämtliche Versicherungssparten offen[805]. Die kleinen Gegenseitigkeitsversicherer hingegen sind entweder auf eine bestimmte Versicherungssparte oder die Versicherung eines bestimmten Personenkreises beschränkt und betätigen sich zudem lediglich in engen geographischen Grenzen.

Hintergrund dieser Trennung war der starke Konzentrationsprozeß im Bereich der Gegenseitigkeitsversicherer gegen Ende des 19. Jahrhunderts. Um diesem entgegenzuwirken und insbesondere die kleinen Gegenseitigkeitsversicherer, die dem Idealbild einer Selbsthilfeorganisation der versicherten Mitglieder sehr nahe kommen, vor den nun aus den Zusammenschlüssen entstehenden Großen Gegenseitigkeitsversicherern zu schützen, schufen die Gesetzgeber für diese besondere Organisationsformen wie County-, Village- oder Town Mutuals. Obwohl man diesen zahlreiche steuer- und aufsichtsrechtliche Privilegien einräumte, setzte sich der Konzentrationsprozeß fort und führte dazu, daß die praktische Bedeutung der kleinen Gegenseitigkeitsversicherer trotzdem immer weiter abnahm[806].

Hinsichtlich der Zulassungsvoraussetzungen entsprechen die Anforderungen, die an die großen Gegenseitigkeitversicherer gestellt werden, denen der Versicherungsaktiengesellschaften[807]. Bei den lokal tätigen kleinen Gegenseitigkeitsversicherern sind sie hingegen deutlich niedriger[808].

---

805 Article 12, Section 1201 des New York Insurance Code.

806 Heute finden sich nur noch ganz vereinzelte Vorschriften in den Insurance Codes, die sich mit den Kleinen Gegenseitigkeitsversicherern befassen. Häufig enthalten diese lediglich Bestandgarantien für bereits errichtete Gesellschaften, aber lassen keine Neugründungen mehr zu, wie etwa Article 66, Section 6603 des New Yorker Insurance Code für Cooperative Fire Insurance Companies.

807 Teilweise wird eine leichte Begünstigung der Gegenseitigkeitsversicher gegenüber den Versicherungsaktiengesellschaften festgestellt, vgl. dazu *Mayerson*, in Kimball/Denenberg, S. 159.

808 *Hübner*, S. 207.

d) Versicherungsbörsen (Reciprocals oder Inter Insurance Exchanges)

Eine weitere Form der Risikoteilung sind die Versicherungsbörsen (Reciprocals)[809]. Hierbei handelt es sich um einen mehrseitigen Vertrag, durch den alle Unterzeichnenden verpflichtet sind, gegen Abgabe eines Großteils des eigenen Risikos an die anderen Vertragspartner einen entsprechenden Teil des Risikos dieser Vertragspartner zu übernehmen[810]. Im Gegensatz zu den Gegenseitigkeitsversicherern stehen sich daher bei den Reciprocals die Mitglieder selber als Versicherte und Versicherer gegenüber, was die Zwischenschaltung einer juristischen Person überflüssig macht. Daher haben Reciprocals meist auch keine feste Betriebsorganisation, sondern wickeln die Geschäftsbeziehungen zwischen Versicherern und Versicherten über einen außerhalb der Versicherungsvereinbarung stehenden Treuhänder (Attorney-in-fact)[811] ab.

Auch wenn den Reciprocals aufgrund ihrer vertraglichen Ausgestaltung generell keine eigene Rechtspersönlichkeit zukommt, so bedarf der Betrieb des Versicherungsgeschäfts in dieser Form dennoch einer Zulassung[812]. Antragsteller sind die Gründungsmitglieder sowie ein von diesen zu benennender Attorney-in-fact, der die Geschäfte abwickelt und Ansprechpartner der Aufsichtsbehörde für zukünftige Maßnahmen ist. Aufgrund der ihnen eigenen Struktur gelten für die Reciprocals besondere Zulassungsvoraussetzungen, und ihr geschäftliches Betätigungsfeld ist darüber hinaus auf einige wenige Versicherungssparten beschränkt[813].

e) American Lloyds

Eine besondere Ausprägung der Versicherungsbörsen sind die nach dem Lloyds Prinzip operierenden Versicherer (American Lloyds)[814]. Entsprechend den Reciprocals treten auch bei den Lloyds Börsen einzelne

---

[809] Article 61 des New York Insurance Code.

[810] Vgl. dazu *Stevens*, S. 893 ff.

[811] In der Praxis übernehmen häufig spezielle Treuhandfirmen diese Aufgabe.

[812] Vgl. Article 61, Section 6105, Subsection a) des New York Insurance Code.

[813] Vgl. Article 61, Section 6102, Subsection g) des New Yorker Insurance Code.

[814] Zur Arbeitsweise der Lloyds Versicherer, vgl. *Havens/Johnson*, 12 Brief 1983, S. 31 ff.

natürliche Personen und keine im Hinblick auf die Übernahme des Risikos gegründeten juristischen Personen als Versicherer auf. Im Unterschied zu den Versicherungsbörsen versichern sich die Lloyds Versicherer jedoch nicht gegenseitig. Die vertraglichen Bindungen zwischen den Mitgliedern dieser Börse haben lediglich den Zweck, die Zeichnungskapazität zu steigern und die Risikostreuung zu verbreitern[815].

Ursprünglich wurden die American Lloyds nach dem Vorbild von Lloyds of London gegründet und konnten so erfolgreich, entsprechend dem nur äußerst geringer staatlicher Kontrolle unterliegenden Vorbild, die hohen Zulassungsanforderungen für Versicherungsaktiengesellschaften umgehen[816]. Allerdings ist im Laufe der Zeit das Vertrauen in die Solidität und Integrität der „Underwriters“ sowie in die Selbstkontrolle der amerikanischen Lloyds Börsen geschwunden, so daß nunmehr der Betrieb des Versicherungsgeschäfts in Form des Lloyds Prinzips in vielen amerikanischen Bundesstaaten untersagt ist[817]. Auch im Bundesstaat New York werden keine neuen Zulassungen für Lloyds Versicherer erteilt. Bereits errichtete Börsen werden jedoch weiterhin toleriert, für sie gelten allerdings die Vorschriften für die Reciprocals[818].

f) Besonderheiten bei Out of State Insurers

Besondere Schwierigkeiten bezüglich der Organisationsform können sich bei Versicherungsunternehmen ergeben, die außerhalb des jeweiligen Bundesstaates gegründet worden sind, in welchem sie nunmehr die Zulassung begehren. In diesem Fall laufen die Verfahren über einerseits die Zulassung zum Betrieb des Versicherungsgeschäfts und andererseits die Gründung des Unternehmens zwangsläufig völlig unabhängig voneinander ab. Entsprechend besteht die Möglichkeit, daß auch Unter-

---

[815] *Neeb*, S. 166.

[816] *Pfennigstorf*, International Encyclopedia of Comparative Law, Volume IX, S. 53.

[817] Auch in Großbritannien haben einige größere Verluste sowie der Bankrott einiger „Underwriters“ das Vertrauen erschüttert. Zwar hält der Lloyds Act von 1982 am Prinzip der Selbstaufsicht fest, dennoch sind sowohl durch dieses Gesetz sowie durch eine Reihe von Verordnungen strengere Kontrollen eingeführt worden. Unter anderem müssen die Mitglieder nunmehr jährliche „Solvency Statements“ abgeben.

[818] Vgl. Article 61, Section 6116 des New Yorker Insurance Code; entsprechende Regelungen gibt es auch in Illinois und Texas.

nehmen die Zulassung zum Geschäftsbetrieb beantragen, deren Organisationsform im Zulassungsstaat unbekannt ist und für deren Behandlung das dort geltende Aufsichtsrecht konsequenterweise auch keine entsprechenden Regelungen enthält.

Soweit diese Versicherungsunternehmen nach dem Recht eines der anderen amerikanischen Bundesstaaten gegründet worden sind (sogenannte „foreign insurers"), gewährleisten die Parallelen in der Entwicklung des amerikanischen Versicherungswesens eine gewisse Vergleichbarkeit der jeweiligen Organisationsformen. Wesentlich mehr Probleme bereitet hingegen die Zulassung von Versicherern aus Drittstaaten (sogenannte „alien insurers"), bei denen die Vielfalt der Organisationsformen nur schwer zu überschauen ist. Um daraus resultierende Einordnungsschwierigkeiten zu umgehen, beschränken viele amerikanische Bundesstaaten die Organisationsformen, in denen ein außerhalb des Zulassungsstaates gegründetes Unternehmen zum Geschäftsbetrieb zugelassen werden kann. Entsprechend kann in einigen Staaten eine Zulassung nur dann erfolgen, wenn das Unternehmen als Stock Insurance Company, Mutual Insurance Company, Reciprocal oder in einer diesen Typen vergleichbaren Form organisiert ist. Den nach dem Lloyds Prinzip arbeitenden Versicherern wird in manchen Bundesstaaten die Zulassung zum Regulären Versicherungsmarkt ausdrücklich versagt[819], in anderen werden sie dagegen grundsätzlich in den Kreis der zulässigen Organisationsformen einbezogen.

4. Bedeutung der Versicherungssparten

Ursprünglich bestand die amerikanische Versicherungswirtschaft ausschließlich aus Unternehmen, deren Betrieb lediglich auf eine bestimmte Versicherungssparte gerichtet war. Entsprechend war auch das Versicherungsaufsichtsrecht streng nach einzelnen Versicherungssparten getrennt. Mit der Zeit entwickelte die Versicherungspraxis jedoch unterschiedliche Formen der Kompositversicherung (multiple line insurance), welche ebenfalls zum großen Teil von den Gesetzgebern anerkannt wurden[820]. Heute existiert schließlich nur noch eine dogmatische

---

[819] So in New York, vgl. Article 61, Section 6116, Subsection c) des New York Insurance Code.

[820] Vgl. *Pugh*, in: Kimball/Denenberg S. 243 ff.

Trennungslinie zwischen Personenversicherungen einerseits und Sach- und Vermögensversicherungen andererseits[821]. Allerdings hat die Sparte oder die Kombination von Sparten, für welche die Zulassung beantragt wird, Einfluß auf die Art und den Umfang der vom Antragsteller zu erbringenden Zulassungsvoraussetzungen. Entsprechend ist es für den Betrieb mehrerer Versicherungssparten notwendig, daß der jeweilige Antragsteller die strengeren Zulassungsvoraussetzungen für Multiple Line Insurers erfüllt. Häufig hat dies die praktische Konsequenz, daß die für die einzelnen Versicherungssparten geforderten Mindestkapitalbeträge einfach addiert werden[822]. Teilweise ist in der Erlaubnis zum Betrieb einer bestimmten Sparte auch gleichzeitig die Erlaubnis zum Betrieb weiterer Sparten enthalten[823].

5. Konkrete Zulassungsvoraussetzungen

Mit den vorstehend erläuterten Differenzierungsmerkmalen der Organisationsform und der Versicherungssparten verfügen die amerikanischen Aufsichtsbehörden über allgemeine Kriterien, um die Versicherer, die die Zulassung zum Geschäftsbetrieb begehren, in bestimmte Gruppen einzuteilen. Im folgenden soll nun dargelegt werden, welches die konkreten Zulassungsvoraussetzungen sind, auf die diese allgemeinen Merkmale differenzierend einwirken.

a) Finanzielle Zulassungsvoraussetzungen

Innerhalb der Zulassungsvoraussetzungen haben die Anforderungen an die finanzielle Ausstattung des Versicherers den wichtigsten Stellenwert. Sie lassen sich ihrerseits in Vorschriften unterteilen, die entweder die Höhe der

---

821 So erlauben die Article 42, Section 4205 und Article 11, Section 1113, Subsection (a) des New York Insurance Code den Betrieb der Kranken- und Unfallversicherung neben dem Betrieb der Lebensversicherung sowie der Article 41, Section 4102, Subsection (a) des New Yorker Insurance Code die Kombination verschiedener Schadensversicherungssparten.

822 Vgl. etwa Article 41, Section 4103, Table One des New Yorker Insurance Code.

823 Vgl. etwa Article 41, Section 4103, Notes to Table One des New York Insurance Code.

Kapitalausstattung betreffen oder bestimmte Forderungen bezüglich deren Anlageform aufstellen.

aa) Höhe der Kapitalausstattung

Die Vorschriften über die Höhe der Kapitalausstattung variieren hinsichtlich ihrer Anforderungen stark in den einzelnen Bundesstaaten. Ein Grundkonsens herrscht lediglich insoweit, als jeder Staat von jedem Versicherer, der eine Genehmigung beantragt, den Nachweis einer Mindestkapitalausstattung fordert[824]. Ansonsten fordern alle Bundesstaaten unterschiedlich hohe Kapitalreserven abhängig von der Rechtsform des Antragstellers sowie den im Antrag bezeichneten Sparten.

(1) Versicherungsaktiengesellschaften

In den meisten Staaten wird von den Versicherungsaktiengesellschaften (Stock Insurance Corporations) neben einer erforderlichen Mindestkapitalausstattung (Minimum Capital), welche allgemein der Sicherung der Ansprüche der Versicherungsnehmer dient, zusätzlich noch die Schaffung einer zusätzlichen Rücklage (Surplus) gefordert[825]. Der Grund für die Trennung von Capital und Surplus liegt darin begründet, daß das Surplus-Erfordernis nur bis zur Beendigung der Gründungsphase aufrechterhalten wird. Anschließend fällt dieses Erfordernis entweder komplett weg oder die Forderung nach einem „Initial Surplus“ wandelt sich um in einen meist niedrigeren „All Time Minimum Surplus“[826].

Hinsichtlich der Höhe dieser beiden Kapitalausstattungsformen unterscheiden die Versicherungsaufsichtsgesetze regelmäßig nach den beabsichtigten Versicherungssparten und verlangen hierfür unterschiedliche Kapitalsätze[827]. Allen amerikanischen Bundesstaaten ist jedoch

---

[824] *Neeb*, S. 173.

[825] Für Stock Property / Casualty Insurance Companies, vgl. Article 41, Section 4103; für Stock Accident and Health Insurance Companies, vgl. Article 42, Section 4204; für Stock Life Insurance Companies, vgl. Article 42, Section 4202 des New York Insurance Code.

[826] Vgl. *Neeb*, S. 173; *Appleman*, S. 151 ff.

[827] Vgl. hierzu *Hanson*, S. 63.

gemein, daß die Lebensversicherung in der Regel die strengsten Mindesterfordernisse unter den Einzelsparten aufweist[828]. In New York betragen die Anforderungen für die einzelnen Sparten[829]:

Art der Versicherung	**Mindestkapital**	**Rücklage**
Life	2.000.000,-	4.000.000,-
Accident and Health	100.000,-	50.000,-
Burglary and Theft	300.000,-	150.000,-
Personal Injury Liability	500.000,-	250.000,-
Workers' Compensation and Employers' Liability	500.000,-	250.000,-
Credit	400.000,-	200.000,-
Fire	500.000,-	500.000,-
Fidelity and Surety	900.000,-	450.000,-
Property Damage Liability (Glass, Boiler and Machinery, Elevator, Animal)	50.000,-	50.000,-

Alle Angaben in US Dollar.

Ein Versicherer, der mehrere Versicherungssparten betreiben möchte (sogenannte Multiple Line Insurer), muß in der Regel eine Kapitalaustattung vorweisen, die sich aus der Kumulation der von ihm betriebenen Sparten ergibt[830]. Allerdings gibt es in New York für spezielle Spartenkombinationen einige Ausnahmen von diesem Grundprinzip[831]. Teilweise unterliegen Out of State Insurer zusätzlichen Anforderungen hinsichtlich der Höhe der Kapitalausstattung. So müssen Alien Stock Property and Casualty Insurer in New York 150 % des Mindestkapitals nachweisen, das normalerweise sowohl von Domestic wie auch Foreign Companies der gleichen Kategorie gefordert wird[832].

---

[828] Vgl. *Noob*, S. 174.

[829] Vgl. Article 41, Section 4103, Subsection a), Table One des New York Insurance Code für Property and Casualty Insurance Companies sowie Art. 42, Section 4202, Subsection a) des New York Insurance Code für Life Insurance Companies und schließlich Art. 42, Section 4204, Subsection a) des New York Insurance Code für Accident and Health Companies.

[830] *Hübner*, S.211; vgl. auch *Taylor-Schwing*, Insurance Law Journal 1976, S. 652 f.

[831] Insbesondere in Kombination mit der Feuerversicherung, vgl. Article 41, Section 4103, Notes to Table One des New York Insurance Code.

[832] Vgl. Article 41, Section 4103, Subsection c) des New York Insurance Code.

(2) Gegenseitigkeitsversicherer

Bei den Mutuals muß zwischen den großen und den kleinen Gegenseitigkeitsversicherern unterschieden werden. Im Falle der kleinen Gegenseitigkeitsversicherer, die in der Regel entweder nach einem Umlagesystem arbeiten oder von ihren Mitgliedern Nachschüsse erheben können, sind entsprechende Mindestkapitalanforderungen nicht notwendig. Bei ihnen genügt es vielmehr, wenn bei der Gründung eine bestimmte Anzahl von Aufnahmeanträgen mit einem entsprechenden Versicherungsvolumen ausgewiesen werden können.

Bei den größeren Gegenseitigkeitsversicherern hingegen findet das Umlageverfahren kaum Anwendung. Vielmehr finanzieren sich diese regelmäßig aus festen Prämiensätzen und unterscheiden sich auch sonst in ihren Geschäftsmethoden kaum von den Versicherungsaktiengesellschaften. Es ist daher auch nicht verwunderlich, daß diese annähernd den gleichen Anforderungen hinsichtlich der Kapitalausstattung unterworfen werden[833]. Da die Gegenseitigkeitsversicherer aufgrund ihrer besonderen Struktur jedoch kein Eigenkapital ausweisen können, wird statt dessen ein verbrauchbarer Organisationsfonds (Initial surplus) sowie ein dem Kapital der Aktiengesellschaft ähnlicher Garantiefonds (Minimum oder Permanent Surplus) gefordert. In New York betragen die Anforderungen für die einzelnen Sparten[834]:

---

[833] Vgl. *Hübner*, S. 212.

[834] Vgl. Article 41, Section 4107, Subsection a), Table Two des New York Insurance Code für Property and Casualty Insurance Companies sowie Art. 42 , Section 4208, Subsection b) des New York Insurance Code für Life und Accident and Health Companies.

Art der Versicherung	Anzahl der Mitglieder	Anzahl der Aufnahmeanträge	Initial Surplus	Minimum Surplus
Life	1.000	1.000 mit insgesamt eingezahlten Jahresprämien in Höhe von mindestens 25.000,-	150.000,-	100.000,-
Accident and Health	500	500 mit insgesamt eingezahlten Jahresprämien in Höhe von mindestens 20.000,-	150.000,-	100.000,-
Burglary and Theft	20	20	300.000,-	200.000,-
Personal Injury Liability	100	100	500.000,-	400.000,-
Workers' Compensation and Employers' Liability	10 – 40 abhängig von der Zahl der einzelnen Risiken	10 – 40 abhängig von der Zahl der einzelnen Risiken	500.000,-	400.000,-
Credit	20	20	750.000,-	500.000,-
Fire	50	300	300.000,-	200.000,-
Fidelity and Surety	--	--	1.500.000,-	1.000.000,-
Glass, Elevator and Animal	20	20	150.000,-	100.000,-
Boiler and Machinery	20	20	300.000,-	200.000,-

Alle Angaben in US Dollar.

Soweit ein Gegenseitigkeitsversicherer mehrere Versicherungssparten betreiben möchte, müssen bestimmte Beträge, abhängig von den zusätzlichen Sparten, zum Initial und Minimum Surplus hinzugerechnet werden, die aber unter den zur Gründung notwendigen Summen liegen[835]. Für Schadensversicherer auf Gegenseitigkeit aus Drittstaaten gelten diese

[835] Vgl. Article 41, Section 4107, Subsection b), Table Three des New York Insurance Code.

Anforderungen nicht. Vielmehr müssen diese eine treuhänderisch verwaltete Rücklage (Trusteed Surplus)[836] erbringen, welche mindestens dem von New Yorker Versicherungsaktiengesellschaften zu leistenden Surplus für entsprechende Versicherungssparten entspricht[837].

(3) Kritik und Reformansätze

Seit einiger Zeit ist das oben erläuterte System der summenmäßig pauschalierten Kapitalausstattung mit seinen nicht mehr nachvollziehbaren Schwankungsbreiten immer stärker in die Kritik geraten. Insbesondere die Festsetzung einer pauschalen Summe wird als Ausdruck gesetzgeberischer Willkür kritisiert[838], zumal die Ursachen für die Schwankungsbreite zwischen den einzelnen Bundesstaaten eher in den variierenden Zeitpunkten der letzten Überarbeitung der Versicherungsgesetze als in unterschiedlichen Auffassungen hinsichtlich der entstehenden Risiken oder der finanziellen Bedürfnisse zu suchen sind[839].

Nur vereinzelt wird das Konzept einer dynamischen Kapitalreserve angewendet, bei welchem sich diese entsprechend der Entwicklung des Versicherungsgeschäfts eines Unternehmens erhöht oder reduziert. So wenden einige Bundesstaaten - dem New Yorker Vorbild folgend - einen Richtlinienkatalog (die sogenannten „Kenney Rules“) für die Bewertung der finanziellen Situation der Versicherer an[840]. Danach sollte das Surplus eines Versicherers in Relation zu seinem Prämieneinkommen, bei Schadensversicherungen im Verhältnis eins zu zwei und bei Feuerversicherungen im Verhältnis eins zu eins stehen. Allerdings sind diese Richtlinien in keinem Versicherungsgesetz fixiert und finden nur als informelle Grundlage in der Beaufsichtigungspraxis Anwendung[841]. Jedoch wird auch diese Verknüpfung des Surplus mit dem Prämieneinkommen sowohl von den Versicherern selbst als auch von der Wissenschaft kritisiert. Insbesondere dann, wenn aufgrund von verstärkter

[836] Vgl. dazu Article 13, Section 1312 des New York Insurance Code.

[837] Article 41, Section 4108, Subsection b) des New York Insurance Code.

[838] Vgl. *Mayerson*, in: Kimball/Denenberg, S. 159.

[839] *Pfennigstorf*, International Encyclopedia of Comparative Law, Volume IX, S. 87.

[840] *Pfennigstorf*, International Encyclopedia of Comparative Law, Volume IX, S. 88.

[841] Vgl. *Mayerson*, in: Kimball/Denenberg, S. 181 ff.

Konkurrenz das Prämieneinkommen sinke und die Gefahr einer Insolvenz steige, würde eine derartige Koppelung zu einer Reduzierung der Kapitalausstattung führen. Entsprechend könnten bei einer anschließenden Erholung des Versicherungsmarktes und einem sich gleichsam erhöhenden Prämieneinkommen die Anforderungen an die Finanzausstattung ohne entsprechendes Absicherungsbedürfnis derart steigen, daß es im schlimmsten Fall sogar zu einer Verknappung des Angebots an Versicherungen kommen könne[842]. In beiden Fällen würde sich eine alleinige Verknüpfung der Anforderungen hinsichtlich der Höhe der Kapitalausstattung mit der Höhe des Prämieneinkommens des Versicherungsunternehmens als kontraproduktiv erweisen. Insbesondere in den Achtzigerjahren wurde diese Problematik auch in der Praxis spürbar.

Aus diesen Überlegungen heraus wurde vorgeschlagen, Methoden der Risikotheorie als Grundlage für die Kalkulation der für die unterschiedlichen Versicherer notwendigen Kapitalausstattung anzuwenden und alle für das Erfolgsrisiko des jeweiligen Unternehmens notwendigen Umstände im Einzelfall zu berücksichtigen[843]. Allerdings bereitet bereits die Entwicklung einer theoretischen Grundlage für eine derartige Analyse der individuellen Risiken der einzelnen Versicherer größte Schwierigkeiten. Schließlich erweist sich auch deren praktische Umsetzung als äußerst kompliziert. Hauptprobleme sind hierbei erstens die große Anzahl und Variationsbreite der Risikofaktoren, zweitens die ständige Veränderung von deren Eintrittswahrscheinlichkeiten und drittens das Fehlen entsprechender Experten für die konkrete Vornahme einer derartigen Analyse[844]. Aufgrund dieser Schwierigkeiten gibt es auch weit mehr theoretische Vorschläge als praktische Umsetzungen.

In den Vereinigten Staaten wurden diese neuen Ansätze hinsichtlich einer stärker individualsierten Festlegung der notwendigen Kapitalausstattung lediglich im Bundesstaat Wisconsin aufgegriffen, der in Fragen der Versicherungsaufsicht generell sehr reformfreudig ist. Nach dem 1971 erlassenen Gesetz[845] hat die Versicherungsaufsichtsbehörde in Wisconsin

---

[842] Vgl. *Pfennigstorf*, International Encyclopedia of Comparative Law, Volume IX, S. 88; *Mayerson*, in: Kimball/Denenberg, S. 183 ff.

[843] Vgl. *Mayerson*, in: Kimball/Denenberg, S. 159; *Hanson*, S. 64 f.

[844] Vgl. *Hofflander*, in: Kimball/Denenberg, S. 69 ff.; *Mayerson*, in: Kimball/Denenberg, S. 181 ff.

[845] Vgl. § 623 des Wisconsin Insurance Code.

die Möglichkeit, einen Betrag zwischen 200.000 US-Dollar und zwei Millionen US-Dollar als Mindestkapital festzusetzen. Bei dessen Bemessung hat die Behörde den Geschäftsplan, die von den Gründern vorgelegten Annahmen zur erwarteten Geschäftsentwicklung, die allgemeinen wirtschaftlichen Verhältnisse, den verfügbaren Rückversicherungsschutz und sonstige für den Kapitalbedarf der Gesellschaft relevante Umstände zu berücksichtigen[846].

Ähnliche Gesichtspunkte wurden auch von der NAIC beim Entwurf zweier Gesetzesentwürfe (Model Acts) aufgegriffen. Im ersten Gesetzesentwurf aus dem Jahre 1992 entwickelte der NAIC ein standardisiertes Verfahren zur Berechnung der notwendigen Kapitalausstattung auf Basis der individuellen Risiken für den jeweiligen Versicherer, beschränkt jedoch auf Unternehmen aus dem Bereich der Lebens- und Krankenversicherung[847]. Im folgenden Jahr wurde dieser Entwurf durch einen weitergehenden Gesetzesentwurf abgelöst, der nunmehr auf alle Versicherer und Sparten anwendbar war[848]. Gemäß dieses zweiten Model Acts soll jeder Versicherer nach entsprechender Anleitung durch die NAIC sein sogenanntes „Risk-Based Capital" errechnen und das Ergebnis dann sowohl an die NAIC sowie die zuständige Aufsichtsbehörde weiterleiten. Die Anleitungen und Faktoren, die zur Berechnung des Risk-Based Capitals herangezogen werden, sind ausgesprochen umfangreich und detailliert. Dabei wird jedes im Gesetzesentwurf festgeschriebene Risiko durch bestimmte Faktoren wie entsprechende Durchschnittswerte der jeweiligen Versicherungssparte, die bereits gewonnenen Erfahrungssätze des einzelnen Versicherers, die konkreten Rücklagen sowie die bestehende Rückversicherungs- und Investitionspraxis näher bestimmt[849].

Allerdings sind sowohl das Konzept des Risk-Based Capitals als auch die Methoden zu dessen Berechnung heftiger Kritik[850] ausgesetzt. Insbesondere wird davor gewarnt, daß eine Übernahme dieser neuen Kapital-

---

[846] *Hübner*, S. 213; *Pfennigstorf*, International Encyclopedia of Comparative Law, Volume IX, S. 89.

[847] Vgl. dazu *Gart*, S. 112 f.; *Hanson*, S. 65.

[848] Vgl. NAIC, Models II 312-1.

[849] Dazu näher bei *Simpson/Kellogg*, Best's Review, Feb. 1994, S. 49 ff.; *Barth*, NAIC Research Quarterly, April 1998, S. 17 ff.

[850] Dazu insbesondere *Cummins/Harrington/Niehaus*, Journal of Insurance Regulation 1993, S. 427 ff.; *Hefferan/Heidrich*, Best's Review, Juni 1992, S. 52 ff.

anforderungsstandards zu einem deutlichen Rückgang der Profitabilität der Versicherungswirtschaft führen könne und dadurch auf längere Sicht auch der gesamte Versicherungsmarkt gefährdet sei. Tatsächlich sind die beiden Gesetzesentwürfe der NAIC stark von der Insolvenzwelle, welche die amerikanische Versicherungswirtschaft in der zweiten Hälfte der Achtzigerjahre heimsuchte, den folgenden Anhörungen im Kongress sowie der daraus resultierenden Forderung nach strikterer Aufsicht beeinflußt. Um dem Gedanken einer Kapitalausstattung, die anhand der individuell bestehenden Risiken bestimmt ist, neuen Anschub zu geben, müßten die zu berücksichtigen Faktoren sowie deren Gewichtung bei der Berechnung vor einem weniger politisch aufgeheizten Hintergrund und unter ausgewogener Berücksichtigung aller beteiligten Interessen neu überarbeitet werden[851]. Nur so ließe sich die für eine derart weitreichende Innovation unbedingt notwendige Akzeptanz bei allen beteiligten Intressengruppen erreichen.

bb) Form der Kapitalausstattung

Neben den Regelungen über die Höhe des Kapitals, das ein Versicherer bei Stellung des Zulassungsantrags nachweisen muß, regeln die Versicherungsgesetze der einzelnen Bundesstaaten auch die Form, in welcher dieses vorliegen muß, um bei der Prüfung des Zulassungsgesuchs berücksichtigt zu werden[852]. Auch hinsichtlich dieser Kapitalanlagevorschriften variieren die Gesetze der einzelnen Bundesstaaten sehr stark.

(1) Hinterlegungspflichten

Die einschneidendsten Forderungen in bezug auf die Verwendung des geforderten Mindestkapitals sind die Hinterlegungspflichten (Deposit Requirements), die verlangen, daß ein bestimmter Betrag von diesem in bar oder in genau bezeichneten Wertpapieren bei der Aufsichtsbehörde oder einer von dieser zur Entgegennahme ermächtigten Stelle zu hinterlegen ist[853]. Die Höhe des Anteils des zu hinterlegenden Kapitals am gesamten Mindestkapital hängt in starkem Maße davon ab, in welchem

---

[851] Zu neuen am Cash-Flow orientierten Modellen vgl. *Cummins/Grace/Philipps*, 66 The Journal of Risk and Insurance 1999, S. 417 ff.

[852] Vgl. *Central Bank of West Lebanon v. Martin*, 70 Ind. App. 387 (1918).

[853] Vgl. *Neeb*, S. 175; *Appleman*, S. 178 ff.

Staat der Versicherer zugelassen werden möchte, welche Herkunft er hat und welche Sparten er betreiben will. Teilweise verlangen die Gesetze, daß das gesamte Mindestkapital und alle Pflichtreserven hinterlegt werden, teilweise wird lediglich ein bestimmter Teilbetrag gefordert[854]. Allerdings richtet sich diese Forderung meist nur an die Gruppe der Out of State Insurers. Mitunter sind sogar lediglich die Alien Insurers davon betroffen. In den Fällen, in denen auch Domestic Insurer von den Hinterlegungspflichten betroffen sind, ist der geforderte Betrag meist deutlich niedriger als in den zuvor genannten Fällen[855].

In der Regel ist der Zweck der Deposits in der Weise festgelegt, daß die Gelder zugunsten aller Versicherungsnehmer in den Vereinigten Staaten treuhänderisch zu hinterlegen sind. Manchmal erfolgt die Hinterlegung jedoch lediglich zugunsten der zukünftigen Versicherungsnehmer des jeweiligen Zulassungsstaates. Konsequenterweise werden nur dann jene Beträge, die von einem Versicherungsunternehmen im Rahmen eines bereits abgeschlossenen Zulassungsverfahrens in einem anderen Bundesstaat erbracht wurden, in einem späteren Zulassungsstaat anerkannt, wenn es sich um ein Deposit der erstgenannten Kategorie handelt[856].

(2) Kapitalanlagebestimmungen

Neben den Hinterlegungspflichten verfügen die Insurance Codes der Bundesstaaten über eine ganze Reihe von weiteren Bestimmungen bezüglich der Verwendung des Kapitals. Diese sind im Gegensatz zu den Hinterlegungspflichten nicht nur auf das Mindestkapital begrenzt, sondern gelten vielmehr für das gesamte Vermögen des jeweiligen Versicherungsunternehmens. Allerdings kann die Anlage bis zur Höhe des Mindestkapitals zusätzlichen Beschränkungen unterworfen sein[857]. Dennoch sind

---

[854] Lediglich die Staaten New Hampshire und Vermont kennen überhaupt keine Hinterlegungspflicht. In New York gibt es eine teilweise Hinterlegungspflicht für Domestic Life, Accident und Health Insurer, vgl. Article 41, Section 4104 des New York Insurance Code.

[855] Eine derartige Hinterlegungspflicht für Domestic Insurer kommt hauptsächlich in den Sparten der Title und Surety Versicherung vor, vgl. dazu *Neeb*, S. 175; *Taylor-Schwing*, Insurance Law Journal 1976, S. 657.

[856] Vgl. *Neeb*, S. 175 f.; *Taylor-Schwing*, Insurance Law Journal 1976, S. 663.

[857] Vgl. Article 14, Subsection 1402 des New York Insurance Code.

die in den Kapitalanlagevorschriften enthaltenen Beschränkungen weit weniger belastend als die der Hinterlegungspflichten.

Zum einen stehen den Versicherern trotz der Beschränkungen weiterhin eine große Anzahl von möglichen Anlageformen zur Verfügung, aus denen sie im großen und ganzen auch frei auswählen können[858]. Entsprechend werden grundsätzlich Schuldverschreibungen der öffentlichen Hand (Government Bonds), Industrieobligationen (Corporate Bonds), Stamm- und Vorzugsaktien (Common and Preferred Stock), Grundstücke und Immobilien (Real Estate), hypothekarisch gesicherte Forderungen (Mortgage Loans) sowie Bankguthaben (Savings and Bankaccounts) als zulässige Anlageformen anerkannt[859]. Teilweise werden für jede dieser einzelnen Anlageformen bestimmte Grenzen festgesetzt. Häufig wird jedoch nur ein Maximalanteil für Aktien festgeschrieben[860].

Zum anderen gibt es eine relativ große Übereinstimmung zwischen den Kapitalanlagevorschriften der einzelnen Bundesstaaten, was die gegenseitige Anerkennung vereinfacht[861]. Weiterhin existierende kleine Differenzen sind in der Regel unschädlich, da das in anderen Bundesstaaten entsprechend den dort geltenden Anlagevorschriften angelegte Kapital von den Aufsichtsbehörden anderer Bundesstaaten auch dann berücksichtigt wird, wenn diese Bestimmungen mit den eigenen Vorschriften wenigstens im Kern übereinstimmen (sogenannte „substantial compliance“)[862]. Großen Anteil an dieser positiven Vereinheitlichung hat die Arbeit der NAIC. Daneben haben aber auch die wirtschaftlich starken Bundesstaaten einen starken Anpassungszwang auf die schwächeren Staaten ausgeübt, indem sie von allen Versicherungsunternehmen, die innerhalb ihres Territoriums das Versicherungsgeschäft betreiben wollen, die strikte Beachtung ihrer Anlagevorschriften verlangen. Da es für fast alle überregional tätigen Versicherer notwendig ist, in den Wirtschaftszentren der Vereinigten Staaten präsent zu sein, sind die wirtschaftsschwächeren Staaten mehr oder weniger gezwungen, ihre Anlage-

[858] Vgl. *Taylor-Schwing*, Insurance Law Journal 1976, S. 654; *Russ/Segalla*, Couch on Insurance, § 2:30; *Hanson*, S. 48 f.

[859] Vgl. zur Rechtslage in New York Article 13 des New York Insurance Code.

[860] *State v. Wilson*, 179 Tenn. 54 (1942); *Dearborn National Ins. Co. v. Forbes*, 329 Mich. 107 (1950).

[861] *Neeb*, S. 177.

[862] *Hanson*, S. 47.

vorschriften an denen der wirtschaftsstärkeren zu orientieren, um nicht Gefahr zu laufen, wichtige Steuerzahler zu verlieren[863]. Aus diesem Gund wählen viele ausländische Versicherer den Staat New York als ihren Erstzulassungsstaat, weil dieser wirtschaftlich immens wichtige Bundesstaat stets auch von Versicherern, die bereits in einem anderen Bundesstaat zum Geschäftsbetrieb zugelassen sind, die strikte Beachtung seiner Kapitalanlagevorschriften fordert.

b) Personenbezogene Zulassungsvoraussetzungen

Eine weitere Gruppe von Zulassungsvoraussetzungen nimmt Bezug auf die personelle Struktur des antragstellenden Versicherungsunternehmens. Diese personenbezogenen Zulassungsvoraussetzungen befassen sich in erster Linie mit der Geschäftsleitung des Versicherers, von deren Mitgliedern eine ausreichende Qualifikation für die mit der Leitung eines Versicherungsunternehmens zusammenhängenden Aufgaben sowie persönliche Zuverlässigkeit gefordert wird. Zur Überprüfung dieser Qualifikation müssen genaue Informationen sowohl über den persönlichen als auch den beruflichen Werdegang der jeweiligen Personen bei den Aufsichtsbehörden eingereicht werden[864]. Gegenseitigkeitsversicherer haben darüber hinaus regelmäßig im Zulassungsantrag eine bestimmte Anzahl von bereits gestellten Versicherungsanträgen nachzuweisen, welche von vertrauenswürdigen Personen (Bona Fide Applicants) gestellt sein müssen[865]. Für Reciprocal Insurance Companies finden sich schließlich entsprechende Vorschriften, die sicherstellen, daß eine bestimmte Mindestzahl von Gründungsmitgliedern vorhanden sind[866].

c) Geschäftsplan

Schließlich wird noch die Vorlage eines Geschäftsplans verlangt, der aber in den meisten Staaten wenig detaillierten Anforderungen zu genügen hat.

---

[863] Vgl. *Neeb*, S. 177; *Kimball/Denenberg*, in: Kimball/Denenberg S. 129.

[864] *Neeb*, S. 178; *Hübner*, S. 214.

[865] Vgl. die Article 42, Section 4208 sowie Article 41, Section 4107, Subsection a) und Section 4102 Subsection b) des New York Insurance Code.

[866] So in New York durch Article 61, Section 6102, Subsection a) des New York Insurance Code.

Häufig reichen bereits Angaben über die Rechtsform und gegebenenfalls bei Gegenseitigkeitsversicherern über die beabsichtigte Art der Refinanzierung aus[867]. Teilweise werden aber auch Angaben über die Grundlagen des beabsichtigten Geschäftsbetriebs gefordert[868]. Schließlich werden vereinzelt darüber hinaus genaue Unterlagen wie etwa Prämienschemata, Policetexte und Provisionstabellen über Art und Umfang des angestrebten Versicherungsgeschäfts verlangt[869].

6. Besonderheiten für ausländische Versicherungsunternehmen

Schließlich ist auch die Herkunft eines Versicherers von wesentlicher Bedeutung für die Entscheidung über dessen Zulassung zum Geschäftsbetrieb. Für ausländische Unternehmen gelten zusätzlich zu den auch von inländischen Unternehmen zu erfüllenden Bedingungen besondere Zulassungsvoraussetzungen.

a) Bedeutung der Herkunft für die Zulassung

Generell wird in den aufsichtsrechtlichen Bestimmungen der einzelstaatlichen Versicherungsgesetze zwischen Versicherern mit Hauptsitz im Zulassungsstaat (Domestic Insurers) und solchen mit Hauptsitz in einem anderen Bundesstaat der Vereinigten Staaten von Amerika (Foreign Insurers)[870] sowie solchen mit Hauptsitz außerhalb der Vereinigten Staaten (Alien Insurers)[871] unterschieden. Die beiden letztgenannten Gruppen werden häufig unter dem Begriff „Out of State Insurers" zusammengefaßt. Dabei ist es für die Zuordnung eines Versicherers zu einer dieser Kategorien gänzlich unbeachtlich, in wessen Eigentum das Unternehmen steht. Auch eine hundertprozentige Tochter eines ausländischen Versicherungsunternehmens kann daher bei hinreichender organisatorischer

867 *Hübner*, S. 214.

868 Vgl. § 24.15024 der Michigan Statues Annotated.

869 Vgl. Chapter 175, § 49.5 des Massachusetts General Law.

870 Article 1, Section 107, Subsection a), Paragraph (21) des New York Insurance Code.

871 Article 1, Section 107, Subsection a), Paragraph (5) des New York Insurance Code.

Selbständigkeit und Hauptsitz im Zulassungsstaat als Domestic Insurer zugelassen werden[872].

Eine deutliche Trennlinie ziehen die Versicherungsgesetze zwischen den Domestic Insurers einerseits und der Gesamtgruppe der Out of State Insurers andererseits. Insbesondere im Zulassungsverfahren ist die Rechtsstellung der Out of State Insurers im Verhältnis zu den Domestic Insurers deutlich geschwächt[873]. So steht die Entscheidung über die Zulassung zum Geschäftsbetrieb bei den Out of State Insurers im freien, gerichtlich nicht nachprüfbaren Ermessen der zuständigen Aufsichtsbehörde[874]. Einen Anspruch auf Rechtsschutz hat der Out of State Insurer erst dann, wenn er bereits eine Zulassung erhalten hat und nunmehr über die Verlängerung der Konzession entschieden wird[875]. Wie bereits erläutert, ist eine entsprechende Verlängerung auch notwendig, da die den Versicherern erteilte Zulassung zum Geschäftsbetrieb grundsätzlich nur für einen begrenzten Zeitraum gilt und nach deren Ablauf neu beantragt werden muß.

Dagegen hat die Unterscheidung zwischen den Foreign und Alien Insurers innerhalb der Gruppe der Out of State Insurer deutlich geringere Konsequenzen, da die meisten der aufsichtsrechtlichen Vorschriften, die sich mit der Zulassung von nicht einheimischen Versicherern beschäftigen, nicht weiter zwischen Unternehmen aus anderen Bundesstaaten oder solchen aus Drittstaaten differenzieren. Allerdings gibt es eine gewisse Privilegierung für die Foreign Insurers im Bereich der Hinterlegungspflichten, da diese im Gegensatz zu den Alien Insurers ihre Deposits in ihrem Heimatstaat unterhalten können[876].

b) Eigenständige besondere Zulassungvoraussetzungen

Neben den bereits dargestellten Bestimmungen, die den Out of State Insurance Companies im Rahmen der allgemeinen kapitalbezogenen

---

[872] Vgl. *Neeb*, S. 171.

[873] Vgl. *Appleman*, S. 16 f.

[874] *Hübner*, S. 220; *Russ/Segalla*, Couch on Insurance, § 3:1.

[875] Vgl. *Appleman*, S. 19.

[876] Vgl. *Pfennigstorf*, in: Kimball/Denenberg, S. 467.

Zulassungsvoraussetzungen besondere Verpflichtungen auferlegen, gibt es in den Versicherungsaufsichtsgesetzen weitere Vorschriften, die sich ausschließlich an nicht einheimische Versicherungsunternehmen wenden.

Wichtigste Zulassungsvoraussetzung ist zunächst, daß der Out of State Insurer wirksam nach seinem Heimatrecht errichtet und zum Geschäftsbetrieb zugelassen wurde[877]. Teilweise ist darüber hinaus notwendig, daß das jeweilige Unternehmen bereits eine bestimmte Mindestzahl von Jahren unter heimatlicher Versicherungsaufsicht tätig war[878]. Darüber hinaus besteht die Möglichkeit, daß die Aufsichtsbehörde eine eigene Untersuchung des Unternehmens durchführt oder einen entsprechenden Bericht durch die Aufsichtsbehördes des Heimatlands als Zulassungsvoraussetzung vorschreibt[879]. Schließlich benötigt das antragstellende Unternehmen eine im Zulassungsstaat belegene Zustellungsadresse und muß einen autorisierten Manager oder Generalagenten für die Entgegennahme behördlicher Mitteilungen und Maßnahmen benennen[880].

c) Besondere Zulassungsvoraussetzung aufgrund von "Retaliatory Statutes"

Weitere besondere Zulassungsvoraussetzungen für Out of State Insurers können schließlich auch aus der Anwendung der sogenannten "Retaliatory Statutes" entstehen, die fast alle Bundesstaaten zum Schutze der eigenen Versicherungswirtschaft in ihren Versicherungsgesetzen inkorporiert haben. Zwar unterscheiden sich die einzelnen Bestimmungen der

---

[877] Article 11, Section 1106, Subsection a), Paragraph (1) des New York Insurance Code; vgl. auch *Neeb*, S. 179.

[878] Vgl. *Day*, S. 70; *Taylor-Schwing*, Insurance Law Journal 1976, S. 665; für die Zulassung in New York ist erforderlich, daß das entsprechende Versicherungsunternehmen mindestens drei Jahre tätig war. Allerdings kann der Superintendent auf dieses Erfordernis verzichten, wenn es nicht zum Schutz der Versicherten notwendig ist, Article 41, Section 4119 des New York Insurance Code.

[879] Vgl. Article 11, Section 1106, Subsection a), Paragraph (3) des New York Insurance Code.

[880] Teilweise wird der Insurance Commissioner von den Insurance Codes als Zustellungsadresse für alle Versicherer bestimmt. Der Commissioner muß in diesem Fall die bereits wirksam gewordenen Anordnungen an eine von den Versicherern benannte Stelle weiterleiten, vgl. Article 12, Section 1212 ff. des New York Insurance Code.

jeweiligen Bundesstaaten im Detail, das Grundprinzip ist jedoch bei allen gleich. Danach sind Out of State Insurer immer dann zusätzlichen Voraussetzungen ausgesetzt, wenn ihr Heimatstaat Versicherer des Zulassungsstaats nur unter entsprechenden Bedingungen zum Geschäftsbetrieb zuläßt. Teilweise erschöpft sich die Wirkung der Anwendung dieser Bestimmungen darin, daß die ohnehin für alle Antragsteller geltenden Zulassungsvoraussetzungen in bezug auf Out of State Insurer verschärft werden. Darüber hinaus können die entsprechenden Normen aber auch dazu führen, daß von einem Versicherer Voraussetzungen erwartet werden, die ansonsten im Zulassungsstaat völlig unbekannt sind[881].

Allerdings richten sich die meisten Retaliatory Statutes lediglich gegen Versicherer aus anderen amerikanischen Bundesstaaten. Soweit aber auch Alien Insurers von ihnen erfaßt werden, wird ihnen häufig freigestellt, selbst zu bestimmen, welche Rechtsordnung als Bezugspunkt für dessen Anwendung gelten soll. Regelmäßig besteht eine Wahlmöglichkeit zwischen dem Recht des Staates der ersten Zulassung in den Vereinigten Staaten, dem Recht des Sitzes der Hauptverwaltung oder dem Recht des Staates, in dem die höchsten Sicherheiten hinterlegt wurden[882]. Das Gesetz des Staates New York unterscheidet hingegen zwischen den Anforderungen an Unternehmen aus anderen Bundestaaten sowie den Anforderungen an Versicherer mit Hauptsitz außerhalb der Vereinigten Staaten. Während bei der ersten Gruppe konkret die einzelnen finanziellen Anforderungen wie insbesondere Steuern und Lizenzgebühren miteinander verglichen werden[883], wird hinsichtlich der zweiten Gruppe summarisch geprüft, ob in dem jeweiligen Staat der Marktzugang von Unternehmen aus New York entweder grundsätzlich verwehrt oder durch übertriebene Anforderungen übermäßig erschwert wird[884]. Als Reaktion kann die New Yorker Aufsichtsbehörde entsprechende Anforderungen an die Unternehmen dieses Staates richten, deren Antrag auf Zulassung trotz Erfüllung der sonstigen Voraussetzungen abweisen und sogar allen bereits zugelassenen Unternehmen dieses Staates die Lizenz entziehen, solange die jeweilige Belastung der eigenen Unternehmen fortbesteht. Hingegen sind Versiche-

---

881 Vgl. *Neeb*, S. 180.

882 Vgl. *Taylor-Schwing*, Insurance Law Journal 1976, S. 666; *Neeb*, S. 180; *Appleman*, S. 132 ff.

883 Article 11, Section 1112, Subsection a) New York Insurance Code.

884 Article 11, Section 1112, Subsection b) New York Insurance Code.

rer aus anderen Bundesstaaten lediglich den entsprechenden finanziellen Anforderungen ihres Heimatstaates ausgesetzt.

Von einer Ausnahme[885] abgesehen hielten die amerikanischen Gerichte bisher alle Retaliatory Statutes für mit den Verfassungen der Einzelstaaten und des Bundes vereinbar[886]. Dabei war für die Gerichte entscheidend, daß die Bestimmungen - unabhängig von ihrer Bezeichnung - eher reziproker als vergeltender Natur sind. So sei es nicht Ziel der entsprechenden Normen, den eigenen Versicherungsmarkt gegen ausländische Konkurrenten abzuschotten, sondern vielmehr sollen die anderen Staaten angehalten werden, ihrerseits Unternehmen des Staates, welcher die Retaliatory Statues erlassen hat, unter den gleichen Bedingungen zuzulassen, die dieser an ausländische Unternehmen stellt[887]. Diese marktöffnende Zielrichtung wird insbesondere dadurch deutlich, daß die Bestimmungen eindeutig stärker das zukünftige als das vergangene Zulassungsverhalten für die Beurteilung der Gegenseitigkeit zu Grunde legen[888]. Entsprechend können auch nach dem Gesetz des Staates New York sowohl die Verweigerung der Zulassung als auch deren Verknüpfung mit der Erfüllung zusätzlicher Bedingungen nur solange aufrecht erhalten werden, bis die Aufsichtsbehörde Kenntnis davon erlangt, daß der Heimatstaat des antragstellenden Unternehmens seinerseits solche Maßnahmen nicht mehr anwendet[889].

Gleichzeitig verlangen die Gerichte eine enge Auslegung der Retaliatory Statues, da diese trotz ihrer marktöffnenden Zielrichtung auch einen strafenden Charakter haben[890]. Entsprechend ist allein die Behauptung der

---

[885] So lediglich in Alabama, vgl. *State v. Firemen's Fund Ins. Co.*, 223 Ala. 134 (1931).

[886] *People v. Fire Association of Philadelphia*, 92 N.Y. 311 (1883), affirmed 119 U.S. 110 (1886); *Franklin Life Ins. Co. v. State Board of Equalization*, 63 Cal. 2d 222 (1965); *Western & Southern Life Ins. Co. v. State Board of Equalization*, 451 U.S. 648 (1981).

[887] *Russ/Segalla*, Couch on Insurance, § 3:35.

[888] *Phoenix Ins. Co. v. Welch*, 29 Kan. 672 (1883); *Bankers Life Co. v. Richardson*, 192 Cal. 113 (1923); *Executive Life Ins. Co. v. Commonwealth*, 147 Pa. Commw. 105 (1992), affirmed 533 Pa. 321 (1993).

[889] Article 11, Section 1112, Subsection b) des New York Insurance Code.

[890] *Griesa v. Massachusetts Ben. Ass'n*, 15 N.Y.S. 71 (1891), affirmed 133 N.Y. 619 (1892); *Bankers Life Co. v. Richardson*, 192 Cal. 113 (1923); *Occidental Life Ins. Co. v. Commonwealth*, 6 Pa. Commw. 532 (1972).

Existenz von Gesetzen mit beschränkender Wirkung in einem anderen Staat nicht ausreichend, um entsprechende Maßnahmen gegen Unternehmen mit Sitz in diesem zu verhängen. Vielmehr ist notwendig, daß der beschränkende Effekt sowie die daraus resultierende ungerechtfertigte Benachteiligung von inländischen Unternehmen konkret bewiesen wird[891]. Ausgangspunkt und Grundlage einer entsprechenden Analyse durch die Aufsichtsbehörden der einzelnen Bundesstaaten ist grundsätztlich der Wortlaut aller derjenigen ausländischen Gesetzte, welche Einfluß auf die Zulassung und Belastung von ausländischen Versicherungsunternehmen haben können. Darüber hinaus muß aber auch die konkrete Anwendung dieser Normen im Rahmen ihrer Beurteilung berücksichtigt werden[892]. Grundsätzlich unerheblich für die Anwendung von Retaliatory Statues ist hingegen, ob tatsächlich ein inländisches Versicherungsunternehmen durch die beschränkenden Vorschriften des anderen Staates von einer Tätigkeit in diesem abgehalten wurde[893].

d) Section 301-Verfahren

Die Retaliatory Statues der Bundesstaaten sind aber nicht die einzige Basis, um ausländischen Versicherungsunternehmen aufgrund von Vergeltungsrecht den Marktzugang zu verweigern. Eine weitere Grundlage ist Section 301 des U.S. Trade Act von 1974[894], der eine Ermächtigung des Kongresses an den Präsidenten enthält, wirtschaftliche Vergeltungsmaßnahmen gegen solche Handelsmaßnahmen zu ergreifen, die internationale Handelsabkommen verletzen oder den amerikanischen Handel durch ungerechtfertigte, unvernünftige oder diskriminatorische Handlungen oder Praktiken belasten oder beeinträchtigen[895]. Die Ermächtigung erlaubt unfangreiche Vergeltungsmaßnahmen wirtschaftlicher Natur, welche nicht notwendigerweise eine Verbindung mit dem ihnen zugrunde-

---

[891] *Pacific Mut. Life Ins. Co. v. State*, 161 Wash. 135 (1931).

[892] *Russ/Segalla*, Couch on Insurance, § 3:38; *Equitable Fire & Marine Ins. Co. v. Commonwealth*, 195 Va. 752 (1954).

[893] *Germania Ins. Co. v. Swigert*, 128 Ill. 237 (1889); *State v. Insurance Co. of North America*, 71 Neb. 335 (1904).

[894] Trade Act of 1974, § 301, 19 U.S.C. § 2411, Publ. L. No. 93-618, 88 Stat. 1978 (3.1.1975).

[895] Umfassend dazu *Bayard*, S. 79 ff.

liegenden ausländischen Verhalten aufweisen müssen[896]. Das Verfahren soll vornehmlich der Streitbeilegung und dem Abbau von Beschränkungen dienen, welche den amerikanischen Waren- und Dienstleistungsexport behindern[897].

Eingeleitet wird das Verfahren nach Section 301 entweder durch privaten Antrag[898] an den "United States Trade Representative" (USTR) oder durch den USTR selbst, gegebenfalls auf Weisung des Präsidenten. Im ersten Fall muß der USTR in 45 Tagen über die Einleitung einer Untersuchung entscheiden. Im Falle einer positiven Entscheidung kann der Antragsteller eine öffentliche Anhörung verlangen[899]. Durch die 1988 eingefügten Änderungen[900] ist das ehemals breite Ermessen des USTR bezüglich der Einleitung einer Untersuchung etwas eingeschränkt worden[901]. Dennoch obliegt ihm weiterhin die Durchführung der Untersuchung. Er hat den fremden Staat zu konsultieren und im Falle fruchtloser Konsultationen eventuell anwendbare Streitschlichtungsmechanismen einzuleiten. Stellt der USTR fest, daß unfaire Handelspraktiken im Sinne von Sektion 301 vorliegen und daß der entsprechende Konflikt nicht durch Konsultationen und Streitschlichtung zu lösen ist, muß er den Präsidenten darüber beraten, ob und gegebenenfalls welche Gegenmaßnahmen zu treffen sind[902]. Grundsätzlich unterliegt das gesamte Verfahren einem strikten Zeitrahmen.

Auch auf den Versicherungssektor ist das Section 301-Verfahren angewendet worden. Auf Bestreben einer Gruppe von amerikanischen Versicherungsunternehmen, denen die Republik Korea keine Genehmigung für die Ausübung bestimmter Zweige des Versicherungsgeschäfts

[896] 19 U.S.C. 2411(a).

[897] *Svernlöv*, 31 Harvard International Law Journal 1999, S. 359.

[898] Section 301(d)(9) des Trade Act von 1974 i.d.F. von 1988.

[899] Section 302(a)(4) des Trade Act von 1974.

[900] Die Änderungen erfolgten durch den "Omnibus Trade and Competitiveness Act" von 1988, Pub. L. No. 100-418, title I, §§ 1301 - 1302, Stat. 1107, 1164 - 1176 (23.8.1988).

[901] So ist das Ermessen des USTR im Hinblick auf das Ergreifen von Vergeltungsmaßnahmen in solchen Fällen reduziert, in denen die ausländische Handelspraxis nach Festellung des USTR Rechtspositionen der Vereinigten Staaten verletzt oder als ungerechtfertigt (unjustifiable) einzustufen ist.

[902] Section 304 des Trade Act von 1974.

im Inland erteilt hatte[903], initiierte der USTR 1985 auf Weisung des amerikanischen Präsidenten eine entsprechende Untersuchung. Die Unternehmen argumentierten, daß Korea durch die Verweigerung der Zulassung seine Verpflichtungen aus dem 1956 mit den Vereinigten Staaten geschlossenen Freundschafts-, Handels- und Schiffahrtsvertrag[904] verletzt habe. Die Verhandlungen mit Korea verliefen anfänglich recht schleppend, woraufhin der USTR ankündigte, er werde dem Präsidenten Vergeltungsmaßnahmen gegen Korea im Bereich des Warenverkehrs empfehlen[905]. Aufgrund der Bedeutung der Vereinigten Staaten als wichtiger Exportmarkt Koreas war diese Androhung hochwirksam[906]. Mit sofortiger Wirkung nahm Korea zwei amerikanische Unternehmen in den Pool der zur Feuerpflichtversicherung zugelassenen Unternehmen auf[907]. Zudem verpflichtete sich die koreanische Regierung, bis Ende 1986 wenigstens eine Zweigniederlassung eines amerikanischen Unternehmens zum Lebensversicherungsgeschäft zuzulassen und in der Zukunft weiteren amerikanischen Versicherern Zugang zum Lebens- und Nichtlebensgeschäft zu öffnen.

Mit dem Section 301-Verfahren verfügt auch der Bund über eine Rechtsgrundlage für Vergeltungsmaßnahmen. Im Gegensatz zu den Retaliatory Statues der Bundesstaaten sind die potentiellen Gegenmaßnahmen des Bundes jedoch nicht auf eine entsprechende Anwendung der angegriffenen ausländischen Regelungen begrenzt. Vielmehr können diese auch andere Bereiche des Außenhandels betreffen, die möglicherweise eine größere wirtschaftliche Bedeutung für den betroffenen Staat haben. Entsprechend drohte der USTR in den Verhandlungen mit Korea

---

903 Die Unternehmen beklagten insbesondere die Verweigerung des Zugangs zum koreanischen Lebensversicherungsmarkt sowie der Feuerpflichtversicherung.

904 Treaty of Friendship, Commerce and Navigation between the United States of America and the Republic of Korea, vom 28. November 1956, 8 U.S.T. 2217, T.I.A.S. 3947.

905 Vgl. *Cho*, 2 World Bank Economic Review 1988, S. 242.

906 *Cho*, 2 World Bank Economic Review 1988, S. 248.

907 In Korea besteht eine Feuerversicherungspflicht für bestimmte Gebäude, insbesondere für mehr als vierstöckige Gebäude in sieben großen koreanischen Städten. Für diese Versicherung hatten die Unternehmen einen pool gebildet, an dem ursprünglich kein ausländischer Versicherer beteiligt war. In 1984 machte der Pool lediglich drei Prozent des gesamten Feuerversicherungsmarktes aus, war jedoch der lukrativste Teil des koreanischen Nichtlebensmarktes, vgl. *Cho*, 10 World Economy 1987, S. 487.

nicht damit, die Zulassung von koreanischen Versicherern restriktriv zu behandeln, sondern mit Beschränkungen des Warenverkehrs. Gleichermaßen kann aber auch die Feststellung von beeinträchtigenden ausländischen Maßnahmen in anderen Bereichen zu beschränkenden Vergeltungsmaßnahmen für den Versicherungshandel führen.

Unzweifelhaft ist der eher machtorientierte Ansatz des Section 301-Verfahrens aufgrund der wirtschaftlichen Bedeutung der Vereinigten Staaten durchaus effektiv[908]. Zudem führt der feste Zeitrahmen in vergleichsweise kurzer Zeit zu konkreten Ergebnissen[909]. Trotzdem ist der stark unilaterale Ansatz des Verfahrens auch einiger Kritik ausgesetzt[910]. Insbesondere wird es als verfahrensmäßig ungerecht empfunden, daß die Vereinigten Staaten einen Handelskonflikt nach eigenen Maßstäben untersuchen und schließlich die einseitig gefundene Entscheidung mit dem Mittel der Retalation durchsetzen. Dadurch würden zum einen die bereits bestehenden multilateralen Regeln und Mechanismen zur Konfliktlösung mißachtet und zum anderen die Gefahr erhöht, daß auch andere Staaten verstärkt auf die Grundsätze der Retorsion zurückgreifen. Dies würde schließlich die Perspektiven für die weitere Entwicklung verläßlicherer Konzepte und Verfahren auf multilateraler Ebene schwächen. Zudem beruht der Erfolg des Section 301-Verfahrens zu einem nicht geringen Teil auf der negativen Publizität, mit welcher der angegriffene Staat überzogen wird, wodurch dieser seinerseits zu protektionistischen Gegenreaktionen veranlaßt werden könnte[911]. Grundsätzlich sind aber weder die Drohung mit Vergeltungsmaßnahmen noch die Gefahr entsprechender Gegenmaßnahmen des angegriffenen Staates geeignet, das Vertrauen der Unternehmen in verläßliche und faire Rahmenbedingungen zu fördern, und können bei häufigem Gebrauch zu einem unsicheren Handelsklima führen. Daher sind Verhandlungen auf multilateraler Ebene auf lange Sicht besser geeignet, die Stabilität der internationalen Handelsbeziehungen zu erhöhen[912]. Es ist daher zu hoffen, daß die Vereinigten Staaten angesichts

---

908 Siehe dazu weitere Beispielsfälle aus anderen Wirtschaftsbereichen bei *Bayard*, S. 101 ff.

909 Das Verfahren gegen Korea dauerte beispielsweise lediglich zehn Monate.

910 So insbesondere *Maruyama*, 11 Michigan Journal of International Law 1990, S. 398.

911 *Fisher/Steinhardt*, 14 Law and Policy in International Business 1982, S. 575.

912 Vgl. *Maruyama*, 11 Michigan Journal of International Law 1990, S. 401.

der Bemühungen im Rahmen des GATS[913] vorsichtig und zurückhaltend mit dem Instrument des Section 301-Verfahrens umgehen werden.

Zudem haben die Europäische Gemeinschaft und ihre Mitgliedstaaten, unterstützt von 16 anderen WTO Mitgliedsländern, ein Verfahren vor den Streitbeilegungsinstanzen der WTO zur Überprüfung des Section 301-Verfahrens angestrengt. Trotz grundsätzlicher Zustimmung zu der Kritik[914] konnten die Vereinigten Staaten eine formelle Verurteilung in der WTO vorerst vermeiden, indem sie sich eine administrative Selbstbeschränkung auferlegten, derzufolge Sanktionen nach dem U.S. Trade Act solange nicht eintreten, wie der relevante Konflikt Gegenstand eines WTO-Streitbeilegungsverfahrens ist[915].

II. Sondermärkte

Ausgehend von der Struktur der Versicherungsaufsicht ist der amerikanische Versicherungsmarkt in Teilmärkte untergliedert. Von dem Regulären Versicherungsmarkt, für den die oben dargestellten Zulassungsvoraussetzungen gelten, lassen sich der Markt für schwerversicherbare Risiken (Surplus Lines Markt), der Rückversicherungsmarkt und der Freie Versicherungsmarkt unterscheiden. Für jeden dieser Teilmärkte bestehen zulassungsrechtliche Besonderheiten.

1. Surplus-Lines-Markt

Soweit für ein Risiko am Regulären Versicherungsmarkt kein entsprechender Versicherungsschutz erlangt werden kann, besteht die zusätzliche Möglichkeit, dieses Risiko auf dem sogenannten „Surplus Lines Market“ unterzubringen. Damit erfüllt der Surplus Lines Markt im System der amerikanischen Versicherungswirtschaft gewissermaßen die Funktion eines „Auffangbeckens“ für Spezialrisiken. Das Prämienvolumen wird auf ungefähr 2 – 4 %[916] des Gesamtvolumens der Schadens-

---

[913] Siehe dazu unter Vierter Teil B.

[914] Vgl. dazu WTO Dokument WT/DS152/R vom 8. November 1999.

[915] *Kampf*, in: Grabitz/Hilf, E 26 Rn. 67.

[916] Vgl. *Weese*, S. 19; *Hübner*, S. 215.

versicherung geschätzt, abhängig von den Marktzyklen des Regulären Marktes.

Obwohl das Spektrum der unterschiedlichen Surplus-Lines-Risiken ausgesprochen groß ist, lassen sich diese im wesentlichen in drei Gruppen unterteilen. Die erste Gruppe besteht aus Risiken, deren artgemäße Beschaffenheit eine Vermittlung am Regulären Markt wegen der dort vorhandenen Angebotsstruktur nicht gestattet, wie zum Beispiel die Versicherung von industriellen Spezialrisiken oder die von Körperteilen berühmter Sportler[917]. Die zweite Gruppe umfaßt Risiken, deren schlechte Qualität ihre Deckung zu den von der Aufsichtsbehörde genehmigten Tarifen nicht erlaubt. Die dritte Gruppe bilden solche Risiken, deren Höhe die Zeichnungskapazitäten des Regulären Marktes übersteigen[918].

Teilweise wird innerhalb des Surplus-Lines-Marktes zusätzlich zwischen „echten" Surplus-Lines-Versicherungen und sogenannten Excess-Lines-Versicherungen[919] unterschieden. Bei der Excess-Lines-Insurance ist im Gegensatz zur echten Surplus-Lines-Insurance ein Teil des Risikos am Regulären Versicherungsmarkt versicherbar. Folglich muß die Surplus-Lines-Versicherung in diesen Fällen lediglich das verbleibende Restrisiko abdecken, um so den Versicherungsschutz zu vervollständigen[920].

Seine Entstehung verdankt der Surplus-Lines-Markt dem im amerikanischen Versicherungswesen schon früh erkennbar gewordenen Konflikt zwischen zwei teilweise konträren Zielen der Versicherungsaufsicht. Einerseits ist es Aufgabe der staatlichen Aufsicht, das Vertrauen der Öffentlichkeit in die nationale Versicherungswirtschaft herzustellen und durch Überwachung der Solvabilität der Versicherer auch zu erhalten. Zur Verfolgung dieses Ziels ist es geboten, möglichst strenge Anforderungen an die einzelnen Versicherungsunternehmen zu richten. Andererseits soll aber auch dafür gesorgt werden, daß zu jedem Zeitpunkt ein ausreichendes Angebot an Versicherungsschutz auf dem Markt besteht. Dieses Ziel

---

[917] Vgl. NAIC, Background Study of the Non-Admitted Insurance Market 1980, S. 21 ff.

[918] Vgl. *Neeb*, S. 111 ff.

[919] Ausführlich dazu *Marick*, 24 Tort & Insurance Law Journal 715 (1989); *Seaman/Kittredge*, 32 Tort & Insurance Law Journal 653 (1997); *Pope/Blanchard*, 57 Defense Counsel Journal 162 (1989).

[920] Vgl. *Stewart*, VW 1983, S. 166; *Fandel/Byers/Hummer*, 35 Tort & Insurance Law Journal 301 (2000), S. 306 ff.

verlangt jedoch nach Zulassungskriterien, die von möglichst vielen potentiellen Anbietern erfüllt werden können[921].

Im Laufe der Entwicklung der amerikanischen Versicherungsaufsicht gab es die unterschiedlichsten Ansätze zur Lösung dieses Konflikts, welche von äußerst strikten Zulassungsvoraussetzungen für den Regulären Versicherungsmarkt bei gleichzeitigem Verbot jeglicher Aktivität außerhalb dieses Marktes bis zur weitgehend unbeschränkten Duldung des Geschäftsbetriebs von Gesellschaften, die nicht zum Geschäftsbetrieb am Regulären Versicherungsmarkt zugelassen waren, reichten[922]. Mit der Zeit wurde jedoch die Notwendigkeit eines außerhalb des Regulären Versicherungsmarktes liegenden Alternativmarktes anerkannt, und es entwickelten sich sogar eigenständige Kriterien zur Beurteilung der Zulässigkeit des Geschäftsbetriebs. Schließlich wurden diese Kriterien von der NAIC in zwei Mustergesetzen aus den Jahren 1968 und 1982 zusammengestellt, die nunmehr im Jahre 1994 zum Nonadmitted Insurance Model Act zusammengefaßt worden sind[923]. Die ersten beiden Mustergesetze sind von fast allen Bundesstaaten übernommen worden, so daß insoweit annähernd gleichwertige Aufsichtsmaßstäbe bestehen[924].

a) System der Aufsicht über den Surplus-Lines-Markt

Bezugspunkt bei der Aufsicht über den Surplus-Lines-Markt ist der sogenannte Surplus Lines Broker. Bei diesem handelt es sich um einen Versicherungsmakler, dem über seine allgemeine Erlaubnis zur Vermittlung von Versicherungsverträgen auch eine besondere Konzession für die Vermittlung von Surplus-Lines-Risiken verliehen wurde[925]. Voraussetzung für eine derartige Konzession ist, daß sich der Surplus Lines Broker entsprechend strengeren Zulassungsvoraussetzungen unterwerfen muß. In der Regel muß der entsprechende Bewerber seinen Wohnsitz im Zulassungsstaat haben und besondere Erfahrungen nachweisen. Zusätzlich hat er im Vergleich zu den nur am Regulären Markt tätigen Versiche-

---

921 *Neeb*, S. 185.

922 Vgl. *Stewart*, VW 1983, S. 162 ff.

923 Nonadmitted Insurance Model Act, NAIC, Models IV 870-1.

924 Vgl. *Hübner*, S. 215.

925 *Neeb*, S. 187; *Hübner*, S. 215.

rungsmaklern höhere Lizenzgebühren und Sicherheitsleistungen zu erbringen[926].

Um zu verhindern, daß die Surplus-Lines-Versicherer, aufgrund der schwächeren Einflußnahme der Bundesstaaten auf diesem Sondermarkt, einen Wettbewerbsvorteil gegenüber den regulären Versicherern haben, muß der Surplus Lines Broker nachweisen, daß eine entsprechende Deckung des Risikos am Regulären Versicherungsmarkt nicht zu erlangen war. Da ein entsprechender Beweis nur schwer zu erbringen ist, reicht es häufig aus, wenn der Makler nachweisen kann, daß er hinreichende Anstrengungen unternommen hat, um eine derartige Deckung zu erlangen[927]. Teilweise wird verlangt, daß der Makler das Risiko einer bestimmten Anzahl von zum am Regulären Markt zugelassenen Versicherungsunternehmen erfolglos zur Zeichnung angeboten hat[928]. Daneben gibt es Vorschriften, die vom jeweiligen Surplus Lines Broker eine eidesstattliche Versicherung fordern, in welcher dieser bescheinigt, daß das entsprechende Risiko am Regulären Markt nicht plaziert werden konnte[929].

b) Zulassungsvoraussetzungen für Surplus-Lines-Versicherer

Die weitaus meisten Bundesstaaten verzichten auf ein formelles Zulassungsverfahren für Surplus Lines Versicherer. Vielmehr wenden sich die Aufsichtsgesetze dieser Staaten ausschließlich an die Surplus-Lines-Makler und verpflichten diese, bestimmte Kriterien bei der Vermittlung des Geschäfts zu beachten, um so die finanzielle Solidität des vermittelten Versicherers zu überprüfen. Entsprechend dürfen nur diejenigen Versicherungsunternehmen, die diese im Gesetz vorgeschriebenen Kriterien erfüllen, das jeweilige Surplus-Risiko zeichnen, so daß auch der Surplus-Lines-Markt einer - wenn auch nur mittelbaren - Aufsicht unterliegt[930]. In vielen Bundesstaaten werden zur Unterstützung dieser Tätigkeit der

---

926 Vgl. Article 21, Section 2105 des New York Insurance Code.

927 Dieser Nachweis wird allgemein als „diligent effort requirement" bezeichnet, vgl. dazu allgemein *Brown*, in: Kimball/Denenberg, S. 283.

928 Am weitesten gehen die Bundesstaaten Virgina und New York, die schriftliche Bestätigungen von drei am Regulären Markt zugelassenen Versicherern verlangen, in denen diese eine Übernahme des entsprechenden Risikos abgelehnt haben.

929 Vgl. *Brown*, in: Kimball/Denenberg, S. 283 ff. ; *Neeb*, S. 188; *Hübner*, S. 216.

930 *Hübner*, S. 216.

Surplus-Lines-Makler weiße oder schwarze Listen von Versicherern mit solidem oder entsprechend unseriösem Geschäftsgebaren herausgegeben, um eine entsprechende Orientierungshilfe zu geben. Soweit es sich um Versicherungsunternehmen aus dem Ausland handelt, übernimmt die NAIC diese Aufgabe. Seit dem Jahre 1962 betreibt diese das Non-Admitted Insurers Information Office, welches die notwendigen Informationen sammelt und diese an die einzelstaatlichen Aufsichtsbehörden weitergibt[931].

Einige Bundesstaaten gehen jedoch einen Schritt weiter und erlauben eine Vermittlung nur an solche Versicherungsunternehmen, deren Kapitalausstattung derjenigen entspricht, welche auch von Bewerbern um eine Zulassung zum Regulären Versicherungsmarkt gefordert wird[932]. In diesen Staaten sind die Surplus Lines Insurer im Vergleich zu den am Regulären Markt tätigen Unternehmen somit nur insofern begünstigt, als sie nicht in gleicher Weise der laufenden Versicherungsaufsicht unterworfen sind[933]. Andere Staaten gehen sogar noch ein bißchen weiter und erlauben eine Vermittlung nur an solche Versicherer, denen von der Aufsichtsbehörde ausdrücklich eine Erlaubnis zum Betrieb des Surplus-Lines-Geschäfts erteilt wurde. Somit müssen die Versicherungsunternehmen in diesen Staaten ein formelles Zulassungsverfahren durchlaufen, das dem für den Regulären Markt ähnlich ist[934]. Schließlich existieren in einigen Staaten darüber hinaus noch Hinterlegungsvorschriften sowie Vorschriften, nach denen ein Unternehmen bereits eine bestimmte Anzahl von Jahren am Regulären Versicherungsmarkt tätig gewesen sein muß, bevor es zugelassen werden kann[935].

2. Rückversicherungsmarkt

Ein weiterer Sondermarkt ist der Rückversicherungsmarkt, auf dem sich im wesentlichen drei Gruppen von inländischen Anbietern gegenüberstehen. Die erste Gruppe bilden die reinen Rückversicherungsunternehmen, die

---

931 *Pfennigstorf*, International Encyclopedia of Comparative Law, Volume IX, S. 83.

932 Dies sind die Bundesstaaten Wisconsin, Alaska und Hawaii, vgl. *Hübner*, S. 217.

933 Vgl. *Taylor-Schwing*, Insurance Law Journal 1976, S. 674.

934 *Neeb*, S. 190.

935 *Hübner*, S. 217.

zahlenmäßig gering sind, aber dafür einen großen Marktanteil für sich beanspruchen. Zweitens gibt es die Gruppe der Erstversicherer, die eigene Rückversicherungsabteilungen gebildet haben, sowie schließlich die dritte Gruppe der sogenannten Rückversicherungspools, zu denen sich kleinere Erstversicherer zusammenschließen, um so ihre Zeichnungskapazitäten zu erhöhen[936]. Allerdings ist die Bedeutung ausländischer Versicherungsgesellschaften auf dem amerikanischen Rückversicherungsmarkt weitaus größer als auf dem Regulären Versicherungsmarkt[937].

a) System der Aufsicht über den Rückversicherungsmarkt

Ähnlich der Surplus-Lines-Aufsicht unterscheidet sich in den Vereinigten Staaten auch die Aufsicht über das Rückversicherungsgeschäft deutlich von der Aufsicht über den Regulären Versicherungsmarkt. Insbesondere benötigen die Versicherer für den Betrieb des Rückversicherungsgeschäfts grundsätzlich[938] keine förmliche Zulassung. Allerdings ist der Hintergrund der besonderen Behandlung des Rückversicherungsmarktes - im Unterschied zum Surplus-Lines-Markt - weniger in der Besonderheit der zu versichernden Risiken als vielmehr in der internationalen Prägung dieses Marktbereiches zu suchen, welcher den Zugriff durch die einzelstaatlichen Aufsichtsbehörden in besonderer Weise erschwert. Aus diesem Grund versuchen die Bundesstaaten durch einen Rückgriff auf die notwendigerweise am Geschäftsabschluß beteiligten Erstversicherer - als leichter zu erreichendem Rechtssubjekt - dem öffentlichen Interesse Geltung zu verschaffen. Teilweise wird Erstversicherern verboten, Risiken bei bestimmten Rückversicherern in Rückdeckung zu geben, wenn diese nicht bestimmte Voraussetzungen erfüllen[939]. Meistens beschränken sich die Aufsichtsbehörden jedoch darauf, Verträgen zwischen Erst- und Rückversicherern im Rahmen der Rechnungsprüfung des Erstversicherers die

---

[936] Vgl. zum Ganzen *Gurley*, 19 Forum 1983, S. 74 ff.

[937] Nach einer Studie von 1982 waren etwa 17 % der amerikanischen Erstrisiken der Schadensversicherungsbranche direkt bei ausländischen Rückversicherern oder bei zwar in den Vereinigten Staaten ansässigen, aber in ausländischem Eigentum stehenden Rückversicherern untergebracht; vgl., GAO Report, International Insurance Trade, 1982, S. 8ff.

[938] Lediglich in einigen wenigen Staaten benötigen die Rückversicherer ein sogenanntes Certificate of Authority, vgl. *Gurley*, 19 Forum 1983, S. 77.

[939] Vgl. *Neeb*, S. 191.

Anerkennung zu versagen, wenn der jeweilige Rückversicherer nicht bestimmte Voraussetzungen hinsichtlich seiner Seriosität und Solidität erfüllt. Das hat zur Konsequenz, daß Verträge mit einem nicht qualifizierten Rückversicherer bei der Berechnung der Solvabilität des Erstversicherers unberücksichtigt bleiben[940]. Entsprechend sind die Erstversicherer auf diese Weise gezwungen, unter den Rückversicherern jene auszuwählen, von deren Solidität die Aufsichtsbehörde überzeugt ist[941]. Das bedeutet, daß auch die Rückversicherungsunternehmen - wenn auch wiederum nur mittelbar - bestimmten Zulassungsvoraussetzungen ausgesetzt sind.

b) Mittelbare Zulassungsvoraussetzungen für Rückversicherer

Die auf diese Weise eingeforderten Voraussetzungen für die Anerkennung eines Rückversicherungsvertrages sind wiederum recht vielfältig. Am einfachsten ist die Beurteilung der Rückversicherungstransaktion dann, wenn ein das Rückversicherungsgeschäft betreibendes Unternehmen im gleichen Bundesstaat bereits zum Regulären Markt zugelassen ist. In diesem Fall beinhaltet die Erlaubnis zum Betrieb bestimmter Erstversicherungssparten grundsätzlich auch die Erlaubnis zur Rückversicherung dieses oder eines darüber hinausgehenden Bereichs[942]. Allerdings lassen es auch einige Bundesstaaten genügen, wenn der jeweilige Versicherer in einem anderen Bundesstaat zum Geschäftsbetrieb am Regulären Versicherungsmarkt zugelassen ist.

Komplizierter ist die Behandlung von Rückversicherungsverträgen mit reinen Rückversicherern oder ausländischen Versicherungsunternehmen. In diesen Fällen bleibt lediglich der Weg, die Rückversicherungstransaktion von der Aufsichtsbehörde im Einzelfall genehmigen zu lassen[943]. Für eine solche Genehmigung ist meistens notwendig, daß der Rückversicherer die Solvabilität seines Unternehmens entweder durch eine

---

[940] Article 13, Section 1301 des New York Insurance Code; vgl. auch *Gurley*, 19 Forum 1983, S. 78 f.

[941] *Holmes*, Vol. 14, S. 133.

[942] In New York ergibt sich die Befugnis von Erstversicherern zur aktiven Rückversicherung bestimmter Risiken aus Article 11, Section 1114 des New Yorker Insurance Code.

[943] *Taylor-Schwing*, Insurance Law Journal 1976, S. 678.

bestimmte Mindestkapitalausstattung oder durch die Hinterlegung von Sicherheiten in einer bestimmten Höhe nachweist[944]. Für besondere Organisationsformen, wie insbesondere Reciprocals und Lloyds-Versicherer, gibt es häufig ganz konkrete Anforderungen hinsichtlich der Kapitalreserven, die teilweise diejenigen Beträge, die für Erstversicherer gefordert werden, um ein Mehrfaches übersteigen[945]. Allgemein wird als Grundlage für die Bewertung der Solvabilität der Rückversicherungsunternehmen auf die von der Non-Admitted Insurers Information Office zusammengestellte Liste zurückgegriffen, in der alle Versicherer aufgezählt sind, die in den Vereinigten Staaten einen Sicherheitsfonds unterhalten[946].

Grundlage dieser Kontrolle und damit auch der mittelbaren Einflußnahme auf den Rückversicherungsmarkt ist die Pflicht der Erstversicherer, den Aufsichtsbehörden auf einem von der NAIC erarbeiteten Formblatt diejenigen Rückversicherer mitzuteilen, mit denen sie in Vertragsbeziehungen stehen[947]. Dieses Formblatt wird in allen Staaten verwendet und verlangt genaue Angaben zur Art der mit den Rückversicherern unterhaltenen Vertragsbeziehungen, so daß die Aufsichtsbehörden auf diese Weise über die Rückversicherungstransaktionen bestens informiert sind und entsprechend sowohl die Einhaltung der aufsichtsrechtlichen Vorgaben kontrollieren als auch die Risiken der Rückversicherer rekonstruieren können[948].

3. Freier Versicherungsmarkt

Schließlich bleibt trotz dieser Vielfalt von unmittelbaren und mittelbaren Zulassungsvoraussetzungen ein weiterer Bereich des amerikanischen Versicherungsmarktes übrig, in welchem Versicherer frei von jeder staatlichen Zulassungskontrolle agieren können. In den Fällen, in denen ein Risiko weder am Regulären Markt untergebracht noch an einen die für die Surplus Lines aufgestellten Voraussetzungen erfüllenden Versicherer

[944] *Holmes*, Vol. 14, S. 78 ff.

[945] Vgl. Article 61, Section 6102, Subsection h) und i) sowie Section 6103, Subsection b) und d) des New York Insurance Code; *Taylor-Schwing*, Insurance Law Journal 1976, S. 678 ff. mit weiteren Nachweisen.

[946] *Neeb*, S. 193.

[947] Vgl. *Taylor-Schwing*, Insurance Law Journal 1976, S. 678 ff.

[948] Vgl. *Neeb*, S. 192; *Brown*, in: Kimball/Denenberg, S. 289 ff.

vermittelt werden kann, dulden die Aufsichtsbehörden regelmäßig die Vermittlung an ein beliebiges Versicherungsunternehmen. Dieses muß weder irgendwelche Zulassungsvoraussetzungen erfüllen noch in die Liste des Non-Admitted Insurers Information Office aufgenommen sein[949].

In diesem meistens als „Third Class Business" bezeichneten Marktbereich stehen sich in der Regel auf beiden Seiten des Versicherungsgeschäfts wirtschaftlich ebenbürtige Vertragsparteien gegenüber, so daß die Prinzipien des Konsumentenschutzes zugunsten von wirtschaftlichen Zielen in den Hintergrund gedrängt werden können. Aus demselben Grund machen die Gesetze der meisten Staaten im Rahmen ihrer Vorschriften über den Surplus-Lines-Markt Ausnahmen für bestimmte Sparten wie die Versicherung von Eisenbahn- und Luftfahrtrisiken[950]. Ebenfalls von der üblichen Aufsicht freigestellt ist auch die Seeversicherung. Allerdings unterliegt dieser Bereich ausnahmsweise nicht der Aufsicht der Einzelstaaten, sondern wird aufgrund des Merchant Marine Act von 1920[951] vom Bund geregelt. Sowohl wegen des fehlenden Schutzbedürfnisses dieser Marktbereiche als auch aufgrund ihrer internationalen Natur sind auch die ausländischen Versicherer regelmäßig nicht gehindert, in diesen Sparten ohne Zulassung tätig zu werden[952].

4. Probleme und Reformansätze

In den späten Siebzigern und den frühen Achzigerjahren wurde insbesondere der Surplus-Lines-Markt durch eine Reihe von Pleiten bei den Non Admitted Insurers erschüttert, wodurch sich der politische Druck hin zu einer intensiveren Aufsicht und zu höheren Zulassungskriterien verstärkte. Entsprechend versuchte der NAIC, über sein überarbeitetes und erweitertes Mustergesetz aus dem Jahre 1991 die Notwendigkeit einer Kapitalrücklage von 15 Millionen US Dollar für alle Versicherungsunternehmen sowie ein treuhänderisch zu hinterlegendes Deposit in Höhe von 2,5 US Dollar für ausländische Versicherer einzuführen[953]. Allerdings haben diese vom

[949] *Neeb*, S. 193.

[950] Vgl. *Hübner*, S. 218.

[951] 46 U.S.C. § 885.

[952] Vgl. *Ryan*, S. 11 f.

[953] Vgl. Nonadmitted Insurance Model Act, NAIC, Models IV 870-1.

NAIC vorgeschlagenen formellen Kapitalvoraussetzungen die gleiche Schwäche wie diejenigen für den Regulären Markt, da sie ebenso wie diese lediglich starr fixierte Summen postulieren, statt in konkreter Relation zum jeweils aktuellen Risiko zu stehen[954]. Da es aber gerade Sinn und Zweck des Surplus-Lines-Markts ist, Versicherungsschutz für derartig spezielle Risiken zu erlangen, die auf dem strukturierteren Regulären Markt nicht untergebracht werden können, muß die Kritik einer fehlenden Flexibilität im Hinblick auf diesen Markt umso schwerer ausfallen. Zusätzlich hat die Erhöhung der Zulassungsvoraussetzungen für den Surplus-Lines-Markt zur Konsequenz, daß in gleichem Maße die Zahl der sie erfüllenden Versicherungsunternehmen schrumpft und es somit auch an diesem Markt immer schwieriger wird, die notwendige Deckung für Spezialrisiken zu erlangen. Endpunkt dieser Entwicklung ist die Entstehung weiterer Alternativmärkte mit entsprechend niedrigeren aufsichtsrechtlichen Anforderungen. Damit werden die Gefahren eines weniger intensiv beaufsichtigten Versicherungsmarktes jedoch lediglich verschoben.

Generell führen die kontinuierlichen Bestrebungen der amerikanischen Bundesstaaten, auch außerhalb des Regulären Versicherungsmarktes einen größtmöglichen Einfluß auf das Versicherungsgewerbe auszuüben, zu einem immer komplizierter und unübersichtlicher werdenden System von Zulassungsbeschränkungen im Bereich der Sondermärkte. Eine Konsequenz dieser Entwicklung ist, daß viele große industrielle Versicherungsnehmer sich gar nicht mehr um eine Deckung ihrer Risiken auf den inländischen Märkten bemühen, sondern sich gleich an eine direkte Auslandsversicherung wenden, die jeglicher Kontrolle durch die amerikanischen Aufsichtsbehörden entzogen ist. Zudem erschwert die wachsende Komplexität der Normensysteme auch die Arbeit der Aufsichtsbehörden. Die schnell wachsende Zahl der Normen, die den Geschäftsbereich außerhalb der Regulären Versicherungsmärkte regeln sollen und die diesen in immer kleinere Teilstückchen zerlegen, macht es fast unmöglich, den Überblick über die tatsächlichen Verhältnisse zu wahren, Mißstände zu erkennen und angemessen auf diese zu reagieren.

Um dieser unerfreulichen Entwicklung entgegenzuwirken, versuchte insbesondere der Bundesstaat New York, neue Formen der Aufsicht über die Sondermärkte zu entwickeln, die einerseits den Versicherungsnehmern

---

[954] Vgl. *Pfennigstorf*, International Encyclopedia of Comparative Law, Volume IX, S. 83.

die Möglichkeit geben, im Inland Versicherungsschutz für Großrisiken in vernünftiger Form und zu attraktiven Preisen zu erlangen, und die andererseits gleichzeitig versuchen, staatliche Kontrolle soweit wie möglich zu erhalten.

a) New York Free Trade Zone

Ein erster Versuch in diese Richtung war die Schaffung einer Freihandelszone für Spezialrisiken im Jahre 1978 durch den Staat New York (die sogenannte New York Free Trade Zone), durch welche die Notwendigkeit eines eigenständigen Surplus-Lines-Marktes eingedämmt werden soll[955]. In dieser Freihandelszone können die am Regulären New Yorker Versicherungsmarkt zugelassenen Versicherungsunternehmen frei von den sonst bestehenden aufsichtsrechtlichen Restriktionen hinsichtlich der Versicherungsbedingungen und Prämien um die entsprechenden Sonderrisiken konkurrieren[956]. Die einzigen Voraussetzungen sind, daß der Versicherer eine im Verhältnis zum regulären Geschäft doppelt so hohe Kapitalausstattung hat und das abzudeckende Großrisiko sowohl in einer dem Gesetz beigefügten Liste aufgezählt[957] als auch im Staate New York belegen ist. Die in der Free Trade Zone operierenden zugelassenen Versicherungsunternehmen sind im Wettbewerb zu den Surplus-Lines-Versicherern besonders dadurch begünstigt, daß ihre Versicherungsnehmer den Schutz des Insolvenzschutzfonds genießen[958].

b) New York Insurance Exchange

Ein weiteres Konzept ist die Schaffung einer speziellen Versicherungsbörse (Insurance Exchange) für die Abwicklung industrieller und gewerblicher Großrisiken, in welcher alle Versicherungstransaktionen außerhalb des Regulären Marktes zusammengefaßt und nach einheitlichen aufsichtsrechtlichen Kriterien beurteilt werden. Allerdings besteht neben der Insurance Exchange auch weiterhin die herkömmliche Form der

---

[955] Vgl. Article 63, Section 6301 ff. des New Yorker Insurance Code.

[956] Vgl. *Weese*, S. 23.

[957] Die Definition der Großrisiken ergibt sich aus in einem Annex zu Article 63, Section 6303 des New York Insurance Code.

[958] *Pfennigstorf*, Regulierung, S. 139.

Aufsicht über die Sondermärkte fort. Folglich soll mit der Versicherungsbörse den Versicherungsunternehmen sowie den industriellen Versicherungsnehmern - beziehungsweise im Falle der Rückversicherung den Erst- und Rückversicherern - lediglich eine Alternative zum traditionellen System der Aufsicht über die Sondermärkte angeboten werden.

Im Bundesstaat New York wurde im Jahre 1980 die erste Versicherungsbörse ins Leben gerufen[959]. Seither sind die Bundesstaaten Florida und Illinois diesem Beispiel gefolgt und haben die entsprechenden Voraussetzungen für vergleichbare Institutionen geschaffen. Allerdings haben die Versicherungsbörsen von New York und Florida trotz anfänglichen Optimismusses[960] und erster Erfolge nach anschließend nur sehr geringem Wachstum, heftigen Verlusten sowie einigen Insolvenzen unter ihren Mitgliedern den Betrieb suspendiert. Einzig die Illinois Insurance Exchange entwickelt sich weiterhin positiv[961].

Obwohl die aufsichtsrechtlichen Bestimmungen dieser Versicherungsbörsen in ihren Details deutlich voneinander abweichen, lassen sich doch gemeinsame Grundstrukturen erkennen, die sich ihrerseits deutlich von den herkömmlichen Modellen der Versicherungsaufsicht abheben. So beschränken sich die Gesetzgeber grundsätzlich auf die Reglementierung der Organisation des Börsenbetriebs[962], während dagegen die Entscheidung über die Zulassung von Versicherungsgesellschaften zur Börse sowie die laufende Aufsicht über diese Unternehmen in weitem Umfang den Selbstverwaltungsgremien der jeweiligen Börsen überlassen werden[963]. Lediglich eine spartenabhängige Mindestkapitalausstattung wird von den Bundesstaaten vorgeschrieben. Darüber hinaus prüft allein die Solidargemeinschaft der Börsenmitglieder die Solvabilität der einzelnen Mitglieder. Allerdings geht diese Selbstverwaltungsbefugnis einher mit einer weitgehenden Einstandspflicht dieser Solidargemeinschaft im Falle der Insolvenz eines ihrer Mitglieder. Schließlich sind die Versicherungs-

959 *Bickford*, 21 Tort & Insurance Law Journal 1986, S. 255.

960 Teilweise wurde sogar erwartet, daß die Insurance Exchanges einmal die herkömmlichen Formen der Vermittlung von Sonderrisiken und die entsprechende Aufsicht hierüber ersetzen könnten, vgl. *Stevens*, 17 Forum 1982, S. 888.

961 Vgl. *Kimball*, Cases and Materials on Insurance Law, S. 693.

962 Article 62, Section 6202 des New York Insurance Code.

963 Vgl. *Stevens*, 17 Forum 1982, S. 910 ff.

börsen aus den allgemeinen Insolvenzgarantiefonds herausgenommen[964], wodurch die sorgfältige Durchführung der Selbstverwaltung gewährleistet werden soll[965].

Auch wenn sich die jeweiligen Bundesstaaten bei der Aufsicht über die von den Versicherungsbörsen erfaßten Geschäftsbereiche wiederum der Hilfe einer privatrechtlichen Organisation zur Durchsetzung des öffentlichen Interesses bedienen und somit in gewisser Weise in der Tradition der herkömmlichen Konzepte der Aufsicht über die Sondermärkte stehen, sind doch deutliche Unterschiede zu diesen Aufsichtsformen erkennbar. Insbesondere wird mittels der Versicherungsbörsen zum ersten Mal der Versuch gemacht, eine die entsprechenden Versicherungsleistungen anbietende Organisation in die Aufsichts- und Haftungsverantwortung miteinzubeziehen[966]. Schließlich ist mit der Gesetzgebung über die Versicherungsbörsen ein Ansatz unternommen worden, sowohl den Surplus-Lines-Markt als auch den Rückversicherungsmarkt räumlich zusammenzufassen und der gleichen aufsichtsrechtlichen Behandlung zu unterwerfen.

Selbst wenn momentan dieser Versuch in der Versicherungspraxis zu gänzlich unterschiedlichen Ergebnissen kommt und dieses in dieser Form noch junge Modell einer Versicherungsbörse wohl noch einige Zeit benötigt, um eine bestimmte rechtliche Idealstruktur herauszubilden, kann die Grundidee der Selbstkontrolle des Marktes durch die auf diesem Markt agierenden Versicherungsunternehmen bei entsprechender Reife eine wirkliche Alternative zu den traditionellen Aufsichtskonzepten über die Sondermärkte darstellen. Schließlich hat das Konzept einer Versicherungsbörse sowie der ihr eigenen Selbstaufsicht eine gewisse Tradition. Solche traditionellen Börsen existierten seit dem 18. Jahrhundert in Antwerpen, Hamburg und London und waren vor der Gründung von Lloyd's of London die wichtigsten Handelsplätze für kommerzielle Versicherungen. Noch heute gibt es derartige Börsen in London, Amsterdam, Rotterdam, Bremen und Hamburg. Allerdings beschränkt sich die Selbstkontrolle dieser traditionellen Börse auf die Einhaltung bestimmter

---

964 Article 62, Section 6203, Subsection f) des New York Insurance Code.

965 Vielmehr müssen die Börsen eigene Fonds errichten, vgl. dazu *Gabay*, 15 Forum 1980, S. 624.

966 *Bickford*, 21 Tort & Insurance Law Journal 1986, S. 262 f.

Praktiken und Gepflogenheiten sowie die Schlichtung von Streitigkeiten[967].

C. Vergleich und Diskussion

Vergleicht man die unterschiedlichen Zulassungsvoraussetzungen, die von den Versicherungsunternehmen in den Vereinigten Staaten und in Deutschland für einen erfolgreichen Marktzugang erfüllt werden müssen, so zeigen sich einige grundsätzliche Parallelen. So verlangen beide Aufsichtssysteme schon im Rahmen der Zulassung die Erfüllung bestimmter Mindestanforderungen hinsichtlich der finanziellen Ausstattung, um dadurch die Solvenz der Unternehmen sicherzustellen. Gleichermaßen wird sowohl in den Vereinigten Staaten als auch in Deutschland eine Überprüfung der Zuverlässigkeit der Geschäftsführung und der Unternehmensinhaber für notwendig erachtet, um so personelle Risiken bereits im Rahmen der Zulassung einzuschränken. Weiterhin wird von den Aufsichtsbehörden beider Staaten erwartet, daß Zulassung beantragende Unternehmen konkrete Planungen hinsichtlich des in der Anfangszeit erwarteten Geschäftsverlaufs vorlegen, um auf dieser Basis deren grundsätzliche Erfüllbarkeit zu überprüfen. Beiden Aufsichtssystemen ist darüber hinaus auch die Trennung von Personenversicherungen sowie Sach- und Vermögensversicherungen gemeinsam. Schließlich limitieren sowohl das deutsche VAG als auch die Versicherungsgesetze der amerikanischen Bundesstaaten die Organisationsformen, in denen das Versicherungsgeschäft betrieben werden kann. Zwar ist die Variationsbreite diesbezüglich in Amerika deutlich weiter, in der Praxis dominieren aber dort - ebenso wie in Deutschland - die Versicherungsaktiengesellschaft sowie die Gegenseitigkeitsversicherer.

Hintergrund dieser gleichförmigen Ausgestaltung der konkreten Zulassungsvoraussetzungen ist - trotz der unterschiedlichen historischen Entwicklung - die vergleichbare Funktion des Versicherungswesens für die jeweiligen Volkswirtschaften. Sowohl in der Bundesrepublik Deutschland als auch in den Vereinigten Staaten basiert die Wirtschaftspolitik auf dem Konzept der sozialen Marktwirtschaft. Grundgedanke dieses Wirtschaftssystems ist es, daß sich innerhalb eines vom Staat gesetzten Ordnungs-

---

[967] *Pfennigstorf*, International Encyclopedia of Comparative Law, Volume IX, S. 56.

rahmens bei freier Entwicklung des Wettbewerbs eine Übereinstimmung des wirtschaftlich und sozial Erstrebenswerten ergibt. Je mehr der Staat jedoch der Privatwirtschaft freien Raum läßt, desto intensiver wird deren Bedürfnis, entsprechende Risiken mittels Versicherungen zu verteilen und somit kalkulierbar zu machen. Notwendig wird damit zum einen ein entsprechend leistungsfähiges Versicherungswesen wie zum anderen auch das notwendige Vertrauen der Versicherten in dieses System. Um einerseits genügend Anbieter für einen attraktiven Versicherungsmarkt zu gewinnen und andererseits gleichermaßen deren Solvabilität zu gewährleisten, muß daher jeder Staat - im Rahmen seiner ordnungspolitischen Aufgaben - einen entsprechenden Kompromiß beim Aufstellen der Zulassungsbedingungen finden. Wie die oben durchgeführte Gegenüberstellung zeigt, hat die vergleichbare wirtschaftliche Situation in Deutschland wie in den Vereinigten Staaten zu im Prinzip ähnlichen Ergebnissen hinsichtlich dieses Kompromisses geführt.

Allerdings überlassen die Amerikaner weitaus mehr Verantwortungsbereiche den Kräften der Marktwirtschaft, während demgegenüber in Deutschland tendenziell stärker regulativ durch den Staat eingegriffen wird. Während beispielsweise in Deutschland versucht wird, Produktrisiken durch staatliche Regelungen und Industrienormen im Vorfeld zu minimieren, werden solche in den Vereinigten Staaten vielfach erst im Schadensfall durch ein Produkthaftungssystem ausgeglichen. Konsequenterweise benötigt man daher in den Vereinigten Staaten entsprechende Versicherungen für derartige Risiken, während diese in Deutschland nicht in gleichem Maße notwendig sind. Diese Tendenz hat in den Vereinigten Staaten zur Entstehung der eigenständigen Teilmärkte für die Surplus-Lines-Versicherung sowie für die Versicherungen des Freien Marktes geführt, während in Deutschland nur ein eng begrenzter Bereich neben dem regulären Markt besteht. Gemein ist allen diesen Sondermärkten jedoch, daß aufgrund der Art und Höhe der zu versichernden Risiken keine Notwendigkeit für Verbraucherschutz besteht.

Trotz der generellen Gemeinsamkeiten unterscheidet sich die Situation hinsichtlich des Marktzugangs für ausländische Versicherungsunternehmen in einem wichtigen Punkt deutlich. Während die Zulassung in Deutschland nicht nur in allen Bundesländern, sondern sogar gemeinschaftsweit gültig ist und somit gleichzeitig den gesamten europäischen Versicherungsmarkt umfaßt, muß die Erlaubnis zum Geschäftsbetrieb in den Vereinigten Staaten für jeden einzelnen Bundesstaat, in welchem das ausländische Versicherungsunternehmen tätig werden will, neu beantragt werden. Dieser Unterschied läßt sich nicht durch differierende Funktionen oder Ziele der beiden Aufsichtssysteme[968] begründen, sondern resultiert allein aus der geschichtlichen Entwicklung[969] und den sich daraus ergebenden Kompetenzverteilungen.

Für eine einzelstaatliche Aufsicht des Versicherungswesens in den Vereinigten Staaten lassen sich hauptsächlich die klassischen Argumente anführen, die generell unabhängig von dem jeweiligen Aufsichtsbereich für eine föderale Struktur der Staatsaufsicht sprechen. Dies ist zum einen die größere Nähe der Aufsichtsbehörde zu den überwachten Unternehmen und die daraus resultierenden verbesserten Zusammenarbeitsmöglichkeiten. Zum anderen ermöglicht die Vielfalt verschiedener Aufsichtssysteme das Experimentieren mit unterschiedlichen Aufsichtsstrukturen und Inhalten. Zudem wird das Demokratieprinzip durch die Verteilung der Entscheidungskompetenz und Aufsichtsbefugnisse auf verschiedene Ebenen der Staatsgewalt grundsätzlich gestärkt[970]. Auch einige jüngere Urteile des Supreme Courts machen deutlich, daß dieser den föderalen Beschränkungen der Verfassung im Rahmen seiner Rechtsprechung ein größeres Gewicht gibt[971].

Unabhängig von der grundsätzlichen Bedeutung dieser Argumente lassen sie sich jedoch nur sehr bedingt auf das amerikanische System der Versicherungsaufsicht anwenden, da auch in den Vereinigten Staaten anerkannt ist, daß eine gewisser Grad an Einheitlichkeit und Zentralisierung für die Beaufsichtigung des Versicherungsgewerbes prinzipiell notwendig ist. Aufgrund des zunehmend grenzüberschreitenden Charakters des Versicherungsgeschäfts haben sich einerseits die amerikanischen Versicherer verstärkt zu nationalen und internationalen Unternehmen zusammengeschlossen, während andererseits gleichzeitig immer mehr ausländische Versicherer auf den amerikanischen Markt drängen[972]. Hinsichtlich der Überwachung dieser immer komplexeren und inter-

[968] Vgl. hinsichtlich der Ziele der Aufsichtssysteme Zweiter Teil C.

[969] Bezüglich des Vergleichs der historischen Entwicklung vgl. Erster Teil C.

[970] Vgl. *Gregory v. Ashcroft*, 501 U.S. 452 (1991), S. 458 ff.

[971] Siehe dazu insbesondere *New York v. United States*, 505 U.S. 144 (1992), S. 188; *Printz v. United States*, 521 U.S. 898 (1997), S. 931 ff.

[972] *Randall*, 26 Florida State University Law Review 1999, S. 627.

nationaleren Unternehmen stoßen insbesondere die kleineren Bundesstaaten an die Grenzen ihrer Möglichkeiten. Entsprechend zeigt auch die Entwicklungsgeschichte in den Vereinigten Staaten eine wachsende Tendenz zu verstärkter Vereinheitlichung und Kooperation, auch wenn weiterhin beharrlich an einer grundsätzlichen Beaufsichtigung des Versicherungswesens durch die Bundesstaaten festgehalten wird. Bestes Beispiel hierfür ist die zunehmende Verbreiterung des Aufgabenbereichs der "National Association of Insurance Commissioner" (NAIC)[973], wodurch sich die Bundesstaaten eine derartige Koordination des Aufsichtsrechts erhoffen, die eine Kompetenzverlagerung auf eine zentrale Aufsichtsbehörde des Bundes unnötig macht. Diese Rolle der NAIC, als ein koordinierendes und zentralisierendes Aufsichtsinstrument der Bundesstaaten, schränkt jedoch gleichermaßen die oben genannten positiven Aspekte einer einzelstaatlichen Aufsicht deutlich ein. So ist beispielsweise sowohl die Möglichkeit der lokalen Kooperation als auch die Erprobung unterschiedlicher Ansätze nur begrenzt möglich, da die NAIC einheitliche Modellgesetze und Zulassungsverfahren entwickelt und deren Übernahme durch die Bundesstaaten mittels eines Akkreditierungsverfahrens forciert hat.

Gleichzeitig sind die Vereinheitlichungsmaßnahmen der NAIC letztlich nur bedingt geeignet, die Vorteile einer zentralen Aufsicht auszugleichen und die Probleme der Zersplitterung der Aufsichtssysteme aufzuheben. Insbesondere in zwei Punkten ist die NAIC einer zentralen Aufsichtsbehörde unterlegen. Zum einen ist die NAIC eine freiwillige private Organisation und keine öffentlich-rechtliche Institution[974]. Auch wenn sie eine immer wichtigere Rolle für die amerikanische Versicherungsaufsicht[975] spielt und eine große Anzahl ihrer Empfehlungen und Modellgesetze von allen oder vielen Bundesstaaten übernommen worden sind, fehlt es ihr doch grundsätzlich an der Autorität, ihre Mitglieder zu bestimmten Gesetzesreformen zu verpflichten. Zum anderen verfügt die NAIC auch nicht über die notwendige Unabhängigkeit, da sie zum größten Teil aus Geldern der Versicherungswirtschaft finanziert wird[976]. Um auf die zukünftigen Herausforderungen der sich kontinuierlich wandelnden

[973] Vgl. *C. Schmidt*, 6 Best's Review Property/Casualty Insurance Edition 1995, S. 39.

[974] Die NAIC definiert sich selber als private Handelsorganisation, vgl. *Randall*, 26 Florida State University Law Review 1999, S. 638.

[975] *Hanson*, S. 15.

[976] Vgl. dazu detailliert *Randall*, 26 Florida State University Law Review 1999, S. 682 f.

Finanzdienstleistungsmärkte reagieren zu können, ist es für die Versicherungsaufsicht hilfreich, wenn nicht gar unabdingbar, eine einheitliche, nicht dem Verdacht der Parteilichkeit ausgesetzte Aufsicht durchsetzen zu können. Auf diese Weise ließe sich die notwendige Akzeptanz sowohl von Seiten der Versicherungsunternehmen aber auch gleichermaßen seitens der Versicherungsnehmer am besten sicherstellen. Allerdings sind die politischen Bemühungen zugunsten einer Bundesaufsicht durch die eine solche grundsätzlich befürwortende Demokratische Partei seit deren Niederlage bei den Wahlen zum Kongress 1994 zum Erliegen gekommen[977].

Im deutlichen Gegensatz zur Struktur der amerikanischen Versicherungsaufsicht zeigt die Entwicklung in Deutschland und Europa in eine andere Richtung. In einem fast drei Jahrzehnte dauernden Prozeß konnte ein europäischer Versicherungsbinnenmarkt verwirklicht werden, in welchem die einmal erteilte Zulassung nunmehr gemeinschaftsweit gültig ist. Zudem wurde mit der Kompetenz zur Beurteilung der Reziprozität ein wichtiges Element des Zulassungsrechts sowie auch der außenpolitischen Souveränität von den Mitgliedstaaten auf die Gemeinschaft übertragen. Damit sind erfolgreich erste und wichtige Schritte in Richtung auf eine zentrale europäische Versicherungsaufsicht unternommen worden.

Die Diskrepanz zwischen den beiden Aufsichtssystemen wird noch bemerkenswerter, wenn man sich zwei grundsätzliche Unterschiede vergegenwärtigt. Zum einen handelt es sich bei der Europäischen Gemeinschaft im Vergleich zu der Staatlichkeit der Vereinigten Staaten von Amerika "lediglich"[978] um eine supranationale Organisation. Zum anderen wichen die in Europa praktizierten Aufsichtsmodelle zu Beginn der europäischen Integration nicht unerheblich voneinander ab[979], während

---

[977] Zudem verlor bei dieser Wahl auch der Abgeordnete John D. Dingell, einer der stärksten Befürworter einer zentralen Bundesaufsicht, den einflußreichen Vorsitz im House Committee on Energy and Commerce.

[978] Vgl. *Nicolaysen*, S.28 der entsprechend von einem Minus gegenüber der Staatlichkeit spricht.

[979] Bis 1974 entsprach die Versicherungsaufsicht im Vereinigten Königreich weitgehend dem Publizitätssystem. Nunmehr wendet das Vereinigte Königreich ebenso wie die Niederlande, Irland und Dänemark das Normativsystem an. Andere Mitgliedstaaten wie Deutschand, Italien, Spanien, Portugal und Österreich haben das System der materiellen Staatsaufsicht ausgeübt. Vgl. dazu *Miersch*, S. 3 ff.; *Neuhaus*, S. 64 ff.

sich die Grundstrukturen der amerikanischen Versicherungsaufsicht in allen Bundestaaten seit ihrem Entstehen parallel entwickelt haben. Trotz dieser politisch und rechtlich schwierigeren Ausgangslage ist es den Mitgliedstaaten der Europäischen Gemeinschaft gelungen, ein im Hinblick auf den grenzüberschreitenden Charakter des Versicherungsgeschäfts, die Bedeutung des europäischen Versicherungsmarktes sowie die Position im Rahmen von Reziprozitätsverhandlungen gut geeignetes System des Zulassungsrechts zu entwickeln. In den Vereinigten Staaten von Amerika hingegen hat die Furcht der Bundesstaaten, einen der letzten ihnen noch verbliebenen Kompetenzbereiche der Wirtschaftsaufsicht zu verlieren, zu einem sowohl für nationale wie auch internationale Unternehmen weitaus unübersichtlicheren und ineffektiveren Aufsichtsrecht geführt. Es ist jedoch äußerst fraglich, ob die amerikanischen Bundesstaaten angesichts der zunehmenden Globalisierung des Versicherungsgewerbes sowie des verstärkten Abschlusses völkerrechtlicher Liberalisierungsabkommen noch lange an ihrer einzelstaatlichen Beaufsichtigung festhalten können.

Vierter Teil
Internationale Rechtslage

In den letzten Jahrzehnten haben sich die ökonomischen Strukturen weltweit zugunsten des Dienstleistungssektors gewandelt, während die volkswirtschaftliche Bedeutung des Warenverkehrs und der Güterproduktion stagnierte[980]. So entspricht der Anteil der Dienstleistungen am Bruttosozialprodukt der Industriestaaten inzwischen Größenordnungen von durchschnittlich 65 %[981]. Diese Verlagerung der wirtschaftlichen Aktivitäten hat sich vor allem auch auf den internationalen Handelsverkehr niedergeschlagen. Entsprechend wächst der Handel mit Dienstleistungen rund doppelt so schnell wie der grenzüberschreitende Austausch von Waren und hat Schätzungen zufolge bereits einen Anteil von 25 % des gesamten Welthandels[982]. Auch auf den Versicherungsbereich, als einem der wichtigsten internationalen Dienstleistungssektoren[983], wirkt sich dieser wirtschaftliche Strukturwandel aus[984].

Trotz dieser sich verstärkenden Tendenz zur Globalisierung des Versicherungsgeschäfts und zum weltweiten Zusammenwachsen der Finanzmärkte bestehen weiterhin vielfältige protektionistische Zutrittsschranken fort[985]. Voraussetzung für einen fairen Wettbewerb zwischen inländischen und ausländischen Versicherern ist jedoch, daß diese diskriminierenden Zugangsbarrieren auf der Grundlage einheitlicher Regeln und Verfahren abgebaut werden. Der wirksamste Ansatz dazu ist die Liberalisierung des Versicherungshandels mittels multilateraler[986] Abkommen, da allein ein von möglichst vielen Staaten anerkannter Ordnungsrahmen geeignet ist,

---

980 Vgl. *Stahl*, 19 Yale Journal of International Law 1994, S. 408; *Stadler*, S. 22, *Völker*, S. 28; *Weiss*, 32 CMLR 1995, S. 1178.

981 *Völker*, S. 30 f.; *Ipsen/Haltern*, S. 87; *Bail*, EuZW 1990, S. 470.

982 Vgl. BR-Drucksache 357/94, S. 33; *Broadman*, 17 The World Economy 1994, S. 283; *Corby*, The Geneva Papers on Risk and Insurance 1991, S. 398; *Barth/Putscher*, Die Bank 1994, S. 132; *Errens*, EuZW 1994, S. 470.

983 *Jackson/Davey/Sykes*, S. 932.

984 Vgl. dazu Schweizerische Rückversicherungs-Gesellschaft (Swiss Re), SIGMA 4/ 2000, S. 7 ff.

985 *Benz*, 19 Journal of World Trade Law 1985, S. 96; *Carter/Dickinson*, S. 2.

986 Weiterführend zum Begriff "multilateral" vgl. *Caporaso*, 46 International Organization 1992, S. 603 ff.

die Gefahr einer Flucht zu protektionistischen Maßnahmen wirksam einzudämmen.

Abschließend soll daher im folgenden Abschnitt dargestellt werden, welchen Einfluß entsprechende völkerrechtliche Liberalisierungsabkommen auf das Zulassungsrecht der Vereinigten Staaten und Deutschlands gegenwärtig haben und welche Auswirkungen tendenziell in der Zukunft zu erwarten sind.

A. OECD

Ein erster wichtiger Ansatz, um die Aufhebung materieller Hindernisse im internationalen Handelsverkehr auf multilateraler Ebene zu unterstützen, war die Gründung der Organisation für wirtschaftliche Zusammenarbeit und Entwicklung (Organisation for Economic Co-operation and Development - OECD). Die OECD geht zurück auf das von den Vereinigten Staaten nach dem Zusammenbruch Europas in Folge des Zweiten Weltkriegs beschlossene "European Recovery Programme" (der sogenannte "Marshall-Plan"), welches gleichzeitig einen europäischen Wirtschaftsverbund herstellen sollte[987]. Zur Durchführung dieses Programms gründeten die europäischen Staaten 1948 die Organisation für Europäische Wirtschaftliche Zusammenarbeit (Organisation for European Economic Co-operation - OEEC)[988]. Zweck dieser Organisation war es, den europäischen Wiederaufbau zu fördern, die Wirtschaft von kriegsbedingten Handelsschranken zu befreien und eine enge und dauerhafte wirtschaftliche Zusammenarbeit der europäischen Staaten herbeizuführen[989]. Entsprechend war die Völkerrechtsfähigkeit der OEEC geographisch auf Europa sowie funktionell auf diesen Organisationszweck beschränkt.

Gegen Ende der fünfziger Jahre ergab sich die Notwendigkeit einer Umgestaltung der OEEC. Die Hintergründe hierfür waren zum einen die erheblichen Veränderungen der Wirtschaftsbedingungen in Europa, insbesondere durch die Entstehung von EWG und EFTA, sowie zum anderen die Überlegung, daß die Vereinigten Staaten, Kanada und Japan die

---

987 *Ipsen*, S. 587.

988 Zur Entstehungsgeschichte der OEEC siehe *Hahn/Weber*, S. 29 ff.

989 Vgl. *Stadler*, S. 219.

Möglichkeit erhalten sollten, an den wirtschaftspolitischen Zielen der Organisation mitzuwirken[990]. Am 30. September trat schließlich die OECD[991] für die ehemaligen OEEC-Staaten sowie für die USA und Kanada[992], kurz darauf auch für die Niederlande, Luxemburg und Italien in Kraft[993]. In den späten Sechziger- und frühen Siebzigerjahren traten außerdem Japan, Finnland, Australien und Neuseeland bei. In den Neunzigerjahren schloßen sich schließlich auch noch Mexiko, die Tschechische Republik, Ungarn, Polen und Korea an. Insgesamt hat die OECD derzeit 29 Mitgliedstaaten[994]. Nunmehr umfasst die OECD fast 94 Prozent des weltweiten Prämienvolumens des Versicherungsgeschäfts[995].

I. Liberalisierungsverpflichtungen

Die OECD hat durch ihren Gründungsvertrag einen weiten Tätigkeitsrahmen zugewiesen bekommen. Gemäß Art. 1 des OECD-Übereinkommens ist es ihr Ziel, eine Politik zu fördern, die auf ein harmonisches und gesundes Wirtschaftswachstum in den Mitgliedstaaten, den Entwicklungsstaaten und der Welt gerichtet ist. Im Hinblick auf dieses Ziel haben sich die Mitgliedstaaten verpflichtet, den weiteren Abbau oder die Abschaffung von Behinderungen des grenzüberschreitenden Waren- und Dienstleistungshandels voranzutreiben und die Liberalisierung des Kapitalverkehrs beizubehalten und zu erweitern[996]. Die dazu relevanten Bestimmungen sind in zwei multidisziplinären Kodizes niedergelegt, welche sich gegenseitig ergänzen. Dieses ist einerseits der "Kodex der

[990] *Hahn/Weber*, S. 54.

[991] Übereinkommen vom 14. Dezember 1960, BGBl. II 1961 S. 1151. Die Bundesrepublik hat das Abkommen am 16. August 1961 ratifiziert, BGBl. II 1961, S. 1150.

[992] BGBl. II 1961, S. 1663.

[993] BGBl. II 1962. S. 11, 47, 810.

[994] Eine stets aktuelle Liste der Mitgliedstaaten findet man auf der Homepage der OECD unter http://www.oecd.org.

[995] Alle 29 Mitgliedstaaten zusammen hatten 1999 93,94 % des weltweiten Prämienvolumens des Gesamtgeschäfts, vgl. SIGMA 9/2000, S. 25.

[996] Art. 2 d) des OECD-Übereinkommens.

Liberalisierung der laufenden unsichtbaren Operationen"[997] sowie andererseits der "Kodex der Liberalisierung des Kapitalverkehrs"[998].

Der "Kodex der Liberalisierung der laufenden unsichtbaren Operationen" verpflichtet die Mitgliedstaaten untereinander, alle zwischenstaatlichen Beschränkungen der laufenden unsichtbaren Operationen zu beseitigen. Diese Verpflichtung bezieht sich auf eine umfassende Liberalisierungsliste, die als Anhang zum Kodex geführt wird und in der auch die Versicherungsdienstleistungen aufgeführt sind. Allerdings enthält der Kodex hauptsächlich Verpflichtungen im Hinblick auf den grenzüberschreitenden Handel mit Dienstleistungen. Nur für den Versicherungssektor betrifft der Kodex auch den Niederlassungshandel, indem er Regeln für die Gründung von Zweigniederlassungen und Agenturen vorsieht[999]. Ein allgemeines Recht zur Niederlassung kennt der Kodex jedoch nicht[1000].

Die Bestimmungen des "Kodex der Liberalisierung des Kapitalverkehrs" sind in vielerlei Hinsicht an denen des "Kodex der Liberalisierung der laufenden unsichtbaren Operationen" orientiert, welcher diesem als Vorbild diente[1001]. Sie verpflichten die Mitgliedstaaten zum fortschreitenden Abbau von Beschränkungen des Kapitalverkehrs, soweit dies zur wirksamen wirtschaftlichen Zusammenarbeit notwendig ist[1002]. Für das Versicherungszulassungsrecht sind insbesondere die Regeln über die Liberalisierung von Direktinvestitionen des Inlands und des Auslands sowie der Veräußerung von Direktinvestitionen[1003] relevant. Bis 1984 klammerte auch der Kapitalverkehrskodex trotz der Abdeckung von ausländischen Direktinvestitionen das Recht auf Niederlassung ausdrücklich aus, dann erweiterte ein Ratsbeschluß den Begriff der Direktinvestition jedoch, so daß heute wichtige Aspekte eines Niederlassungsrechts umfaßt sind[1004]. Danach sollen die Mitgliedstaaten ausländischen

---

[997] Code of Liberalisation of Current Invisible Movements, OECD/C(61)95.

[998] Code of Liberalisation of Capital Movements, OECD/C(61)96.

[999] Anlage I zu Anhang A, Teil III des Kodex der Liberalisierung der laufenden unsichtbaren Transaktionen.

[1000] Vgl. *Stadler*, S. 225.

[1001] *Ipsen*, S. 591 f.

[1002] Art. 1 a) des Kapitalverkehrskodex.

[1003] Annex A, Liste A, Position I, II des Kapitalverkehrskodex.

Unternehmen im Hinblick auf die Niederlassung keine Sonderbedingungen auferlegen, welche eine Verhinderung oder erhebliche Beeinträchtigung von Direktinvestitionen des Auslands zum Ziel haben oder bewirken.

II. Einschränkungen

Allerdings haben die Mitgliedstaaten die Möglichkeit, die ihnen obliegenden Liberalisierungsverpflichtungen beider Kodizes im Hinblick auf bestimmte Bereiche einzuschränken. So können sie zum einen im Zeitpunkt der Annahme der Kodizes sowie im Falle der Ausweitung von deren Bestimmungen Vorbehalte (Reservations) einlegen, welche ihnen die Aufrechterhaltung von konkreten Beschränkungen erlauben[1005]. Diese Vorbehalte sind in Anhang B zu beiden Kodizes aufgeführt und unterliegen regelmäßiger Überprüfung. Im Hinblick auf ihre Liberalisierungsverpflichtungen im Versicherungsbereich halten fast alle Mitgliedstaaten bestimmte Vorbehalte aufrecht.

Zum anderen gestatten beide Liberalisierungskodizes ihren Mitgliedern, auch vorübergehend Abweichungen (Derogations) in Anspruch zu nehmen[1006]. Entsprechend können Liberalisierungsverpflichtungen in den Bereichen, die nicht von Vorbehalten abgedeckt sind, durch die Geltendmachung einer Abweichung für eine bestimmte Zeit außer Kraft gesetzt werden. Voraussetzung ist jedoch der Nachweis, daß die Wiedereinführung einer Beschränkung entweder aufgrund ernster Zahlungsbilanzschwierigkeiten oder schwerer wirtschaftlicher und finanzieller Störungen durch die Liberalisierungsmaßnahmen in dem betreffenden Staat notwendig ist [1007].

Eine weitere wichtige Einschränkung enthalten die Anhänge C und D des "Kodex der Liberalisierung der laufenden unsichtbaren Operationen". Danach binden die Vorschriften des Kodex weder die amerikanischen Bundesstaaten noch die kanadischen Provinzen. Die Vereinigten Staaten halten eine entsprechende Einschränkung auch für den Kapitalverkehrs-

---

1004 OECD/C(84)151; vgl. zum deutschen Wortlaut des Zusatz zum Kodex, OECD, Einführung in die Lieberalisierungskodizes der OECD, S. 24.

1005 Artikel 2 b) beider Kodizes.

1006 Artikel 7 beider Kodizes.

1007 Vgl. OECD, Einführung in die Liberalisierungskodizes der OECD, S. 15.

kodex aufrecht. Sie verpflichten sich lediglich, den Bundesstaaten das Entstehen von Konflikten mit einer Empfehlung zu deren Beseitigung zur Kenntnis zu bringen. Im Hinblick auf die Vereinigten Staaten erstreckt sich der Geltungsbereich der Kodizes daher nicht auf die Bereiche, die der Kompetenz der amerikanischen Bundesstaaten unterliegen. Da die Zulassung und Beaufsichtigung der Versicherungswirtschaft in den Vereinigten Staaten den Einzelstaaten obliegt, entstehen für diesen Bereich dort keine entsprechenden Liberalisierungsverpflichtungen.

III. Wertung

Ausgehend von ihrer Zielsetzung haben die Liberalisierungskodizes der OECD durchaus das Potential, eine weitgehende Öffnung der Versicherungsmärkte zu erreichen. Insbesondere in den wichtigen Bereichen der Direktinvestitionen des Auslandes und des Niederlassungshandels sind die Mitgliedstaaten zu erheblichen Liberalisierungen verpflichtet. Betrachtet man allerdings das Ausmaß der zum Teil seit Jahrzehnten bestehenden Vorbehalte der Mitgliedstaaten im Versicherungsbereich, ergibt sich eine deutliche Diskrepanz zwischen Anspruch und Realität. Es ist daher nicht sonderlich verwunderlich, daß die Verdienste der OECD um die Liberalisierung des Versicherungshandels in der Literatur durchweg eine zurückhaltend negative Bewertung erfahren haben[1008]. Insbesondere wird kritisiert, daß die Kodizes lediglich unverbindliche Verhaltensregeln normieren, denen es an effektiven Durchsetzungs- oder Sanktionsmöglichkeiten mangelt[1009]. Weitere Defizite sind die zahlreichen Ausnahmeregeln sowie die auslegungsfähigen Schutz- und Vorbehaltsklauseln[1010].

Zeichen und Ausdruck für diese ungenügende Dynamik des Liberalisierungsansatzes der OECD, aber auch für die mangelnde Motivation der Mitgliedstaaten sind deren oft jahrzehntealte Vorbehalte. Allein die regelmäßige Überprüfung dieser Vorbehalte konnte jedenfalls im Versicherungsbereich nicht zu einem Rechtfertigungszwang führen, welcher die Mitgliedstaaten zur Beseitigung nationaler Beschränkungen geführt

---

[1008] So etwa *Weimar*, RIW 1993, S. 85 ff.; *Barth*, S. 89, 93; *Krommenacker*, S. 119; *van Meerhaeghe*, S. 203 f.; *Shelp*, S. 129 ff.; *Benz*, 19 Journal of World Trade Law 1985, S. 110 ff.

[1009] So insbesondere *Weimar*, RIW 1993, S. 87.

[1010] Vgl. *Barth*, S. 93; *van Meerhaeghe*, S. 204.

hätte[1011]. Vielmehr scheinen die Mitglieder nur dann ihre Vorbehalte eingeschränkt oder zurückgenommen zu haben, wenn sie aus anderen Gründen ohnehin dazu bereit waren. Ein Grund dafür mag sein, daß ein Mitgliedsland auch dann in den Genuß von Liberalisierungsmaßnahmen kommt, wenn es selbst Vorbehalte oder Abweichungen aufrechterhält[1012]. Insofern spiegelt sich die fortschreitende Liberalisierung des Versicherungshandels im OECD-Raum zwar durchaus in den Regelungen der Kodizes wider, ist aber nur in geringem Maße auf diese zurückzuführen[1013]. In der jüngeren Entwicklung der OECD sind jedoch einige positive Tendenzen zu registrieren, die allerdings die meisten der strukturellen Schwächen unberührt lassen. Hierzu gehören vor allem die Erweiterung des "Kodex der Liberalisierung der laufenden unsichtbaren Operationen" um detaillierte Verpflichtungen im Bereich der Finanzdienstleistungen sowie die Ausdehnung des Kapitalverkehrskodex auf das Niederlassungsrecht.

B. Allgemeines Abkommen über den Handel mit Dienstleistungen (GATS)

Am 15. Dezember 1993 wurde die achte und längste[1014] Welthandelsrunde des Allgemeinen Zoll- und Handelsabkommens (GATT)[1015], die sogenannte "Uruguay-Runde", erfolgreich abgeschlossen. Die Ergebnisse wurden am 15. April 1994 in Marrakesch unterzeichnet. Als institutioneller Rahmen wurde eine Welthandelsorganisation (WTO)[1016] gegründet[1017]. Eine weitere wichtige Neuerung ist das Allgemeine Abkommen über den Handel mit Dienstleistungen (GATS)[1018]. Die Zuständigkeit für den Ab-

---

[1011] So für den Kapitalverkehrskodex *Grewlich*, 23 AWD/RIW 1977, S. 258.

[1012] Art. 8 beider Kodizes.

[1013] Vgl. *Stadler*, S. 241.

[1014] Erschöpfend hinsichtlich der wechselvollen Geschichte der siebenjährigen Verhandlungen sind insbesondere *Reyna*, S. 1 ff. und *Ipsen/Haltern*, S. 45 ff.

[1015] General Agreement on Tarifs and Trade.

[1016] World Trade Organisation.

[1017] Eingehend zu Aufgaben und Funktionsweise der WTO *Petersmann*, 6 EJIL 1995, S. 189 ff.; *Jansen*, EuZW 1994, S. 334 f.; *Ipsen/Haltern*, RIW 1994, S. 719 ff.

[1018] General Agreement on Trade in Services (Teil II Annex 1 B). Weitere Ergebnisse der Uruguay-Runde sind wesentliche Neuregelungen im Bereich des alten GATT (Teil

schluß des GATS ist zwischen den Europäischen Gemeinschaften und den Mitgliedstaaten geteilt[1019]; entsprechend sind sowohl die Gemeinschaften als auch die Mitgliedstaaten Mitglieder dieses Abkommens geworden. Die Ratifizierung durch die nationalen Parlamente verlief wider Erwarten planmäßig[1020], so daß alle Abkommen der Uruguay-Runde am 1. Januar 1995 in Kraft treten konnten. Die Verhandlungen im Finanzdienstleistungssektor sind damit aber noch nicht abgeschlossen; sie gehen auf multilateraler Ebene im Rahmen der neugegründeten Welthandelsorganisation weiter.

Das (GATS) normiert erstmalig einen multilateralen, rechtlich durchsetzbaren Rahmen von einheitlichen Grundsätzen und Regeln zur progressiven Liberalisierung des internationalen Dienstleistungshandels[1021]. Zudem bietet es ein Forum für künftige, regelmäßig stattfindende Verhandlungen über den stufenweisen Abbau von Handelsschranken, die ausländischen Dienstleistungsanbietern den Marktzugang versperren oder sie diskriminieren[1022].

Allerdings gesteht das GATS jeder Vertragspartei zu, eigene politische Zielsetzungen zu formulieren und die im nationalen Interesse als schützenswert beurteilten Güter von einer gemeinsamen Regelung auszuschließen. Aus diesem Grund ist das GATS als Rahmenabkommen konzipiert, dessen Rechtsgrundsätze lediglich das Gerüst für die internationalen Handelsbeziehungen festlegen. Entsprechend sind auch nicht alle sich aus dem Rahmenabkommen ergebenden Rechte und Pflichten unmittelbar anwendbar[1023]. Eine unmittelbare Handlungspflicht entsteht vielmehr erst durch den erklärten Willen der Mitgliedstaaten, sich rechtlich

---

II Annex 1 A, jetzt GATT 1994), das Übereinkommen über handelsbezogene Aspekte der Rechte an geistigem Eigentum einschließlich des Handels mit nachgeahmten Waren (TRIPs, Teil II Annex 1 C) sowie die Vereinbarungen über Regeln und Verfahren der Streitbeilegung (Teil II Annex 2) und das Verfahren zur Überprüfung der Handelspolitik (Teil II Annex 3).

[1019] EuGH, Gutachten 1/94 - WTO - Slg. 1994, S. I-5267, I-5417.

[1020] Insbesondere der amerikanische Kongreß war entgegen den Befürchtungen keine unüberwindliche Hürde für das Ratifizierungsverfahren, vgl. *Weber*, S. 155.

[1021] Vgl. die Präambel des GATS; siehe auch *Barth*, EuZW 1994, S. 455; *Petersmann*, 6 EJIL 1995, S. 201 ff.; *Jackson/Davey/Sykes*, S. 893.

[1022] *Barth/Putscher*, Die Bank 1994, S. 132.

[1023] Vgl. *Barth*, EuZW 1994, S. 458; *Ipsen/Haltern*, S. 97.

binden zu wollen. Der jeweilige Bindungswille der Mitgliedstaaten wird in den sogenannten "Listen spezifischer Verpflichtungen" (Schedule of specific commitments) dokumentiert, die dem GATS als Anlage beigefügt sind und die einen wesentlichen Bestandteil des Abkommens bilden[1024]. Dadurch wird es den Mitgliedstaaten ermöglicht, die unbestimmten Grundsätze des GATS hinsichtlich Marktzugang und Inländerbehandlung für jeden Dienstleistungssektor getrennt zu konkretisieren. Schließlich enthält das GATS einen sektorenspezifischen Anhang über Finanzdienstleistungen, welcher es den Mitgliedstaaten ausdrücklich erlaubt, Maßnahmen des Aufsichtsrechts, etwa zum Schutz der Versicherungsnehmer, zu ergreifen[1025].

I. Geltungsbereich des GATS

Das GATS gilt für alle kommerziell "handelbaren" Dienstleistungen, mit Ausnahme solcher Dienstleistungen, die in Ausübung hoheitlicher Gewalt erbracht werden[1026]. Dieses ist dann der Fall, wenn die Dienstleistung weder zu gewerblichen Zwecken noch im Wettbewerb mit einem oder mehreren Dienstleistungserbringern erbracht wird[1027]. Für den Bereich der Finanzdienstleistungen sollen darunter auch Tätigkeiten im Rahmen eines gesetzlichen Systems der sozialen Sicherheit oder einer staatlichen Alterssicherung fallen[1028]. Ansonsten gehört die Geschäftstätigkeit von Versicherungsunternehmen grundsätzlich zu den vom GATS erfaßten Dienstleistungssektoren[1029].

Gemäß Art. I Abs. 2 erfaßt das GATS alle Erbringungsformen des Dienstleistungshandels, von der grenzüberschreitenden Erbringung, beispielsweise per Post oder Telekommunikation, über die grenzüberschreitende Bewegung von Dienstleistungserbringern und -nutzern bis zur

---

[1024] Art. XX Abs. 3 GATS.

[1025] Annex zu Finanzdienstleistungen, (1) b) ii), vgl. BGBl. II 1994 S. 1660.

[1026] Art. I Abs. 3 b GATS.

[1027] Art. I Abs. 3 c GATS.

[1028] Annex zu Finanzdienstleistungen, (1) b) ii), vgl. BGBl. II 1994 S. 1660.

[1029] Vgl. *Miersch*, S. 42; *Barth*, EuZW 1994, S. 456.

Niederlassung von Unternehmen[1030]. Mit der Einbeziehung der Niederlassungsfreiheit geht das GATS weit über den bisher üblichen Handelsbegriff hinaus, welcher sich im wesentlichen auf grenzüberschreitende Transaktionen beschränkte[1031].

Auch der sachliche Geltungsbereich des GATS ist sehr weit. Er umfaßt alle den Dienstleistungshandel beeinflußenden Maßnahmen der Mitgliedstaaten, von Gesetzen über Verordnungen und Verwaltungsrichtlinien bis zur Verwaltungspraxis[1032], auf allen Ebenen der zentralen, regionalen oder lokalen Behörden[1033].

II. Grundprinzipien des GATS

Inhaltlich knüpft das GATS an das für das bisher für den Warenhandel maßgebliche GATT-Abkommen von 1947 an. Dessen Grundregeln haben sich in über 50-jähriger Praxis als "Motor" der multilateralen Handelsbeziehungen bewährt, und auch die qualitativen Unterschiede zwischen Waren und Dienstleistungen schließen die Modelltauglichkeit der auf den Warenhandel zugeschnittenen Handelsordnung nicht aus. Entsprechend sind viele der Grundprinzipien des GATT 1947 unter Berücksichtigung sektorspezifischer Eigenheiten auch für die Liberalisierung des Dienstleistungshandels geeignet[1034]. Dies gilt unter anderem für das Meistbegünstigungsprinzip, den Inländerbehandlungsgrundsatz, das Transparenzgebot sowie die Sonderregeln für Entwicklungsländer und die Streitschlichtung[1035].

[1030] Vgl. *Barth*, EuZW 1994, S. 456; EuGH, Gutachten 1/94 -WTO - Slg. 1994, S. I-5267, I-5401.

[1031] *Barth*, EuZW 1994, S. 456.

[1032] Art. XXVIII a GATS.

[1033] Art. I Abs. 3 a GATS.

[1034] Vgl. *Stahl*, 19 Yale Journal of International Law 1994, S. 413 ff.; *Kakabadse*, 19 Georgia Journal of International and Comparative Law 1989, S. 385 f.; *Feketekuty*, S. 206 ff.

[1035] Hinsichtlich der generellen Anwendbarkeit dieser GATT-Grundsätze vgl. *Rivers/ Slater/Paolini*, 23 Stanford Journal of International Law 1987, S. 13 ff.

Strukturell besteht das GATS aus drei Teilen, dem eigentlichen Rahmenabkommen, den sektorspezifischen Anhängen und den nationalen Listen spezifischer Verpflichtungen. Die wichtigsten Rechte und Pflichten ergeben sich bereits aus dem Rahmenabkommen, welches zwischen "allgemeinen Verpflichtungen" (General Obligations) und "besonderen Bindungen" (Specific Commitments) unterscheidet. Während die allgemeinen Verpflichtungen grundsätzlich automatisch mit Unterzeichnung des Abkommens entstehen, sind die besonderen Bindungen erst dann wirksam, wenn die Mitgliedstaaten entsprechende Zugeständnisse in den Konzessionslisten fixiert haben.

1. Allgemeine Abkommensverpflichtungen

Die allgemeinen Verpflichtungen sind in Teil II des Abkommens geregelt. Sie reichen von Vorschriften über die Meistbegünstigung bis zu Regelungen über das öffentliche Auftragswesen und Subventionen. Im folgenden soll allerdings nur auf die für das Versicherungswesen interessanten Verpflichtungen eingegangen werden.

a) Meistbegünstigung

Zu den wichtigsten Abkommensverpflichtungen gehört zunächst die in Art. II Abs. 1 GATS festgelegte Meistbegünstigungspflicht (Most-favoured-Nation Treatment), welche zu den wenigen Vorschriften im Rahmen des GATS gehört, die ohne konkrete Liberalisierungsverpflichtung auf alle Dienstleistungssektoren anwendbar ist. Danach hat jeder Mitgliedstaat grundsätzlich die Pflicht, die Dienstleistungen und Dienstleistungsanbieter jedes anderen Mitgliedstaates nicht schlechter zu behandeln als gleichartige Dienstleistungen und Anbieter irgendeines anderen Landes. Damit geht die Regelung des GATS über die Parallelvorschrift des GATT 1947 hinaus, welche lediglich eine Diskriminierung von Produkten, nicht aber auch von Produzenten verlangte[1036]. Ursprünglich bilateral ausgehandelte Konzessionen werden auf diese Weise mit

[1036] Vgl. Art. I Abs. 1 GATT 1947.

Hilfe der Meistbegünstigungsklausel weiterverbreitet und "multilateralisiert"[1037].

aa) Verhandlungspositionen

Äußerst umstritten bei den Verhandlungen im Rahmen der Uruguay-Runde war jedoch die Frage, ob und inwieweit die Meistbegünstigungsklausel einzuschränken sei. Während die meisten Entwicklungsländer eine unbedingte Meistbegünstigung bevorzugten, waren insbesondere die Vereinigten Staaten nicht bereit, eine Meistbegünstigungspflicht ohne Vorbehalte zu akzeptieren[1038]. Auf Seiten der Amerikaner befürchtete man, daß protektionistisch eingestellte Länder im Falle einer Verpflichtung zu bedingungsloser Meistbegünstigung wie Trittbrettfahrer ("free riders") von den Liberalisierungsbemühungen anderer Staaten profitieren würden, ohne ihrerseits bestimmte Konzessionen zu gewähren[1039]. Angesichts der Unterschiede im Niveau der Offenheit einzelner Märkte wollten die Vereinigten Staaten daher den Zugang ausländischer Dienstleistungsanbieter vielmehr von entsprechenden Gegenleistungen der jeweiligen Mitgliedsländer abhängig machen[1040].

Auch die Europäische Union befürwortete aus ähnlichen Gründen eine Einschränkung der Meistbegünstigungspflicht. Zum einen forderte sie, diejenigen Dienstleistungssektoren, die einen besonders engen Bezug zur Kultur des jeweiligen Landes haben, grundsätzlich vom allgemeinen Grundsatz der Meistbegünstigung herauszunehmen[1041]. Zum anderen sollten die Vertragsparteien in den Fällen die Ausdehnung von Handelsvorteilen verweigern dürfen, in denen der zu begünstigende Staat nicht die Konzessionsbereitschaft zeigt, die zumindest seinem Entwicklungsstand

---

[1037] Siehe insbesondere *Virally*, 122 Recueil des Cours 1967 III, S. 98; *Stahl*, 19 Yale Journal of International Law 1994, S. 429 ff.; *Broadman*, 17 The World Economy 1994, S. 285.

[1038] Vgl. zu den einzelnen Positionen und Vorschlägen *Stadler*, S. 317 f.

[1039] *Curzon-Prize*, in: Oppermann/Molsberger, S.24.

[1040] Vgl. *Oppermann/Beise*, Europa Archiv 1993, S. 9.

[1041] Hierbei geht es insbesondere um die audiovisiuellen Dienstleistungen, vgl. *Stadler*, S. 320.

entsprechen würde[1042]. Auch wenn die Europäische Union ansonsten am Prinzip der unbedingten Meistbegünstigung festhielt, lief ihre Forderung nach einem Ausnahmetatbestand im Ergebnis - wie auch bei den Vereinigten Staaten - auf eine bedingte Meistbegünstigungsklausel hinaus.

Ein Vorteil des Konzepts der bedingten Meistbegünstigung ist, daß es eine differenzierte Behandlung ungleicher Staaten erlaubt. Entsprechend kann es als Druckmittel eingesetzt werden, um den Anreiz zur Marktöffnung zu erhöhen und somit die Liberalisierung voranzutreiben[1043]. Indem es das Zugeständnis bestimmter Präferenzen an die Übernahme reziproker Liebe-ralisierungsverpflichtungen knüpft[1044], korrespondiert die bedingte Meistbegünstigung mit dem Prinzip der völkerrechtlichen Reziprozität[1045]. Allerdings birgt die bedingte Meistbegünstigung - wie auch die Reziprozität - neben der Möglichkeit, sie expansiv zur Marktöffnung zu nutzen, auch das Risiko einer restriktiven Auslegung zum Zwecke der Marktabschottung.

bb) Länderspezifische Ausnahmen

Die Bedenken an einer unbedingten Gewährung des Meistbegünstigungsprinzips haben ihren Niederschlag in Art. II Abs. 2 GATS gefunden. Danach können die Mitgliedstaaten weiterhin "Maßnahmen"[1046] aufrechterhalten, die nicht mit dem Prinzip der unbedingten Meistbegünstigung vereinbar sind, müssen diese aber in einem bestimmten Verzeichnis auflisten. Dabei müssen die Mitgliedstaaten die Umstände erläutern, welche die Eintragung einer Ausnahme erforderlich machen, sowie die Länder benennen, die von der jeweiligen Maßnahme betroffen sind.

[1042] Siehe dazu Vorschlag der EU in Non-Discrimination in the Multilateral Framework for Trade in Services (GATT-Dok.), S. 3 Nr. 4; vgl. auch *Weiss*, 32 CMLR 1995, S. 1195.

[1043] Vgl. *Weber*, S. 177; *Stahl*, 19 Yale Journal of International Law 1994, S. 443; *Ipsen/Haltern*, S. 90 f.; *Feketekuty*, S. 222; *Brößkamp*, S. 55.

[1044] *Brößkamp*, S. 37.

[1045] Siehe dazu Dritter Teil A. I. 6. a).

[1046] Der Begriff "Maßnahme" steht exemplarisch für jede Form hoheitlichen Handelns. Der Begriff umfaßt nach Art. XXVIII lit a GATS Gesetze ebenso wie die Verwaltungspraxis eines Mitgliedstaats.

Bis zum Inkrafttreten des WTO-Abkommens am 1. Januar 1995 durfte jeder Mitgliedstaat frei entscheiden, welche nationalen Maßnahmen der Verpflichtung zur unbedingten Meistbegünstigung widersprachen und somit eine Eintragung in die Ausnahmeliste erforderlich machten. Nunmehr, nach Inkrafttreten des Übereinkommens, müssen die Vertragsparteien immer erst eine Genehmigung für einen entsprechenden Vorbehalt beantragen. Hierfür gibt es ein spezielles Verfahren, nach welchem nur die Ministerkonferenz in Zusammenarbeit mit dem Rat für den Handel mit Dienstleistungen einen Mitgliedstaat von seinen Verpflichtungen aus dem GATS entbinden kann[1047]. Die Ministerkonferenz, die sich aus Vertretern aller Mitglieder zusammensetzt[1048], entscheidet über die Gewährung einer zeitlich begrenzten Ausnahmegenehmigung durch Beschluß. Ein solcher bedarf einer Dreiviertelmehrheit und ist nur zulässig, sofern das die Ausnahme beantragende Land "außergewöhnliche Umstände" (Exceptional Circumstances) geltend machen kann[1049]. Allerdings ist weder im WTO-Übereinkommen noch im GATS oder den Anlagen geregelt, unter welchen Voraussetzungen entsprechend außergewöhnliche Umstände vorliegen. Es ist aber zu vermuten, daß aufsichtrechtliche Erwägungen im volkswirtschaftlich überaus wichtigen und sensiblen Versicherungssektor regelmäßig geeignet sein werden, um außergewöhnliche Umstände darzustellen, die eine nachträgliche Beschränkung des Marktzugangs rechtfertigen[1050].

Alle Ausnahmen von der Meistbegünstigungspflicht sind grundsätzlich zeitlich auf höchstens zehn Jahre begrenzt[1051] und unterliegen zudem nach spätestens fünf Jahren einer inhaltlichen Überprüfung[1052]. Hierfür ist der Rat für den Handel mit Dienstleistungen zuständig, welcher untersucht, ob die Umstände fortbestehen, welche ursprünglich die Notwendigkeit einer Einschränkung begründeten.

1047 Vgl. Art. IX Abs. 3 und 4 WTO-Übereinkommen i.V.m. Abs. 2 der "Anlage zu Ausnahmen von Artikel II".

1048 Art. IV Abs. 1 WTO-Übereinkommen.

1049 Art. IX Abs. 3 WTO-Übereinkommen.

1050 So *Weber*, S. 179 hinsichtlich des in der Bedeutung und Struktur vergleichbaren Bankensektors.

1051 Abs. 6 der Anlage zu den Ausnahmen von Artikel II (Annex on Article II Exemptions).

1052 Abs. 3 der Anlage zu den Ausnahmen von Artikel II.

cc) Regionale Freihandelszonen

Wie schon das GATT 1947[1053] ermöglicht auch das GATS die Umgehung des Meistbegünstigungsgrundsatzes zugunsten regionaler Integrationsvorhaben. Durch die entsprechende Ausnahmeregel soll sichergestellt werden, daß Mitgliedstaaten von Zollunionen und Freihandelszonen intern gewährte Handelsvorteile nicht im Wege der Meistbegünstigung an außenstehende Drittstaaten weitergeben müssen[1054]. Diese Ausnahmeregel betrifft insbesondere den europäischen Binnenmarkt und damit zusammenhängende Bevorzugung von Mitgliedstaaten der Europäischen Union untereinander[1055]. Es werden aber auch andere Wirtschaftszusammenschlüsse, wie zum Beispiel das nordamerikanische Freihandelsabkommen NAFTA erfaßt.

dd) Annex über Finanzdienstleistungen

Eine weitere Ausnahme von der Pflicht zur Meistbegünstigung enthalten auch die sektorenspezifischen Anhänge des GATS[1056]. So gestattet der für das Versicherungswesen einschlägige Annex über Finanzdienstleistungen den Mitgliedstaaten ausdrücklich, Maßnahmen zum Schutz von Investoren und Einlegern oder zur Sicherung der Integrität und Stabilität seines Finanzsystems zu ergreifen[1057]. Das Spektrum aufsichtsrechtlicher Maßnahmen ist jedoch sehr weit; dementsprechend groß sind auch die Möglichkeiten einer Umgehung der Meistbegünstigungspflicht aufgrund dieser Ausnahmeregelung[1058].

[1053] Art. V GATS. Muster war Art. XXIV des GATT 1947.

[1054] *Errens*, EuZW 1994, S. 460.

[1055] *Barth*, EuZW 1994, S. 456.

[1056] Diese betreffen neben den Finanzdienstleistungen den Aufenthalt von ausländischem Dienstpersonal, die Telekommunikation und den Luftverkehr.

[1057] Art. 2 (a) Annex zu Finanzdienstleistungen (BGBl. II 1994, S. 1660 f.); vgl. dazu *Hoekman*, in: Jackson/Davey/Sykes, S. 922 ff.

[1058] *Weber*, S. 180; *Werner*, S. 49 und 67.

ee) Konsequenzen für die Versicherungsaufsicht

Insbesondere die in der Versicherungsaufsicht international verbreiteten Reziprozitätsklauseln sind mit dem Prinzip der unbedingten Meistbegünstigung grundsätzlich nicht zu vereinbaren[1059]. Eine bedingungslose Meistbegünstigung hätte zur Folge, daß international operierende Versicherungsunternehmen ohne Rücksicht auf ihr Herkunftsland gleichbehandelt werden müßten. Den Vertragsparteien des GATS wäre es folglich untersagt, die Erlaubnis zur Errichtung einer Niederlassung in ihrem Hoheitsgebiet für bestimmte Länder von einer entsprechenden Gegenleistung abhängig zu machen. Gleichwohl wollten viele Mitgliedstaaten nicht auf das völkerrechtliche Instrument der Reziprozität verzichten. Hintergrund dieser Haltung war einerseits das im Bereich der Finanzdienstleistungen recht unterschiedliche Marktöffnungsniveau der einzelnen Länder sowie andererseits die Sorge vor Mißbrauch der Konzessionsbereitschaft durch Trittbrettfahrer[1060].

Entsprechend waren bei Abschluß der Uruguay-Runde nur wenige Mitgliedstaaten bereit, weitreichende Zugeständnisse für den Finanzdienstleistungssektor abzugeben. Insbesondere die Vertragsparteien mit bedeutenden und relativ offenen Finanzmärkten halten stattdessen weiterhin am Prinzip der Gegenseitigkeit fest. Zu jenen Ländern, die sich weigern, ihren Versicherungsmarkt vorbehaltlos zu öffnen, gehörten auch die Vereinigten Staaten von Amerika[1061]. Bereits im Laufe der Verhandlungen haben sie wiederholt damit gedroht, den gesamten Finanzdienstleistungsbereich vom Anwendungsbereich des GATS auszuschließen, falls nicht insbesondere Japan und Südkorea sowie die Staaten der Association of South East Asian Nations (ASEAN)[1062] ihre Liberalisierungsverpflichtungen substantiell verbesserten. Mit der Meistbegünstigungsausnahme vom 15. Dezember 1993 haben die Vereinigten Staaten schließ-

---

[1059] Vgl. *Wils*, CMLR 1991, S. 258 ff., *Rhodes*, 43 International Organization 1989, S. 276; *Decaux*, S. 145.

[1060] Vgl. insbesondere *Curson-Price*, in: Oppermann/Molsberger, S. 31.

[1061] Vgl. die Erklärung des amerikanischen Handelsbeauftragten *Kantor*, EA 1994, S. D 77 f.; *Barth/Putscher*, Die Bank 1994, S. 135.

[1062] Zu den ASEAN-Staaten gehören Indonesien, Malaysia, Singapur, Thailand, Brunei und die Philippienen. Zu den Einzelheiten vgl. *Hundt*.

lich die Möglichkeit gewahrt, ausländische Versicherungsunternehmen unterschiedlich zu behandeln[1063].

Im Gegensatz dazu hat die Europäische Union auf das Druckmittel der Gegenseitigkeit verzichtet und die Reziprozitätsklauseln der Versicherungsrichtlinien nicht in die Liste der Ausnahmen zu Art. II GATS eingetragen. Diese liberale Haltung der Union auf völkerrechtlicher Ebene schränkt den Anwendungsbereich der Reziprozitätsklauseln deutlich ein[1064]. Diese regeln nämlich, daß potentielle Vergeltungsmaßnahmen mit den Verpflichtungen der Gemeinschaft vereinbar sein müssen, die sich aus zwei- oder mehrseitigen internationalen Übereinkünften über die Aufnahme und Ausübung der Tätigkeiten von Versicherungsunternehmen ergeben[1065]. Da das GATS ein solches Übereinkommen ist, bedeutet der Verzicht der Europäischen Union auf die Eintragung einer Meistbegünstigungsausnahme gleichsam auch den Verzicht auf mögliche Sanktionen nach den Reziprozitätsklauseln der Richtlinien. Entsprechend kann sich die Kommission gegenüber einem GATS-Mitgliedstaat nicht auf die Befugnis der Richtlinien berufen[1066] und die nationalen Aufsichtsbehörden anweisen, Entscheidungen über Zulassungsanträge abzuweisen oder zu beschränken[1067]. Ein solcher Rückgriff auf den Reziprozitätsstandard der Versicherungsrichtlinien wäre mit den völkerrechtlichen Verpflichtungen der Europäischen Union aus dem GATS nicht vereinbar.

Allerdings besteht für die Kommission ohnehin solange kein Bedarf für zugangsbeschränkende Maßnahmen im Sinne der Richtlinien, wie die multilateralen Verhandlungen im Finanzdienstleistungssektor andauern[1068]. Da die GATS/WTO-Verhandlungen den gleichen Zweck verfolgen wie die Drittländerbestimmungen der Versicherungsrichtlinien, würden sich Vergeltungsmaßnahmen auf bilateraler Ebene als undienlich, wenn nicht sogar kontraproduktiv erweisen. Insbesondere bestünde die Gefahr, daß andere

---

1063 USA, GATT-Dok. MTN.GNS/W/227/Rev.1 vom 15. Dezember 1993.

1064 *Kampf*, in: Grabitz/Hilf, E 26 Rn. 84.

1065 Art. 29 b Abs. 6 Erste RL Schaden i.d.F. von Art. 4 RL 90/618/EWG; Art. 32 b Abs. 7 Erste RL Leben i.d.F. von Art. 9 Zweite RL Leben.

1066 Art. 29 b Abs. 4 UA 2 Erste RL Schaden i.d.F. von Art. 4 RL 90/618/EWG; Art. 32 b Abs. 4 UA 2 Erste RL Leben i.d.F. von Art. 9 Zweite RL Leben.

1067 Vgl dazu ausführlich in 3. Teil A. 6. b).

1068 EU-Kommission, Drittländerbericht, S. 31.

Verhandlungspartner ihrerseits zu Vergeltungsmaßnahmen und zusätzlichen Beschränkungen veranlaßt werden. Entsprechend ist beispielsweise die unnachgiebige Haltung der Vereinigten Staaten von einem Teil der ASEAN-Staaten weniger als Anreiz zur Marktöffnung, sondern vielmehr als Zeichen der Diskriminierung verstanden worden, welche diese wiederum mit zeitlich unbegrenzten Einschränkungen der Meistbegünstigung aufgrund von Gegenseitigkeitserwägungen beantwortet haben[1069].

Ob und inwieweit der Verzicht der Europäischen Union auf das Druckmittel der Gegenseitigkeit förderlich für ihre Liberalisierungsbemühungen ist, läßt sich endgültig erst nach Abschluß der Verhandlungen beurteilen. Soweit scheint jedoch deren Fortsetzung auf multilateraler Ebene das wirksamste Mittel zu sein, um ausländische Versicherungsmärkte zugunsten europäischer Versicherungen zu öffnen[1070]. Zudem kann die EU-Kommission auch weiterhin den Rat um Erteilung eines separaten Verhandlungsmandats ersuchen, um auf diesem Wege vergleichbare Wettbewerbsmöglichkeiten für Unionsversicherungsunternehmen zu sichern[1071]. Ein solches Vorgehen ist mit den völkerrechtlichen Verpflichtungen des GATS vereinbar. Daneben bleibt die Kommission berechtigt, Sanktionen nach den Reziprozitätsklauseln der Richtlinien gegenüber Versicherern aus Staaten zu verhängen, die nicht Vertragspartei des GATS/WTO sind. Schließlich kann die Europäische Union natürlich auch nachträglich von einer Meistbegünstigungsausnahme im Versicherungsbereich Gebrauch machen, falls ihre Initiative nicht den gewünschten Erfolg zeigt.

1069 Vgl. Korea, GATT-Dok. MTN.GNS/W/262 vom 15.12.1993; Indonesien, GATT-Dok. MTN.GNS/W/242 vom 10.12.1993; Thailand, GATT-Dok. MTN.GNS/W/258 vom 14.12.1993; Singapur, GATT-Dok. MTN.GNS/W/206/Rev.2 vom 15.12.1993.

1070 EU-Kommission, Drittländerbericht, S. 31.

1071 Art. 29 b Abs. 3 Erste RL Schaden i.d.F. von Art. 4 RL 90/618/EWG; Art. 32 b Abs. 3 Erste RL Leben i.d.F. von Art. 9 Zweite RL Leben.

b) Transparenz

Eine weitere allgemeine Abkommensverpflichtung ist die Transparenz der Gesetze und staatlichen Regelungen für den Dienstleistungshandel[1072]. Danach sind die Mitgliedstaaten verpflichtet, alle allgemein geltenden Regelungen und Maßnahmen, die sich auf den Dienstleistungsbereich beziehen oder diesen betreffen, sowie entsprechende internationale Abkommen zu veröffentlichen. Diese durchaus nicht für alle Mitgliedstaaten selbstverständliche Verpflichtung soll gewährleisten, daß die Dienstleistungsanbieter Klarheit über die Rahmenbedingungen ihres Geschäfts bekommen[1073]. Gerade im Rahmen des GATS hat die Transparenz eine besondere Relevanz, da die ökonomischen, regulatorischen und sprachlichen Hintergründe der Mitgliedstaaten in weit größerem Maße divergieren, als dies bei Parteien von bilateralen und regionalen Abkommen der Fall ist[1074].

2. Spezielle Abkommensverpflichtungen

Außerdem enthält das GATS spezifische Liberalisierungsverpflichtungen, insbesondere die Pflicht zur Gewährung von Marktzugang und Inländerbehandlung. Diese Verpflichtungen entstehen - im Gegensatz zu den allgemeinen Abkommensverpflichtungen - allerdings nicht unmittelbar durch das Übereinkommen. Vielmehr sind alle Mitgliedsstaaten lediglich verpflichtet, an den regelmäßig alle fünf Jahre stattfindenden Verhandlungsrunden zur weiteren progressiven Liberalisierung des Dienstleistungshandels teilzunehmen[1075]. Dabei muß von jedem Land eine Liste mit spezifischen Verpflichtungen zur Gewährung der Liberalisierungsverpflichtungen im Dienstleistungshandel vorgelegt werden[1076].

1072 Art. III GATS.

1073 Vgl. *Barth*, EuZW 1994, S. 456; *Stoll*, ZaöRV 1994, S. 325.

1074 *Stadler*, S. 333.

1075 Art. XIX Abs. 1 GATS.

1076 Art. XX Abs. 1 GATS.

a) Marktöffnung

Ein wesentliches Ziel auf dem Weg zur Liberalisierung des internationalen Dienstleistungshandels ist der ungehinderte Zugang zu ausländischen Märkten (Market Access). Um dieses Ziel zu erreichen, wurde schon in der Montrealer Erklärung von 1988 die Beseitigung aller Vorschriften gefordert, die sich nachteilig auf den Handel mit Dienstleistungen auswirken[1077]. Das GATS greift diese Forderung an mehreren Stellen auf[1078], verpflichtet die Vertragsparteien aber nicht zu einem bestimmten Verhalten. Ebensowenig gewährt es ausländischen Dienstleistungserbringern ein Recht auf Marktzugang[1079]. Vielmehr hängt Marktöffnung auch nach Abschluß des GATS von der jeweiligen Konzessionsbereitschaft der GATS-Parteien ab[1080].

Entschließt sich ein Mitgliedstaat jedoch dazu, einen Dienstleistungssektor zu öffnen, so muß er die Regelungen des Art. XVI GATS beachten[1081]. Zunächst ist erforderlich, daß fremde Dienstleistungsanbieter nicht schlechter behandelt werden dürfen, als dies in der eingegangenen Verpflichtung vorgesehen ist. Darüber hinaus enthält Art. XVI Abs. 2 GATS eine Reihe von Grundsätzen, die für den Marktzugang gelten, sofern die Mitgliedstaaten in ihren Listen nichts anderes festgelegt haben. Dazu zählen unter anderem der Verzicht auf die Einführung zahlen-, mengen- und wertmäßiger Beschränkungen anderer Mitglieder, die freie Wählbarkeit der Rechtsform bei gewerblichen Niederlassungen und der Verzicht auf Beschränkungen für ausländische Kapitalbeteiligung an inländischen Unternehmen.

Für den Bereich der Versicherungen präzisiert die Vereinbarung über Verpflichtungen bei Finanzdienstleistungen (Understandings on Commitments in Financial Services) das Konzept des Marktzugangs im Hinblick

---

1077 So in Teil II Ziff. 7 b der Erklärung von Montreal: "The adverse effects of all laws, regulations and administrive guidelines should be reduced (...) to provide effective market access." Abgedruckt in GATT, Focus Newsletter 61 (Mai 1989); vgl. dazu *Bail*, EuZW 1990, S. 470.

1078 Vgl. z.B. Art. XIX Abs. 1 S.2 und Abs. 2 S. 2, Art. XVI, Art. XX Abs. 1 a) GATS.

1079 *Weber*, S. 187.

1080 Vgl. *Weber*, S. 188; *Barth*, EuZW 1994, S. 458.

1081 Vgl. *Petersmann*, 6 EJIL 1995, S. 202.

auf den Niederlassungshandel. Danach gewährt jedes Mitglied den Erbringern von Finanzdienstleistungen eines anderen Mitglieds ausdrücklich das Recht, in seinem Hoheitsgebiet eine Niederlassung zu errichten oder eine Beteiligung an einem Versicherungsunternehmen zu erwerben[1082]. Dieses Recht schließt jedoch etwaige Genehmigungserfordernisse nicht aus, solange diese nicht die Pflicht zur Gewährung des Marktzuganges aushöhlen[1083]. Dasselbe gilt auch für solche innerstaatlichen Vorschriften, die aus aufsichtsrechtlichen Gründen die Zulassung ausländischer Wettbewerber einschränken können[1084]. Zu berücksichtigen sind insbesondere die Vielzahl von aufsichtsrechtlichen Maßnahmen, die entweder der Sicherung der Einlagen von Versicherungsnehmern oder dem Schutz der Integrität und Stabilität des nationalen Finanzsystems dienen. Entsprechend einfach lassen sich staatliche Eingriffe mit dem Argument der Gefahrenabwehr begründen, mit der Konsequenz, daß sich eine Umgehung der Liberalisierungsverpflichtungen im Einzelfall nur schwer nachweisen läßt[1085].

b) Inländerbehandlung

Der Grundsatz der Inländerbehandlung (National Treatment) ist in Art. XVII GATS niedergelegt. Danach ist ein Mitgliedstaat verpflichtet, soweit er seinen Dienstleistungsmarkt in bestimmten Sektoren geöffnet hat, ausländische Dienstleistungserbringer dort "nicht weniger günstig" zu behandeln als inländische Anbieter. Dabei ist unerheblich, ob die gewährte Behandlung formal identisch ist oder nicht. Entscheidend ist vielmehr, daß die konkreten Wettbewerbsbedingungen für ausländische und inländische Dienstleistungsanbieter gleichwertig sind[1086]. Insofern übernimmt auch das

---

[1082] Buchstabe B Nr. 5 der Vereinbarung über Verpflichtungen bei Finanzdienstleistungen.

[1083] Buchstabe B Nr. 6 der Vereinbarung über Verpflichtungen bei Finanzdienstleistungen.

[1084] Art. 2 (a) des Annex zu Finanzdienstleistungen.

[1085] Vgl. *Weber*, S. 193.

[1086] Art. XVII Abs. 3 GATS.

GATS die schon im Rahmen der Versicherungsrichtlinien verwandte Definition der Inländerbehandlung[1087].

c) Listen spezifischer Verpflichtungen

Sowohl der allgemeine Grundsatz der Marktöffnung als auch das Prinzip der Inländerbehandlung erfahren ihre Konkretisierung erst durch den Inhalt der nationalen "Listen spezifischer Verpflichtungen", in denen jeder Mitgliedstaat angibt, für welche Dienstleistungssektoren er konkrete Verpflichtungen übernehmen will[1088]. Allerdings kann jedes Land diese Liste der sektoralen Liberalisierungsbeschränkungen wiederum durch individuelle Beschränkungen und Bedingungen limitieren[1089]. Diese länderspezifischen Verpflichtungslisten werden in den multilateralen Verhandlungsprozeß eingeführt und werden damit integraler Bestandteil des GATS[1090]. Insofern obliegt es der souveränen Entscheidung der Mitgliedstaaten, inwieweit sie auf diese Weise den Ordnungsrahmen des GATS ausfüllen und Art und Umfang der Marktöffnung und der Inländerbehandlung in einem oder mehreren Dienstleistungssektoren rechtlich verbindlich festlegen. Allerdings soll durch das GATS ein Prozeß kontinuierlicher Liberalisierung eingeleitet werden, in dessen Verlauf die Mitgliedstaaten nach und nach ihre ursprünglich vorbehaltenen Restriktionen und Handelsschranken abbauen[1091]. Dementsprechend müssen die Mitgliedstaaten auch nach Abschluß der Uruguay-Runde an weiteren Verhandlungsrunden teilnehmen[1092].

Formal besteht der "Schedule of Specific Commitments" jedes Mitgliedslandes aus einer Tabelle, die alle Sektoren und Untersektoren des Dienstleistungsbereiche, für die Verpflichtungen übernommen werden, nacheinander auflistet. Dabei orientiert sich die systematische Erfassung

[1087] Um Wiederholungen zu vermeiden, sei deshalb auf die Ausführungen im 3. Teil A. 6. c) bb) verwiesen. Vgl. außerdem *Stuhl*, 19 Yale Journal of International Law 1994, S. 421; *Petersmann*, 6 EJIL 1995, S. 202.

[1088] Art. XX Abs. 1 GATS.

[1089] Art. XVI Abs. 1 und XVII Abs. 1 GATS.

[1090] Art. XX Abs. 3 GATS.

[1091] Abs. 3 der Präambel i.V.m. Art. XIX Abs. 1 GATS.

[1092] Art. XIX Abs. 1 GATS.

der Zugeständnisse und Restriktionen an den vier Erbringungsformen des in Art. I Abs. 2 GATS definierten Dienstleistungshandels. Für die Bewertung von Art und Umfang der eingegangenen Liberalisierungsverpflichtungen gibt es eine spezielle Klassifizierung, die Aufschluß über deren Niveau gibt[1093]. Die eingegangenen Verpflichtungen dürfen grundsätzlich erst nach Ablauf von drei Jahren geändert oder zurückgenommen werden[1094].

Die Europäische Gemeinschaft und ihre Mitgliedstaaten haben eine gemeinsame Liste vorgelegt, welche auch für den Versicherungsbereich Liberalisierungsverpflichtungen vorsieht[1095]. Im Gegensatz dazu nahmen die Vereinigten Staaten ihr ursprüngliches Angebot zur Liberalisierung der Finanzdienstleistungen kurz vor Unterzeichnung des Abkommens zurück und behielten sich das Recht restriktiver Zugangsregeln vor[1096], obwohl die Finanzdienstleistungen ursprünglich erst auf ihr Betreiben in die Handelsgespräche im Rahmen der Uruguay-Runde des GATT einbezogen wurden.

III. Entwicklung und Ergebnis

Mit dem GATS werden erstmalig auf weltweiter Ebene einheitliche Grundsätze für die Liberalisierung des internationalen Dienstleistungshandels normiert. Durch den geordneten Abbau diskriminierender Zutrittsschranken auf der Grundlage transparenter Regeln und Verfahren sollen die Risiken internationaler Handelsaktivitäten sowohl vorhersehbarer als auch kalkulierbarer werden. Gleichwohl ist die normative Regelungskraft des GATS beschränkt. Unmittelbare Handlungspflichten

---

[1093] Die Klassifizierung knüpft an die Terminologie früherer GATT-Handelsrunden an. So steht der Begriff "None" für die Abwesenheit jeglicher Handelsrestriktionen. Der Begriff "Standstill" verpflichtet den Mitgliedstaat den gegenwärtigen Liberalisierungsstand zu konsolidieren. Dahingegen bedeutet der Begriff "Rollback", daß die Marktöffnung erst noch bevorsteht. Keine Bereitschaft zur Liberalisierung des Dienstleistungshandels signalisiert schließlich der Terminus "Unbound". Vgl. *Weber*, S. 190; *Sauvé*, 29/4 JWT 1995, S. 143.

[1094] Art. XXI Abs. 1 a) GATS.

[1095] Vgl. die Liste der spezifischen Verpflichtungen - Die Europäischen Gemeinschaften und ihre Mitgliedstaaten, BGBl. II 1994, S. 1705 ff.

[1096] Vgl. die Liste der spezifischen Verpflichtungen - USA, WTO-Dok. GATS/SC/90/Suppl.1 S. 16 ff.

entstehen erst durch den erklärten Willen der Mitgliedstaaten, sich rechtlich binden zu wollen. Die Regulierung der Handelsbeziehungen erfolgt daher weniger über absolute Rechtsnormen als über bilaterale und multilaterale Verhandlungen[1097]. Inwieweit sich ein Land verpflichtet, seine Märkte für ausländische Dienstleistungserbringer zu öffnen, hängt dabei von inhaltlich gleichwertigen Angeboten der anderen Verhandlungspartner ab[1098]. Mit diesem Prinzip des wechselseitigen Austausches von Zugeständnissen knüpft das GATS an die erfolgreiche Verhandlungstechnik im Rahmen des GATT an[1099]. Durch ein entsprechendes Wechselspiel von Meistbegünstigung und Gegenseitigkeit sollen die Mitgliedstaaten motiviert werden, ihre Märkte für ausländische Unternehmen zu öffnen und Handelsbeschränkungen abzubauen.

Dieser Mechanismus kann aber nur dann eine Dynamik entwickeln, wenn insbesondere die Staaten mit großen und wichtigen Dienstleistungsmärkten die Initiative ergreifen und konkrete Liberalisierungsverpflichtungen unterbreiten. Insofern gefährdete die unnachgiebige Haltung der Vereinigten Staaten nicht nur die Glaubwürdigkeit des GATS, sondern stellte auch dessen angestrebten multilateralen Ansatz in Frage. Diese Verhandlungsposition hätte leicht einen Dominoeffekt auslösen und weitere Staaten zur Rücknahme ihrer Marktöffnungsangebote veranlassen können. Daß die Verhandlungen für den Bereich der Finanzdienstleistungen trotz des Ausscherens der Vereinigten Staaten erfolgreich beendet werden konnten, ist hauptsächlich der Europäischen Union und ihren Mitgliedstaaten sowie deren Verzicht auf eine Meistbegünstigungsausnahme zu verdanken[1100]. Insbesondere aufgrund der Attraktivität des europäischen Binnenmarktes konnten zahlreiche Drittstaaten zu substantiellen Zugeständnissen bewegt werden[1101].

Insofern sind mit dem Abschluß der Uruguay-Runde die Voraussetzungen dafür geschaffen worden, daß sich der Prozeß kontinuierlicher Liberali-

---

1097 Siehe dazu *Long*, S. 23.

1098 Vgl. *Ipsen/Haltern*, S. 11 f.; *Long*, S. 10.

1099 In der GATT-Terminologie ist dieses Prinzip als "request-offer"-Mechanismus bekannt; vgl. dazu *Long*, S. 23 f.; *Stadler*, S. 278; *Jackson*, World Trading System, S. 118 ff.

1100 *Tsoukalis*, S. 238.

1101 Vgl. Second Protocol to the General Agreement on Trade in Services, WTO-Dok. S/L/11 vom 24. Juli 1995.

sierung fortsetzen konnte und kann. Entsprechend konnten bereits in der am 12. Dezember 1997 abgeschlossenen Verhandlungsrunde hinsichtlich der Finanzdienstleistungen weitere wichtige Fortschritte erzielt werden. Im Rahmen dieser Verhandlungen wurden sowohl die Listen der spezifischen Verpflichtungen als auch die Ausnahmen zur Meistbegünstigung überarbeitet. Der wohl größte Erfolg dieser Runde war, daß nunmehr auch die Vereinigten Staaten ihre ablehnende Haltung revidiert und deutliche Liberalisierungspflichten übernommen haben. Von besonderer Bedeutung ist dabei die Rücknahme der Meistbegünstigungsausnahme durch die USA. Soweit die übernommenen Verpflichtungen den Marktzugang betreffen, wird entsprechend der Kompetenzverteilung hinsichtlich der einzelnen Bundesstaaten unterschieden, die jedoch auch zum größten Teil zu konkreten Maßnahmen verpflichten.

Insgesamt wurden von 70 Staaten verbesserte Verpflichtungen sowohl bezüglich des Marktzugangs als auch hinsichtlich der Inländerbehandlung abgegeben[1102]. Darüber hinaus haben weitere 32 Mitgliedsländer ihre Verpflichtungen aus vorhergehenden Verhandlungen bekräftigt, so daß nunmehr insgesamt 102 Staaten Liberalisierungsverpflichtungen im Rahmen des GATS übernommen haben. Von diesen haben lediglich fünf Länder weiterhin weitreichende Ausnahmen vom Grundsatz der Meistbegünstigung zugunsten nationaler Reziprozitätsklauseln gemacht[1103]. Damit werden nunmehr fast 97% des weltweiten Handels mit Finanzdienstleistungen umfaßt. In einem nächsten Schritt werden die Verhandlungen in der sogenannten "Millenium Runde" fortgeführt, mit dem Ziel, die Lieberalisierung dieses Dienstleistungsbereichs weiter zu vervollkommnen.

1102 Eine Auflistung der einzelnen Verpflichtungen der jeweiligen Staaten findet man unter http://gats-info.eu.int.

1103 Dies sind Ungarn, Pakistan, Peru, Venezuela und die Philippinen.

Ausblick

In den letzten fünfzig Jahren haben die multilateralen Anstrengungen zur Liberalisierung des internationalen Versicherungshandels eine immer stärkere Dynamik entwickelt. Die weitaus wichtigste Rolle spielen dabei die jüngsten Zugeständnisse der beteiligten Staaten im Rahmen der kontinuierlichen Verhandlungen zum GATS. Großen Anteil an diesen Fortschritten haben die Europäische Gemeinschaft und ihre Mitgliedstaaten insbesondere durch ihren mutigen Verzicht auf das Druckmittel der Gegenseitigkeit und damit auf die Anwendung der Reziprozitätsklauseln der Richtlinien. Damit haben sie die noch junge Welthandelsordnung nicht nur vor einem Eklat bewahrt[1104], sondern gleichsam auch eine vielversprechende Ausgangsposition für zukünftige Verhandlungsrunden gegeben. Ohne wenigstens einen der beiden größten Versicherungsmärkte wäre die Anziehungskraft des GATS für den Bereich der Finanzdienstleistungen stark eingeschränkt gewesen. Entsprechend positiv ist zu bewerten, daß nunmehr auch die Vereinigten Staaten und ihre Bundesstaaten größtenteils die Meistbegünstigungspflicht anerkennen[1105] und damit die Autorität und Akzeptanz des GATS als universelles Handelsabkommen weiter stärken.

Wichtige Grundlage für die Bereitschaft und Initiative der Mitgliedstaaten der Europäischen Union waren deren positive Erfahrungen bei der Harmonisierung des Versicherungshandels innerhalb der Gemeinschaft. Durch eine klare Formulierung des angestrebten Ziels sowie konkrete Zeitvorgaben konnten sich die Versicherungsunternehmen auf den freieren Wettbewerb im Gemeinsamen Binnenmarkt einstellen und vorbereiten. Dadurch ist eine international wettbewerbsfähige Versicherungswirtschaft entstanden, zu deren Schutz prinzipiell keine protektionistischen Zulassungsbeschränkungen notwendig sind.

In den Vereinigten Staaten war und ist die Situation eine andere. Aufgrund der geographischen Zersplitterung des Versicherungsmarktes in 54 einzelstaatliche Aufsichtssysteme und der daraus resultierenden Kosten und Anstrengungen für den Marktzugang von Unternehmen aus anderen Bundesstaaten sowie dem Ausland sind große Teile des amerikanischen

[1104] Vgl. Financial Times vom 28. Juli 1995.

[1105] Die aktuellen Ausnahmen für die einzelnen Bundesstaaten finden sich unter http://-gats-info.eu.int.

Versicherungsgewerbes nicht unerheblich vor entsprechender Konkurrenz geschützt. Konsequenterweise sind die amerikanischen Versicherer aber auch nicht in dem Maße wie ihre europäischen Wettbewerber gezwungen, sich auf eine verstärkte Internationalisierung einzustellen. Damit hat aber die Fragmentierung der amerikanischen Versicherungsaufsichtssysteme nicht nur den Wettbewerb eingeschränkt, sondern auch die internationale Konkurrenzfähigkeit der einheimischen Unternehmen gemindert. Vor diesem Hintergrund ist auch die anfängliche Zurückhaltung der Vereinigten Staaten verständlich, im Rahmen der Uruguay-Runde weitreichende Zugeständnisse für den Versicherungssektor abzugeben.

Setzt sich die Entwicklung zu einer stärkeren Internationalisierung des Versicherungsmarktes rechtlich und politisch fort[1106], wird gleichermaßen auch der Druck auf die Vereinigten Staaten und ihre Bundesstaaten wachsen, das bestehende System der einzelstaatlichen Aufsicht durch eine zentrale Bundesaufsicht abzulösen. So beklagt beispielsweise die Europäische Gemeinschaft in ihrer "Market Access Sectoral and Trade Barriers Database"[1107] die Zersplitterung der amerikanischen Versicherungsaufsicht als "remaining impediment" für europäische Versicherungsunternehmen. Ziel kommender Verhandlungsrunden wird es daher sein, dieses letzte Marktzugangshindernis für ausländische Unternehmen abzubauen, zumal dieses - wie oben gezeigt - allein rechtshistorisch zu erklären und nicht funktional zu rechtfertigen ist. Darüber hinaus ist zu erwarten, daß sich auch innerhalb der Vereinigten Staaten die Präferenzen zugunsten einer Bundesaufsicht verschieben werden. Ausgangspunkt dafür sind zum einen die positiven Erfahrungen im Bankensektor, in welchem durch den "Interstate Banking and Branching Efficiency Act" von 1994 erfolgreich eine ähnliche Segmentierung der Aufsicht[1108] zum Teil aufgehoben wurde[1109]. Zum anderen sollte aber auch die gelungene Liberalisierung des europäischen Versicherungsmarktes den amerikanischen Entscheidungsträgern sowohl in der Legislative als auch in der Versicherungswirtschaft die entsprechende Zuversicht geben, die längst überfällige Harmonisierung der Versicherungsaufsicht anzugehen.

1106 Vgl. dazu *Tsoukalis*, S. 230 f.

1107 Einsehbar im Internet unter http://mkaccdb.eu.int.

1108 Einen guten Überblick über die bis 1994 bestehenden territorialen Beschränkungen der Bankenaufsichtsgesetzgebung der Vereinigten Staaten bieten *Carr/More*, S. 13 ff.

1109 Vgl. dazu *Hirte/Otte*, ZBB 1995, S. 312.

Schließlich führt auch der weltweit zu beobachtende Trend zugunsten von Allfinanzkonzernen[1110] zu neuen Herausforderungen für die Aufsicht. Um dem Rechnung zu tragen, gibt es in Deutschland erste Überlegungen, die Aufsicht über Versicherungen, Banken und Wertpapierfirmen in einer Behörde zu bündeln[1111]. Es bleibt abzuwarten, ob dieser Ansatz einer branchenübergreifenden Aufsicht über Finanzdienstleistungsunternehmen auch in den Vereinigten Staaten Unterstützung findet. Allerdings wäre dort eine derartige Konzentration der Aufsichtsbereiche ohne eine vorherige oder parallele "geographische" Harmonisierung widersinnig und sinnlos. Grundsätzlich hat sich die Einstellung in Amerika im Hinblick auf Allfinanzunternehmen in den letzten Jahren gewandelt. Während es amerikanischen Versicherungsunternehmen zunächst nicht erlaubt war, mit Banken oder Wertpapierfirmen zu fusionieren oder gegenseitige Beteiligungen zu erwerben, wurden die entsprechenden gesetzlichen Beschränkungen 1999 mit dem "Gramm-Leach-Biley-Act" auch in den Vereinigten Staaten abgebaut.

Abschließend läßt sich feststellen, daß das deutsche und europäische System der Versicherungsaufsicht insgesamt, sowie der Zulassungsbedingungen im besonderen, zur Zeit besser geeignet sind als das amerikanische, um den Anforderungen des internationalen Versicherungsmarkts zu genügen. Darüber hinaus bietet es auch günstigere Bedingungen, um potentielle Reformen, wie etwa die Bestrebungen einer Bündelung der Aufsicht über den gesamten Finanzdienstleistungssektor, in der Zukunft umzusetzen. Die Vereinigten Staaten hingegen sehen sich aufgrund der zunehmenden Internationalisierung des Versicherungswesens gezwungen, auf Basis der in Europa gewonnenen Erfahrungen ihr System der Versicherungsaufsicht und insbesondere des Zulassungsrechts zu harmonisieren, um so bei zunehmender Konkurrenz der Märkte die Attraktivität des amerikanischen Versicherungsmarktes zu erhalten und verbessern sowie gleichzeitig die Wettbewerbsfähigkeit der eigenen Versicherungswirtschaft zu stärken.

[1110] Vgl. hierzu *Focke*, ZfV 1993, S. 242; *Mohr*, VW 1992, S. 862 ff.; *Baumgartl*, in: Festschrift für Büchner 1991, S. 761 ff.

[1111] Die entsprechenden Vorschläge des Bundesfinanzministers Hans Eichel beruhen auf Erfahrungen mit ähnlichen Reformen in Großbritannien, Japan und Schweden, vgl. Financial Times vom 26.1.2001.

Literaturverzeichnis

Appleman, John Alan, Insurance Law and Practice, Band 19: Admission and Regulation, St. Paul, Min. 1983

Angerer, August, Aufsichtsrechtliche Ausgangspunkte der Dienstleistungsfreiheit für Versicherungsunternehmen im Gemeinsamen Markt, ZVersWiss 1987, S. 221 ff. / VersR 1987, S. 325 ff.

Angerer, August, AVB unter Gesichtspunkten der Versicherungsaufsicht, ZVersWiss 1975, S. 197 ff.

Arps, Ludwig, Auf sicheren Pfeilern - deutsche Versicherungswirtschaft vor 1914, Göttingen 1965 (zit.: Arps, Pfeiler)

Arps, Ludwig, Durch unruhige Zeiten, I. Teil, Karlsruhe 1970 (zit.: Arps, Zeiten I)

Bähr, Gunne W., Das Generalklausel- und Aufsichtssystem des VAG im Strukturwandel: eine öffentlich-rechtliche Studie zur Standortbestimmung der deutschen Versicherungsaufsicht im europäischen Binnenmarkt, Karlsruhe 2000

Bail, Christoph, Das Profil einer neuen Welthandelsordnung - Was bringt die Uruguay-Runde? Teil 1 und 2, EuZW 1990, S. 433 ff. und 465 ff.

Barth, Dietrich, Das Allgemeine Übereinkommen über den internationalen Dienstleistungshandel (GATS), EuZW 1994, S. 455 ff.

Barth, Dietrich, Trade in Services under the Foreign Trade Law and Foreign Trade Policy of the Federal Republic of Germany, in: Friedmann, Daniel/Mestmäcker, Ernst-Joachim (Hrsg.), Rules for Free International Trade in Services, Baden-Baden 1990, S. 89 ff.

Barth, Dietrich/ Puscher, Nikolai, Liberalisierung der Finanzdienstleistungen im Rahmen des GATT, Die Bank 1994, S. 132 ff.

Barth, Mike, 1997 P & C Risk Based Capital Industry Results, NAIC Research Quarterly, April 1998, S. 17 ff.

Baumann, Horst, Aktuelle Entwicklungen des Versicherungsrechts unter Berücksichtigung des deutschen Einigungsprozesses, ZVersWiss 1991, S. 37 ff.

Baumgartl, Wolf-Dieter, Synergieeffekte durch die Bildung von Versicherungsgruppen, in: Hopp, Franz Wilhelm (Hrsg.), Versicherungen in Europa heute und morgen: Geburtstags-Schrift für Georg Büchner, Karlsruhe 1991, S. 765 ff.

Bayard, Thomas O., Reciprocity and Retaliation in U.S. Trade Policy, Washington, D.C. 1994

Benkel, Gerd Andreas, Das Gesellschaftsrecht der großen konzernfreien Versicherungsvereine auf Gegenseitigkeit, München 1994

Benz, S. F., Trade Liberalization and the Global Service Economy, 19 Journal of World Trade Law 1985, S. 95 ff.

Beutler, Bengt/ Bieber, Roland/ Piepkorn, Jörn/ Streil, Jochen, Die Europäische Union: Rechtsordnung und Politik, 4. Auflage, Baden-Baden 1993

Biagosch, Patrick/ Scherer, Peter, Die Verbraucherinformation des § 10 a VAG bei kapitalbindenden Lebensversicherungen, Teil 1 und 2, VW 1995, S. 370 ff. und 429 ff.

Bickfort, Peter H., Regulation of Insurance Exchanges, 21 Tort & Insurance Law Journal 1986, S. 255 ff.

Bleckmann, Albert , Europarecht, 5. Auflage, Köln 1990

Bleckmann, Albert, Zuständigkeit der EG für Maßnahmen nach Art. XX des GATT? Zum Begriff der Handelspolitik im Europäischen Gemeinschaftsrecht, RIW 1986, S. 194 ff.

Bödiker, Tonio W., Die Reichs-Versicherungsgesetzgebung, Leipzig 1898

Broadman, Harry G., GATS: The Uruguay Round Accord on International Trade and Investment in Service, The World Economy 1994, S. 281 ff.

Brößkamp, Markus, Meistbegünstigung und Gegenseitigkeit im GATT, Münster 1990

von Borries, Reimer, Das Subsidiaritätsprinzip im Recht der Europäischen Union, EuR 1994, S. 263 ff.

Brown, Keith, Nonadmitted Alien Insurers and Insurance Regulation, in: Kimball Spencer L./Denenberg, Herbert S. (Hrsg.), Insurance, Goverment, and Social Policy, Homewood, Ill. 1969, S. 281 ff.

Bruns, Georg/ Häuser, Karl (Hrsg.), Europa 1992 und der Kapitalmarkt, Frankfurt 1990

Büchner, Franz, Die Entwicklung der deutschen Gesetzgebung über die Versicherungsaufsicht bis zum Bundesgesetz vom 31. Juli 1951, in: Rohrbeck, Walter (Hrsg.), 50 Jahre materielle Versicherungsaufsicht, Band I, Berlin 1952, S. 1 ff.

Büchner, Franz, Die Geschichte der Versicherungsaufsicht in Deutschland, in: Große, Walter/Müller-Lutz, Heinz Leo/Schmidt, Reimer (Hrsg.), Die Versicherung, Band I, Wiesbaden 1962-1964, S. 757 ff.

Büchner, Georg, Fragen des aufsichtsrechtlichen Verbraucherschutzes (unter Berücksichtigung EU-ausländischer Anbieter), ZVersWiss 1994, S. 349 ff.

Bues, Ernst, "Meidung" und "Unterdrückung" in der Geschichte der Feuerversicherung, Hannover 1916

Bullinger, Martin, Staatsaufsicht in der Wirtschaft, 22 VVDStRL 1965, S. 264 ff.

Caddy, Douglas, Legislative Trends in Insurance Regulation, College Station, Tx 1986

Carporaso, James, International Regulations Theory and Multilateralism: The Search for Foundations, 46 International Organization 1992, S. 599 ff.

Carr, John/ More, John, Conditions of Entry and Forms of Doing Business, in: Gruson, Michael/Reisner, Ralph (Hrsg.), Regulation of Foreign Banks - United States and International, London 1991, S. 1 ff.

Carswell, Lucie A./ de Sarrau, Xavier, Law & Business in the European Single Market, New York, N.Y. 1993

Cho, Yoon-Je, Some Policy Lessons from the Opening of the Korean Insurance Market, 2 World Bank Economic Review 1988, S. 239 ff.

Cho, Yoon-Je, How The United States Broke into Korea's Insurance Market, 10 World Economy 1987, S. 483 ff.

Cowee, John W., Federal Regulation of Insurance, Madison, Wis. 1948

Corby, Brian, The Relevance of a Multilateral Trade Agreement for the World Economy, Geneva Papers on Risk and Insurance 1991, Band 16 Nr. 61, S. 396 ff.

von Criegern, Ulrike, Die Bedeutung der Dritten Schadensrichtlinie unter aufsichtsrechtlichen Gesichtspunkten für die Dienstleistungsfreiheit der Versicherungsunternehmen in dem Binnenmarkt, Frankfurt am Main 1997

Cummins, David J./ Grace, Martin F./ Phillips, Richard D., Regulatory Solvency Prediction in Property-Liability Insurance: Risk-Based Capital, Audit Ratios and Cash Flow Simulations, 66 Journal of Risk and Insurance 1999, S. 417 ff.

Cummins, David J./ Harrington, Scott E./ Niehaus, Paul S., An Economic Overview of Risk-Based Capital Requirements for the Property-Liability Insurance Industry, 11 Journal of Insurance Regulation 1993, S. 427 ff.

Curzon-Prize, Victoria, Treating Protection as a Pollution Problem or How to Prevent GATT's Retreat from Multilateralism, in: Oppermann, Thomas/Molsberger, Josef (Hrsg.), A new GATT for the Nineties and Europe '92, Baden-Baden 1991, S. 21 ff.

Dassesse, Marc/ Isaacs, Stuart/ Penn, Graham, EC Banking Law, 2. Auflage, London 1994

Dauses, Manfred A., Die Bedeutung der Versicherungsurteile des EuGH vom 4.12.1986 für die Liberalisierung grenzüberschreitender Versicherungsdienstleistungen, EuR 1988, S. 378 ff.

Dauses, Manfred A. (Hrsg.), Handbuch des EU-Wirtschaftsrechts, 5. Ergänzungslieferung, München 1998

Day, John G., Economic Regulations of Insurance in the United States, Washington, D.C. 1970

Demaret, Paul (Hrsg.), Relations extérieures de la Communauté européenne et marché intérieur: aspects juridiques et fonctionnels, Brügge 1986

Demaret, Paul, La politique commerciale: perspectives d'évolution et faiblesses présentes, in: Schwarze, Jürgen/ Schermers, Henry (Hrsg.), Structure and Dimensions of European Community Policy, Baden-Baden 1988, S. 69 ff.

Doehl, E., Das Versicherungswesen des Preußischen Staates, Berlin 1865

Dobbyn, John F., Insurance Law in a Nutshell, 3. Aufl., St. Paul, Min. 1996

d'Orville, Michael, Die rechtlichen Grundlagen für die gemeinsame Zoll- und Handelspolitik der EWG, Köln 1973

Drabbe, Humbert, Verwirklichung des Binnenmarkt der Versicherungen - Was bleibt zu tun?, VW 1994, S. 550 ff.

Dreher, Meinrad, Die Versicherung als Rechtsprodukt: die Privatversicherung und ihre rechtliche Gestaltung, Tübingen 1991

Dunham Jr., W. B., Federal Regulation of Insurance: A Survey of Selected Federal Statues, 16 Forum 1980, S. 180 ff.

Eeckhout, Piet, The European Internal Market and International Trade - A Legal Analysis, Oxford 1994

Ehle, Dietrich/ Meier, Gerd, EWG - Warenverkehr. Außenhandel - Zölle - Subventionen, Köln 1971

Ehlermann, Claus-Dieter, The Scope of Article 113 of the EEC Treaty, in: Mélanges offerts à Pierre-Henri Teitgen, Paris 1984, S. 148 ff.

Eickhoff, Ernst Wilhelm, Entwicklung des EG-Rechts und ihre Auswirkungen auf das Versicherungsaufsichts- und -vertrags-recht, ZVersWiss 1983, S. 1 ff.

Errens, Martina, Auswirkungen des GATS-Abkommens auf den Beruf des Rechtsanwaltes, EuZW 1994, S. 460 ff.

Fahr, Ulrich, Die Umsetzung der Versicherungsrichtlinien der dritten Generation in deutsches Recht, VersR 1992, S. 1033 ff.

Fahr, Ulrich/ Kaulbach, Detlef, Versicherungsaufsichtsgesetz - VAG - und Gesetz über die Errichtung des Bundesaufsichtsamtes für das Versicherungswesen - BAG -, Kommentar, München 1994 (zit.: Bearbeiter, in: Fahr/Kaulbach)

Fandel, Michael K./ Byers, David M./ Hummer, Paul M., Recent Developments in Excess, Surplus Lines, and Reinsurance Law, 35 Tort & Insurance Law Journal 2000, S. 301 ff.

Farny, Dieter, Auslandsaktivitäten deutscher Versicherungsunternehmen, VW 1984, S. 31 ff.

Feketekuty, Geza, International Trade in Services; An Overview and Blueprint for Negotiations, Cambridge, Mass. 1988

Fikentscher, Wolfgang, Wirtschaftsrecht, Band I, München 1983 (zit.: Fikentscher, Wirtschaftsrecht)

Fikentscher, Wolfgang, Methoden des Rechts, Band II, Tübingen 1975 (zit.: Fikentscher, Methoden des Rechts)

Finke, Eberhardt (Hrsg.), Handwörterbuch des Versicherungswesens, Darmstadt 1958 (zit.: Bearbeiter, in: HdV)

Finke, Eberhardt/ Pfeiffer, Christoph, Markt-, Preis- und Wettbewerbsordnung im Aufsichtsrecht und der Aufsichtspraxis, in: Rohrbeck, Walter (Hrsg.), 50 Jahre materielle Versicherungsaufsicht, Band I, Berlin 1952, S. 104 ff.

Fisher, Bart/ Steinhardt, Ralph, Section 301 of the Trade Act of 1974: Protection for U.S. Exporters of Goods, Services, and Capital, 14 Law and Policy in International Business 1982, S. 569 ff.

Fitchew, Geoffrey, Achieving a Single Market in Insurance, 25 CDE 1989, S. 545 ff.

Fletcher, William M., Cyclopedia of the Law of Private Corporations, Mundelein, Ill. 1963

Focke, Heinrich, Der Allfinanzkunde in Europa - Eine Bestandsaufnahme, ZfV 1993, S. 242 ff.

Friedmann, Daniel/ Mestmäcker, Ernst-Joachim, Rules for Free International Trade in Services, Baden-Baden 1990

Friedrich, Klaus, Das Abkommen über den Europäischen Wirtschaftsraum, DB 1994, S. 313 ff.

Friedrich, Klaus, Die Verordnung (EWG) Nr. 596/82 des Rates über Einfuhrregelungen für sowjetische Waren, RIW 1982, S. 333 ff.

Gabay, Donald D., The New York Insurance Exchange, 15 Forum 1980, S. 618 ff.

Gart, Alan, Regulation, Deregulation, Reregulation: The Future of the Banking, Insurance and Securities Industries, New York 1994

General AccountingOffice (Hrsg.), International Insurance Trade. A Report to the Chairman, Subcommitee on Business, Trade and Tourism, Commitee on Commerce Science and Transportation, United States Senate, Washington DC 1982

Gerdes, Victor, Die Sach- und Schadensversicherung in den USA im Jahre 1993, VW 1994, S. 258 ff.

Gerlach, Rudolf, Das Versicherungswesen in den neuen Bundesländern aus Sicht der Aufsichtsbehörde, VW 1991, S. 892 ff.

von Gierke, Julius, Versicherungsrecht, Stuttgart 1937

Gilsdorf, Peter, Die Gemeinsame Handelspolitik - Eine ausschließliche Kompetenz der Gemeinschaft?, ZfV (östr.) 1996, S. 793 ff.

Gies, Helmut/ Müller, Helmut/ Kuntze, Wolfgang, Möglichkeiten und Grenzen von Allfinanzkonzepten, Karlsruhe 1990

Goldberg, Alfred/ Müller, Helmut, Versicherungsaufsichtsgesetz: Gesetz über die Beaufsichtigung der privaten Versicherungsunternehmen; Gesetz über die Errichtung des Bundesaufsichtsamtes für das Versicherungswesen, Bundesaufsichtsgesetz, Berlin, New York 1980 (zit.: Bearbeiter, in: Goldberg/Müller)

Golz, Joachim-Friedrich, Ausgewählte Fragen der Umsetzung der dritten Versicherungsrichtlinien, Karlsruhe 1993

Grabitz, Eberhard/ von Bogdandy, Armin/ Nettesheim, Martin (Hrsg.), Europäisches Außenwirtschaftsrecht, München 1994 (zit.: Bearbeiter, in: Grabitz/von Bogdandy/Nettesheim)

Grabitz, Eberhard/ Hilf, Meinhard (Hrsg.), Kommentar zur Europäischen Union, 16. Ergänzungslieferung (Stand Juli 2000), München 2000 (zit.: Bearbeiter, in: Grabitz/Hilf)

Grant, H. Roger, Insurance Reform: Consumer Action in the Progressive Era, Arms, IA 1979

Grewlich, Klaus, Bedeutung und Funktionsweise des OECD-Kodex zur Liberalisierung des Kapitalverkehrs, 23 AWD/RIW 1977, S. 252 ff.

von der Groeben, Hans/ Thiesing, Jochen/ Ehlermann, Claus-Dieter (Hrsg.), Kommentar zum EWG-Vertrag, 4. Auflage, Baden-Baden 1991 (zit.: Bearbeiter, in: von der Groeben/Thiesing/Ehlermann)

Große, Walter/ Müller-Lutz, Heinz Leo/ Schmidt, Reimer (Hrsg.), Versicherungsenzyklopädie, 2. Aufl., Band I, Wiesbaden 1976, (zit.: Bearbeiter, in: Versicherungsenzyklopädie)

Guerley, John C., Regulation of Reinsurance in the United States, 19 Forum 1983, S. 72 ff.

Haase, Robert D., Control of Unauthorized Insurance: The Ministers Life Case in Historical and Legislative Perspective, in: Kimball, Spencer L./Denenberg, Herbert S. (Hrsg.), Insurance, Government, and Social Policy: Studies in Insurance Regulation, Homewood, Ill. 1969, S. 311 ff.

Hahn, Hugo/ Weber, Albrecht, Die OECD - Organisation für Wirtschaftliche Zusammenarbeit und Entwicklung, Baden-Baden 1976

Hanson, Jon S., Regulation of the Life Insurance Business, Bryn Mawr, Pa. 1996

Hanson, Jon S., An Overview - State Insurance Regulation, 31 CLU Journal 1977, S. 20 ff.

Hartung, Hansrudolf, Zur Abgrenzung der Korrespondenzversicherung von den nach § 140 VAG verbotenen Geschäften, VerBAV 1961, S. 85 ff.

Havens III, Charles W./ Johnson IV, James F., What's really happening at Lloyd's of London?, 12 Brief 1983, S. 30 ff.

Hay, Keith/ Sulzenko, B., U.S. Trade Policy and "Reciprocity", 16 Journal of World Trade 1982, S. 471 ff.

Heidelbach, Anne, Der kleine Versicherungsverein auf Gegenseitigkeit: unter besonderer Berücksichtigung der gesellschaftsrechtlichen Probleme, Frankfurt am Main 1994

Heideking, Jürgen, Geschichte der USA, Tübingen 1996

Helm, Johann Georg, AGB-Gesetz und Allgemeine Versicherungsbedingungen, NJW 1978, S. 129 ff.

Helmer, Georg, Entstehung und Entwicklung der öffentlich-rechtlichen Brandversicherungsanstalten in Deutschland, Jena 1936

Hesberg, Dieter, Flexiblere Gesetze für den Wettbewerb in der Versicherungswirtschaft, ZfV 1979, S. 186 ff.

Hilf, Meinhard, The ECJ's Opinion 1/94 on the WTO - No surprise, but wise?, 6 EJIL 1995, S. 245 ff.

Hilf, Meinhard, EG-Außenkompetenz in Grenzen, Das Gutachten des EuGH zur Welthandelsorganisation, EuZW 1995, S. 7 f.

Hilf, Meinhard, Ungeschriebene EG-Kompetenzen im Außenwirtschaftsrecht, ZfV (östr.) 1997, S. 293 ff.

Hilf, Meinhard/ Pache, Eckhard, Der Vertrag von Amsterdam, NJW 1998, S. 705 ff.

Hilf, Meinhard/ Tomuschat, Christian (Hrsg.), EG und Drittlandsbeziehungen nach 1992, Baden-Baden 1991 (zit.: Bearbeiter, in: Hilf/Tomuschat)

Hirte, Heribert/ Otto, Karsten, Die Rechtsentwicklung im Bankenrecht in den Vereinigten Staaten, ZBB 1995, S. 312 ff.

Hofflander, Alfred E., Minimum Capital and Surplus Requirements for Multiple Line Insurance Companies: A New Approach, in: Kimball, Spencer L./Denenberg, Herbert S. (Hrsg.), Insurance, Government, and Social Policy: Studies in Insurance Regulation, Homewood, Ill. 1969, S. 69 ff.

Hohlfeld, Knut, Die Zukunft der Versicherungsaufsicht nach Vollendung des Binnenmarktes, VersR 1993, S. 144 ff.

Hohlfeld, Knut, Die Zukunft des Verbraucherschutz im Privatkundengeschäft der Versicherungen, VW 1991, S. 1494 ff.

Hohlfeld, Knut, Versicherungsaufsicht im Wandel, VW 1990, S. 436 ff.

Hohlfeld, Knut, Die deutsche Lebensversicherung im EG-Binnenmarkt unter aufsichtsrechtlichen Gesichtspunkten, in: Hübner U./Helten E./Albrecht P.(Hrsg.), Festschrift für Egon Lorenz, Karlsruhe 1994, S. 295 ff.

Holdsworth, W. S., The Early History of the Contract of Insurance, 17 Columbia Law Review 1917, S. 85 ff.

Holmes, Eric M./ Sutin, L. Anthony, Holmes' Appleman on Insurance, 2. Auflage, St. Paul, Minn. 1996 (zit.: Holmes)

Hübner, Ulrich, Die Dienstleistungsfreiheit in der Europäischen Gemeinschaft und ihre Grenzen, JZ 1987, S. 330 ff.

Hübner, Ulrich, Rechtliche Rahmenbedingungen des Wettbewerbs in der Versicherungswirtschaft: eine vergleichende Untersuchung zu den Rechtsordnungen Großbritanniens, Frankreichs, der Schweiz und der Vereinigten Staaten, Baden-Baden 1988

Hübner, Ulrich/ Matusche-Beckmann, Annemarie, Auswirkungen des Gemeinschaftsrechts auf das Versicherungsrecht, EuZW 1995, S. 263 ff.

Ipsen, Hans Peter, Europäisches Gemeinschaftsrecht, Tübingen 1972

Ipsen, Knut, Völkerrecht, 3. Auflage, München 1990

Ipsen, Knut/ Haltern, Ulrich, Reform des Welthandelssystems?: Perspektiven zum GATT und zur Uruguay Runde, Frankfurt 1991

Ipsen, Knut/ Haltern, Ulrich, Rule of Law in den internationalen Wirtschaftsbeziehungen: Die Welthandelsorganisation, RIW 1994, S. 717 ff.

Jackson, John H., International Competition in Services, A Constitutional Framework, Washington D.C. 1988 (zit.: Jackson, International Competition)

Jackson, John H., The World Trading System - Law and policy of international economic relations, Cambridge, Mass. 1989 (zit.: Jackson, World Trading System)

Jackson, John H./ Davey, William J./ Sykes, Alan O. Jr., Legal Problems of International Economic Relations: Cases, Materials, and Text on the National and International Regulations of Transnational Economic Relations, 3. Auflage, St. Paul, Minn. 1995

Jansen, Bernhard, Die neue Welthandelsorganisation (World Trade Organization - WTO), EuZW 1994, S. 333 ff.

Jarass, Hans D./ Pieroth, Bodo, Grundgesetz für die Bundesrepublik Deutschland, Kommentar, 3. Auflage, München 1995

Johnson, Michael B., Insurance at the Crossroads, Insurance Law Journal 1977, S. 7ff. und 33 ff.

Kagelmacher, Jürgen, Dienstleistungsverträge und Funktionsausgliederungsverträge im Versicherungsaufsichtsrecht, Karlsruhe 1989

Kakabadse, Mario, Trade in Services and the Uruguay Round, 19 Georgia Journal of International and Comparative Law 1989, S. 384 ff.

Kantor, Mickey, Erklärung zur Einigung zwischen den Vereinigten Staaten von Amerika und der Europäischen Union im Rahmen der Uruguay-Runde, abgegeben am 14. Dezember 1993 in Genf, Europa Archiv 1994, S. D 77 ff.

Kapteyn, Paul/ VerLoren van Themaat, Pieter, Introduction to the Law of the European Communities, 2. Auflage, Deventer 1990

Kaulbach, Detlef, Zur Qualifikation der Vorstandsmitglieder von Versicherungsunternehmen, ZVersWiss 1976, S. 697 ff.

Keeton, Robert E./ Widiss, Alan I., Insurance Law, A Guide to Fundamental Principles, Legal Doctrines, and Commercial Practices, Student Edition, St. Paul, Minn. 1988

Keohane, Robert O., Reciprocity in International Relations, 40 International Organisation 1986, S. 1 ff.

Kimball, Spencer L., Cases and Materials on Insurance Law, Boston 1992

Kimball, Spencer L., The Regulation of Insurance, in: Kimball, Spencer L./Denenberg, Herbert S. (Hrsg.), Insurance, Government, and Social Policy: Studies in Insurance Regulation, Homewood, Ill. 1969, S. 3 ff

Kimball, Spencer L., The Purpose of Insurance Regulation, 45 Minnesota Law Review 1961, S. 471 ff.

Kimball, Spencer L., Reflections on the Revision of an American Insurance Code, ZVersWiss 1967, S. 515 ff.

Kimball, Spencer L., The Goals of Insurance Law, Means versus Ends, 29 Journal of Insurance 1962, S. 19 ff.

Kimball, Spencer L./ Boyce, Ronald N., The Adequacy of Insurance Rate Regulation, 56 Michigan Law Review 1958, S. 545 ff.

Kimball, Spencer L./ Denenberg, Herbert S., The Regulation of Investments: A Wisconsin Viewpoint, in: Kimball, Spencer L./Denenberg, Herbert S. (Hrsg.), Insurance, Goverment, and Social Policy: Studies in Insurance Regulation, Homewood, Ill. 1969, S. 126 ff.

Kimball, Spencer L./ Jackson, Bartlett A., The Regulation of Insurance Marketing, 61 Columbia Law Review 1961, S. 141 ff.

Klein, Stefan Julius, Die Solvenz der Rückversicherungsunternehmen in der Bundesrepublik Deutschland, Karlsruhe 1993

Knocke, Udo, Einzelfragen zur Interpretation des EuGH-Urteils, ZVersWiss 1987, S. 227 ff.

Kovar, Robert, Les compétences implicites: jurisprudence de la Cour et pratique communautaire, in: Demaret, Paul (Hrsg.), Relations extérieures de la Communauté européenne et marché intérieur: aspects juridiques et fonctionnels, Brügge 1986, S. 15 ff.

Kraus, Heinz, Versicherungsaufsichtsrecht, Wien, New York 1971

Kraußer, Hans Peter, Das Prinzip der begrenzten Ermächtigung im Gemeinschaftsrecht als Strukturprinzip des EWG-Vertrages, Berlin 1991

Krenzler, Horst Günther, Zwischen Protektionismus und Liberalismus, Europäischer Binnenmarkt und Drittlandsbeziehungen, 43 Europa Archiv 1988, S. 241 ff.

Krenzler, Horst Günther/ da Fonseca-Wohlheim, Hermann, Die Reichweite der gemeinsamen Handelspolitik nach dem Vertrag von Amsterdam - eine Debatte ohne Ende?, EuR 1998, S. 223 ff.

Krommenacker, Raymond, Multilateral Services Negotiations: From Intrest-Lateratism to Reasoned Multilateralism in the Context of the Servicization of the Economy, in: Petersmann, Ernst-Ulrich/Hilf, Meinhard, The New GATT Round of Multilateral Trade Negotiations: Legal and Economic Problems, Boston, Mass. 1988, S. 455 ff.

Krommenacker, Raymond, World-Traded Services: The Challenge for the Eighties, Dedham, Mass. 1984

Lang, Matthias, Die Zuverlässigkeit von Personen- und Kapitalgesellschaften im Umweltrecht, Berlin 1997

Lauvaars, Richard, Scope and Exclusiveness of the Common Commercial Policy: Limits of the Powers of the Member States, in: Schwarze, Jürgen (Hrsg.), Discretionary Powers of the Member States in the Field of Economic policies and their Limits under the EEC Treaty, Baden-Baden 1988, S. 73 ff.

Lemor, Ulf D., Die Einführung der Mitversicherung im Gemeinsamen Markt, VW 1981, S. 1178 ff.

Levie, Guy, Die europäische Mitversicherungs-Richtlinie vom 30. Mai 1978, ZVersWiss 1978, S. 341 ff.

Levitin, Michael, The Treatment of United States Financial Services Firms in post-1992 Europe, 31 Harvard International Law Journal 1990, S. 507 ff.

Lilly, Claude C., A History of Inurance Regulation in the United States, 29 CPCU Annals 1976, S. 99 ff.

Long, Olivier, Law and its Limitations in the GATT Multilateral Trade System, Dordrecht 1987

Lovett, William, Banking and Financial Institutions Law in a Nutshell, 4. Auflage, St. Paul, Minn. 1997

Macey, Jonathan R./ Miller, Geoffrey P., The McCarran-Ferguson Actof 1945: Reconceiving the Federal Role in Insurance Regulation, 68 New York University Law Review 1993, S. 13 ff.

Manes, Alfred, Versicherungswesen, Band 1, 4. Auflage, Leipzig, Berlin 1924

Marick, Michael M., Excess Insurance: An Overview of General Principles and Current Issues, 24 Tort & Insurance Law Journal 1989, S. 715 ff.

Maruyama, Warren, Section 301 and the Appearance of Unilateralism, 11 Michigan Journal of International Law 1990, S. 394 ff.

Matsushita, Mitsuo, A Japanese View on the European Integration of 1992, in: Oppermann, Thomas/Molsberger, Josef (Hrsg.), A new GATT for the nineties and Europe '92, Baden-Baden 1991, S. 291 ff.

Mayerson, Allen L., Ensuring the Solvency of Property and Liability Insurance Companies, in: Kimball, Spencer L./Denenberg, Herbert S. (Hrsg.), Insurance, Goverment, and Social Policy: Studies in Insurance Regulation, Homewood, Ill. 1969, S. 146 ff.

McAvoy, Paul W., Federal-State Regulation of the Pricing and Marketing of Insurance, AEI for Public Policy Research, Washington, D.C. 1977

McGuire, Charles R., Regulation of the Insurance Industry After Hartford Fire Insurance v. California: The McCarran-Ferguson Act and Antitrust Policies, 25 Loyola University Chicago Law Journal 1994, S. 303 ff.

van Meerhaeghe, M., International Economic Institutions, 5. Auflage, Dordrecht, Boston, Lancaster 1987

Meier, Kenneth J., The Political Economy of Regulation - The Case of Insurance, New York 1988

Michaels, Bernd, Staatsaufsicht über Versicherungsunternehmen und Kreditinstitute, Hamburg 1967

Miersch, Gerald, Versicherungsaufsicht nach den Dritten Richtlinien, Aufsichtsbefugnisse und Inländerbenachteiligung, Karlsruhe 1996

Miller, John W., Faded History: The 1905 Armstrong Investigation, 36 CLU Journal 1982, S. 78 ff.

Moldenhauer, Paul, Die Aufsicht über die privaten Versicherungsunternehmen, Leipzig 1903

Möller, Hans, Bizonale Versicherungsaufsicht, VW 1947, S. 214 ff.

Möller, Hans, Versicherungswissenschaft und Versicherungspraxis in den zurückliegenden 75 Jahren. Allgemeine Grundlagen, Versicherungsaufsichts- und Versicherungsvertragsrecht, ZVersWiss 1974, S. 14 ff.

Mohr, Paul Günther, Finanzdienstleistungen - Allfinanzangebote aus rechtlicher Sicht, VW 1992, S. 862 ff.

Müller, Bianca, Verbraucherschutz durch das Bundesaufsichtsamt für das Versicherungswesen, Frankfurt am Main, 1998

Müller, Hans-Ulrich, Zum Sinn und Zweck einer zweiten Aufsicht über die Individual- und Sozialversicherung durch das Bundeskartellamt, DVZ 1970, S. 55 ff.

Müller, Helmut, Versicherungsbinnenmarkt, Die europäische Integration im Versicherungswesen, München 1995

Müller, Helmut, Die zukünftige Rolle des Bundesaufsichtsamtes für das Versicherungswesen, VW 1993, S. 548 ff.

Müller-Gotthard, Edgar, Chancen und Risiken im Auslandsgeschäft, VW 1984, S. 45 ff.

von Münch, Ingo (Hrsg.), Grundgesetz-Kommentar, Band 1, 4. Auflage, München 1992

NAIC (Hrsg.), Background Study of the Non-Admitted Insurance Market, Milwaukee, Wis. 1980

NAIC (Hrsg.), Monitoring Competition: A Means of Regulating the Property and Liability Insurance Business, Milwaukee, Wis. 1974

Neeb, Helmut, Insurance Regulation in den Vereinigten Staaten von Amerika - unter besonderer Berücksichtigung des Zulassungsrechts, Karlsruhe 1987

Neuhaus, Ralf, Die Aufsichtsrechtlichen Rahmenbedingungen der Versicherungsaufsicht in Großbritannien - Staatsaufsicht und Selbstregulierung, Karlsruhe 1990

Neuwahl, Nanette A., Shared Powers or Combined Incompetence? - More or Mixity, CMLR 1996, S. 678 ff.

Nichols, Walter S., Annals of American Insurance, Insurance Blue Book, Centennial Issue of the Insurance Monitor, New York 1877

Nicolaysen, Gert, Europarecht I, Baden-Baden 1991

Nicolaysen, Gert, Europarecht II, Baden-Baden 1996

Nicolaysen, Gert, Zur Theorie von den "implied powers" in den Europäischen Gemeinschaften, EuR 1966, S. 129 ff.

Nguyen Quoc, Dinh/ Dailler, Patrick/ Pellet, Alain, Droit International Public, 3. Auflage, Paris 1987

OECD (Hrsg.), International Trade in Services: Insurance, Paris 1984

OECD (Hrsg.), National Treatment for foreign-controlled enterprises, Paris 1993

OECD (Hrsg.), Einführung in die Liberalisierungskodizes der OECD, Paris 1987

OECD (Hrsg.), Liberalisation of International Insurance Operations, Paris 1999

Oppermann, Thomas/ Beise, Marc, GATT-Welthandelsrunde und kein Ende?, Europa Archiv 1994, S. 1 ff.

Oppermann, Thomas/ Molsberg, Josef (Hrsg.), A new GATT for the nineties and Europe '92, Baden-Baden 1991

Pache, Eckhard/ Schorkopf, Frank, Der Vertrag von Nizza - Institutionelle Reform zur Vorbereitung der Erweiterung, NJW 2001, S. 1377 ff.

Patterson, Edwin W., The Insurance Commissioner in the United States, Cambridge, Mass. 1927

Peiner, Wolfgang, Konzernstrukturen von Versicherungsvereinen auf Gegenseitigkeit, VW 1992, S. 920 ff.

Perreau de Pinninck, Fernando, Les compétences communautaires dans le négociations sur le commerce des services, 27 CDE 1991, S. 390 ff.

Pescatore, Pierre, La politique commerciale, in: Les Novelles: droit des Communautés européennes, Brüssel 1969, S. 917 ff.

Petersen, Adolf, Die Änderung der deutschen Versicherungs-Staatsaufsicht, ZVersWiss 1931, S. 1 ff.

Petersmann, Ernst-Ulrich, The transformation of the World Trading System Through the 1994 Agreement Establishing the World Trade Organization, 6 EJIL 1995, S. 161 ff.

Pfennigstorf, Werner, Regulierung und Deregulierung im Versicherungswesen der Vereinigten Staaten, Hamburg 1989 (zit.: Pfenningstorf, Regulierung)

Pfennigstorf, Werner, International Encyclopedia of Comperative Law, Volume IX Commercial Transactions and Institutions, Chapter 7, Public Law of Insurance, Tübingen, Dordrecht, Boston, Lancaster 1996 (zit.: Pfenningstorf, International Encyclopedia of Comperative Law)

Pfennigstorf, Werner, European Perspective on American Insurance Regulation, in: Kimball, Spencer L./Denenberg, Herbert S. (Hrsg.), Insurance, Government, and Social Policy: Studies in Insurance Regulation, Homewood, Ill. 1969, S. 453 ff.

Pfennigstorf, Werner, Entwicklungstendenzen des amerikanischen Versicherungsaufsichtsrechts, ZVersWiss 1970, S. 709 ff.

Pomeroy, Glenn, State Insurance Regulation, A Blueprint for the Future, in: Semaya, Francine L./Vitkowsky, Vincent J. (Hrsg.), The State of Insurance Regulation, Chicago, Ill. 1991, S. 1 ff.

Pope, Michael A./ Blanchard, William K., Excess Insurance in the 1990s: From Back Room to Center Stage, 57 Defense Counsel Journal 1990, S. 162 ff.

Präve, Peter, Vom Nutzen und Nachteil eines Gütezeichens für Versicherungsprodukte, ZVersWiss 1993, S. 225 ff.

Priest, Georg L., The Current Insurance Crisis and Modern Tax Law, 76 Yale Law Journal 1987, S. 1521 ff.

Prölss, Erich, Die Zersplitterung der Aufsicht - eine Gefahr für den Wiederaufbau der deutschen Versicherung, VW 1946, S. 5 ff.

Prölss, Erich, Wandlung des Versicherungsaufsichtsrechts, ZVersWiss 1961, S. 109 ff.

Prölss, Jürgen/ Armbrüster, Christian, Europäisierung des deutschen Privatversicherungsrechts, DZWir 1993, S. 397 ff. und 449 ff.

Pugh, William B., Multiple Line Insurance Regulations, in: Kimball, Spencer L./Dennenberg, Herbert S. (Hrsg.), Insurance, Goverment, and Social Policy: Studies in Insurance Regulation, Homewood, Ill. 1969, S. 243 ff.

Randall, Susan, Insurance Regulations in the United States: Regulatory Federalism and the National Association of Insurance Commissioners, 26 Florida State University Law Review 1999, S. 625 ff.

Reinhardt, Rudolf, Gesellschaftsrecht, 2. Auflage, Tübingen 1981

Renger, Reinhard, Stand, Inhalt und Probleme des neuen Versicherungsrechts, VersR 1994, S. 753 ff.

Reyna, Jimmie, Services: in: Steward Terence P.(Hrsg.), The GATT Uruguay Round, A Negotiating History (1986-1992), Deventer, Boston 1993

Rheinstein, Max/ von Borries, Reimer/ Niethammer, Hans-Eckart, Einführung in die Rechtsvergleichung, 2. Auflage, München 1987

Rhodes, Carolyn, Reciprocity in Trade: The Utility of a Bargaining Strategy, 43 International Organization 1989, S. 273 ff.

Rice, Willy E., Federal Courts and the Regulation of the Insurance Industry: An Empirical and Historical Analysis of Courts' Ineffectual Attempts to Harmonize Federal Antitrust, Arbitration, and Insolvency Statues with the McCarran-Ferguson Act 1941-1993, 43 Catholic University Law Review 1994, S. 399 ff.

Rieger, Walter, Versicherungsaufsicht in neuer Entwicklungsphase, VW 1976, S. 764 ff.

Rittner, Fritz, Irrtümer und Irrlehren zu § 7 Abs. 2 VAG - Zugleich ein Beitrag zur VAG-Novelle, VersR 1994, S. 5 ff.

Rivers, Richard/ Slater, Valerie/ Paolini, Angela, Putting Services on the Table, The New GATT Round, 23 Stanford Journal of International Law 1987, S. 13 ff.

Rose, Michael D., State Regulation of Property and Casualty Insurance Rates, 28 Ohio State Law Journal 1967, S. 669 ff.

Roth, Wulf-Henning, Grundlagen des gemeinsamen Versicherungsmarktes, RabelsZ 1990, S. 63 ff.

Roth, Wulf-Henning, Das Allgemeininteresse im europäischen Internationalen Versicherungsvertragsrecht, VersR 1993, S. 129 ff.

Roth, Wulf-Henning, Die Harmonisierung des Dienstleistungsrechts in der EWG, EuR 1986, S. 340 ff.

Roth, Wulf-Henning, International Free Trade in Insurance Services, in: Friedmann, Daniel/Mestmäcker, Ernst-Joachim (Hrsg.), Rules for Free International Trade in Services, Baden-Baden 1990, S. 243 ff.

Roth, Wulf-Henning, Die Vollendung des europäischen Binnenmarktes für Versicherungen, NJW 1993, S. 3028 ff.

Russ, Lee R./ Segalla, Thomas F., Couch on Insurance, 3. Auflage, St. Paul, Min. 1995 (zit.: Couch)

Ryan, James Hugart, A Background Study of the Non-Admitted Insurance Market, Milwaukee, Wis. 1980

Sauvé, Pierre, Assessing the General Agreement on Trade in Services, Half-full or half-empty?, Journal of World Trade 1995, Band 29/4, S. 125 ff.

Schattschneider, Gerhard, Das Versicherungsaufsichtsamt in seiner Entwicklung von der Reichsaufsicht zur Bundesaufsicht, Hamburg 1951

Schieder, Theodor (Hrsg.), Handbuch der europäischen Geschichte, Stuttgart 1976

Schlude, Herfried, Die Tarifaufsicht über Schadensversicherungsunternehmen in den USA, Karlsruhe 1973

Schmidt, Charles E., Under Fire: The NAIC Struggles to Redefine Itself, Best's Review Property/ Casualty Insurance Edition, June 1995, S. 31 ff.

Schmidt, Karsten, Gesellschaftsrecht, 3. Aufl., Köln, Berlin, Bonn, München 1997

Schmidt, Reimer, Prölss, Versicherungsaufsichtsgesetz, 11. Auflage, München 1997 (zit.: Bearbeiter, in: Prölss)

Schmidt, Reimer, Das DLF-Urteil des Europäischen Gerichtshofs vom 4.12.1986, VersR 1987, S. 1 ff.

Scholz, Rupert, Verfassungsrechtliche Strukturfragen der Versicherungsaufsicht, ZVersWiss 1984, S. 1ff.

Schweitzer, Michael/ Hummer, Waldemar, Europarecht. Das Recht der Europäischen Gemeinschaften (EGKS, EWG, EAG) - mit Schwerpunkt EWG, Neuwied, Kriftel, Berlin 1993

Schwintowski, Hans Peter, Europäisierung der Versicherungsmärkte im Lichte der Rechtsprechung des EuGH, NJW 1987, S. 521 ff.

Scott, Hal, La notion de réciprocité dans la proposition de Deuxième Directive de Coordination Bancaire, RevMC 1989, S. 45 ff.

Seaman, Scott M./ Kittredge, Charlene, Excess Liability Insurance: Law and Litigation, 32 Tort & Insurance Law Journal 1997, S. 653 ff.

Shelp, Ronald, Beyond Industrialization: Ascendancy of the Global Economy, New York 1981

Sieg, Karl, Auswirkungen des AGB-Gesetzes auf Justiz und Verwaltung im Bereich der Privatversicherung, VR 1977, S. 488 ff.

Simpson, Eric M./ Kellogg, Peter, NAIC's Risk Based Capital: A Virtual Reality, Best's Review Property/Casualty Insurance Edition, Februar 1994, S. 49 ff. und 88 ff.

Simma, Bruno, Das Reziprozitätselement beim Zustandekommen völkerrechtlicher Verträge, Berlin 1972

Stadler, Christoph, Die Liberalisierung des Dienstleistungshandel am Beispiel der Versicherungen: Kernelemente bilateraler und multilateraler Ordnungsrahmen einschliesslich des GATS, Berlin 1992

Stahl, Tycho H., Liberalizing International Trade in Services: The Case for Sidestepping the GATT, 19 Yale Journal of International Law 1994, S. 405 ff

Starke, Ernst, Die Entwicklungslinien der materiellen Staatsaufsicht in der ersten Hälfte des 20. Jahrhunderts, in: Rohrbeck, Walter (Hrsg.), 50 Jahre materielle Versicherungsaufsicht, Band III, Berlin 1955, S. 11 ff.

Starke, Ernst, Die AVB in unserem Rechtssystem, VR 1966, S. 889 ff.

Stein, Ekkehart, Die Wirtschaftsaufsicht, Tübingen 1967

Stelzer, Don R., The Armstrong Investigation (1905 New York State Insurance Scandal Investigation), 43 Journal of the American Society of CLU and ChFC 1989, S. 74 ff.

Stevens, Thomas, Legal Structures of Insurance Exchanges, 17 Forum 1982, S. 887 ff.

Stewart, Richard E., Insurance Regulation and the Unlicensed Market in the United States, VW 1983, S. 160 ff.

Stoll, Peter-Tobias, Die WTO: Neue Welthandelsorganisation, neue Welthandelsordnung, ZaöRV 1994, S. 241 ff.

Stürmer, Ulrich, EG-Dienstleistungsfreiheit für Versicherer vor deutschen Gerichten, VersR 1984, S. 414 ff.

Svernlöv, Carl, International Trade - The Implementation of "Super 301", 31 Harvard International Law Journal 1990, S. 359 ff.

Swiss Re (Hrsg.), Die Eigenkapitalausstattung der Nichtlebensversicherer im Spannungfeld von Sicherheit und Renditeanforderung, sigma Nr. 1/2000

Swiss Re (Hrsg.), Emerging Markets: Die Versicherungswirtschaft im Zeichen der Globalisierung, sigma Nr. 4/2000

Swiss Re (Hrsg.), Assekuranz Global 1999: Höhenflug in der Lebensversicherung, sigma Nr. 9/2000

Taylor-Schwing, Ann, A Comparative Analysis of the Qualification Requirements applicable to Alien Stock Insurers, to Surplus Lines Insurers, and to Reinsurers, Insurance Law Journal 1976, S. 649 ff.

Tigges, Michael, Geschichte und Entwicklung der Versicherungsaufsicht, Karlsruhe 1985

Timmermans, Christian, Common Commercial Policy (Article 113 EEC) and International Trade in Services, in: Du droit international au droit de l'intégration: Liber Amicorum Pierre Pescatore, Baden-Baden 1987, S. 675 ff.

Tsoukalis, Loukas, The New European Economy Revisited, 3. Auflage, Oxford 1997

Vance, W. R., The Early History of Insurance Law, 8 Columbia Law Review 1908, S. 1 ff.

Vedder, Christoph W., Die auswärtige Gewalt des Europas der Neun, Göttingen 1980

Verdross, Alfred/ Simma, Bruno, Universelles Völkerrecht: Theorie und Praxis, 3. Auflage, Berlin 1984

Vigneron, Philippe/ Smith, Aubry, Le fondement de la compétence communautaire en matière de commerce international de services, 28 CDE 1992, S. 515 ff.

Vigneron, Philippe/ Smith, Aubry, The Concept of Reciprocity in Community Legislation, The Example of the Second Banking Directive, JIBL 1990, S. 181 ff.

Virally, Michael, Le principe de réciprocité dans le droit contemporain, Recueil des Cours 1967 III, Band 122, S. 1 ff.

Völker, Stefan, Passive Dienstleistungsfreiheit im europäischen Gemeinschaftsrecht, Berlin 1990

Weatherill, Stephen/ Beaumont, Paul, EC Law, 2. Auflage, London 1995

Weber, Christoph, Markzugang von Auslandsbanken: unter Berücksichtigung der neuen Regeln des GATS, Heidelberg 1995

Weber, Friedrich, Systematisches Handbuch der Staatswirtschaft, 1. Band, 2. Abteilung, Berlin 1805

Weber, Werner, Die Versicherungsaufsicht in der gegenwärtigen Rechtsentwicklung, ZVersWiss 1961, S. 333 ff.

Wehl, Albrecht, Neugestaltung der Versicherungsaufsicht, VW 1949, S. 105 ff.

Weigel, Hanns-Jürgen, Möglichkeiten der Konzernentwicklung und Eigenkapitalbildung beim VvaG, VersR 1993, S. 1429 ff.

Weimar, Robert, Die wettbewerbsrechtliche Bedeutung internationaler Verhaltensregeln im Weltwirtschaftsrecht, RIW 1993, S. 85 ff.

Weiss, Friedl, The General Agreement on Trade in Services 1994, 32 CMLR 1995, S. 1177 ff.

Weissenberg, Paul, Die Kompetenz der Europäischen Wirtschaftsgemeinschaft zum Abschluss von Handels- und Kooperationsabkommen gemäß Art. 113 EWG-Vertrag, Berlin 1978

Weller, Charles D., The McCarran-Ferguson Act's Antitrust Exemption for Insurance, Language, History and Policy, Duke Law Journal 1978, S. 587 ff.

Werner, Welf, Das WTO-Finanzdienstleistungsabkommen, München 1999

Wesse, Samuel H., Non-Admitted Insurance in the United States, Homewood, Ill. 1971

Wessels, Herbert, Gedanken zu einer Reform des Versicherungsaufsichtsrechts, Hamburg 1962

von Wick, Hansjoachim/ Greve, Volker, Status des kleineren Versicherungsvereins auf Gegenseitigkeit, VerBAV 1993, S. 288 ff.

Wils, Geert, The Concept of Reciprocity in EEC Law: An Exploration into these Realms, 28 CMLR 1991, S. 245 ff.

Zschokelt, Wolfgang, Versicherung in Planwirtschaft und freier Marktwirtschaft - Probleme des Systemübergangs, VW 1991, S. 991 ff.

Zweigert, Konrad/ Kötz, Hein, Einführung in die Rechtsvergleichung auf dem Gebiete des Privatrechts, 3 Auflage, Tübingen 1996

VERSICHERUNGSRECHTLICHE STUDIEN

Herausgegeben von Prof. Dr. Gerrit Winter

Band 1 Maximilian Teichler: Berufshaftpflichtversicherungen. Eine Untersuchung der Berufshaftpflicht, ihrer Versicherung und deren Beziehung zueinander am Beispiel der Rechtsanwälte, Ärzte und Architekten in Deutschland. 1985.

Band 2 Burkhard Messerschmidt: Hinweis- und Belehrungspflichten des Versicherers. 1986.

Band 3 Chao-Kuo Chiang: Das Interesse im Seeversicherungsrecht. 1986.

Band 4 Michael Grebe: Die vorläufige Deckungszusage unter besonderer Berücksichtigung ihrer Handhabung in der Lebensversicherung. 1987.

Band 5 Harald Zeller: Die Deckung von Haftpflicht-Risiken im Rahmen der Seekaskoversicherung. 1987.

Band 6 Annemarie Bender: Die Rechtsproblematik der Wartezeiten in der Privatversicherung unter besonderer Berücksichtigung der Rechtsschutzversicherung. 1988.

Band 7 Gerd Kühborth: Die Obliegenheiten des Versicherungsnehmers in der Rechtsschutzversicherung beim und nach dem Eintritt eines Versicherungsfalles. 1988.

Band 8 Peter Caninenberg: Die Sportveranstaltungsausfallversicherung. 1988.

Band 9 Carsten Meyer: Der Rückkaufswert in der Lebensversicherung. Eine Untersuchung aktueller Kritik an dem Recht des Lebensversicherungsvertrages unter Berücksichtigung des AGB-Gesetzes und des Aufsichtsrechts. 1989.

Band 10 Heike Schwesinger: Versorgungsausgleich und berufsständische Versorgungswerke. 1989.

Band 11 Jens Fortmann: Die Investitionsgüterkreditversicherung. 1989.

Band 12 Hans Wille: Bedingungs- und satzungsgemäße Privilegien öffentlich-rechtlicher "Wettbewerbsanstalten" in der Gebäude-Feuerversicherung. Eine Untersuchung zum BGB, VVG, AGBG, GWB (UWG) und EWGV unter kritischer Berücksichtigung alter und neuer deutscher sowie supranationaler Judikatur. 1990.

Band 13 Ulrich Joseph: Lebensversicherung und Abtretung. 1990.

Band 14 Udo Hansen: Beweislast und Beweiswürdigung im Versicherungsrecht. 1990.

Band 15 Uwe Hamann: Die Rückdeckungsversicherung aus zivil-, versicherungs- und arbeitsrechtlicher Sicht. 1991.

Band 16 Hans-Eckhard Tribess: Die Leistungsfreiheit des Versicherers aus § 67 Abs. 1 Satz 3 VVG im Falle des Vorausverzichtes. 1991.

Band 17 Regina Testorf: Gewerbliche Schmuckversicherungen. 1991.

Band 18 Dieter Armbrust: Subsidiaritätsabreden in Versicherungsverträgen. 1991.

Band 19 Cornelia Thies: Die Auswirkungen von AIDS im Privatversicherungsrecht. Eine Untersuchung über AIDS-spezifische Probleme im Kranken-, Lebens- und Haftpflichtversicherungsrecht. 1991.

Band 20 Utz Meyer-Reim: Die Elektronik-Versicherung. Sachversicherung von Fernmelde- und sonstigen elektrotechnischen Anlagen. 1992.

Band 21 Thorsten Hinnekeuser: Der Versicherungsfall in der Bauleistungsversicherung. 1992.

Band 22 Christian Luckey: Mündliche Nebenabreden zu Allgemeinen Versicherungsbedingungen. 1992.

Band 23 Jürgen Möhle: Die Haftpflichtversicherung im Heilwesen. Eine Studie über die versicherungsrechtliche Deckung medizinischer Haftpflichtschäden. 1992.

Band 24 Torsten Busch: Genußkapital als Eigenmittel von Versicherungsunternehmen. 1992.

Band 25 Ulrich Möhrle: Verhaltensabhängige Risikobeschränkungen in der Gewässerschadenhaftpflichtversicherung. 1993.

Band 26 Paul Wollny: Die Directors' and Officers' Liability Insurance in den Vereinigten Staaten von Amerika (D&O-Versicherung). Vorbild für eine Aufsichtsratshaftpflichtversicherung in Deutschland? 1993.

Band 27 Jan Dreyer: Die Reiserücktrittskostenversicherung. 1993.

Band 28 Robert Nehrer: Entwendung und Entwendungsfolgeschäden in der Kraftfahrzeugkaskoversicherung. 1994.

Band 29 Jürgen Sackhoff: Die Anzeige-, Auskunfts- und Belegpflicht des Versicherungsnehmers nach Eintritt des Versicherungsfalles. Eine rechtsvergleichende Untersuchung unter besonderer Berücksichtigung des Richtlinienentwurfes zur Harmonisierung des Versicherungsvertragsrechts. Zugleich ein Beitrag zur Relevanzrechtsprechung des Bundesgerichtshofes. 1994.

Band 30 Anne Heidelbach: Der kleinere Versicherungsverein auf Gegenseitigkeit unter besonderer Berücksichtigung der gesellschaftsrechtlichen Probleme. 1994.

Band 31 Claudius Mann: Die zeitliche Beschränkung des Versicherungsschutzes in der Rechtsschutzversicherung. 1994.

Band 32 Martin Dietrich: Produktbeobachtungspflicht und Schadenverhütungspflicht der Produzenten. 1994.

Band 33 Barbara Halser: Die versicherte Gefahr und der Versicherungsfall in der Industrie-Straf-Rechtsschutzversicherung. 1994.

Band 34 Hans von Gehlen: Die Beeinflussung des Versicherungsfalls durch den Versicherungsnehmer in der Rechtsschutzversicherung. 1995.

Band 35 Thomas Adler: Das Tagegeld in der Krankenversicherung als Schadens- oder Summenversicherung. 1995.

Band 36 Achim Gmilkowsky: Die Produkthaftung für Umweltschäden und ihre Deckung durch die Produkthaftpflichtversicherung. 1995.

Band 37 Jens Hilgenhövel: Die gewohnheitsrechtliche Erfüllungshaftung des Versicherers für Auskünfte seiner Agenten. 1995.

Band 38 Wiebke Heinrich: Das Sachverständigenverfahren im Privatversicherungsrecht. 1996.

Band 39 Arnt Vespermann: Staatshaftung im Versicherungswesen. 1996.

Band 40 Hubertus W. Labes: Schiedsgerichtsvereinbarungen in Rückversicherungsverträgen. 1996.

Band 41 John Benjamin Schroeder: Die Kriegsgefahr im deutschen Versicherungsrecht. 1996.

Band 42 Hilke Wesselhöft: Datenschutz im Versicherungswesen. 1996.

Band 43 Klaus C. Kossen: Die Kautionsversicherung. 1996.

Band 44 Cord Imelmann: Versicherungsaufsichtsrechtliche Fragen der Allfinanzkonzeption. 1996.

Band 45 Marcus Lüpke: Versicherungsschutz bei behördlicher Inanspruchnahme zur Altlastsanierung. 1996.

Band 46 Bettina Kagelmacher: Die Beschränkungen der Privatversicherungsfreiheit im Hinblick auf das Allgemeininteresse sowie auf Rechte Dritter. Die Grenzen der Versicherbarkeit widerrechtlichen Verhaltens. 1997.

Band 47 Moritz Mittelbach: Die Verdienstausfallversicherung für See- und Binnenschiffe. 1997.

Band 48 Marc-Alexander Lüth: Rechtsberatung durch den Rechtsschutzversicherer. 1997.

Band 49 Ulf Liebelt-Westphal: Schadenverhütung und Versicherungsvertragsrecht. Schadenverhütung durch die Gestaltung des Versicherungsvertrages (Risikobeschreibung, Ausschluß von Risiken und Auferlegung von Obliegenheiten). 1997.

Band 50 Katrein Schneider: Die Feuer-Betriebsunterbrechungsversicherung. 1997.

Band 51 Hubertus Wegmann: Obliegenheiten in der Privaten Krankenversicherung. 1997.

Band 52 Sven Schubert: Das Sachverständigenverfahren im Seeversicherungsrecht. 1998.

Band 53 Horst Suhren: Alte und neue Informationspflichten des Rechtsschutzversicherers. 1998.

Band 54 Bianca Müller: Verbraucherschutz durch das Bundesaufsichtsamt für das Versicherungswesen. 1998.

Band 55 Thorsten Haeberlin: Der aktuelle Stand des Versicherungsnehmerschutzes im englischen und deutschen Versicherungsvertragsrecht vor dem Hintergrund der jüngsten EG-Rechtsentwicklung. 1998.

Band 56 Thorsten Meinert: Das Bereicherungsverbot im deutschen Seeversicherungsrecht. Mit einem Exkurs zum Entschädigungsprinzip im englischen Seeversicherungsrecht. 1998.

Band 57 Annette Wenckstern: Die Haftung bei der Arzneimittelprüfung und die Probandenversicherung. Haftungsersetzung durch Versicherungsschutz. 1999.

Band 58 Jan-Uwe Hungar: Die Rechtsstellung des Schiffshypothekengläubigers im Versicherungsfall. 1999.

Band 59 Torsten Stade: Die Kaskoversicherung für Luftfahrzeuge. 1999.

Band 60 Michael Rudolf Fischer: Versicherungsaufsichtsrecht und öffentliches Übernahmeangebot. 1999.

Band 61 Jill Bohnhorst: Gentechnologie in der Haftpflichtversicherung. 1999.

Band 62 Nils Abram: Die Berufshaftpflichtversicherung für Versicherungsvermittler. 2000.

Band 63 Carsten Hoppmann: Vorstandskontrolle im Versicherungsverein auf Gegenseitigkeit. 2000.

Band 64 Georg Lange: Die Reparaturkostenversicherung. 2000.

Band 65 Nikolas Streuf: Der Vertragsschluss mit einem englischen Versicherer via Internet. 2002.

Band 66 Jan Philipp Tietjen: Die Versicherungsdauer in der (See-)Güterversicherung nach den Grundsätzen der Haus-zu-Haus-Klausel. 2002.

Band 67 Axel Wehling: Schutz innovativer Versicherungsdienstleistungen. 2002.

Band 68 Alexander Wehowski: Die Zulassung ausländischer Versicherungsunternehmen in der Bundesrepublik Deutschland und den Vereinigten Staaten von Amerika. 2002.

FSC
www.fsc.org
MIX
Papier | Fördert
gute Waldnutzung
FSC® C083411

Kolibri 360 GmbH
Ferdinand-Jühlke-Straße 7
99095 Erfurt, Deutschland
produktsicherheit@kolibri360.de

Druck:
CPI Druckdienstleistungen GmbH
im Auftrag der
Kolibri 360 GmbH
Ferdinand-Jühlke-Str. 7
99095 Erfurt